*Society and Culture in
Early Modern France*

当 代 世 界 学 术 名 著

法国近代早期的社会与文化

[美] 娜塔莉·泽蒙·戴维斯（Natalie Zemon Davis）／著
钟　孜／译
许　平／校

中国人民大学出版社
·北京·

图书在版编目(CIP)数据

法国近代早期的社会与文化/[美]戴维斯著；钟孜译；许平校. —北京：中国人民大学出版社，2011.6
（当代世界学术名著）
ISBN 978-7-300-13766-7

Ⅰ.①法… Ⅱ.①戴… ②钟… ③许… Ⅲ.①社会史-法国-近代 ②文化史-法国-近代 Ⅳ.①K565.4

中国版本图书馆 CIP 数据核字（2011）第 089867 号

当代世界学术名著
法国近代早期的社会与文化
[美] 娜塔莉·泽蒙·戴维斯 著
钟孜 译
许平 校
Faguo Jindai Zaoqi de Shehui yu Wenhua

出版发行	中国人民大学出版社		
社　　址	北京中关村大街 31 号	邮政编码	100080
电　　话	010-62511242（总编室）	010-62511398（质管部）	
	010-82501766（邮购部）	010-62514148（门市部）	
	010-62515195（发行公司）	010-62515275（盗版举报）	
网　　址	http://www.crup.com.cn		
	http://www.ttrnet.com（人大教研网）		
经　　销	新华书店		
印　　刷	北京华正印刷有限公司		
规　　格	155 mm×235 mm 16 开本	版　次	2011 年 7 月第 1 版
印　　张	27.25 插页 2	印　次	2011 年 7 月第 1 次印刷
字　　数	399 000	定　价	65.00 元

版权所有　　侵权必究　　印装差错　　负责调换

"当代世界学术名著"
出版说明

中华民族历来有海纳百川的宽阔胸怀,她在创造灿烂文明的同时,不断吸纳整个人类文明的精华,滋养、壮大和发展自己。当前,全球化使得人类文明之间的相互交流和影响进一步加强,互动效应更为明显。以世界眼光和开放的视野,引介世界各国的优秀哲学社会科学的前沿成果,服务于我国的社会主义现代化建设,服务于我国的科教兴国战略,是新中国出版工作的优良传统,也是中国当代出版工作者的重要使命。

中国人民大学出版社历来注重对国外哲学社会科学成果的译介工作,所出版的"经济科学译丛"、"工商管理经典译丛"等系列译丛受到社会广泛欢迎。这些译丛侧重于西方经典性教材;同时,我们又推出了这套"当代世界学术名著"系列,旨在迻译国外当代学术名著。所谓"当代",一般指近几十年发表的著作;所谓"名著",是指这些著作在该领域产生巨大影响并被各类文献反复引用,成为研究者的必读著作。我们希望经过不断的筛选和积累,使这套丛书成为当代的"汉译世界学术名著丛书",成为读书人的精神殿堂。

由于本套丛书所选著作距今时日较短,未经历史的充分淘洗,加之判断标准见仁见智,以及选择视野的局限,这项工作肯定难以尽如人意。我们期待着海内外学界积极参与推荐,并对我们的工作提出宝贵的意见和建议。我们深信,经过学界同仁和出版者的共同努力,这套丛书必将日臻完善。

中国人民大学出版社

目 录

译　序　历史撰述中的诗性与理性……………………………… 1
致　谢 …………………………………………………………… 1
导　言 …………………………………………………………… 1

第一章　里昂的罢工和救赎………………………………………… 1
第二章　济贫、人文主义和异端 ………………………………… 21
第三章　城市妇女和信仰变化 …………………………………… 91
第四章　欢诞中的理智 ………………………………………… 129
第五章　女性支配 ……………………………………………… 177
第六章　暴力仪式 ……………………………………………… 212
第七章　印刷和民众 …………………………………………… 262
第八章　谚语智慧和大众错误 ………………………………… 314

注释说明 ………………………………………………………… 369
索　引 …………………………………………………………… 371

译后记 …………………………………………………………… 399

译序　历史撰述中的诗性与理性

随着《马丁·盖尔归来》和《档案中的虚构》[1]中文版图书的发行，我们认识了1980、1990年代美国新文化史、女性史和微观史学的领军人物，1987年荣膺美国历史学会主席桂冠的美国女学者娜塔莉·泽蒙·戴维斯（Natalie Zemon Davis）。当中文读者们仍着迷于她在《马丁·盖尔归来》中所展现的16世纪法国乡村的社会生活画卷，以及在《档案中的虚构》中所揭示的赦免诉讼状背后的文化逻辑的时候，戴维斯教授的另一部著作《法国近代早期的社会与文化》又被翻译成中文，即将由中国人民大学出版社出版。

《法国近代早期的社会与文化》是戴维斯的第一本书，选录了戴维斯1960年代至1970年代前期写的8篇代表性的论文，这些论文奠定了她作为文化史学家在国际学术界的地位。[2]在国内外学界，有很多人把这本论文集的出版作为新文化史的肇始。[3]2002年，美国历史学会主席林·亨特称这些文章是"先驱性"的。[4]四十多年后，戴维斯回顾自己学术生涯的时候说，入选的文章在当时是"非常新奇的，是人类学的"[5]。文章的主题涉及16世纪里昂地区新教徒的精神世界和社会生活。由于里昂是当时法国印刷业集中和新教徒聚集的地方，具有一定代表性和辐射性，因而文章实际上反映的是这一时期整个法国社会的历史风貌。8篇文章的内容包括：里昂印刷工新教徒的罢工与精神救赎之间的关系、里昂地区济贫观念的变化和济贫实施方式的转型、城市妇女与宗教改革的关系、"嘉年华"民众聚会的社会意义、法国社会生活中性别反串的社会意义、宗教改革中暴力骚动的缘由与目标、印刷业的发展对社会转变的文化影响、16至17世纪大众谚语研究的目标变化与知识阶层文化认同的转变。看到这些题目，人们不禁想到同一时期在大西洋彼岸的另一位威震西方学界的学术巨擘——福柯。犀利独特的学术眼光，超乎寻常的选择问题的角度，出人意料又出神入化的切入主题的方式，以及实证与想象并举的历史叙述风格，如出一辙。这本书中的文章是戴维斯早期的作品，多在1960年代至1970年代写成。正因为如此，仔细研读它们，不仅有助于我们读懂什么是新社会文化史，而且有助于我们看清楚那个时期西方史学研究范式变化的轨迹。

一

戴维斯教授进行学术创作的年代，正值西方史学界发生重要转变的当口。不仅法国年鉴学派从第一、二代所恪守的整体史向第三代所追寻的"碎化"的历史改变，而且整个西方史学界也从以分析为主的结构史学向以叙述为主的新文化史转向。可以说戴维斯教授是和着新文化史生长的节拍而成长的，是引领并推动这一学术转向的开创性人物之一。林·亨特在她主编的《新文化史》论文集的扉页这样写道："献给娜塔莉·泽蒙·戴维斯——我们所有人的灵感源泉"。同时声明"这是一本行道后进为该行开山祖师娜塔莉·泽蒙·戴维斯祝贺的论文集"[6]。足见戴维斯在新文化史发展中的地位。

1950年代，攻读博士学位的戴维斯开始阅读年鉴学派创始人布洛赫的《封建社会》。受马克思主义和年鉴学派的影响，她把探索的笔触伸向下层社会的民众。她的博士论文题目是《新教与里昂的印刷工人》("Protestantism and the Printing Workers of Lyon")。1960年代至 1980 年代，年鉴学派式微，新文化史生长。历史学从计量与分析朝着叙述及表现转向，史学研究内容和研究范式都在发生变化。原来对史学发生深刻影响与历史学密切相关的经济学、社会学和地理学等学科被人类学、民俗学和文学所取代。此时，先后在加拿大多伦多大学和美国加州大学伯克利分校任教的戴维斯的学术方向也发生了变化。1960 年代末，戴维斯正准备写《欢诞中的理智》（"The Reasons of Misrule"）一文[7]，她认为节庆狂欢时候的疯癫闹剧不仅是里昂，也是当时法国和欧洲社会习俗和社会组织中不可忽略的重要一环，很值得研究。但是在解读这个问题时，以往社会经济史的分析方法显得力不从心。出路何在？戴维斯开始"无选择、无偏见地大量阅读人类学著作，不是为了寻求解答，而是为了（提出）问题、发现方法，寻找可以用来解读 16 和 17 世纪欧洲史料的路径"[8]。她很清楚地意识到，"尽管总体史在人口统计、人口流动和物质文明方面有特别建树，给人印象深刻，但它不能为我要作的研究提供效仿的范式。我的下一步是朝着人类学和妇女史结合的方向发展，在这里，我必须寻找其他的路径"[9]。人类学不仅给了她解读非文本史料的技能和方法，更重要的是扩展了戴维斯的学术关注领域。此后，社会认知的象征意义、行为仪式、表达符号、文化习俗等等都被纳入了她的视野。1971 年，戴维斯受聘于加州大学伯克利分校历史系。在那里，她从一些从事女性研究和文学、艺术史研究的同事那里进一步获得跨学科研究的学术滋养。回顾这一段经历，戴维斯感叹道："我真正意识到学术交流对一个人研究方向有多么重要的影响！"[10] 正是从 1960、1970 年代起，戴维斯逐渐超越原来单纯进化论的立场和经济社会史的领域[11]，朝着新文化史的方向转型。

书中《女性支配》（"Women on Top"）一文，以性别反串的运用——尤其是文学、大众节庆和日常生活中的女性形象为主题，探讨近代早期里昂、法国乃至整个欧洲的性别反串的社会意义，以及与此相关联的女性，也包括男性反抗及表达的方式和内涵。显然，这是综合历史、民俗学、人类学和女性研究等多学科视角和方法的一次学术尝试。文章向人们展示了这样的历史事实：在欧洲，对女性的性别歧视和压抑古已有之。到了近代，"从某种角度讲，女性的从属关系从16到18世纪逐步加深，因为父权式家庭为了更有效地获得财产、进行社会流动并维持血统延续，必须加强自身，而民族国家的建设、商业资本主义的扩展，也是以牺牲人的自主性（human autonomy）为代价的"[12]。在这样的社会环境中，在大众节庆和文学戏剧中的性别反串，就具有了特殊的社会意义。以往的人类学研究认为，反串仪式和礼节，"最终都是等级社会中秩序和稳定的根源。它们在反串的过程中使社会结构明晰。它们可以为制度内的矛盾提供表达的途径，也构成了制度的安全阀"[13]。人类学家普遍认为，通过性别反串可以讽刺、颠倒现实，但不能够改变现实。

作为历史学家的戴维斯，没有在人类学的研究面前止步。她认为"在前工业时代的欧洲，文学和节庆中的性别反串并不只是稳定的等级制的产物，它还是权力及财产领域变迁的产物。我们可以从性别反串中找到新思路，来思考制度和对制度的反应"[14]。凭着历史学家和女性学者的学术敏锐，她对16至18世纪前工业时代向工业时代转型时期欧洲大众节庆表演、文学、戏剧中出现特别多的"女性支配"，即具有女权主义倾向的怪诞的、暴戾的"任性女性"形象，给予了特别的关注。她发现，这时期在薄伽丘、拉伯雷、伊拉斯谟和斯宾塞等人的故事里，在欧洲节庆时街头表演的滑稽剧中，在德国的绘画册漫画集中，甚至在各种家庭物件的装饰图案中，都充斥着不守妇道的任性女人的身影。戴维斯把这些具有女权主义倾向的恶毒悍妇分为三种：第一种是放纵肉欲、使用各种手段控制男人的女人；第二种是获得暂时支配权的女人；第三种是直接批判社会的女人。在文章中，戴维斯向读者讲述了一个13到17世纪在欧洲的绘画和家庭物品的装饰图案中广泛出现的，并为大众所熟悉的大哲学家亚里士多德背负妙龄女孩菲丽斯的故事，亚里士多德警告他的学生亚历山大不要对新近臣服的印度女孩菲丽斯着迷。年轻漂亮的菲丽斯知道这件事后，当着亚历山大的面向老哲学家卖弄风情，要他四脚着地，背上安放了马鞍和马笼头,驮着自己满花园走。戴维斯指出,"在这里,年轻人战胜了老人,性欲望战胜了枯燥的哲学;天性(nature)战胜了理智,女性战胜了男性"[15]。文章还仔细描述和分析了在法国、德国、奥地利、英国、爱尔兰等地宗教的或民间的节庆时表演的滑稽剧里出现的男扮女装或女扮男装的形象,以此来证明:"任性女性形象的作用并不总是让女性安分守己。正相反,这种形象具有多重意义。借助它,首先可以拓展女性在婚姻内、甚至婚姻外的行动选择范围,其次,可以在一个几乎没有为社会底层人们提供正式的表达不满途径的社会里,鼓励男人和女人参与暴动和反抗。带有任性女性的戏剧,一定程度上是从传统和稳定的等级中获得暂时解脱的一个机会;但它也是冲突的一部分,试图改变社会内基本权力分配的种种努力,导致了这种冲突的发生。"[16]

书中《欢诞中的理智》一文,与这篇文章堪称姊妹篇。它研究的是源自欧洲乡村文化的嘉年华闹剧在现代城市生长过程中社会功能的转变。以往的人类学研究已经作出"狂欢总是解放、摧毁和重生的一个源泉"的结论,但戴维斯要探究的是,看它怎样获得"传统与创新,非政治与政治之间的平衡"[17]。

文章从追溯早已在法国农村中存在的名为"青年修院"的未婚男性群体的活动入手,看他们怎样在节庆和婚礼等公众场合,通过游戏、讽刺、恶作剧等方式,发挥社会教育和维持婚姻秩序的社会功能。13世纪,这种团体在城市中发展起来。由于城市生活环境的变化,职业分化和社会结构的变迁,团体内的年龄特征不再明显,而不同年龄的人进入特定阶层社会圈的功能却在加强。节庆时期的嘲讽、"疯癫"依然存在,但目标和内容都在发生变化,越来越具有政治讽刺和现实批判的色彩。在宗教改革的时代,这些活动又表达着宗教信仰上的对抗。直至18世纪末19世纪初城市中真正具有现代意义的青年组织出现之前,青年团体虽然逐渐消解,但依然存在。一息尚存的青年"修院"的规矩被改造了,以适应新的形势。文章写道:"在一个成长着的城市中维持邻里间的和睦与秩序的公正。他们的'疯癫'

被戏剧性地丰富了，在旧有的维持家庭秩序的功能之上，又加入了政治批判的功能。"[18]旧瓶装了新酒，历史在民俗文化的沿革上敲上了自己的印记。

二

戴维斯后来写的《马丁·盖尔归来》一书，被荷兰学者、后现代史学的倡导者安克斯密特认为是与法国史学家勒·华·拉杜里的《蒙塔尤》、意大利学者金斯伯格的《奶酪与虫子》齐名的"后现代历史编纂学"微观史学的代表作。[19]但在这本书中，我们看到戴维斯不仅是讲微观历史故事的能手，还是问题史学、分析史学的行家。她的每一篇文章都带有明确的问题、翔实的史料、细致的分析以及深刻的洞见。

如果说前两篇文章是历史与人类学综合研究而得出的果实的话，那么《谚语智慧和大众错误》("Proverbial Wisdom and Popular Errors")一文则是文化学与心态史研究相结合的产品。这篇文章堪与法国学界巨匠福柯的《词与物》（Les Mots et les Choses）[20]相媲美。福柯研究的是文艺复兴以来欧洲500年学术思维方式的演变，戴维斯探讨的则是16至18世纪法国知识阶层搜集民间谚语、纠正民间医书错误——一个同样不曾被人们关注的问题。实际上，这种历史现象在英国、德国等其他欧洲国家也出现过。戴维斯提出的问题是，有教养的人为什么要写关于大众谚语的书籍？他们获取民众信息的途径是什么？他们对民间谚语的态度怎样？他们如何看待谚语和民间药方的社会作用以及与此相关联的不同阶层的文化认同？戴维斯期望通过对这些问题的分析，"可以得出关于前工业时代法国知识分子与大众文化之间关系变化的新结论"[21]。

戴维斯告诉人们，由于民间的需要，由于如雅克·勒·高夫所说的，法国骑士和地主要建立自己的不同于教士的文化认同，还由于教士向民众传教的需要，从12世纪开始，法国有教养的上层社会就已经开始收集和学习民间谚语了。但是到了 16 世纪，整个情况改变了！有教养的阶层对民间谚语非常痴迷，以致只有 18 世纪末 19 世纪初的浪漫主义和民族主义运动才可与之相比。不仅醉心于传教的教士们，以伊拉斯谟为代表的古典主义者和人文主义者们，还有其他知识阶层，都在整理、印刷古典的和民间的谚语。他们的努力成果丰硕，一时间有大量谚语集出版。这时期搜集谚语的新理由是：丰富民族语言。显然，在这个世纪，谚语搜集整理已经和民族国家建设及民族意识形成连在一起了。令人遗憾的是，尽管伊拉斯谟再三强调要重视谚语对使用者——大众的意义，但是 16 世纪的谚语搜集和民间文学的整理还是显现了它本身的悖论："搜集者越是希望同民众分享言语方式和语言，他们就越不能够把握民众文化中的实质特点和规则。他们越是希望在自己的语境中研究大众谚语，他们就越不能够把它们当作可以用来丰富现时民族文化的东西加以重视。"究其原因，戴维斯认为是历史发生了变化。上层社会和下层社会阶层之间"已经松弛了的社会和文化的界限，被重新划清并比以往更加牢固"。"16 世纪城市中相对浓重的文化氛围，使得受教育人士与农民口语世界的文化距离，要比两三百年前的骑士和贵族与农民的距离更远。"[22]其结果就是，有教养阶层根据自己的文化品位修改了大众谚语。到了 17 世纪，这些人对民众文化的态度更具批判性。上层社会的语言不再像一个世纪前那么开放，有教养阶层以批判、教导甚至纠正的态度来对待民间文学。对他们来说，"谚语只是衣橱里的旧衣服，只有在化装舞会上才能派上用场"。更重要的是，17 世纪后，一种全新的价值观念和文化认同正在氤氲生长之中。在这样的历史情境中，谚语和民间文学在民众中一花独放的时代已经过去。启蒙思想家们和笛卡尔的理性主义不可能认同陈旧的大众谚语和民间文学的文化权威。到了法国大革命的前夜，有教养阶层对民间文学和大众谚语的兴趣降到低点。

显而易见，戴维斯这里是在探讨社会不同阶层的文化态度和文化联系的问题。她以历史主义的态度和历史叙述的方法来解读历史上的这一文化现象。她的研究角度是历史的，也是文化的、心态的。尽管戴维斯肯定了延续几个世纪的法国谚语、民间文学和民间医药搜集整理工作在完善法语、抗衡拉丁语、成就民族国家、提升民族意识过程中的历史意义，但是她认为，总体来讲，当时的知识分子对民众文化的解释是不成功的。不成功的关键在于，当时的搜集整理者缺少两种品质：一是对民众文化本身的兴趣，再有，就是对民众文化本身的尊重。在文章的结尾，戴维斯对现代的研究者发出呼吁："我们不要想：我们只是在观察我们的研究对象，观察他们在符号、社会交往和技术装备方面跟我们有什么不同。我们最好这样想：某种程度上他们和我们是一样的，当我们考察他们的时候，他们可以与我们进行交流，如果我们错了，他们也可以给我们反馈。"[23]

16世纪的里昂是法国印刷业的中心，戴维斯的学术关注必然会在这里留驻。她的博士论文写的就是新教与里昂的印刷工人。从这里出发，她把探求的视角投向普罗大众的社会生活及文化领域。《印刷和民众》("Printing and the People")是另一个历史学与文化学人类学结合的范本。文章中，戴维斯不仅把印刷书籍视为知识和意识的来源，还把它看作关系的载体，研究在16世纪特定的文化情境中，印刷书籍如何推动民众建立新的文化和社会的关系。

戴维斯首先带我们走进15世纪相当封闭无知、很少见到文字、几乎遍布文盲的法国乡村，去寻找图书的遗迹。当时乡村中仅有的书是历书。它告诉人们日月盈亏和节日，以及如何种植葡萄和接生等常识，这样的内容"可以唤醒农民的记忆，把他们的视觉和阅历标准化，但不能带来新的信息，也不能改变他们与外界的关系"[24]。16世纪上半叶，从巴黎和里昂的印刷作坊中传播出去的滑稽剧、道德剧和"乡村歌词"（chansons rustique）在农村的"夜间聚会"（veillée）中朗诵。随后，用方言和法语印刷的《圣经》和祈祷书被带进乡村。再后来，城里的医学博士、数学家和大学教授们出于人文主义理想而为乡村写的专门书籍，通过印刷作坊的印刷，进入了乡村。虽然目不识丁的农民还是在"夜间聚会"上听识文断字的人以农民熟悉的语言大声朗读而间接地接触这些新鲜东西，但是"农民与教授之间有了一些沟通的渠道"。城市里因识字率高,加上印刷业发展造成的文化氛围,对民众的影响更大。印刷作坊里的朗读、"瞟书"[25],新教徒聚会上的讨论,都受到了印刷品的影响。印刷品扩展了人们的眼界,给人们提供了认识世界的新途径。不仅饱学之士们利用印刷传播知识,一些卑微的人物也开始通过小册子来表达自己。各阶层之间的文化联系建立起来了。1578年出版的《众误集》旨在纠正众说纷纭的错误。它表明,印刷在摧毁知识垄断、传播智慧成果的同时,在作者和读者之间建立了彼此互动的联系。普罗大众也因此"提高了他们的自尊,以及批判和自我批判的能力"[26]。

三

就在戴维斯出版这本论文集的前两年,美国当代历史哲学家海登·怀特出版了他的《元史学:19世纪欧洲的历史想象》[27]。这本书在一定程度上主导了1970年代以降西方历史哲学和历史研究范式的转向。海登·怀特在书中以19世纪欧洲8位史学大家的著述为例[28],指出"作为历史叙述和概念化的楷模,他们的地位最终有赖于他们思考历史及其过程时,那种预构的而且是特别的诗意本性"[29]。他认为历史著述中包含着一种审美的维度,即诗学的性质。这里,诗性是和感悟连在一起的。它既包括因感悟而得的诗性预构,即历史洞察的角度,又包括用历史学的语言来实现的建构结果,即历史叙述的编排。怀特认为历史学家进行历史表现和历史叙述的视角,首先受诗性感悟支配,然后才是理性的解释。在逻辑上,诗性的感悟优先于任何显性的历史认识,审美的判断优先于理性的理解,这是其理论的要害。"洞察历史的视角,选择这一种而非那一种,最佳依据归根到底是美学的或道德的,而不是认识论的。"[30]诗性感悟的预先建构决定了后来在此建构基础之上进行理性解释的深度和广度。这样一来,怀特把原本被认为是属于美学和艺术的诗性拿来作为历史学的本质和基础。正如年鉴学派的第二代掌门人布罗代尔通过"长时段理论"把历史学与经济学和社会学连在一起，使之成为年鉴学派整体史的理论一样，在当代学术语境下，怀特用历史学中的"诗性"，把历史学与科学哲学、美学和艺术连在一起，为新的史学研究范式——新叙述史奠定了一块理论基石。这一理论的出台，比劳伦斯·斯通惊呼"叙述式历史学的复兴"[31]早了6年。

值得注意的是，历史著述中的诗性感悟，即历史审美，是由认识主体——历史学家本身的旨趣决定的。如在其自述《求知的一生》中所详细描述的，成长于西方史学范式转变时代的戴维斯，一路走来，自觉地不间断地吸吮人类学、民俗学、女性学、文学及文化理论等学科的养料。这样的学习经历和学识结构，不仅扩充了她进行研究的参照系，拓宽了她的视野，使得她能够对研究对象给予多角度的关注，而且决定了她独特的诗性感悟和历史审美。在这本论文集中，我们可以看到戴维斯的著述带有令人目眩的人类学、民俗学甚至文学的色彩。她选择被传统的历史研究者所忽略的诸如嘉年华会、性别反串、女性与宗教的关系、宗教暴力的仪式与动因、罢工与灵魂救赎、文化态度和文化切换等特别的问题展开研究。戴维斯本人谈到撰写这些文章的时候也说："在我开始对人类学和妇女史感兴趣时，我也开始用新的眼光来看天主教。人类学对于宗教的研究方法以及对于宗教更多形式的研究，开阔了我的眼界。这使得我不再将天主教视作一个行将衰亡的体系，而是与新教同样活跃着。"[32]这说明，在1960年代至1970年代，她观察历史的视角，就已经带有人类学、民俗学、女性学和文化的元素。而这些元素与历史学共同铸成了她的学术旨趣，决定了她对历史的独特的诗性感悟和洞察力。她的著述也因而获得了广阔的历史表现空间和多元的历史解释维度。这种多元的学术视角和阐释方法，在她后来写的《马丁·盖尔归来》、《边缘女人》、《骗子游历记》和《档案中的虚构》等著述中，得到充分的发展和延伸。

在汗牛充栋的历史记载中，选择什么样的素材来构建历史故事，是任何一种历史著述都绕不开的问题。在这一点上，无论是海登·怀特还是戴维斯，都认为历史故事的建构与历史学家预先设想的问题相

译序　历史撰述中的诗性与理性

关。也就是说，历史学家是为了解释自己头脑中的问题而组织历史叙述、编排历史故事的。[33] 历史事件通过情节化表现为历史故事，而形式论证用因果关系来说明从一种情况向另一种情况转化的历史发展过程。"将审美感知（情节化）与认知行为（论证）结合起来"，在描述性（情节化）和分析性（论证）的陈述中，完成伦理层面的意识形态解读。[34] 也就是说，历史学者围绕头脑中预先设想的问题，选择材料组织历史叙述，把诗性的感悟与理性的分析相结合，从而完成叙述式的历史建构。可见，传统历史学中特别有价值的问题意识和理性阐释在这里得到承继。

品读戴维斯的这本论文集，不仅每一篇的探索角度新奇，而且每一篇都提出新颖的问题。诸如，《里昂的罢工和救赎》（"Strikes and Salvation at Lyon"）一文，提出了"如何把握里昂印刷工对新教教义的兴趣与他们区分宗教考虑和经济利益的能力？1560年代到底发生了什么，使得经济和宗教的选择相互关联起来？"《暴力仪式》（"The Rites of Violence"）一文，提出了"是不是宗教暴动就只有社会内涵？如果这样的阶级冲突不存在，群体宗教暴动会是怎样？"《印刷和民众》一文不仅要回答当时的读者群是谁，还要考察"印刷品在民众中如何建立新的关系"。回答这些问题，不仅需要描述并表现历史，更需要对本质问题的理性解读。在撰写《济贫、人文主义和异端》（"Poor Relief, Humanism and Heresy"）一文时，戴维斯谈道："我尽我所能从里昂寻找证据，重新思考马克思和韦伯关于这个问题的权威性的断言，新教主义是否就是新济贫方式的唯一母亲？"文章最终得出的结论是，"商业价值、基督教人文主义者的宗教信仰和敏感，还有新教的理念等多种因素，共同催生了济贫方式改革"[35]。

当然，这是一本论文集，集子中的论文又多是戴维斯的早期作品，自然还有很多社会经济史的留痕。但实际上，即使是她后来写的《马丁·盖尔归来》、《边缘女人》和《骗子游历记》等著述，在生动精彩地讲述历史故事的同时，也不乏对本质问题的分析和对宏大历史的观照。表面看，风轻云淡地讲故事，实际上，揭示的历史寓意丰富而深刻。历史撰述中诗性与理性结合，感悟与解析交汇，使得她的历史著述，既是生动的、具体的，又是深刻的、思辨的。

史学包含诗学，但史学毕竟不是诗学。"'历史'与'小说'之间的差别在于，史学家'发现'故事，而小说家'创造'故事。"[36]作为一名历史学家，戴维斯恪守历史学的本分——搜集尽可能翔实的文献资料来完成自己的历史构建和历史解释。戴维斯曾说："我们有一个戒条：不能只凭自己内心的想法，而且也要求诸外在于我们的某些东西，比如档案或手稿，或者从过去遗留下来的图画或某些踪迹。而我必须说，我喜欢受制于外在于自己的某些东西。"[37]为了确切证明城市妇女与新教之间的关系，戴维斯像所有经过传统史学训练的学者那样，仔细查阅了"因信奉异教而被捕或在法国多个地方的天主教起事中被杀的女性档案、图卢兹1568年至1569年新教徒嫌疑的女性档案，还有一份含有大量（约750人）里昂新教妇女的档案"[38]。研究里昂宗教暴动仪式的资料，是来自"当时天主教和新教对宗教骚动的记录，并且将其中捏造的记录同大体真实的记录区分开来"[39]。为了探讨里昂地区济贫理念和济贫方式的变化，她查阅了里昂保存的16世纪救济册档案，不仅从中寻找什么样的人接受了救济，而且要发现儿童救济院的职业教育对城市经济的扩展发生什么影响的证据。此外，值得特别注意的是，戴维斯还大大扩展了史料的种类和应用范围，这一点为后来的许多新文化史作者所效仿。她在文章中使用了很多非文本的资料，如慈善机构的徽章、图画集中的绘画、家什物件上的图案、经典小说中的故事、民间流传的寓言，以及街头戏剧表演、乡村习俗、雕刻、钱币、招贴，甚至教堂里唱诗方式和地点的变化，圣经文本和语言的变化等，很多原本是人类学、民俗学、文学和戏剧的资料都被她利用起来了！戴维斯靠理性分析，也靠寓意想象，来描绘16世纪法国社会发生的变化，解读变化着的法国社会。

这本戴维斯早期发表的论文集，虽然与她后来的著述有较大的差异,但很多新文化史的元素已经在这里集结、交汇并形成端倪。[40] 书中的 8 篇文章围绕的核心是 16 世纪法国社会转型时期新教徒的外部世界和内心感受。全部文章构成了对那个时代里昂、法国甚至整个欧洲的社会风貌的整体观照。戴维斯自己在和帕拉蕾丝-伯克的访谈中也谈道:"如果回头去看《社会与文化》的话,我觉得其中的每一章都是从别的章生发出来的,所以,即便它们是在 14 年内分别撰写出来的,那背后还是有一个单一的思想主题。"[41] 谈话中,戴维斯认为,后来写的《马丁·盖尔归来》和《蒙塔尤》及《奶酪与蛆虫》一样,"三本书全都希望对于超出他们所研究的个案之外的过程能够得出某些洞识"[42]。她还谈道,"一部好的微观史同时需要具备细节、证据和 histoire totale(总体史)的雄心"[43]。即便是脍炙人口的《马丁·盖尔归来》,她也认为,"没有了早期现代法国国家的司法体系和人们对于社会流动性的广泛期望,他的故事就没有了意义。历史学家必须在这种高度聚焦的研究和更加宽泛的研究之间保持不间断的对话,并将对话所可能具有的意蕴充分发挥出来"[44]。可见,对广泛联系的关注和对本质问题的分析是她一以贯之的思想。[45] 这样一来,呈现在读者面前的她的每一部著作都是一幅见树木又见森林的历史画卷。细致入微如工笔,凝练传神如油画。它是诗性的,又是理性的,有微观叙事,又有结构分析,是独特的,又带有普遍性。它用水珠求证海洋,既描述在波澜壮阔的历史长河中翻卷的浪花,又透视浪花下面涌动的潜流。大概正因为如此,因为它的包容性和开放性,因为它的多种学科交叉运用,传统和现代互相补充,才使得戴维斯的历史著述具有如此大的生命力和影响力。

戴维斯在 1987 年就任美国历史学会主席时作了《历史学的两个主体》("History's two bodies")的演讲。在演讲中,她以 16、18 和 20 世纪 5 位西方著名历史学家的历史著述为例,阐释了历史撰述中包含历史知识,也涵盖历史学家本身的生活经历所决定的认识角度。历史认识应该是多元的,不同视角的,有整体的,也有片段的。在演讲的结尾她说道:"我想,历史学至少有两个主体,至少有两个人在谈话、争论，倾听别人在其著述中的表达，不仅是画面，也可以是图像，你可以看到他们有时哭泣，有时愤怒，有时知性，有时欢笑。"[46] 戴维斯追求的就是这活生生的、有血有肉的，可以凭诗性感知表现、也可以用理性分析认识的历史。在她看来，历史撰述本来就应该如此。

本文的写作得到厦门大学历史系盛嘉教授的很多帮助，在此致以由衷的感谢！

许平

2010 年 2 月于北大燕园

注释

[1]《马丁·盖尔归来》(The Return of Martin Guerre, 1983), 刘永华译, 由北京大学出版社于 2009 年 1 月出版。《档案中的虚构》(Fiction in the Archives, 1987) 已有台湾版本，大陆本为饶佳荣、陈瑶译，由北京大学出版社于 2011 年 4 月出版。

[2] 1980 年代以后，戴维斯又写出了一系列在西方学术界产生重要影响的著作：《马丁·盖尔归来》、《档案中的虚构》、《边缘女人》(Women on the Margins: Three-Seventeenth-Century Lives, 1995)、《银幕上的奴隶》(Slaves on France, 2000)、《16 世纪法国的礼物》(The Gift in Sixteenth-Century France, 2000)。2006 年，78 岁的戴维斯还出版了《骗子游历记》(Trickster Travels: A Sixteenth-Century Muslim between Worlds)。戴维斯的主要著作被翻译成多种文字，为她赢得广泛的国际声誉。

[3] 新文化史"作为一种明确的研究趋势出现，还要从娜塔莉·泽蒙·戴维斯 1975 年出版的《近代法国早期的社会与文化》(Society and Culture of Early Modern France) 算起。此后同类著作逐渐增多，在 1980 年代即在欧美史学界全面繁盛"（于沛主编：《20 世纪的西方史学》，241～242 页，武汉，武汉大学出版社，2009）。

[4] 参见林·亨特编：《新文化史》(Lynn Hunt [ed], The New Culture History, Berkeley: University of California Press, 1989), 江政宽译，34 页，台北，麦田出版社，2002。

译序　历史撰述中的诗性与理性

〔5〕戴维斯的学术自传：Natalie Zemon Davis, *A life of Learning: Charles Homer Haskins Lecture for 1997*, New York: American Council of Learned Societies, 1997, p. 21。

〔6〕林·亨特编：《新文化史》，江政宽译，1页，导读。

〔7〕这里的"疯癫"是指在16世纪的法国和欧洲普遍存在的节庆时期的嘉年华的闹剧与疯狂。

〔8〕Natalie Zemon Davis, *A Life of Learning: Charles Homer Haskins Lecture for 1997*, p. 20.

〔9〕Ibid., p. 19.

〔10〕Ibid., p. 20.

〔11〕戴维斯曾有一篇文章《超越进化：比较历史学和它的目标》为波兰学者耶日·托波尔斯基（Jerzy Topolski）收录（"Beyond Evolution: Comparative History and its Goals," *Swait Historri*, Posnan, Instytut Historii UAM, 1998, pp. 149-157; repr. in *Society and Culture*）。戴维斯后来说道："我相信不存在什么单一的轨迹。也许我再老些的时候又会改变自己的观点。但我现在拒绝这种我在做研究生时所信仰的进化模式。我坚持认为存在多样化的轨迹、多种多样的道路。如果说这里面有什么哲学的话，那也是一种寻求争议而非共识或融贯的哲学。与其说这是一种哲学，不如说是一种对过去的看法，它关切的是在一个共有的框架内多种多样的行事方式，它在历史运动中寻找的是纷争和裂缝，而非和谐一致。"详见玛利亚·露西亚·帕拉蕾丝-伯克：《新史学：自白与对话》（*The New History: Confession and Conversations*），彭刚译，64页，北京，北京大学出版社，2006。

〔12〕Natalie Zemon Davis, *Society and Culture in Early Modern France*, Stanford University Press, 1975, p. 126.

〔13〕Ibid., p. 130.

〔14〕Ibid., p. 143.

〔15〕Ibid., pp. 135-136.

〔16〕Ibid., p. 131.

〔17〕Ibid., p. 103.

〔18〕Ibid., p. 122.

〔19〕详见F. R. 安克施密特：《历史与转义：隐喻的兴衰》（F. R. Ankersmit, *History and Tropology*, University of California Press, 1994），韩震译，222页，台北，文津出版社，2005。

〔20〕Michel Foucault, *Les Mots et les Choses*, Paris, 1966.

〔21〕Natalie Zemon Davis, *Society and Culture in Early Modern France*, p. 230.

〔22〕Ibid., pp. 240-241.

〔23〕Ibid., p. 266.

〔24〕Ibid., p. 199.

〔25〕"瞟书"是指印刷作坊的学徒在工作中偷偷地瞟几眼书。

〔26〕Natalie Zemon Davis, *Society and Culture in Early Modern France*, p. 225.

〔27〕Hayden White, *Mctahistory: The Historical Imagination in Nineteenth-Century Europe*, John Hopkins University Press, 1973.

〔28〕这8位历史学家是：米什莱、兰克、托克维尔、布克哈特、黑格尔、马克思、尼采和克罗齐。

〔29〕海登·怀特：《元史学：十九世纪欧洲的历史想象》（Hayden White, *Mctahistory: The Historical Imagination in Nineteenth-Century Europe*），陈新译，4页，南京，译林出版社，2004，导论，《历史的诗学》。

〔30〕同上书，4页，序言。

〔31〕Stone, Lawrence, "The Revival of Narrative: Reflections on a New Old History," *Past and Present*, No. 85 (November, 1979), pp. 3-24.

〔32〕玛利亚·露西亚·帕拉蕾丝-伯克：《新史学：自白与对话》，彭刚译，66页。

〔33〕参见海登·怀特：《元史学：十九世纪欧洲的历史想象》，陈新译，8页。

〔34〕参见上书，34页。

〔35〕Natalie Zemon Davis, *A Life of Learning: Charles Homer Haskins Lecture for 1997*, p. 18.

〔36〕海登·怀特：《元史学：十九世纪欧洲的历史想象》，陈新译，8页。

〔37〕玛利亚·露西亚·帕拉蕾丝-伯克：《新史学：自白与对话》（*The New History Confession and Conversations*），彭刚译，79页。

〔38〕Natalie Zemon Davis: *Society and Culture in Early Modern France*, p. 81.

〔39〕Ibid., p. 155.

〔40〕有学者评价新文化史学家共同的习惯和趣味是，"他们喜欢证明交流模式的复杂，避免基建于僵化含义上的诠释，试图阐发其过程。他们对于即成之因果或可现之内涵也不太感兴趣，他们更愿意从事随时而变之历史中的探幽访胜任务"。Laurie Nussdorfer 关于 The New Culture History 和 Interpretation and Culture History 两书的书评，见 History and Theory, Vol. 32, No. 1 (Feb. 1993), p. 82。转引自于沛主编：《20世纪西方史学史》，242～243页。

〔41〕玛利亚·露西亚·帕拉蕾丝-伯克：《新史学：自白与对话》，彭刚译，65页。

〔42〕同上书，74页。

〔43〕同上书，76页。

〔44〕同上书，76页。

〔45〕提到后现代的历史著述，一般容易把它等同于抛弃本质主义。其实，即使在后现代主义的历史哲学家那里，本质也不是无立足之地。准确地说，后现代主义的历史编纂力图告别的是宏大叙述，而不是本质主义。被称为后现代主义史学倡导者的荷兰史学家安克斯密特是这样表述的："在后现代主义的历史观范围内，目标不再是整合、综合和总体性，而是那些历史片断成为中心。譬如，《蒙塔尤》和勒·华·拉杜里随之所写的其他书，金斯伯格的微观故事，杜比的《布万斯的星期日》，或者娜塔莉·泽蒙·戴维斯的《马丁·格雷的回归》。十五到二十年前，我们可能诧异地问自己，这种类型的历史编撰意义何在，它试图证实什么。而这种非常明显的问题，就像往常一样，由于我们力图知道历史运行的机制的现代主义渴望而得到激励。……如果我们无论以何种方式追随本质主义，我们可以说本质并不处于树枝上，也不在树干上，而是在历史之树的叶子上。"F. R. 安克斯密特：《历史与转义：隐喻的兴衰》(History and Tropology: The Rise and Fall of Metaphor)，韩震译，222页。

〔46〕Natalie Zemon Davis, "History's two bodies," The American Historical Review, Vol. 93, No. 1 (Feb., 1988), p. 30.

致　谢

　　这八篇文章中有五篇是已发表作品，发表形式各有不同。第一章最初以"里昂的罢工和救赎"为题在 *Archiv für Reformationsgeschichte*，vol. LVI（1965）中发表。第二章发表在 *Studies in Medieval and Renaissance History*，*Vol. V*（1968）中，题目是"济贫、人文主义和异端：里昂案例研究"。第三章最初在密歇根大学妇女继续教育中心（University of Michigan Center for Continuing Education of Women）出版的 *A Sampler of Women's Studies*（1973，edited by Dorothy McGuigan）中发表。第四章发表于 *Past and Present*，no. 50（February 1971）© 1971 The Past and Present Society 中，题目是"欢诞中的理智：16 世纪法国的青年群体和哄闹会"；第六章最初题目是"暴力仪式：16 世纪法国的宗教骚乱"，发表于 *Past and Present*，no. 59（May 1973）© 1973 The Past and Present Society 中。感谢 *Past and Present* 的主编 T. H. Aston 先生，他允许我将这些文章重新发表。

　　在本文集中，这五篇文章都有小幅修改。事例或观点的重叠部分我都作了适度删减，但每篇文章的独立性并没有受到影响。我修改了其中已知的错误，修整了一些模糊的表述（斯坦福大学出版社的 Peter J. Kahn 仔细阅读了我的文章，他在此给予我很多帮助），并在注释中增加了一些参考书目。

在准备发表这些文章的过程中，我受到了多伦多大学、加州大学伯克利分校、美国哲学学会、美国学术团体委员会的研究资助。我感谢这些机构和组织的资金援助。Helen Thompson 和 Julie Hess 分别完成注释的打印和排版工作，我也很感谢他们。

研究的过程也是流连于国外档案馆、北美和欧洲图书馆的过程。发现的喜悦总是离不开这些地方："疯女院长"和第戎漂亮的 18 世纪的图书馆；有 16 世纪工匠签名的罗纳档案馆（Archives du Rhône）安静的阅览室，在此我们可以俯视里昂城，还有加默罗修会（Carmes-Déchaussés）曾经的大本营。我不会忘记里昂市政档案馆（Archives municipales）、罗纳省档案馆（Archives Départementales du Rhône）、布施档案馆（Archives de la Charité）和日内瓦国家档案馆（Archives d'Etat de Genève）的档案员和工作人员提供的帮助。我尤其感激法国国家图书馆保存处的首席保管员 Jeanne Veyrin-Forrer 夫人，以及里昂博物馆钱币收藏处主管 Jean Tricou，他是这方面的专家。我还要感谢那些为我这样一名美国历史学家提供大量图书的人们，这些里昂和第戎市政图书馆、普罗旺斯-埃克斯 Méjanes 图书馆、法国国家图书馆保存处的工作人员总是在第一时间为我提供服务。当克拉科夫 Jagiellonian 图书馆珍藏室的工作人员在周六晚八点三十分还为我送来 Bernstein Collection 中的谚语集时，我还能说什么呢？

此外还有一些资源就在我们身边，它们中有些甚至在法国也找不到：哈佛大学霍顿图书馆（Houghton Library）、芝加哥纽伯利图书馆（Newberry Library）、华盛顿特区佛尔格图书馆（Folger Library）、多伦多大学托马斯·费舍尔特藏图书馆（Thomas Fisher Rare Book Library）、多伦多医学研究会的德雷克收藏（Drake Collection）、加州大学伯克利分校的班克罗夫特图书馆和科福伊德收藏（Kofoid Collection）、加州大学旧金山分校医学图书馆和斯坦福大学医学图书馆。

一些朋友、同行和学生向我提出了很多建议、批评和书目意见,他们的帮助极为重要。他们中有些人我已经在注释中提到了;对于那些仍在和我进行学术交流的人们,我在此表示感谢。有一位朋友,我只能和她进行无声的交谈:罗萨利·科莉(Rosalie L. Colie)。她的支持总是雪中送炭,她的批评总是恰到好处。正是她最先鼓励我发表这本文集,我希望她能够读到它。

最后,我必须感谢我最好的通读读者、我的丈夫钱德勒·戴维斯(Chandler Davis),他是一位数学家和作家。带着无尽的兴趣和耐心,他成为这些文章各个版本的听者、读者和建议者。面对一名天生的犹太教作者,他提醒我要注意表达的简洁和说服的艺术。他总是用我的终极目标来督促我,那就是:成为一名历史学家。

娜塔莉·泽蒙·戴维斯

导　言

　　农民，尤其是城市工匠和"小人物"将是这几篇文章的焦点。富人、当权者、知识分子和神职人员当然也不能置身事外，但本书将主要讨论他们与"下层"人的关系——他们对后者的反应，他们与后者的矛盾，或者他们与后者的共同行动和信仰——而不是他们自身。社会与文化之间的互动、传统和变革之间的协调，都将通过社会规制（order）中的几个断面呈现出来，在这个过程中，案例研究而不是系统研究将是本书的主要方法。

　　尽管如此，这些案例还是可以通过一个纵横交错的历史关系网相互联系起来。一篇文章中的一个问题通常会直接地与另一篇文章产生关系。什么样的社会阅历有助于在男性工匠中形成新教意识？他们与天主教教士的斗争是否和经济矛盾有关？这种关联的方式又如何？这些是第一章的考察对象。具有不同迁移方式、文化程度、技艺水平和职业的城市妇女结成了新教联盟，是什么因素促成了这种联盟？这是第三章的主题。在某种情况下，倘若经济上的敌人能够成为宗教上的盟友（如同印刷业的情况一样），那么从16世纪的宗教敏感性与济贫措施的关系中，我们又可以重新发现什么呢（如同第二章所表明的）？

在某种情况下，宗教上的敌人是否能够在城市福利制度改革方面成为政治上的盟友呢？

类似的，在一个相当大的范围内，第四章考察了狂欢和节庆组织的政治和社会作用，也分析了它们与青年的社会化过程间的关系；但此章并没有解释文化节目中的象征符号的意义。这部分内容在第五章中展开，后者集中研究了仪式和节庆中的诸多性别反串案例。如果大众娱乐有这么丰富的内涵而不仅仅是一种消遣手段，那么我们是否能够进而在群体暴力中有所发现呢？第六章《暴力仪式》倾向于这种看法：即便在那样极端的行为中也存在某种规则，而人们正是借这种规则来捍卫他们的信仰。

紧接着，《印刷和民众》回到文字与口头文化的互动关系上来，相比有关宗教改革的第一章，这种关系将在此得到更为全面的展现。在回顾16世纪印刷业对城乡平民的影响的过程中，有两类书籍——大众谚语集和医药领域的《众误集》——为我们研究学者和民众的关系提供了一个新的角度。自中世纪末到法国革命这种关系发生了什么变化？最后一章将对此进行探讨。此章也伴生某些有趣的问题：作为历史学家，我们应该如何对过去进行学术诠释？

确实，对材料的关注贯穿着这些文章的全部。我不只考虑其来源，更在乎其性质，毕竟它们反映的是民众的日常生活，而民众多数是文盲。所以，研究并不只是简单地在图书馆的大众短剧、诗歌、小册子中穿梭的过程，也不只是在刑事法令记录、福利登记册、公证人规约和军事财政表目中细察关于工匠和穷人的记载的过程。研究也是这样一个认识的过程：各式各样的社群生活和集体行为并不只是宗教改革和政治集权化的组成部分，更是文化的典型产物。从一项职工入会仪式、一个乡村节庆组织、一个分娩妇女的非正式集会或男女兼有的故事会、一场街道骚动中，都可以解读出丰富的内涵来，而这种丰富程度并不亚于对日记、政治协约、布道词或一组律令的解读结果。而且，我开始体会到，一本书或者一句谚语不仅能反映其作者和读者，更能反映存在于人群和文化传统间的种种关系。

导 言

在解读材料和把握近代早期法国的变迁方向方面，我遵循几个原则。首先，我尤其注意某项转变、偶发事件或决定的特定语境。举个例子，在16世纪上半叶的城市行动中，圣俗两者的界限是相当明晰的，这在我看来就是第一、二章中所描述事件的重要背景。如果这种界限发生了变化，职工和地方官就会有相当不同的表现。但其次，我并没有顺此想当然地认为，农民和市民的背景或者任何一个属性（性别、与财产或生产的关系）本身就可以决定他们的行动。相反，我认为他们生活中的这些特征能够塑造其生活环境和目标，能够限制或是扩展他们的选择空间；而他们则是行动者，利用其所拥有的物质、社会和文化资源去生存，去应对生活，有时甚至去改变事物。

在撰写这些文章的过程中，我形成了一些关于近代早期欧洲社会结构的想法，如果在此将其呈现出来，也许对读者会有所帮助。我并没有将个人或家庭置于一个仅仅事关财产、权力、声望或诸如此类事物的一元或二元图式中。我建立的是一个多元图式，每一轴线都可以定性反映不同类型的权力、财产和控制，如同其他可以决定社会组织的变量（比如性别和年龄）一样。不同的阶层可以通过多种方式联结起来，但不可以被化简，除非发生了某些重要的社会转型。

比如，在天主教欧洲，反映商人与职工之间差别的那根轴线，并不能用来衡量一名领圣俸的教士与一名普通穷人间的不同，后一种差别要用另一根轴线——以对表达及情感资源的控制为基准——加以说明。新教改革在某些地区抹去了这第二根轴线，使神职大体上与其他职业平行。它简化了先前用以维系两性间关系的标准，同时却强化了支配─性与从属─性间的界限。

读者将可以在后面的内容中多次体会到类似的过程。社会层次被简化了，或者"下层"的地位被提升得更接近"上层"了，但曾经的界限显得更为巩固，人们对社会等级的控制也更为严密。（我和一位朋友曾戏称存在某种"界限黏性定律"[law of conservation of boundaries]，但愿这不是普遍的。）简化者和上升者有时是加尔文教领袖，有时是处理饥荒的城市统治者，有时是为未受教育者写作方言读物的人文主义者。对于多元性社会等级的转变与复杂性，传统天主教显得更为适应，但它也建立了更严密的控制，这些我在文章中只是偶尔提及。当然，我并不主张唯有新教社团才提供了一条通往"现代"* 的道路。我也确实不认为启蒙和控制的新技术完全脱离了底层阶层的支持，而且这些技术手段也未必导致了上层等级所料想的那种结果。我只想让读者们自己听听"贝壳领主"和"可怖萨丽"对此是怎么说的。

---

* 在最近一篇文章（"Some Tasks and Themes in the Study of Popular Religion"）中，我也讨论了这个问题，参见 Charles Trinkaus 和 Heiko A. Oberman 的编著（*The Pursuit of Holiness in Late Medieval and Renaissance Religion* [Leiden，1974]，pp. 307—336）。

第一章 里昂的罢工和救赎

那时的里昂大而繁华。16 世纪中期时，它的人口已经增长到 6 万，它的批发行业得到了扩展，其一年一度的集市成为欧洲货币流通的一个中心。毫不奇怪，伴随快速变化而来的还有不如意的事情，居民们对此也不加掩饰。从非熟练工人及其妻儿们的谷物暴动，到有组织的工匠师傅及商人们要求改革税收和开放城镇执政团（Consulate）的压力，抗议之声不绝于耳。恰在这个时候，新教教义在城市中扩展开来。有近三分之一的居民转奉新教，随后 1562 年加尔文教起义成功，剩下的三分之二居民也被迫参与新教仪式。一年之后，天主教卷土重来，而新教徒的数量也开始减少：一开始是缓慢下降，1560 年代后期加速下降，在 1572 年血腥的晚祷大屠杀后，新教被彻底封杀。[1]

假如想考察"社会力量"（social forces）与宗教改革之间的关系，里昂印刷业将是一个理想的研究对象。这个行业的约 600 名成员几乎囊括了社会各个阶层的人群：有身居城市执政的大出版商人；有作为城市"显贵"之一的独立出版印刷业者；还有地位更为低下的雇主（师傅）和印刷职工，后者与其他工匠一起被称为 *menu peuple*

(即小人物)。非熟练临时工更是不计其数。行业中充斥着经济上的不满情绪。在截至1572年的一个时期内,师傅和出版商联合起来对付印刷职工。串联、密谋、法庭争斗、罢工比比皆是。[2]然而同样众所周知的是,里昂的印刷业也有大量新教支持者,就像其他印刷业中心一样。

人们自然会猜想,大多数印刷业的新教徒会在经济斗争中团结一致,人们也期望有这样的证据。然而事实并非如此。在查阅了有关集体行动和付印书本的资料,并考察了数百名个体出版商、雇主和职工的生涯经历之后,我发现,新教在所有各个社会阶层里早已站稳脚跟,到1550年代中期,甚至行业中的多数人已皈依新教。[3]一般来说,经济上的对手在宗教上就会成为同盟者,即便在单个印刷作坊里也是这样。只是到1565年左右,宗教和经济地位才开始有了关联,此时的印刷商人和雇主比印刷职工更愿意皈依改革派教会。

让我们集中关注印刷职工。毕竟正是针对他们这类群体,亨利·豪塞几十年前即指出:宗教改革既是一场社会革命,也是一场宗教革命;大众阶层起事不仅是为了反对迂腐的教条和堕落的教士,同时也反对贫穷和不公,他们在《圣经》里找寻的不仅仅是信仰的救赎,更要追溯人类平等的起源。[4]正是在这些新进入城市又不可能升格为师傅的城市群体中,一些历史学家们找到了孕育激进新教教义和革命性千禧年信条的母体。[5]史学家的这些结论适用于印刷职工吗?他们的实际状况如何?我们该如何把握他们对新教教义的兴趣以及他们区分宗教和经济考虑的能力?在1560年代又发生了什么,使得经济和宗教的选择互相关联起来?要回答这些问题,我们必须明白,"社会力量"是一个宽泛而不易捉摸的词汇。它可以是决定一个人处事态度的环境或事件:比如他的妻子、财产和施展才智的机遇。但它也可以指一个人的某些特定目标以及实现目标的特定步骤,而这些目标也许事关他的工作,也许事关他的上司。

第一章　里昂的罢工和救赎

印刷业的职工们以印刷、排版和校对为生，这种工作持续若干年，甚至往往占据了他们的整个成年时期。他们从农村、其他城市、甚至法国以外来到里昂。几乎所有人都从事着与其祖先不同的职业，而且相对而言，这个职业新兴而缺乏传统。

自然，他们会努力为自己树立传统并竭尽所能排减失落和孤寂感。他们的作坊生活多少有助于实现这些。他们三四个人围着一台印刷机一起工作；印刷职工又和排版工、校对工一起协作。他们自己说："[我们]不能与那些独立工作的工匠相比。"[6]单身的职工们常常一起生活。他们在师傅的餐桌上一块吃饭。他们一起打发闲暇时光，在酒馆中喝酒聊天，在街上闲逛，找这样那样的乐子。但他们那种归属并参与某个有意义团体的愿望并未得到满足。他们为自己与师傅的隔阂而苦恼。不仅经济上存在鸿沟，他们还被排除在管理职责之外。一些师傅为了节省开支甚至试图让职工自己到外面开伙，这就存在着将他们相互隔离开的可能。印刷职工们反抗这种做法，开始怀疑师傅正在"阴谋摧毁"他们。他们说，印刷业"不同于其他手工行业，师傅和职工是——或者必须是——一个家庭般友爱的整体"[7]，这种将他们隔开的做法是多么的错误。

然而，隔阂还是存在着，怀旧情绪并不能掩盖这样的事实：经济利益的冲突正在加深原有的隔阂。所以，印刷职工们对印刷兄弟会（Confraternity of the Printers）深感失望。16世纪初期，他们是和师傅一起在加默罗静修院加入这个组织的。他们以一个他们自己的世俗兄弟团体取而代之，并把它称作团[8]——格里法林团（Company of the Griffarins）*。

里昂印刷职工和天主教教士之间的关系也差不多。印刷业所在

---

* 这个词也作 Golfarin、Gorfarin、Gourfarin 和 Griffarin。Golfarin 是古法语"贪吃者"的意思。雇主们常用这个词语指责职工们，因为职工们要求更多的膳食费，这令雇主们极为不满。Golfarin 常变型为 Griffarin，后者表示"爪"的意思，引申表示团的力量。见 N. Z. Davis 的文章（"A Trade Union in Sixteenth-Century France," *Economic History Review* 19 [1966]：48–69）。

街区教堂的主持，要么是"麻木不仁"的临近省份的贵族后代，要么就是来自掌握里昂执政官职的大家族的教士会成员（canons）。倘若有更多的像多明我会修士桑托·帕格尼尼（见边码30页）这样的人，情况也许会有所改观。他以动人的说教传播教会正统信条，鼓吹城市贫民救济的新体制。他想方设法从有钱的亲戚朋友们那里筹钱设立一个新医院，他和几个印刷作坊的人也都很熟。实际上，直到一切已无可挽回时，里昂也没出现过几个像他一样的教士。[9]

当集体参与、方言传教这样的新崇拜形式出现时，印刷职工们作出了反应，这并不出人意料。1530年代，当一名贫穷的武器匠人冒着生命危险劝导他们改宗时，他们似乎并非无动于衷。匠人告诉他们，他和任何人一样都可以做牧师，天国就是上帝的教堂，人间就是上帝迎接他们的地毯，人们可以在任何地方说出圣礼上讲的话来。[10]印刷职工们向往的那种宗教体验在1551年他们组织的公众游行中表现了出来。他们的做法不同于那些地下牧师，后者只是在秘密集会中才与相对安分的教徒们见面。数百名印刷职工携带武器，带领其他工匠和妻子们上街用法语唱圣歌，他们甚至在圣歌中穿插话语，侮辱圣让大教堂的教士会显贵。[11]人多势众和歌唱气势不仅使其敢于面对拘捕，也减轻了他们对死亡和孤独的深深恐惧。

印刷职工还有另一个特点，我们可以用自信或自豪来形容它，虽然所有当局都将其表述为"放肆"。某种程度上，他们为自己的技艺而自豪；他们当中大约三分之二能读会写。他们的学问也许不是很深——一名令人讨厌的编辑称他们"附庸风雅"——但他们拿来作比较的对象不是学者，而是自己的祖先或者其他工匠。他们甚至吹嘘在印刷作坊里工作的艰辛。[12]此外，他们的骄傲还植根于与师傅、出版商和很多人所共同拥有的这样一种信心：印刷业对基督教社会具有巨大价值。印刷业之母、知识女神米涅瓦（Minerva）是印刷职工们组织的节庆活动的中心人物，职工们宣称正是自己使得她圣光闪耀。[13]别人出资而自己出力的状况也没有让他们难堪。相反，他们说，"'印刷者'指的应该是[我们，因为是我们]执行了印刷过程中最重要的那部分工作"。皇家当局可能会以对待苦力的方式体罚他们。他们却认为，自己干活不像奴隶一样是迫于强力，而是"作为自由人在优越和高尚的岗位上自愿地劳动"[14]。

这种自信对他们在作坊和宗教事务上的态度与行为有重要影响。印刷职工们也许是里昂收入最高的职工群体之一（类似的还有木工职工和油漆职工），尽管如此，他们仍认为自己应该得到更多，特别是当他们痛陈出版商和雇主正"天天从[我们的]汗水和精疲力竭的劳动、甚至是[我们的]鲜血中榨取数量大得令人羡慕的财富"[15]的时候。无论是建立组织从事暴力反抗、谋划停工事件和行业范围的罢工，还是自作主张随意旷工，或是不顾禁令向巴黎高等法院控诉国王的法令，没有一桩能让他们产生负罪感。确实，格里法林团入会宣誓的内容之一就是"保持印刷业的合理秩序"[16]。他们是知道什么是秩序的人，他们也随时准备为秩序而战。

在这些年里，里昂的新教牧师和小册子都在不厌其烦地传播这样的说法：天主教教士贬低了平信徒。早在1524年便有一名新教传教士用《新约》里的保罗信条宣传道：唯有上帝才是我们心灵的主人。他问道："我们是不是一定要被人手持教鞭加以监管？难道我们没有足够的理智管理自己，难道我们永远只能当学徒？"[17]还有人鼓动基督徒们用方言版《圣经》来检测教士的谎言。[18]在1550年代，如果说有小部分新教徒开始为能否在无人帮助的情况下理解《圣经》而担心，那么在同期的里昂街角，则已经有新教演出在嘲弄为难异教徒的愚蠢天主教神父了。"为什么你会认为一个工匠、一个鞋匠、一个锁匠、一个金匠或者一个裁缝能够用心领悟耶稣基督的《圣经》呢？哦，多可怕的错误！哦，多要命的毒瘤！"[19]

印刷职工们很乐意接受新教的论点。但在当时他们当中很少有人参加有组织的秘密集会的情况下,他们是否真的阅读过《圣经》了?这很难回答。与他们有过接触的一些牧师确实对其认真程度和领悟信条的水平提出过疑问。但在是否有权接受"神赐食粮"(celestial bread,一位出版商如此称呼他发行的法语版福音书)的问题上,骄傲的印刷职工们的态度是肯定的。[20]

源自行业自豪感的自信以及面对天主教教士时对个人价值的信心,这两者间是有某种联系的。在截至大约 1567 年的一个时期内,里昂新教徒的社会和职业分布都可以用这种联系来解释。加尔文教运动参与者中的穷富比例大体和城市整体的穷富人口比例一致。他们有的与城市执政同出一族,有的出自名门,也有的来自"小人物"家庭。在这些年里,倘若社会经济地位和宗教信仰之间不存在什么显著关联,那么在职业和宗教信仰之间,情况则不是这样。某些职业中的新教徒比例高于他们在人口构成上的比例。它们往往是些有一定技艺要求或者新兴的行业,如新技术(如印刷业)、急于提升声望的(如油漆、珠宝和金器打造业)、甚至是刚刚出现在里昂(如丝织品制造和加工业)的行业。相反,在**任意**地位的谷物商人、葡萄园主、屠夫、面包店主或是制绳匠中间,则几乎没有什么人皈依新教。[21]

行会成员间共同的新教信仰并不妨碍他们就经济问题进行争斗。外科理发业的雇主和职工尽管同为新教徒,他们之间还是有冲突,就像丝织业中的情况一样。不过印刷业中的争斗看起来最不合常理。这个行业的印刷职工、雇主和出版商彼此合作,在宗教裁判所的鼻子底下印刷大量的异端书籍。但就在这个过程中,他们又互相倾轧,比如在印刷和排字作业中,雇主会让无偿劳动的学徒顶替印刷职工工作。[22]我想这种现象可以这样解释:世俗主义*态度的出现并没有使他们非宗教化,只是使他们能够从容区分经济和宗教骚动的特定目标

---

* 这里的"世俗主义",我指的是一组范围宽广但又互有关联的现象:用此世词语来解释、计划、证明事物;用非宗教约束和技术去影响社会活动;在一些先前由教会人士负责的社会活动中,俗人当担起越来越多的指导责任;等等。

第一章　里昂的罢工和救赎

的不同。他们在里昂街上唱圣歌的时候并没有想着要更多的工资。他们已建立格里法林团，并采取一套有效的方法去实现这方面的意图。他们也不指望罢工能够结束"圣让大教堂里已持续了八九百年的教士会显贵的暴政"[23]。对这方面的目标，他们通过与师傅一起出版某些书籍，最后刀枪上阵武装起事来解决。在格里法林团内，他们甚至没有用团规——例如宣誓和惩罚——来强制达成信仰一致。到1540年代，当越来越多的团员成为新教的热情支持者时，格里法林团只是停止了对非新教民众的支付。数十年之后，它仍然是一个世俗组织。[24] 当1550年代晚期大部分团员成为新教徒，而小部分依然保持旧教信仰的时候，格里法林团的现实优势便显现出来：它维持了不同信仰职工间的团结。

这里有几条关于世俗主义态度的证据。印刷职工们都是有广泛阅历的人。很多人早已游走于城市之间，而他们自己在里昂的圈子也由一些四海为家的人组成。他们的文化水平和其他特殊技艺有利于他们准确地区分和观察人间世态。当时他们立足的城市本身也有世俗的传统，这种传统源于城市执政团与教士会显贵间持续几个世纪的争端，1520、1530年执政团接管城市里的中等教育和贫民救济事务更强化了这一传统。[25] 早期社群遗留下来的主张虽然模糊但却世俗化，即便里昂的"小人物"也从中继承了反抗压迫的权利观念。*

世俗化的背景和观察现实事物的能力，使得印刷职工们认为，宗

---

* 反抗的传统可以由一个在里昂特指群众暴动的词 rebeine 表现出来。关于里昂的 rebeine，参见 Claude Bellièvre（*Souvenirs*, ed. C. Perrat [Geneva, 1956], pp. 45, 72, 81–101）、Guillaume Paradin（*Memoires de l'histoire de Lyon* [Lyon, 1573], pp. 234–235）、Claude de Rubys（*Histoire veritable de la ville de Lyon* [Lyon, 1604], pp. 332, 502）和 René Fédou（"Une révolte populaire à Lyon au XVe siècle: La Rebeyne de 1436," *Cahiers d'histoire* 4 [1959]: 129-149）的作品，亨利·豪塞认为1529年的谷物大暴动部分程度上是新教异端的表现，而这个 rebeine 的传统只是不利于其主张的几个因素之一（"Etude critique sur la 'Rebeine' de Lyon," *Revue historique* 61 [1896]: 265–307）。Henri Hours 在其文章（"Procès d'hérésie contre Aimé Meigret," *Bibliothèque d'humanisme et renaissance* 19 [1957]: 20-21）中挑战了亨利·豪塞的观点。至少，113名确知的暴动者中没有人跟新教异端有关系，他们的职业分布（很多都是非熟练工人）也明显不同于新教运动中的情况。

教制度和操守的变化并不一定能改变他们与雇主的关系。* 他们固然指责雇主们对利益"无度和过分的欲望"给他们造成的窘境，他们也必然想到"贪婪"容易受信仰的抑制，但这需要很长的时间，正如在另一个场合下他们的清醒说法那样，"人总是不自觉地倾向邪恶，而不是相反"[26]。同时，他们按照自己的愿望设定工资标准，拒绝为提供的薪金水平低于此标准的雇主干活；他们也拒绝为以不正当理由解雇格里法林团员的雇主打工；他们请求雇主事不过三，如果雇主仍无改变，他们便拒绝工作；他们殴打那些雇主用来顶替他们的学徒；针对那些不肯入团的职工，他们对其贯以恶名（"Forfant"）、施以峻刑（切断脚筋）。[27]他们以自己的组织和洞察力取得了一些成功，也从中尝到了甜头。他们坚持高工资，以致雇主和出版商们在国王面前叫苦连连，还到其他地方寻找廉价劳力。到1572年，他们针对膳食费的辩护状甚至得到了国王的赞同，而这恰恰是雇主们想要取消的。当然，印刷职工们的要求远不止这些，而雇主们也在很多别的事情上得手。尽管如此，印刷职工们遭遇的挫折并非不堪忍受，他们并不需要将运动升级为零散的革命行动。

印刷职工并不是完全意义上的革命者。他们虽然激进地认为劳动力比资本更重要，但还是觉得行业中需要合理的秩序，也容许某些精英因素在格里法林团内生长。[28]他们想象着印刷业的黄金时代，他们说，印刷是绅士的工作。[29]虽然这有点理想化，但他们眼前并没有平等主义或共产主义式的千禧年。他们没有从《圣经》中为自己的世俗要求寻找根据，无论是在国王、执政面前的公开陈述，还是在格

---

* 在区分和世俗化方面，Robert N. Bellah 区分了规范社会和原初社会（prescriptive and principial societies）的不同情况（"Religious Aspects of Modernization in Turkey and Japan," *The American Journal of Sociology* 64 [1958]: 1-2）。里昂明显属于后者。类似地，Charles Glock 区分了社会经济剥削所导致的不同后果：有些剥削导致世俗反应，有些则导致宗教反应（p. 29）（"The Role of Deprivation in the Origin and Evolution of Religious Groups" [R. Lee and M. Marty, eds., *Religious and Social Conflict* {New York, 1964}]）。不过我的分析不同于 Glock，工人们改变天主教会形式的企图，是对他们所认为的教士阶层所享有的不公平待遇的一种现实反应（而不是一种补偿性[compensatory]反应）。

第一章　里昂的罢工和救赎

里法林团内的个人证词，都是如此。他们只用工作本身来证明自己要求的合理性，并用自创的让人敬畏却亵渎神灵的仪式使之"神圣化"。最后，他们没有革命者那种对自己职业外的其他世俗事物的持续关怀。在1530年代早期，他们确实领导了针对城市贫民救济制度的抗议运动。他们也不时帮助染坊职工们惩罚不入团分子（Forfants），以作为对染坊职工们对应行动的报答。[30]但一般来说，格里法林团关心的还是印刷业内的具体问题。只是当一场更大规模的运动试图变革里昂的宗教生活的时候，他们才习惯性地感觉自己是这场运动的一部分。

接下来的1560年代，印刷职工们一直在其中充当群众领袖的宗教运动转变成了里昂改革派教会。当1562年里昂因"皈依福音"而欢天喜地，当1564年唱诗的男人、女人和小孩赞美改革派教会成立的时候，印刷业职工的宗教期望却是低落的。首先，他们没有机会参与教会的管理。里昂的长老会于1560年代早期设立。到1565年为止，在教会的95名督察官（surveillant，他们以此称其长老）和执事中，有7人是出版商，1人是造纸商，2人是印刷业师傅，却没有一人是印刷职工。[31]城中最富声望的牧师皮埃尔·维雷解释说，教会的"特殊天命"不能过多地干扰社会的"等级和秩序"[32]。工匠和外国人在长老会中的作用令贵族和圣让大教堂的教士会显贵感到震惊[33]；但由于对等级和秩序的看法不同，骄傲的印刷业职工肯定要为自己被排除在特殊天命之外而感到遗憾。

另一个麻烦的原因是长老会的道德行为标准。不管是银行家还是制鞋匠，不管是因为醉酒、贪吃还是因为打妻子、拈花惹草或诸如此类的缘故，没有人愿意在长老会那里成为被告，也没有人愿意被排除在圣餐仪式之外。很多皈依者起码会为自己过去的行为感到愧疚，印刷职工们却常常不是这样。虽然在印刷机旁或组织罢工的时候能克制自己，但在此之外，他们却沉迷酒色、放纵无度。他们的食欲便是臭名昭著的。1550年代的时候，我们已经可以看到这种宗教敏感性（religious sensibility）上的差别：当印刷职工们在街上唱圣歌的时候，更多内省的新教徒却在为"美好生活和交流的见证"[34]而努力着。直到1560年代，印刷职工们才知道牧师们将他们归为"伊壁鸠鲁派"，"在福音的幌子下寻求肉欲自由"。[35]虽然日内瓦的长老会将这种行为称为"淫荡"，但很多职工仍然觉得这项传统习俗没什么不妥：在无邪者节时，举起贪睡鬼并用打屁股的法子将他唤醒，他也许还得亲吻姑娘们。[36]

假如有更多的时间让牧师的传道和长老会的纪律发挥作用，这些紧张关系也许可以得到缓和。但在这一切发生之前，格里法林团员们即已听到新教牧师如此评论他们了："团员们痛恨那些他们称为Forfants的非团员职工……因为后者愿意接受更低的工资……他们计划清除这些人……这种行为凶狠、残暴和野蛮——这样便毁掉了那些可怜的职工们［也就是Forfants］借适当、合理的工资维生的手段。由此所导致的垄断也对公众不利。它使得印刷业雇主屈从于压力，又提高了那些公众急需的书籍的成本。"[37]

这些评论的关键不在于它所依赖的种种假定。牧师维雷在他书中的论述，与传统虔诚教士在当时天主教著作中的一般说法并无二致。而且如雷蒙·德·鲁维*所表明的，自14世纪起，天主教理论家们即已在讨论"垄断"的邪恶性质了。[38]天主教教士和新教教士的差别不在于他们的想法，而在于他们的行动。前者对里昂的印刷业罢工毫无反应。**天主教会闭口不谈这一话题；也不督请政府采取任何特

---

* 雷蒙·德·鲁维（Raymond de Roover）是弗莱芒历史学家，著有《美第奇银行的兴衰》(*The Rise and Decline of Medici Bank*)。——译者注

** 埃蒂安·多莱于1543年声称：作为他支持职工的报应，雇主们将他交给宗教裁判所。这一说法很难让人相信。首先，雇主委员会的多数成员是深深同情新教的，而且他们正在（或即将）印刷的书，恰好就是导致多莱被控的那批作品。其次，多莱对职工的态度表明他并不同情职工们（从他于第一次罢工那年写的 *Avantnaissance* 中可以看出）。很有可能他在1538年至1540年间雇佣的职工受到了比较好的对待，否则他怎么可能在严重劳工风波中设立作坊并印出那么多的书呢？他的雇主同行对此很恼火，这是可以肯定的；但他们将其转交宗教裁判所，这是不可思议的。更合理的解释毋宁是，多莱的说法要么可归结为他的偏执症（参见 Lucien Febvre, *Le problème de l'incroyance au XVIe siècle* ［Paris, 1947］, pp. 34, 54），要么是一种巧妙的转移宗教裁判所注意力的策略，因为他印行了很多宣传福音的书籍。

第一章 里昂的罢工和救赎

别的行动；当然，它也没有给罢工职工以任何宗教上的惩罚。最后，自1560年代后期起，就像对待其他更有名望的行业团体一样，教会不仅对格里法林团的行动睁只眼闭只眼，甚至还希望以这种态度来换取其支持。当冲突就在圣让大教堂的终身神父们身上发生的时候，就没有什么东西更能说明此时教会对世俗力量的放任了。神父们要求教士会显贵提高自己在日常弥撒之后的圣俸，他们还为此发起抵制行动：在6月份年度盛大节日的时候，神父们拒绝答唱圣歌。由于找不到没有参与抵制的教士（Forfants），教士会显贵只好和低级教士们一起唱圣歌。这是漫长而尊贵的教会史上前所未有的丑闻。尽管教士会显贵们很恼火，认为神父们是在用"垄断"反对上帝，但却没有用任何宗教戒令惩罚他们。所有的这些反抗都没有遭到惩处——无论是解除圣职、降职还是被开除出教会。神父们也如愿得到了所要求的圣俸。[39]

富有朝气的新教牧师和长老会成员可就全然不同于这种松散*了，他们试图赋予所有的关系以神圣团体的特质，至少外在特征必须是这样。因为在1560年代有很多里昂工人徘徊于里昂和日内瓦之间，所以两座城市的长老会都讨论过在印刷业中建立"有序治安"的问题。当然，长老会并非总是站在雇主们一边。[40]尽管如此，对印刷职工们而言，以往实施经济骚动的那种世俗背景已经不复存在了，这才是关键所在。

对印刷业罢工，1560年前在新教徒中至少流行着三种看法：一种支持职工，一种支持雇主和出版商，一种敦促双方达成妥协。[41]

---

* 只有在和执政团就三一学院（Collège de la Trinité）问题进行斗争时，教会才威胁动用绝罚（如果父亲将其小孩送到学校读书，这名父亲将被开除教籍），而最终教会也在这场短暂的斗争中败北。确实，17世纪中期时巴黎大学神学系曾就某些职工工会的异端操持进行过调查。法国教会也确实对16世纪早期工匠兄弟会的陋规和放荡行为进行过**泛泛的**谴责，参见E. Levasseur的作品（*Histoire des classes ouvrières ... avant 1787* [2d ed., Paris, 1900]，1：703-704；2：131）。但在16世纪晚期，里昂教会的首要任务是使异端重新皈依，并且它既无意愿也无手段去察究职工工会的内情。教会放任态度的相似例子，参见Henri Hauser的文章（"Les compagnonnages ... à Dijon aux XVIIe et XVIIIe siècles," *Revue bourguignonne* 17 [1907]：24-32）。

到1560年代中期时，官方的具体看法趋近于长老会的观点。早先格里法林团员们只需要瞒过皇家官员和城市警员即可。现在督察官和牧师也参与进来了。1560年以前如果格里法林团员被逮捕，惩罚只是坐牢和鞭笞，现在则有被排除在圣餐仪式之外的危险。[42]这在当时可是一种严厉的惩罚，因为它置灵魂于危险之中。里昂的新教徒们被告知，对于撒旦来说，相比其他方式，使人远离圣餐是一个远为简便的折磨人的办法，而那些不服从上帝及其教会的人，最终不仅将被排除在圣餐礼和信仰团体之外，也将不得永生。[43]总之，罢工和救赎产生了联系。

这个时期发生了两件事：一件是一名新教徒格里法林团员在和另一名同为新教徒的Forfant的斗殴中将后者打死，另一件是一些流亡的格里法林团员试图在日内瓦维持组织未果。在调查这两件事的过程中，格里法林团的故事被长老会大体揭露了出来。让人震惊的不只是经济"垄断"，还在于其始创的某些仪式。在这个仪式上，教父将水和酒倾倒在职工头上，然后为其取一个新的、通常是粗俗不堪的名字，而仪式上唱的歌也简直是对上帝和圣灵的亵渎：每行都以上帝之名开始而以圣灵之名结束（在其中一个版本中，格里法林团员们认为用圣灵代替"胖马格特"［fat Margot］* 会更合适）。[44]此外，长老会还对格里法林团的准"派别"性质极其不满。他们认为这种"派别"会分化人们的忠诚。比如格里法林团员需要宣誓，如果某成员的父亲或兄弟恰好是Forfant，那么此人对其伙伴的忠诚，将高于其对父亲或兄弟的忠诚。在改革派社会中，任何企图过多占有其成员忠诚的特殊组织都将招来教会的嫉妒，这也是符合其逻辑的。[45]

这样在1560年代中期，新教徒格里法林团员便得面对两难局面。他们必须在其组织和长老会之间作出选择，后者坚持所有的格里法林成员都应该放弃其誓词。他们要放弃自己缔造出来的、旨在

---

* 胖马格特是一个虚构的女性人物。市集中的男子会投机取巧，试图得到这名快活女子的吻。此处使用这个词更增添了仪式的亵渎色彩。——译者注

第一章　里昂的罢工和救赎

实现世俗目标的组织吗？但这个组织的意义毕竟远不止如此，如同长老会所正确估计的一样。格里法林团给予其成员传统和认同；给予其伙伴意识、参与意识和一些对自己此世命运的支配意识；当他们生病或失业时甚至给予其物质帮助。他们在自己中间建立了一种共同体关系。社会学家们认为这种关系是对大都市生活的一种明智回应。[46]

当然，格里法林团不可能给他们任何绝对意义上的认同。它的仪式可以帮助他们克服对生活的恐惧，但不能帮助他们克服对死亡的畏惧。"印刷业的秩序"也很少能够解决大量其他问题，而正是这些问题使得这个世界祸福并存。但正如我们所看到的，与改革派教会的宗教争执使得他们难以给出回答。他们有没有其他的信仰选择呢？再洗礼派是不可能的，不仅因为它比改革派教会更过分地要求成员的绝对忠诚[47]，还因为印刷职工们对再洗礼派的社会观不感兴趣。无论如何，里昂实际上也没有再洗礼派的活动。信仰自由如何呢？这并非不可能，如果它有组织并有更进一步的行动，而不只是在某些古怪的编者和自由职业者中搅动不安情绪的话。[48]

唯一真正可行的选择是天主教会。职工们对回归旧教会的态度多少有点冷淡，因为即便是其最有影响力的拥护者、伟大的耶稣会传道士埃蒙·奥热，也不赞同"低贱无知的工匠"阅读和评价福音书。[49] 所以他们的自豪只能通过印刷业之母米涅瓦来表达，是她主导着他们的世俗节庆。一个人至少可以心安理得地既是格里法林团员又是天主教徒。脱离改革派教会的运动在1566年开始，到1572年的时候已大体完成。就这样到16世纪晚期，唱圣歌的印刷职工们变成了天主教的政治参与者（politiques），而为了宗教的原因，他们只能哀叹法国将被撕成几块了。[50]

【注释】

[1] 有关16世纪里昂的研究除了原有的 Roger Doucet 的 *Histoire de Lyon*

(ed. A. Kleinclausz [Lyon, 1939], 1: *Des origines à 1595*)之外，还可参考 Richard Gascon, *Grand commerce et vie urbaine au XVIe siècle. Lyon et ses marchands* (Paris, 1971)。

〔2〕亨利·豪塞在 *Ouvriers du temps passé* (Paris, 1898), chap. 10 中首次对这些劳资冲突作了研究。Marius Audin 在 1935 年的 *Gutenberg Jahrbuch* 中也提到了这份档案。L. M. Michon 和 Paul Chauvet 随后发现了更多的印刷版材料，它们都出现在了后者的 *Les ouvriers du Livre en France des origines à la Revolution de 1789* (Paris, 1959), pp. 35-40, 47-51 中。本文中所有关于格里法林团的组织和行动的材料都是全新的，它们都源自在里昂和日内瓦的档案工作的新进展。对里昂罢工、劳工组织与宗教改革间关系的研究此前尚没有出现。

〔3〕甚至 Michel Jove 也在大约 1557 年牵涉进了新教运动当中，此人是 1560 年代早期里昂耶稣会官方指定的出版商。

〔4〕"La Réforme et les classes populaires," *Revue d'histoire moderne et contemporaine* 1 (1899-1900): 24, 31。

〔5〕比如，诺曼·科恩在其 *Pursuit of the Millennium* (2d. Ed., New York, 1961), pp. 28-30 中即持这种看法，Harold Grimm 在 "Social Forces in the German Reformation," *Church History* 31 (1962): 11-12 中则对职工、自由劳工和乞丐作出区分，但他接着指出，"贫富差距在底层阶层这里显得最为悬殊，激进传教士和社会改革者正是从这里赢得了众多支持者，这些人都愿意用暴力来达成目的"。不过 Claus-Peter Clasen 在 "The Sociology of Swabian Anabaptism," *Church History* 32 (1963): 155 中发现，尽管符腾堡的多数城市再洗礼派是工匠，但他们"基本上属于中产阶层"，"即便在这些城市最早的再洗礼派成员中，也没有证据表明愤恨的职工和负债的雇主构成其中的一大部分"。

〔6〕*Remonstrances, et Memoires, pour les Compagnons Imprimeurs, de Paris et Lyon: Opposans. Contre les Libraires, maistres Imprimeurs desdits lieux: Et adiointz* (n. p., n. d. [Lyon, 1572])。有内部证据表明里昂的职工们在此之前已有这种提法。而且在很大程度上，这种提法也是和 1539 年至 1540 年间职工们在辩护状与争论 (AML, AA151, ff. 68^v-70^r; Bibl. nat., nouv. acq. fr. 8014, pp. 690-710) 中所采用的措辞相吻合的。

〔7〕Bibl. nat., nouv. acq. fr. 8014, pp. 692-694; *Remonstrances*, ff. A i^{r-v},

第一章　里昂的罢工和救赎

B ii^r.

〔8〕有证据（AML，CC684 [1520]，f. 3^r）表明此时仍有一名印刷职工在继续担任着印刷兄弟会官员的职务，但也有材料（BB33 [1514]，ff. 153^r，158^r）表明兄弟会已经发生了分裂。我从城市民兵记录（比如 EE20 和 EE21）中找到了这个团最初成立的部分印迹，其中 1539 年罢工（AA151，f. 68^v）的领导人应该就是职工群体的分区长（dixainiers）。"印刷队长"（Captain of the Printers，职工团体的领导人）的称号最初出现于 1524 年的一份公共档案（BB42，f. 215^r）中。

〔9〕有关帕格尼尼的工作，参见 Timoteo Centi, "L'attività letteraria di Santi Pagnini (1470–1536)," *Archivum fratrum praedicatorum* 15 (1945): 5-51。另一位支持帕格尼尼工作的人文主义者是让·德·沃泽尔，参见拙文（"Holbein's *Pictures of Death* and the Reformation at Lyons," *Studies in the Renaissance* 3 [1956]: 111-118）以及本书第二章的内容。"麻木不仁"其实是教士会显贵 Gabriel de Saconay 在描述当时的里昂教士时用到的说法，参见 *Discours catholique, sur les causes et remedes des malheurs intentés au Roy et eschheus à son peuple par les rebelles Calvinistes* (Lyon: Michel Jove, 1568), p. 30。

〔10〕这些是 Jean Janin 的说法，此人别名 Le Collonier。这些话实际上是他在监狱中面对天主教当局的质问时说的，但鉴于他刚在印刷业者和其他工匠那里做了劝导工作，我在这里猜测他对后两者说了同样的话。参见 *Procès de Baudichon de La Maison Neuve, accusé d'hérésie à Lyon* (Geneva, 1873), pp. 3, 20-21, 52-54, 58-59, 61。

〔11〕Jean Guéraud, *La chronique lyonnaise de Jean Guéraud*, 1536-1562, ed. Jean Tricou (Lyon, 1929), pp. 54-55; Jean Calvin, *Ioannis Calvini opera quae supersunt omnia*, ed. G. Baum, E. Cunitz, and E. Reuss (Brunswick, 1863-1880), 14: 147-149, 140 (hereafter cited as *Calvini opera*)。

〔12〕Etienne Dolet, *Commentariorum Linguae Latinae Tomus Primus* (Lyon, 1536), 2: col. 266. 在 1580 年对律师作出授权的 115 名印刷职工中，有 43 人（约三分之一）不能签上自己的名字。有关体力劳动，可参见 Bibl. nat., nouv. acq. fr. 8014, pp. 696-697; *Remonstrances*, f. A i^r。

〔13〕*Recueil faict au vray de la chevauchèe de l'asne faicte en la ville de Lyon … mil cinq cens soixante six …*, in *Archives historiques et statistiques du Département du Rhône* 9 (1828-1829): 418。

〔14〕 *Remonstrances*, ff. A i^r, B ii^{r-v}.

〔15〕 Ibid., f. A i^r. Bibl. nat., nouv. acq. fr 8014, p. 694 中也表达了同样的观点。

〔16〕 AEG, PC 1397: "maintenir l'ordre de l'imprimerie," "maintenir le droict de l'imprimerie," "les ordonnances de l'imprimerie." 我将会在关于里昂宗教改革的新书中详细描述这些材料。

〔17〕 *Epistre en latin de maistre Aime Meigret … Plus un sermon en François*, ed. Henry Guy, in *Annales de l'Université de Grenoble. Section lettres-droit* 5 (1928): 210. 里昂和格勒诺布尔都出现了这种布道。

〔18〕 Antoine de Marcourt, *A Declaration of the Masse, the fruyte thereof* (Wittenberg, 1547), ff. A iv^r, B i^v-B ii^r, C iii^r. 这是马尔库尔 *Declaration de la messe* 的英译本，最初于1534年在瑞士出版，作者从里昂出逃后即到了那里。

〔19〕 *Monologue de messire Jean Tantost, lequel recite une dispute il ha eue contre une dame Lyonnoise* (Lyon, 1562). 如剧中提到的，原书是宗教裁判官 Mathieu Orry 去世前于1557年写作的。

〔20〕 Claude Baduel to Calvin (letter of 1551), in *Calvini opera*, 14: 147-149. "Celestial bread" from Pierre de Vingle's edition of the Bible in French in 1529 (E. Droz, "Pierre de Vingle, limprimeur de Farel," in *Aspects de la propagande religieuse* [Geneva, 1957], p. 45).

〔21〕 这些结论是在对里昂几千名男性新教徒的社会、职业状况进行分析后得出的，它们将出现在我即将面世的新书中。

其他学者也对16世纪中叶城市新教徒的社会构成情况作了描述，虽然他们分析样本中的男信徒数目要少一些。勒·华·拉杜里分析了蒙比利埃的情况 (*Les paysans de Languedoc* [Paris, 1966], pp. 342-344)，普林斯顿大学的 Philip Benedict 在其正在完成的有趣的博士论文 "Rouen During the Wars of Religion" 中也有类似分析。虽然两者都没有深入考察城市新教徒职业构成的意义，但他们都肯定了城市新教运动的"跨阶层"性质。拉杜里坚信识字是男性新教徒的一项重要特征，此点也为里昂的情况所确证。还可参考 Pierre Chaunu, "Niveaux de culture et Réforme," BSHPF 118 (1972): 205-226.

〔22〕 尽管教会当局会周期性地对印刷作坊进行调查，但1550年代里昂出现的异端书籍相当多，以致教士会显贵担心"所有的基督徒都会认为里昂就是另

一个日内瓦"(ADR, B, travée 355 [1551–1685], "les Protestants," ff. 1ʳ-3ʳ)。关于同一年的经济纠纷，参见 ADR, B, Sénéchaussée, Registres de l'Audience, Feb. -Oct. 1556。

〔23〕 *Histoire des triomphes de l'Eglse lyonnaise* (Lyon, 1562), reprinted in *Archives historiques et statistiques du Département du Rhône* 13 (1830–1831):233.

〔24〕 AEG, PC 1397.

〔25〕 三一学院由世俗兄弟会创立并在1520年代由执政团接手。总救济会创立于1534年，由市政府管理，其对贫穷家庭、失业者、孤儿的救助令人印象深刻。

〔26〕 Bibl nat., nouv. acq. fr. 8014, p. 691; *Remonstrances*, f. A 1ʳ⁻ᵛ, f. B iiʳ.

〔27〕 AEG, PC 1397, 1307.

〔28〕 比如，1560年代格里法林团的领导人 Jullien Mouchet 就分别是1530年代和1540年代领导人的儿子和侄子；1560年代和1570年代的另一名领导人 Guillaume Testefort 则是一名公证人和一名颇具家资者的儿子。不过这些人也周期性地与"团会"(aseemblies)中的成员商讨问题，参见 AEG, PC 1306, 1307。

〔29〕 *Remonstrances*, f. C iᵛ.

〔30〕 AML, BB49, ff. 203ᵛ–204ᵛ, 210ʳ–211ʳ. 与其他劳工组织合作的情况可参见 AEG, PC 1397。

〔31〕 此处74名督察官和21名执事的名单是从一系列档案（AML, GG87, Liasse 1, pièce 2, and ACh, E171, E170, and E10 *passim*）中整理出来的。在里昂，"督察官"(surveillant) 被用来指称"长老"(elder)，Antoine du Pinet 确认了这点。参见其 "*De ces Surveillans, accompagnez des ministres, est composez le Consistoire.*" (*La Conformité des Eglises Reformees de France et de l'Eglise primitive* [n. p., 1564], p. 78; dedication from Lyon, 1564)。

〔32〕 *Instruction Chrestienne* (Geneva, 1564), 2:721–722. 按照 du Pinet 的说法，新成员由长老会选定并在某个周日公布。如果三四周后没有不利于被提名者的反馈，此人即当选（*Conformité*, p. 46）。虽然这种"选举"每年都进行，但很多督察官年复一年地把持着他们的职位。相关情况可参见 R. M. Kingdon, "Calvinism and Democracy," *American Historical Review* 69 [1964]:394–396，他的观点肯定会引起印刷职工的共鸣。

〔33〕 Gabriel de Saconay, *Genealogie et la Fin des Huguenaux, et descouverte du Calvinisme* (Lyon:Benoit Rigaud, 1573), p. 54; 亦可参考其 *Discours catholique*, p. 68.

〔34〕参见 Crespin, *Martyrs*, 1: 712-713, 553 中一名参加新教秘密集会的改宗者（Mathieu Dymonet）的例子，此人从一名生活放纵的年轻人变成一名自律有度的新教徒。

〔35〕Baduel to Calvin (1551), *Calvini opera*, 14: 147-149. 按照 Baduel 的说法，新教秘密集会中并没有职工们的身影，因此后者只有在长老会于里昂设立并站稳脚跟后才有可能知道其对自己行为的看法和评判标准。亦可参考 Pierre Viret, *L'Interim, Fait par Dialogues* (Lyon, 1565), pp. 197-198。

〔36〕AEG, RCon, 23 (1567): 160^v ff. 里昂长老会的记录已全部遗失或损毁。因此如果要对此前里昂的情况有一番大致的了解，我只能有选择地利用日内瓦长老会的一些记录来作参考。此外需要提及的是，1560 年代牧师、平信徒和信件经常往来于日内瓦和里昂之间。

〔37〕AEG, PC 1307. 这是 Colladon 和 Spifame（此人是 1562 年至 1563 年新教政权的主要领导人物）在审判团员 Galiot Thibout 时陈述的观点。虽然 Thibout 避难于日内瓦并在那接受最终审判，但整个诉讼的酝酿和发起过程却是在里昂完成的。里昂牧师 Salluard 发布了这个案件的相关信息，很快地职工们也知道了所有的细节。格里法林团对 Thibout 被处决一事的评论是，"日内瓦的先生们嗜杀成性"（AEG, RCon, 24: 13^r）。Salluard 的妻子是 Barbe Vincent，她是里昂一名主要印刷商的女儿。

〔38〕*Instruction Chrestienne* 1: 607；在里昂传教的方济各会修士 Jean Benedicti 在其作品（*La Somme des Pechez* [Paris, 1595], p. 100）中也有类似看法。Raymond de Roover, "La doctrine scolastique en matière de monopole et son application à la politique économique des communes italiennes," in *Studi in onore di Amintore Fanfani* (Milan, 1962), pp. 158-166。

〔39〕A. Sachet, *Le Pardon annuel de la Saint Jean et de la Saint Pierre à Saint-Jean de Lyon* (Lyon, 1914-1918), 2: 68-75, 其中对教士会记录作了大量的摘录。

〔40〕在印刷徒工的问题上，1560 年日内瓦有关印刷业的法令便支持工人的观点。牧师 Beza 和 Des Gallars 对这些法令的影响尤为重大，参见 Paul Chaix, *Recherches sur l'imprimerie à Geneve de 1550 à 1564* (Geneva, 1954), pp. 21, 26。

〔41〕Charles de Sainte-Marthe 就吁请妥协，参见 "To the Masters and Journeymen of the Printing Industry of Lyon," *Poésie françoise*, in C. Ruutz-Rees, *Charles de Sainte-Marthe* (New York, 1910), p. 734。

〔42〕所有在日内瓦受审的格里法林团员都不得参加圣餐礼，被里昂长老会逮捕审问的 Pierre de Lexert 和 Jullien Mouchet 肯定也会受到相同的待遇。

〔43〕Du Pinet, *Conformité*, pp. 87-88; Pierre Viret, *Exposition familiere des principaux poincts du Catechisme* (n. p., 1562), pp. 271-272.

〔44〕参见 AEG, PC 1397, 1306, 1307; 反对格里法林团的里昂新教徒提供了大量证词和相关信件，这极大支持了日内瓦的调查工作。

〔45〕AEG, PC 1397, and RCon, 24 (1567): "le serment faict en ceste secte," f. 10^v. 这当然不是"派别"（sect）一词的首次运用。14世纪佛罗伦萨的丝织业行规中即有此词，这一行规禁止行业中工匠组织的存在；参见 N. Rodolico, "The Struggle for the Right of Association in 14th Century Florence," *History*, 2d. ser. 7 (1922): 181, n. 2。新教社会对此种制造内部分裂行为的敌意更为强烈，这也是反对修院制度的另一个理由；参见 Pierre Viret, *De l'Authorité et Perfection de la Doctrine des Sainctes Escritures*… (Lyon, 1564), pp. 22-23。

〔46〕可参见 G. Lenski, *The Religious Factor* (New York, 1963), p. 11。

〔47〕参见 E. Troeltsch, *Social Teachings of the Christian Churches* (London, 1950), p. 339。

〔48〕这些论述的根据将出现在我即将面世的有关里昂宗教改革的新书中。信仰自由者和各式一神论者一样，都在里昂有一些支持者（比如：Guilllaume Guéroult、Bauhin 一家，还有一些意大利人），但没有一种运动可以体现他们的观点。印刷职工可以为 Guéroult 印刷攻击加尔文的著作（比如 *Epitre du Seigneur de Brusquet*），可以和他一起嘲笑后者，但他不能提供任何实际的宗教选择余地。参见 E. Balmas, "Tra Umanesimo e Riforma: Guillaume Guéroult," in *Montaigne a Padova e altri studi* (Padua, 1962) 和 H. Meylan, "Bèze et les Italiens de Lyon," BHR 14 (1952): 234-249。

〔49〕Emond Auger, *De la vraye, reale et corporelle presence de Iesus Christ* (Paris, 1566), pp. 14, 18.

〔50〕只有13名印刷职工在1572年后迁至日内瓦，而其中有几人是 Forfant（比如 Claude Lescuyer, 他在1565年的 Thibout 审判中给出了不利于格里法林团的证词）。*Livre des habitants de Genève* (ed. P. Geisendorf〔Geneva, 1957-

1963], 2) 中有这些逃难者的名单。此外，有些新教职工在 1560 年代后期或 1570 年代返回里昂并皈依天主教，比如 Pierre Coritain、Pierre Sermigny 和 Michel Blanchier。对政治参与者的支持，可以从 1580 年代和 1590 年代职工节庆领袖"贝壳领主"及其"走狗"们记述的《消遣嘲弄》(*Plaisans devis*) 中看出来；参见 *Recueil des plaisants devis* (Lyon, 1857)。

第二章　济贫、人文主义和异端

伟大的西班牙人文主义者胡安·路易斯·维弗斯1527年在写给朋友的信中说："图尔内教区的神父在穷人中诋毁我的小册子（即《论贫民救济》[De subventione pauperum]），他说那是异端和路德信条。"[1]数年之后，伊普雷的托钵僧修会也这样评价贫民救济制度。此制度是由佛兰德斯城市的地方官刚建立起来的："禁止［任何人］索取救济……是可恶和刻毒的，它和被谴责的路德教条并无二致。"索邦杰出的神学家们认为伊普雷措施的出发点是"健康和虔诚的"，不过他们接着警告地方官员，不能阻止人们在公共场合行乞和分发救济品，任何将教会收入挪作济贫费用的行为都"不仅不是好天主教徒的做法，而且是不敬的异教徒、瓦尔多信徒、威克里夫或路德信徒的表现"[2]。不久，身为多明我会修院院长和里昂宗教裁判官的尼古拉·莫林也牵扯进这个问题。1532年，他发文抨击法国教士、人文主义者让·德·沃泽尔，后者在一本热情洋溢的布道书[3]中极力劝说里昂的贵族采取全新的福利措施。莫林说，这本书中充斥着谬误，而且"不利于天主教徒的虔诚"。相比大量可怜的外来人，里昂更应该担心的是大群的异教徒和对上帝不忠的人。[4]

显然，对新教济贫措施的批评并没有随着16世纪的结束而告终。尽管R. H. 托尼承认，宗教改革前已经有人批评不加选择的施舍，但他还是认为，只有新教对修院制度和虚伪善工的抨击才能使其衰亡。"对付贫困的新药"（如他的名言）——即用严苛的纪律或剥削迫使穷人不能懒散——也许受到了政治和经济变化的诱导，但清教的自负才是药的根本。[5] 克里斯托弗·希尔近期在研究一位颇具影响的清教牧师威廉·柏金斯*时则说道，正是加尔文教的教会体系观使富人确信不能不加选择地施舍，也使穷人不对救济抱有期望。不配得到救济的穷人是"被遗弃者，被遗弃于法律和教会之外"，这样（如希尔认为的）正好为发展中的资本主义准备了大量的廉价劳动力。[6]

16世纪时伊普雷的地方官员说，他们诧异于自己被称为路德主义者，因为他们所关心的只是帮助穷人。[7] 一些现代的学者也许会同意他们的观点，这些学者认为济贫制度的改革并不必然和异端有联系。比如布赖恩·梯尔尼即已证明，圣典学者时常感到受迫贫穷（involuntary poverty）所带来的信仰上的危机，而且他们也采取措施区别对待索求救济的人。[8] 其他的历史学家认为，到14、15世纪的时候，对于清高者而言，即便是自愿贫穷（voluntary poverty）也正在丧失其特别的吸引力：一些佛罗伦萨人文主义者主张将财富用在市政而不是自愿贫穷者身上，而北欧洲的思想者如让·戈森则将内心的超然置于平淡无奇的放弃财产之上。[9]

如同某些学者所展现的一样，人们对贫穷的态度在16世纪以前即已在发生明显的变化。另一些学者也已经表明，17世纪的济贫措施并不全是新教信条的结果。如一位经济史家所说，雇用童工更应该归因于"对基本人口形势的认识"而不是清教信条，"不管这种认识多么粗浅"[10]。埃曼努埃尔·丘尔也已经说明[11]，17世纪法国那场将穷人封闭于惩戒性"济贫院"里的运动的领导者，既不是胡格诺信

---

* 威廉·柏金斯（William Perkins，1558—1602），清教牧师，剑桥大学神学家。——译者注

第二章　济贫、人文主义和异端

徒，也不是政府官僚，而是圣餐团（Company of the Holy Sacrament）的虔诚会员*。

最后，对16世纪济贫制度的比较研究也有了类似的惊人发现。早在1880年代德国工业化促生比较经济史的时候，乔治·雷琴格和弗朗兹·埃尔勒**便已指出这点。[12]在他们工作的基础上，W. J. 阿什利***让英文读者明白，救济制度的改革得到了大陆宗教改革者和天主教人文主义者胡安·路易斯·维弗斯的知性支持，而伊普雷的地方官们则在一场论争的声明中引用了教会至上论者约翰·梅杰的论点。悉尼和比阿特利斯·韦伯****在他们的名著《英国济贫法》（English Poor Law）中采用了阿什利的看法。[13]

然而伊普雷的托钵僧修会、索邦的神学家们和现已成为宗教裁判官的尼古拉·莫林仍旧魂魄不散，他们的批判依旧影响着我们。当比利时学者皮埃尔·波南方描述天主教城市蒙斯和伊普雷的福利改革为"无疑是对路德教义的**无意识引入**"时，他们的身影又萦绕其间。[14] G. R. 埃尔顿曾研究过1535年一份有关英国济贫法改革的非同寻常的稿件。当他试图鉴别其匿名作者的身份时，他们又笼罩在埃尔顿心头，以致他得出结论："因为他反对不加选择的施与，他肯定是名宗教改革者。"[15]

这种看法的问题根源可能在于，当欧洲人宗教敏感性（religious sensibility）的变化涉及乞讨和救济法案的时候，我们自己并不能确

---

* 在威尼斯新救济制度的形成过程中，反新教改革的天主教敏感性起到了积极作用。参见Brian Pullan的重要著作（*Rich and Poor in Renaissance Venice*：*The Social Institutions of a Catholic State*，*to 1620*〔Cambridge，Mass.，1971〕）。

** 乔治·雷琴格（Georg Ratzinger，1844—1899）是德国天主教士、政治经济学家、社会改革家、政治家。他试图以福音和天主教社会教义来救助贫民。弗朗兹·埃尔勒（Franz Ehrle，1845—1934）是德国耶稣会士、枢机主教、教会档案管理者。——译者注

*** W. J. 阿什利（W. J. Ashley，1860—1927），英国经济史家，著有《英格兰的经济组织》（*The Economic Organisation of England*）。——译者注

**** 悉尼·韦伯和比阿特利斯·韦伯（Sidney & Beatrice Webb）即韦伯夫妇，社会改革家、费边社创立成员、伦敦经济学院创立者。他们的工会、劳工运动研究极大地影响了当时的政治理论和实践。——译者注

定这种变化的方式和原因，即便排除改革派教义的影响之后，情况依然如此。对维弗斯以外的天主教人文主义者在大陆济贫改革中的角色，我们的了解可能不很充分。由于考察不够深入，我们无法像面对新教关于善工和教会体系的理念一样，确认种种担当（assumptions）与伊拉斯谟关于教育、秩序和救济的观点的自然继承关系，而正是这些担当构成了新济贫法的基础。最后，我们也许应该重新审视欧洲城市会议（council）中的商人和律师。不论他们的信仰是什么，他们的职业阅历是否和城市生活的种种困难无关？

现在我要对1530年代早期里昂的总救济会作这样一番考察。这个里昂人引以为豪的组织，是北欧洲城市福利计划、甚至部分西班牙城市市政试验项目的一个典型。[16] 因为比其他城市扩张得更为迅速，城市的诸多问题如混乱、穷困和疾病等在里昂表现得尤为突出。不过，城市问题的实质是一致的。里昂特别有利于我们分析的原因有几个：一方面，1530年代的里昂是一座天主教城市，由天主教改革者推动的计划不能少了漫不经心的教士会成员的支持；此外，城市中活跃着重要的人文主义者圈子；最后，城市中已出现规模不大但特征明显的新教运动。如果宗教这类变量存在，那么在支持并建立总救济会的过程中，我们便可以看清这些变量的作用。

让我们从考察里昂的贫困状况及其对城市生活和氛围的影响开始。接着，我们可以仔细研究那些推动福利改革的人，并分析他们所建立的制度。

一

里昂的人口在1490年时即已在增长，到16世纪中期时其数量差不多翻了一番。1530年代，在新拓展的城墙范围内大约有40 000到45 000人居住。新的分区以简洁的矩形展开，而新房屋就建立其中，执政团也开始讨论街道和广场的拓宽问题。[17] 随着死亡率的下降，

第二章 济贫、人文主义和异端

欧洲人口在15世纪晚期得到了普遍的恢复。但像其他城市一样，移民加速了里昂人口的增长。在一个每年有四次集市的城市中，机会看起来到处都是：意大利的银行家族早已将其视作一个欧洲货币流通中心，而印刷、金属贸易、纺织品成衣作坊也在这里纷纷出现。随后，里昂地区、勃艮第、萨瓦的农民孩子，还有取道第戎、特鲁瓦、巴黎的佛兰德斯、德意志、意大利的年轻工匠们，都汇集到城市中来。

他们来的时候很穷，其中的多数人也终身不能摆脱这种状态。但是贫困并不只在刚来到城市的人身上发生，本地人中也有。衡量的标准是什么呢？我们认为一个无技术的、日工资是3苏的、干杂活的日工（gagnedenier）应该可以作为典型。但是一个工资是他的2～3倍的熟练印刷职工也同样会陷入贫困，并且有些时候他们的雇主也会沦落到类似地步。比如，在1530年代总救济会的一份包含15个月记录的救济册中（见表1），有79个家庭的男主人仍然在世。他们当中只有41%的人是非熟练工；其他的都是工匠。[18] 导致这种情况的部分原因是，工匠的收入得供养很多人。总救济会的布告上写着："穷户主和工匠承担沉重的育儿负担。"这重担往往是3个未自立的小孩[19]，但一些贫穷的家庭有更多的孩子（见表2）。纺织师傅皮埃尔·莱·孔布有5个小孩，有两台织机——一个职工和一个儿子维持其运转，就是这样一个人还需要帮助。著名的安德烈·古兹波只得靠变卖家具来维持7个小孩和怀孕妻子的生存。这些事实是不是很惊人呢？[20]

表1 救济册上93个家庭男主人的职业，1534年5—12月和1539年1—7月△

职业	丈夫在世的家庭数	丈夫刚去世的家庭数	总和
非熟练日工	21	—	21
城市葡萄种植酿造者、园丁	5	2	7
船夫、马车夫	6	1	7
屠夫	2	—	2
碾磨工	—	2	2
面包工、点心工	3	—	3
蜡烛匠	—	1	1

续前表

职业	丈夫在世的家庭数	丈夫刚去世的家庭数	总和
制袋工	2	1	3
鞋匠、补鞋匠	6	—	6
泥瓦匠、石匠	3	1	4
木工、家具工	5	2	7
刀匠、制针匠	4	—	4
玻璃匠	1	—	1
织工、绣花工	6	2	8
梳刷匠	1	—	1
剪毛工	—	1	1
染工	5	1	6
裁缝、衣匠	4	—	4
印刷职工、制卡匠	2	—	2
学校老师	1	—	1
弓箭工	1	—	1
总和	79*	14	93**

资料来源：Archives de la Charité de Lyon，E4 and E5。

△Archives de la Charité de Lyon 上在这总共 15 个月间记录了约 200 个家庭的情况，但其中只有 93 例记录了男主人的职业。在对工匠的记录中，这些记录本身并不能说明被记录者是作坊主还是职工。此外，3 位女性的职业也得到了记录，分别是织工、乳母和手套工。

即便家中只有一到两个小孩，也会有很多突发事件能把一家积蓄耗尽。某些行业比如建筑业，在里昂潮湿、寒冷的冬天就得停工；另外一些行业则在外部竞争压力下倒闭。一个像印刷业这样的新兴行业也有自己的难处，因为需求并不总能及时地转变成订单，小作坊会不时陷入停顿。

表 2　受总救济会救济的 41 个家庭中的未自立小孩数量，1534 年和 1539 年△

家中小孩数	丈夫在世的家庭数（33）	寡妇家庭数（8）	总和（41）
1	5	2	7
2	9	4	13
3	8	1	9
4	4	—	4
5	3[a]	—	3
6	1	1	2

* ＊＊表格中数字计算有误，原书如此。——译者注

续前表

家中小孩数	丈夫在世的家庭数（33）	寡妇家庭数（8）	总和（41）
7	3[b]	—	3
中值小孩数	3	2	3
平均小孩数	3	2.3	3

资料来源：Archives de la Charité de Lyon, E4 and E5。
△未自立是假定的，因为记录中并没有提到小孩。
a. 包括两名怀着第六个孩子的母亲。
b. 包括一名怀着第八个孩子的母亲。

一个人可能被解雇，也可能会生病。1530年代早期的时候，里昂的市民们便声称，瘟疫每年都要"席卷"一番。[21]来访者注意到，里昂人常得感冒和胸膜炎。印刷职工们抱怨说印刷工作让他们得关节炎。[22]1530年代的其中一年里，里昂有544名穷人因营养不良而不是瘟疫进入主宫医院（Hôtel-Dieu）中，他们当中大多数是男性，而且仍从事着各自的职业（见表3）。其中约30%再也没有走出这个医院，其他人的家庭则暂时失去收入。这些数字还没有包括那些生病呆在家里的穷人。贫穷母亲的分娩期代价也很高昂[23]，因为她们中多数要工作或者帮丈夫干活。当然富人也要得病和生孩子，但是对于穷人来说，这两件事的经济打击是毁灭性的。

表3　1530—1540年间选定时期进入和死于主宫医院的人数

时期	进入数	死亡数	进入者死亡率
1530年3月	61	18	0.30
1530年12月	51	17	0.33
1534年6月	38	9	0.24
1534年12月	26	8	0.30*
1535年3月	30	4	0.13
1537年3月	38	7	0.18
1537年10月	149	30	0.20
1539年3月	34	11	0.32
1539年6月	46	13	0.28
1539年10月	50	11	0.22
1539年12月	36	11	0.31
1539年3月—1540年4月	544	162	0.30

资料来源：Archives de l'Hôtel-Dieu de Lyon, F18, F19, F20。

* 表格中数字计算有误，原书如此。——译者注

最后，前工业时代的社会还有另一种大灾祸：饥荒。正常年份，一名里昂非熟练工人为了养活自己，要花超过半天的工资去买那些每周供应一次的劣质面包；但在 1500 年到 1531 年的一些年份里，谷物价格及受其牵连的面包价格是这个数字的 3 倍到 6 倍。这主要是农业的原始发展水平和运输的匮乏造成的，但谷物投机者的囤积居奇则让情况变得更糟（如同粮食暴动者所认为的和最近的研究所确认的一样）。[24]

自 14 世纪起，以上所有因素在某种程度上都已成为城市贫困问题的组成部分。但 16 世纪前几十年，除了这些因素外，还有迅猛增长的人口，后者极大地增加了城市生活的风险。贫困通常不是丢人的事，穷人也并不因此就病昏昏地呆在门窗紧闭的家里；相反，贫困会通过乞讨、抗议、犯罪、疾病的威胁和暴乱等方式显现在街道上。乞丐是些什么人呢？其中一小部分是成年的熟练或非熟练工匠，他们在失业时便临时充当乞丐。有一些是刚来到城镇的人，其他的是城市的普通居民。但是，时局艰难时，贫穷匠人和日工最喜欢干的事，是打发他们的小孩上街乞讨。甚至执政团也将年满 7 岁的弃儿从主宫医院中驱逐出去，让他们到街上谋生，每个人都有一块牌子说明其窘境。[25]所以，市民们抱怨："天冷的时候，无数的小孩没日没夜地在街上哭穷喊饿，袭扰教堂，妨碍人们的祈祷……噢，这是怎样的混乱，怎样的悲痛，怎样的耻辱啊。"贫穷女孩要是怀孕了，她们的未来就毁了。在总救济会的教区长们最初几个月有关乞讨的讨论中，13 个案例里有 7 个牵涉到小孩。[26]乞丐中众多小孩的出现大概能够很好地表明城市面临的新情况，这和 15 世纪末开始的人口增长密切相关。不管如何，如同我们将要看到的，儿童乞丐是促成福利制度改革、促使人文主义者对贫民救济产生兴趣的一个重要因素。[27]

和孩子们一起在街上吵吵闹闹的是职业乞丐，这些男男女女基本上不工作，为获得救济他们使出浑身解数。他们其中有病、有老、有残，而这些正是其困乏的根源所在。其余的则是"恶棍"（maraux）、"淫荡之徒"（ribauds）、"无赖"（belîtres）、"流氓"（coquins）——

第二章 济贫、人文主义和异端

这些丰富的词汇是从让·德·沃泽尔的布道词中选取的，当时的欧洲上层用它们来描述游民、流浪汉、游荡者、二流子和游手好闲的人。立法机构甚至在黑死病风暴前即已开始对付他们[28]，而到15世纪时，巴塞尔的地方官能够区分多达25类的假冒乞丐，这还没有算入法国流行的一些类型。[29]他们中有的假装得了癫痫或被疯狗咬伤，有的男人假装成正在赎罪朝圣路上的刽子手，有的女人假装成忏悔者，像玛丽·马格达伦*一样白天行乞，晚上从事原先的"第二职业"。乞丐们行乞的招数也有其弊端：有些人即便在冬天也赤身行乞；有的往自己身上擦化学物质，以便使别人相信自己有病。

所有这些行为逐渐演变成欺诈、赌博和其他各种小骗术——如英国的说法"纵容捕捉术"（the art of connycatching）。[30]（参考希罗尼穆斯·博施的画，魔术师玩骗局而其同伴则将让观众的钱包飘起来。）更糟的是，里昂街上乞丐和游民的数量总是因为寻求救济的外来人的加入而增多。他们是路过的游民、集市上的乞丐或是尾随宫廷暂住里昂的叫花子，如1524年至1525年的例子。每年6月举行重大节庆的时候，圣·让·巴普蒂斯特**赎罪式（Pardon of Saint Jean Baptiste）和教区修院总是夹杂着周边省份的乞丐，而面对恼火的教士会显贵，他们"跑着、跳着、嚷着、唱着"[31]。最后，当饥荒袭击周边地区的时候，城市不仅要担心自己居民的粮食供应，还要顾及四周乡村的逃难者。有时，他们有序地到来，赤足白衣，如忏悔者般用里昂方言叫着"雨、雨"。有时，如1531年那可怕的春天，他们从远至勃艮第的地方"如一支杂乱无章的大军般铺天盖地席卷而来"[32]。

在这种情况下，教俗两界早前对职业乞丐的强硬态度实属情理之中。现在的问题在于，他们开始反对城市中的所有乞丐了。首先，不

---

* 玛丽·马格达伦（Mary Magdalene），耶稣最有名的信徒，第一个见证耶稣复活的人。——译者注

** 圣·让·巴普蒂斯特是《新约》中的人物（John the Baptist，施洗约翰），犹太先知，耶稣基督时代巴勒斯坦地区传教士，他向公众宣告了基督的到来。——译者注

管是自愿还是受迫,人们认为大群的乞丐会提高瘟疫爆发的几率。(事实上,老鼠和跳蚤的繁育及扩散并不需要乞丐这个媒介;但是其他疾病的传播确实因大群乞丐的存在而加剧,这当然降低了人口对瘟疫的抵抗力。)一旦黑死病爆发,里昂和欧洲其他城市当局都会颁布禁止行乞的临时法令。[33] 既然执政团已经特意在里昂郊区兴建了一座特殊的医院来隔离瘟疫病人,那么他们考虑颁布对乞丐的永久禁令也就不足为奇。不久,作为减小瘟疫传播风险的一种方法,总救济会向大主教和国王提交了这个方案。对于人文主义者维弗斯来说,福利改革也是一项卫生措施,如同1528年威尼斯元老院和阿维昂市镇会议于16世纪晚些时候颁布的济贫法一样。[34] 所以,排斥乞丐的态度不仅可以独立于任何针对济贫法案的宗教批评而存在,而且还日趋强硬。

但此时里昂的事态却让原有的济贫方式无力招架,传统救济法的效力受到新教支持者和天主教徒的共同质疑。没有人经历过比1531年的饥荒更恐怖的场面了。超过1 500名村民和4 500名城市居民处于极度饥饿之中。[35] 如让·德·沃泽尔所说,暴民们看起来就像是刚从坟堆中跳出来的一样。又好像一位见证者数年后所说的,他们就像等待解剖的尸体。"我饿死了,我饿死了",他们叫喊着;而他们真的就死了,就在那边的街道上。宗教裁判官尼古拉·莫林写道:"我的心碎了,我永远也不会忘记。"一开始,居民们试图用老法子给这些人食物——在自己的房屋外一个一个地分发。但如沃泽尔说的,所有的一切又发生了:有些饥民吃得太快了,以致噎住窒息而死,其他的则猛地扑到分发者身上以致把食物弄丢,而分发者也不敢再发了。饥民们"数量远多于我们……在我们的门外喧嚣号啕着"[36]。

在这种情形下,如沃泽尔所言,同情变成了恐惧和厌恶,而同情的后果并不是生存,而是死亡。确实,这座让沃泽尔引以为骄傲的城市已经风光不再,它从"高卢人的避难所……全世界……向往之地"变成了"到处充满贫困,以致像是一座满是饿鬼的济贫院"。只是到了执政团和显贵们设立了一个组织(总救济会的前身)——在指定地

第二章 济贫、人文主义和异端

点有序分发食物，为游民们提供临时小木屋而不让其滞留街上——的时候，沃泽尔才谈到城市里的救济，谈及耶稣"通过新生……将穷人们的不幸包容其间，使耶稣受到比在故乡伯利恒更多的欢迎"。只有此时，沃泽尔才能将里昂比作一座"圣城耶路撒冷"般的城市。鉴于人们饥饿时的恶劣行径，沃泽尔总结说，防止人们陷入饥饿要比把他们从饥饿中救出更重要。[37]

贫困不只危害身体和精神健康，也威胁财产和权力。1531 年，尽管出现了暴动的苗头[38]，暴民们还是因为过长的跋涉而平静下来；而 1529 年春则出现了一场严重的粮食暴动，或者如里昂方言所谓的 rebeine（见边码 8 页注释）。大约两千名居民洗劫了市立粮仓以及附近的方济各修院和几名富人的家，其中包括里昂最早的人文主义者、医生和前执政辛布里西安·尚比埃的家。起事者多数是非熟练工人、妇女和十几岁的小孩，他们将过高的粮价归罪于投机商和官员的纵容。执政团作出让步，许诺恢复秩序，但几周过后就更多地忙于惩戒暴动头领而不是压低面包价格了。[39]

执政团将惩罚置于防止之上并不让人感到意外。暴动者做了一天城市的主人。同时，里昂地区的农民们也拒交什一税。[40]尼古拉·沃勒西尔对阿尔萨斯农民起义令人毛骨悚然的描述在执政们的家族中广为流传，尚比埃猜想同样的事情可能也会在里昂发生。[41]此外，起事者也得势不饶人。人们劫掠尚比埃家的时候，他感到遭受了巨大的屈辱，于是他写了一本有关 1529 年大暴动（rebeine）的书。在书中，他提醒穷人们，自己曾经劝说执政团对葡萄酒而不是谷物和面粉课税，还在演说中提到了希伯来、希腊、埃及和罗马人在这方面的先例。[42]如果说尚比埃特立独行，和他同时代的人不一样，认为起义者的反抗是异端的结果（我的研究表明，穷人中的新教支持者并不参加暴乱，而是参与了一支旨在恢复秩序并从私仓中武力夺粮的队伍）[43]，那么市民和商人们则早已对暴动（sédition）的危险深感不安。三年后，执政团和皇家官员仍对暴动领导者穷追不舍，还对其施以绞刑。

然而惩罚并没有解决问题，因为如沃泽尔所说，饥饿的人们不怕绞刑架。1530年秋，人们又看到了携带武器、纪律严明的工匠（印刷职工和染坊职工）队伍行进于街上，他们手举标语牌明示其生活费用的高昂。[44]尚比埃建议执政团严惩起事者，但同时必须抑制面包价格以使"人们失去捣乱的理由"[45]。事实上，接下来的第二年春天便是可怕的饥荒，而不久之后的瘟疫让情况变得更糟。1532年，里昂简单地再次设置1531年临时设立的救济会（aumône）。如果说贵族们并没有立即使救济会制度化，那是因为在多次执政团会议上他们总在考虑两个问题：应该如何对这个新型的、带有不确定性的大型机构予以财政支持？在众多穷人中他们又能养活谁？对于这个正处于扩张期的国际化都市而言，使居民生活不堪的种种状况在1530年代初达到了顶点，而这促使一个"永久帮扶穷人"的机构得以在1534年最终设立。[46]

二

新组织经历了一个戏剧性的转变，世俗当局代替教会成为资金和权力的新来源，济贫法也发生了变化。它是一种"革新"（reformatio），但革新的承担者不是宗教教派，而是显贵们：他们中既有天主教支持者，也有新教支持者。他们受到了基督教人文主义者的鼓动，后者（比如维弗斯）认为，建立城市的目的就是"增进慈善，发扬人类友谊"[47]。

让我们看看其中某些成员的情况。其中只有两位是教士，而他们恰是当时里昂教界仅有的两名博学者。其中之一就是神父、法学博士让·德·沃泽尔[48]，正处而立之年的他是名门望族之后、小修院的主持，同时拥有圣让大教堂教士会显贵管辖下的一个重要法庭职位，他还是纳瓦尔的玛格丽特的众多受保护人（protégés）之一。虽然他喜欢为任何事情——包括贫民救济——提供历史先例，并且也为1533年自己一手导演的王室进城游行引经据典[49]，但他真正在行和

第二章 济贫、人文主义和异端

珍视的，是意大利语言和文学。不过，他的几乎所有出版物都以法文发行，它们价格低廉，他希望用这些东西和大众交流《福音》要义，通过文体和图画等手段，使他们按照基督的教诲和榜样生活。这样，他的法文版福音书索引、他翻译的阿雷蒂诺*的《圣经》故事、他对霍尔贝因的《死亡之图》(Pictures of Death)的评论和翻印，便相继面世了。正是从这幅画起，艺术家们剔除了早期《死亡之舞》(danse macabre)的那种恐怖格调，就像沃泽尔试图清除里昂街道上的疼痛和创伤一样。[50] 虽然反对迫害新教支持者，并且是他们（如埃蒂安·多莱）的朋友，但他还是赞同伊拉斯谟从天主教角度看待真正慈善精神的观点。至于路德教会，他震惊于其圣像破坏行动的狂热和摧毁性，认为路德就是苦难的根源，而教会可以借之摆脱伪善。[51]

在沃泽尔福利改革的支持者、卢卡的桑托·帕格尼尼那里[52]，我们看到相当不同的情况，即一种人文主义关怀和天主教正统之间的混合物：他是费埃索尔一所多明我会修院的修士、神学博士，萨沃那罗拉身边的希腊语和希伯来语专家，佛罗伦萨的名人和演说家，最后还是美第奇家族的受保护人。帕格尼尼在罗马教授希腊文和希伯来文，直到利奥十世去世；此后他前往法国，1526年定居于里昂，在那里他听意大利居民说"很多人受异教毒害"而且中毒程度不浅。[53] 虽然已五十多岁，他还是积极地投入新城市的生活当中，用拉丁语、法语、意大利语传教；从他佛罗伦萨的亲戚那里筹钱办瘟疫救治医院；跟法国的文化名人（比如尚比埃）交朋友；出版希伯来文语法和词典，翻译希伯来文《圣经》，引用大量早期教会教父的说法来捍卫天主教教义。[54] 虽然自己翻译了未出版的《奥德赛》和部分的《伊利亚特》，他还是批评人们对"诗人的神话"比对《圣经》更热情。他还认为，经院哲学关于"实在、关系、实质、仪式"的争论根本与救赎无关。[55]

---

* 阿雷蒂诺（Aretino, 1492—1556），意大利诗人、散文家、剧作家，以对权贵勇敢而带蔑视的文学批评而闻名欧洲。——译者注

帕格尼尼和沃泽尔为帮助总救济会开始运转做了什么事呢？沃泽尔在1531年5月末[56]对执政和显贵的布道词中，使尽浑身解数——奉承、期许和预见到的威胁——劝说他们继续刚开始运转的救济组织并扩大其职能范围（别停止，别向后看，记住发生在洛特*妻子身上的事）。有争辩者认为城市无法支持这么大的开支，认为应该把穷人赶到城外。他回答说，这就像把耶稣从安打发到该亚法那里一样**。何况，新制度将减轻他们的负担，使他们不用再在家门口分发救济了，而且，国王一旦听说这件事，必定会答应减免城市的税赋。对于那些只想着起义威胁的人，他说，这就像比拉特***金盆洗手、脱身事外一样。此外，结束暴动威胁的唯一途径就是结束饥饿。对于听众中的人文主义者，他说，新组织比他们所热衷的大学和里昂高等法院的计划更重要。[57]他们不仅将因此清除街道上吵闹的穷鬼，还将使自己置身于凯旋圣徒（Church Triumphant）的行列中。最后，他引用伊拉斯谟《手册》（Enchiridion）中的说法："显然，施舍要比斋戒、祈祷、节欲或苦行更得上帝的欢心。"[58]

一年后，永久机构仍杳无踪影，这回轮到帕格尼尼了。教会的吝啬令执政团感到失望。作为执政团指定专职此事的中间人，帕格尼尼对执政们说："大主教和教士会显贵们没有按去年的数目出钱构不成停办的原因，每个人都应该尽自己的责任。"帕格尼尼就是这样通过他"无比的口才"——如尚比埃所言——为贫民服务的。[59]

用方言进行演讲推动福利改革，这是基督教人文主义者的一项重要贡献。让我们看看经院学者是如何看待这个问题的。在中世纪末的贫民救济问题上，布赖恩·梯尔尼提醒我们注意圣典学者们令人吃惊的迂腐。"15世纪时真正需要的是经院学者对健康游民就业能力的评判。"而事实是，他们只是把13世纪时的争论拉长两倍重述出

---

* 洛特（Lot）是《圣经》中的人物，亚伯拉罕的侄子。——译者注

** 安（Anne）是圣母之母，该亚法（Caiaphas）是主持给耶稣定罪计划的犹太人大祭司。——译者注

*** 比拉特（Pilate）是罗马朱迪亚地区总督，主持对耶稣的审判并下令行刑。——译者注

第二章 济贫、人文主义和异端

来。[60]不过，1516年时的一位唯名论神学家开始有了点新意，他就是宗会至上主义者、巴黎大学的杰出教授、苏格兰人约翰·梅杰。[61]他认为让世俗政府去帮助贫民以防止乞讨是一个好办法。这个观点被梅杰自己关于传统施舍的讨论所淹没："关于彼得·隆巴德*《神判》第四本中的第15个特性和第7、第8、第9个问题。"[62]即使有哪些城镇会议成员阅读过它，人数也极其有限。如果说伊普雷官员们在1530年末给索邦的辩护状中参考了梅杰的观点，那是因为有学者告诉他们，这样可以打动这个重要的机构[63]，他们将会失望的。梅杰刚刚离开索邦，显然他甚至无法说服自己的同行。伊普雷法令中的那部分条款——禁止任何人在公开场合行乞——遭到了索邦的反对。

相反，沃泽尔和帕格尼尼则竭尽所能，试图**劝说**更多的人参与建设新的社会组织。沃泽尔还推动了这一组织的最终成型。在布道书中他写明了计划并罗列出一些重要特征，比如为贫民孩子提供训练和教育、强制健康乞丐工作、集中财力和由俗界处理管理工作等等。[64]

两位人文主义者的俗界处理管理工作的要求值得我们强调，因为伊普雷的托钵僧修院便拒绝认可这一点，数年后奥古斯丁会士洛伦佐·德·维拉维琴佐也反对这一点。[65]一方面，沃泽尔和帕格尼尼只是出于现实考虑：不管他们俩多么希望提升教士们的道德动机，他们显然只是里昂首倡改革的仅有的两位教士。** 事实上，教会领导基本不理会这个问题。1534年，里昂大主教只是从执政们的信件中才得知这件事：在他"善意的缺席"（他已在巴黎居住了多年）的情况下，执政们订立了新的贫民法令，并且希望他能够以"贫民的主要保护

---

* 彼得·隆巴德（Peter Lombard，1100—1160），经院神学家，主教，神学标准教科书《神判四书》（*Four Books of Sentences*）的作者。——译者注

** 1527年到1528年3月于里昂举行的省教会会议表明，世俗教士对福利改革无动于衷，而沃泽尔则在会上孤立无援。虽然有关于压制路德教异端和改善教士道德及教育的小规模讨论，会议还是把大部分精力用在了讨论是否协助支付国王赎身金的问题上，而济贫院和贫民问题甚至没有列入会议议题当中。参见 G. D. Mansi 的编著（*Sacrorum conciliorum...collectio* [reprint; Paris and Leipzig, 1901-1927]，32：clos. 1130ff）。

人"和"他人榜样"的身份作出慷慨贡献。[66]方济各修士们也没有起到带头作用。他们继续发放传统的免费药物，但拒绝将其意大利同行几十年前即已在实行的低息贷款（mons pietatis）引入里昂，虽然1515年的教谕早已指明这种贷款不是高利贷。[67]

不只如此，沃泽尔、帕格尼尼还和伊拉斯谟、维弗斯一样，高度评价基督教在平信徒生活中的潜在意义。对于教士沃泽尔来说，平信徒管理的救济会才是一条通向真正慈善的可能道路。他说，"仿效十二使徒，不因身为传道者或穷人的代表而感到惭愧"，"当仁慈的管事吧"（Soyez charitable vigilateurs），你就会平息上帝的怒火：他刚用灾难惩罚了我们。这样我们的城市将得救，我们也能够在神圣的耶路撒冷得到宽恕。[68]

当然，执政和显贵们作出了回应，现在轮到他们来计划、忧虑和奔走各方了。他们中有声名显著的律师，他们保有善良平信徒的记忆：市镇（commune）曾经为摆脱其中世纪领主——即圣让大教堂的大主教和教士会显贵们——的裁判权而长期奋斗。马蒂厄·德·沃泽尔就是这样一位律师。他是让的兄弟，帕维亚大学的法学博士。参与改革主宫医院的工作使他一定程度上了解贫民的需要，他甚至在1531年饥荒以前即提出：预防重于镇压。他也是这样做的少数几位显贵之一。因为身兼里昂地区皇家政府以及执政团的两个职位，马蒂厄·德·沃泽尔帮助总救济会从"国王亲信"（gens du roi）那里获得了针对游民、贫穷居民和孤儿的新司法权。[69]

律师们对福利改革的贡献不只建立在他们的影响力和司法见地之上。他们还建立了藏有古典作者和人文主义者作品的图书馆（就像他们的同行在法国其他城市所做的），互相传播伊拉斯谟的作品[70]，并时常与像让·德·沃泽尔这样的文人打交道。他们很有可能也买进了维弗斯《论贫民救济》的副本。这本书于1532年在里昂印行。[71]

那些与沃泽尔和帕格尼尼争论的显贵，多数是经营书籍、银行、纺织业和香料的商人或企业主。除了少数人外，他们接触人文主义作品和思想的机会比律师们少，也比15年后他们的后代们少。他们在

第二章 济贫、人文主义和异端

人文主义者的建议中所寻找的只是赢利和经济扩展的机会,而这是维弗斯和沃泽尔想都没想的。这些商人中有些来自里昂的名门望族。其他的像让·布罗金,则因娶对了妻子而发迹,但他们还没能跻身执政的行列。实际上,如果不是在1531、1532年临时设立救济会时掌管财政工作,布罗金或许永远也不可能在1533年12月进入执政团。[72] 最后,他们中还有外国人和新近来到城市的人,比如来自皮埃蒙特的杰出资本家埃蒂安·涂尔盖。[73] 这样看来,总救济会从一开始便和城市经济发展所依赖的各个族裔有了联系。

这些律师和商人信奉什么宗教呢？他们中的绝大部分此时信奉天主教,并且其中的多数也终身不改教(实际上到1560年新教运动高潮的时候,里昂也只有大约三分之一的居民改皈新教)。比如马蒂厄·德·沃泽尔稍后就说过,如果教皇陛下能够将更多的圣产用于贫民救济,"所有那些可恶的新教派都会很容易地平息和衰微下去"[74]。有些时候,我们不能根据信仰将显贵们分开。1520年的时候,布罗金即已有了一个身为银行家的继父,后者是里昂最早归附纪晓姆·法雷尔*信条的几个人之一。数年之后,布罗金让自己的儿子也成了加尔文信徒。但是布罗金的母亲仍旧是天主教徒,而且他自己死于1539年,而此时的信仰界限还没有那么严格。[75] 就我们所知,这位商人想的是救济穷人,而不是宗教宿命。

当然,在1530年代的另一些改革者中,有一小部分其实是新教的秘密支持者。纽伦堡的约翰·克莱伯格便是一个很好的例子。他奉献给总救济会的钱比里昂的任何人都多,包括大主教。有了来自商业和银行经营的巨额赢利,他也可以应付这笔开支。他认识乌尔里希·冯·胡滕,让丢勒为他画过像,他和伊拉斯谟有联系,他和自己的前岳父、人文主义贵族威里巴尔德·皮尔凯默**争辩过。他从纽伦堡来

---

* 纪晓姆·法雷尔(Guillaume Farel, 1489—1565),瑞士法语区宗教改革的传倡者,他的工作促成加尔文改革派教会的建立。——译者注

** 威里巴尔德·皮尔凯默(Willibald Pirckheimer, 1470—1530),文艺复兴时期德意志律师、作家和人文主义者,纽伦堡显贵。——译者注

到里昂，不过他有机会见到那座德意志城市1522年便建立起来的新福利组织。1530年代中期结婚的时候，他的新教信仰最终确定。他的妻子是加尔文的朋友，其前夫1535年在巴黎因信仰异教而被烧死，而她也几乎没有脱离异端。克莱伯格一家保持着与日内瓦的联系。但1546年约翰在里昂去世时，无意于殉教的他按照天主教仪式举行了葬礼。[76]

这样，1530年代的福利改革联盟就出现了。它不是一个由界限分明的团体组成的"团结阵线"，它靠的是来自不同地方、持有不同宗教观的人们的协同合作。他们要对乞讨和饥饿（如果不是对贫困）宣战，他们要让这个普通城市充满沃泽尔所说的"和平胜景"。

三

他们当然不需要一切从零开始。虽然有了一些重要革新，但某种程度上，他们只是在承接中世纪的诸项进展。为了讨论的方便，让我们把救济贫民的工作分成两类：一类是财富再分配，另一类是开拓新财源和扩展经济机会。中世纪末期财富再分配的样式——分发食物、钱、衣服和燃料；免费医疗服务；稳定价格；针对贫民的优惠税收政策等等——仍流行于整个16世纪。诸如住房补贴之类的新样式只在少数地方试用过。[77]

在中世纪和16世纪时，无论是教会还是世俗当局都没有运用福利措施改变社会秩序的意图。财产公有制作为一种财产再分配的极端形式，只在如下地方实行：修道院、再洗礼派团契和新大陆的印第安人试验公社（西班牙教士基罗加*受莫尔的《乌托邦》影响而创立）。[78]即便作为一种圣徒的生活方式，公有制对这座繁忙城市的平信徒也几乎没有吸引力，虽然300年前瓦尔登信徒们确是从这里走出

---

* 基罗加（Quiroga, 1477/1478—1565），西班牙主教、社会改革家、人文主义教育家。——译者注

第二章　济贫、人文主义和异端

的。正如执政中的一位老者所言："确实有很多贫民住在［瓦尔登派之前活动的街道上］，但不同于后者，他们并不情愿呆在那里。"相比一起分享贫困，里昂的印刷职工们宁可组成职工工会（compagnonnages），在现有财产所有制的框架内改善生活水平。[79]

假如16世纪的济贫法不是基于新的所有制观念，那么其雄心勃勃的目标——寻找切实可行的方法来杜绝乞讨和由饥饿引发的死亡——则真的暗含一些新的东西：在新教的纽伦堡、诺维奇和天主教的伊普雷、里昂，对于某些生存状况，社会已经根本不能和不敢容忍了。不管城市福利改革是否成功，建议就摆在那儿了。沃泽尔的布道说明了如何将这些想法融入到现有的天主教框架当中，"贫民处在苦难的十字路口上，他们和那些慷慨帮助他们的人一样，都在等待救赎"，但他们绝不应该就这样让城市充满他们的抱怨和饿殍。[80]

16世纪和中世纪的另一个不同是对收入再分配的管理。中世纪的贫民救济虽然有时非常大方，但其零碎和不连续性比起今天是有过之而无不及。和其他地方一样，也会有人随机地在街道和门口分发东西，葬礼或庆典上的施舍、修道院和某个地方教堂的救济、医院的救助（主宫医院是里昂唯一的重要医院）、执政团的零散派发、兄弟会在困难时期对贫穷成员的救助等等，都在里昂进行着。教区援助也许消失了，教区收入往往被资助人挪用。只有在圣让大教堂才有受到监督的、每周一次的救济分发，其资金被严格限制在旧式基金的范围内。举个例子，某个基金规定"每个耶稣升天节为13位穷人提供晚餐，然后他们将在我的坟前祈祷"。至于在修院前围成一小群索要救济的人是不是教会法规确定的最需要救助的人，这就见智见仁了。[81]

13、14世纪的时候，佛兰德斯和法国北部（鲁汶、蒙斯、杜埃、里尔、圣奥梅尔、贝图纳，还有其他城市）的平信徒已为教区内的贫民们设计了募集和分发登记表。但不管这些贫民登记册（Tables des Pauvres）多么有用，他们并没有将救济集中起来进行。各教区有各自的登记表，并且通常市政官（échevinage）也不管理这件事。

38 　不只如此，其他救济的表格（包括对单个乞丐的救助表格）也和这些登记表放在一起。[82]

　　贫民登记册并没有在里昂和欧洲的多数地方出现；不过到中世纪末的时候，对收入再分配的管理方法却已在发生变革，方式有所不同，但管理权都落到了平信徒——政府实体或世俗兄弟会——手中。刚来到里昂的人（比如德意志人）在 15 世纪末建立了兄弟会，其部分目的是互助，而旧的世俗兄弟会扩展了它们的职能。尽管如此，他们能做的事情也是有限的，因为某些贫民（比如非熟练日工）没有相应的兄弟会可以加入。不管怎样，世俗兄弟会无法领导城市各个方面的救济管理工作。* 比如，三一兄弟会尽管有 1 700 个成员，却仍无法管理它自己于 1519 年建立的学校，它的服务满足不了要求；到 1527 年的时候，它只好将学校转交给执政团。[83]

　　这样世俗政府就要在其中世纪职能——检疫工作及其他环卫措施、维护罗纳河桥梁、供应城市谷物和木材、稳定面包的分量和价格——的基础上再加上一条：管理所有的公共福利服务。[84] 执政团在 15 世纪末即已接手主宫医院的管理工作，而此时里昂集市刚设立不久。当然，神父和修女像其他人员一样都得到保留，但他们现在要

39 受执政们的监督。毫无疑问，1520 年代为主宫医院设立新账目以及考虑如何处理滞留其中弃儿的经历，都有助于执政团面对一个更困难的问题：建立总救济会。[85]

　　自此，里昂所有的救济分发和大部分的慈善服务，都交由新政府机构总救济会或执政团经营的济贫院来解决。人们依然可以把遗产分馈仆人或熟人，也可以向那些在他们死后帮忙抬棺材的穷人赠送衣服之类的东西。[86] 而且里昂兄弟会用于互助的资金并没有转为市政救

---

* 类似的，Brian Pullan 已经表明，尽管大救济会（Scuole Grandi）扩展了其救济行动的范围，并和威尼斯城邦建立了新的关系，但这个强大的世俗兄弟会还是无力解决 16 世纪末的所有贫困问题。"大救济会是为居有定所和可敬的贫民而设的……它的主要任务并不是帮助游民或无家可归者……它帮助虔诚而可敬的穷人，而不是罪犯和妓女……它接纳很多的工匠，但它并不深入社会底层。"与后一群体打交道的工作是由新宗教运动和城邦合作完成的。参见 Brian Pullan 的作品（*Rich and Poor in Renaissance Venice*, pp. 186–187）。

第二章 济贫、人文主义和异端

济所用，如1531年查理五世在荷兰所要求的（这大概是由于1533年里昂兄弟会的奇怪地位造成的。它们在1529年的大暴动［rebeine］中被宣布为非法组织，但实际上却一直被容忍着）。[87]不过，原先每年在圣让大教堂、其他修院和教堂分发的各种救济品，现在都折成一笔钱由总救济会统一处理。任何人都不得在家门口或任何公共场合分发任何救济（虽然没有相应的惩罚措施出台），捐献都只能交给总救济会的收集人或者投入捐助箱。禁止任何乞讨行为[88]，违者将受到鞭刑和驱逐。

里昂历史上第一次有了关于贫困居民及其需要的清单，而信息则由总救济会官员挨家挨户地调查提供。调查中发现的任何病人都将在主宫医院接受免费治疗。幸运的是，执政团刚刚扩充了医院的人员（总救济会刚创立的时候，弗朗索瓦·拉伯雷便是其中的一名医师）。其他人多数可以收到票证以领取救济。这些人要么残疾，要么有工作但无力支持家计。票证的印刷很整齐，上面留有空白。总救济会工作人员需要做的，就是在上面填写领救济者的名字、领取量和持续领取的时间。接着，票证持有者会在每个周日早上到指定分发中心领取他们的面包和钱，"一个接一个"[89]。领救济的人数时刻都在变化，因为进一步的挨家入户的访问和倾听都可能让情况有所变化，而贫民可以借此向教区长（rectors）诉苦。

包括人口调查[90]在内的这些新创举是16世纪市政救济的典型措施。在将教会资金征用于救济的新教地区，我猜想，倘若这些征用不配合管理上的类似改革，城市福利服务的情况也不会有多少改善。集中化带来的经济上的最大好处就是能够将援助更平均地发放到更多人的手中，而且救济支出能够按照不同的时间、地点和需要作出调整（每一苏的分发都会有更多的结果）。沃泽尔自己对此没有太确切的认识，因为1531年他只是声称，一个"审慎的制度"不会比街上的自发分发花费更多。[91]而像让·布罗金和埃蒂安·涂尔盖这样的商人，则特别欣赏新机制财政上的优越性。

福利改革就这样将16世纪城镇的精打细算扩展到了社会生活的

更大领域当中。假如这些没有发生,那么审慎的制度连一个月也维持不下去。以圣让大教堂的记录来看,资金和时间不能对应,而对济贫资金及其下落的残缺记录也散在各处。主宫医院和总救济会的记录就不同了,它们都详细地给出了收入和支出数目。固然,其会计系统是单式记账而非复式记账,而且早期记录还有不少错误,但教区长们确立了很多新的或起码是更精确的核算措施。一个人每天需要多少面包? 答案:1.5磅。[92]一个分发中心每周要发出多少面包和钱? 领救济的人数是增多了还是减少了? 这些都是计划的依据。[93]主宫医院里每周进来多少人? 离开多少人? 又有多少人死去? 他们又是谁? 这些问题的答案于1529年被汇编到一起,构成了里昂史上第一份系统的死亡记录。1534年,总救济会的教区长又让各教区的教士们保有一份清单,上面记录着每位死者的信息,他们据此估算国王法令对其后差不多30年的贫民死亡率的影响。[94]为什么要这样做呢? 因为他们要保证没有一个家庭以去世者的名义骗取更多的救济。

如果说以上这些资源都来源于商人,那么人文主义者的敏感性则为新制度、尤其是救济分发的井然有序作出了独特的贡献。1539年,有名的人文主义文本印刷商塞巴斯蒂安·格里修斯出版了总救济会的规则(règlements)。沃泽尔也许是这一规则的编辑。[95]这本书中还带有一幅描绘典型的周日分发的木版画。在总救济会办公室里的是里昂的贫民,他们像16世纪的普通人一样平静地排着队。杂吏也许偶尔会带有长棍,但并不需要使用它。画中有一根拐杖很突出,没有开裂的伤口,只有破烂的衣服能显示贫穷。人们伸出手,但没有人号啕,没有人扑向捐献人。如规定一样,男人、女人、小孩,一个接一个地从杂吏手里接过他们的面包和钱。教区长们坐在一张桌子后面,其中一位正在校对着注册的穷人,另一位静静地将钱递给杂吏。这幅画不同于皮特·科内里茨*的《慈善之道》(*Acts of Mercy*)或布鲁格尔的《慈善》(*Caritas*),也不同于我见过的15、16世纪北欧洲的

---

* 皮特·科内里茨(Pieter Cornelisz)是弗莱芒画家。——译者注

第二章 济贫、人文主义和异端

类似画作，因为后面这些画作都意在突出施舍的道德，都是栩栩如生的风俗画：可怜而急切的穷人在街上或教堂前围着繁忙的捐献人团团转。里昂救济分发的画面与传统画不同，它表明的是救济的有序与和谐，而这正是沃泽尔孜孜以求的和正在部分实现的。如之前表明的，一旦福利制度改革者保证生存底线的愿望得到实现，我们便可以发现，里昂的贫民是顽强的，他们并非全都惹人讨厌。[96]

一个社会要缓和贫困问题，除了财富的再分配以外，还可以发掘新的财富源泉和经济机会。在 16 世纪，这方面的相关技术（techniques）受到比以前更多的重视。15 世纪加速发展的技术发明和地理大发现的成果引导了当局对"新财源"的思考，虽然这离弗朗西斯·培根的设想还很远，更遑论"生产可能性曲线"*了。在里昂，正是 1470 年代印刷业的成功引入，才使得执政和显贵们最终了解新产业与就业、繁荣之间的关系。1528 年执政团告知国王：如果没有新生的毛衣和丝织业，里昂的平民们将难以为生。[97]

类似的措施还有贫民的教育和重生。中世纪的时候，罪犯的债务会被偿付，贫困女孩将被馈赠嫁妆，穷男孩则被收为学徒。但至少在北欧洲**，每次只有很少的人能得到帮助。教会学校或其他市立学校只为那些意在担任教职的男孩提供免费教育。[98] 1527 年之前，里昂甚至没有一所市立学校，大主教和教士会显贵强烈反对其设立，因为这会限制他们在教育上的特权。[99]

尽管如此，有了总救济会，人文主义者的教育及培训理念便可以和经济利益相结合，产生一个关于儿童的重要规划。[100] 两个济贫院被设立用来接收 7 岁后离开主宫医院的孤儿和弃婴。除了非婚生的之外，教区长可以合法地收养所有小孩，这是总救济会的一项非凡特征，也是其雄心的表现。男孩要学读和写，小部分有兴趣和能力的女

---

* 经济学术语。此曲线反映了资源稀缺性与选择性的经济学特征，用来表示经济社会在既定资源和技术条件下所能生产的各种商品最大数量的组合。——译者注

** 依据 Brian Pullan 的说法，15 世纪时威尼斯大救济会已有大量的贫困女孩接受嫁妆馈赠的例子。

孩也可以学。[101]聪明的男孤儿将被免费送入市立三一学院,在那里,他们将和有钱人的小孩一起读书,并从信奉人文主义的教师那里学习知识,而学院正不断吸引后者来到里昂。[102]不过,倘若孤儿教育计划仅限于此,其情况不会比为聪明黑人学生设立的奖学金制度好多少。这个制度让黑人进入耶鲁和普林斯顿,只是为了帮助解决美国城市黑人贫民区的问题。但这个计划真的更进了一步。多数男孤儿经历学徒阶段后都成为工匠,所需开支则由总救济会负担,有时他们能够从事高技巧要求行业——比如印刷、冶炼、油漆、刀剑镀金、刺绣或类似行业——的工作。总救济会最初9个月接收的31个小孩的资料表明,他们中的绝大多数从事着比其父辈工资或技术要求更高的职业(见表4)。所有的女孩在出嫁时都被给予嫁妆,这是帮助她们丈夫事业起步的一种方法。她们中的一部分在出嫁前要出来当侍女,而且越来越多的女孩正接受训练,以便在里昂的两个新行业中工作。

表4　　1534年4—9月总救济会31名男孤儿当学徒的情况分析[△]

在比父辈收入或技术要求更高的行业中当学徒的男孩(7例)			
父亲:	日工	男孩:	染工
	日工		手套工
	细木工		锁匠
	农夫(来自多菲内的富裕农民)		染工
	包装工		铸工
	包装工		木工
	织袜工(来自日内瓦)		谷物商人
在比父辈收入低的行业中当学徒的男孩(2例)			
父亲:	面包工	男孩:	制针工
	屠夫		制针工
难以比较(3例)			
父亲:	制衣工	男孩:	织布工
	织布工		制针工
	织布工		制针工

续前表

只知道来源地的案例；父亲出身大概是农民（13例）			
来源地：	博尔派尔（多菲内）	男孩：	制带工
	博热（博热）		刀匠
	拉布伊西埃（多菲内）		毛皮工
	夏泽勒（弗雷）		毛皮工
	"圣"（接近布雷斯地区布尔格）		手套工
	夏洛莱		锁匠
	圣-森弗里昂-德·奥赞（多菲内）		锁匠
	布雷斯		绸布商
	康西埃（博热）		商人
	香比埃（多菲内）		制扑克牌工
	索姆河畔布雷（皮卡第）		医师仆人
	梅西米（里昂）		鞋匠
	弗尔（弗雷）		织布工

无父亲资料（6例）

男孩：天平匠人、商人、制钉匠[a]、制针工、玩偶工人[b]、玩偶工人

资料来源：Archive de la Charité de Lyon, E4。
△这个时期有两个男孩被收养，收养者一个是出版商，另一个是木匠。
a. 记录中这名男孩被称为"穷孤儿"（povre orphelin）。
b. 记录中这名男孩被称为"穷孩子"（povre enfant）。

丝织业的建立有赖于皮埃蒙特人埃蒂安·涂尔盖1535年的建议。他也同样积极参与过市立学校和总救济会的设立工作。城市立刻援助他500埃居，马蒂厄·德·沃泽尔则帮助他获得国王赐予的数项特权。[103]涂尔盖现在成为总救济会的一名教区长，在里昂租了几幢房子，雇用意大利络纱工或纺纱工教女孩们技术，其中不只有女孤儿，也有来自街区的、尤其是受救济家庭的女孩。[104]训练结束之后，女孩们将到涂尔盖及其合作者在里昂开设的作坊中工作。就这样，涂尔盖的劳动力供应有了很快的增长，而学到技术的贫困女孩们的收入也比干家务活多。"棉"织业（估计是粗斜条面布）中也有类似的安排，这是由另一名意大利人引入的。他也参与了总救济会的设立工作。[105]虽然没有建立新的培训中心，但第二年教区长们已在想方设法地训练男孩们：让他们成为学徒，向刚来到里昂的意大利织丝布工、陶工、抽金线工和彩陶工学习技术。假如能弄清欧洲其他城市是否也利用贫民救济制度来帮助扩展制造业，那将会很有趣。

总救济会的这些特征对应了让·德·沃泽尔的预言:"大量的男孩女孩应该在年轻时学习某些手艺或技巧,这样他们就不会变成游民或乞丐。"1531 年沃泽尔还许诺说,无赖和游民必须停止行骗,要么接受强制工作,要么离开城市。[106]这正是总救济会试图做的。它提供的工作有为新防御工事挖沟渠和清除街道垃圾两种。这些人经常带着镣铐做工,他们所得到的也只是食物和饮水。如果他们不服从,就会被送到总救济会的"惩戒"塔中拘禁一段时间,而如果他们行乞被逮到,则会被处以鞭刑并被驱逐出城市。[107]

要估量这个计划的效果及其与人文主义者预期的关系,我们必须首先记住,情况可能比预期的差。在鲁昂,健康的乞丐在恐惧中干活,而在特鲁瓦,他们则处在吊刑的阴影之中。[108]不只如此,17 世纪里昂的塔堡变成了一个所谓的济贫院:半是监狱,半是工场,专门用来拘禁健康的乞丐。16 世纪末,人们对游民的反感可能加剧了,部分原因是,强制性的公共工作没能改变这些人。[109]但 1530 年代当里昂的显贵们在制定针对健康乞丐的举措时,他们关心省钱的程度似乎不比关心让"游民悔改"的程度少多少。当"恶棍们"(maraux)挖沟渠时,相关的资金来自已经拨付的工程款项,而不是来自总救济会的金库。[110]

其次,城镇救济管理者不能区分职业乞丐和临时充当乞丐的失业工人,这个广泛流传的说法并没能得到证实。1551 年,巴黎的法令便作出了这种区分。1534 年,鲁昂一名细心的律师告诉当局:对于一个已习惯于一种手艺的人来说,失业时接手其他任何工作都是很难的。当他没能在原有行业找到工作时,不能把他归为"劣性、恶根"[111]。让我们考虑里昂的情形:杂吏驱逐了两名在街上行乞的身份不明者;他们的一个亲戚找到教区长,解释说他们是正在自己行业中找工作的匠人;教区长随即放他们回来,只要他们保证不再行乞便不予追究。[112]只要教区长认为理由充分("可怜"[pitié],如记录常提到的)而且救助没有使人逃避工作,周日分发似乎也可以把临时失业的工匠和劳工家庭包括在内。[113]

再次,在欧洲范围内,里昂针对健康乞丐和游民的法规是相当完美的。确实,在巴黎从事公共工作的人除食物之外,还得到等价券作为工资。也许那座城市比里昂能负担更多,但其处罚更为严厉,工作则令人吃不消。[114]甚至在人们普遍同情受迫乞丐的西班牙,人们也用鞭刑甚或罚做桨手的措施来恐吓游民。[115]

如果可能的话,我们可以发出这样的疑问:既然人文主义者坚信教育能在某种程度上改变人,为什么他们没有更好地去正视健康乞丐的重生问题呢?1535年英国一份有关贫民救济的提议实际上便提出了这样的解决方案,尽管起草这份提议的英国人文主义者清楚地知道,一名健康的工人可能会不由自主地沦为永久游民。[116]当然,人文主义者可以回答说,教育对年轻人更有用,如沃泽尔说的,"一旦染上恶习,人就不能摆脱了"[117]。总救济会可以消除下一代的游民;现在,它可以禁止行乞,而人们可能像托马斯·莫尔在《乌托邦》中对奴工辛苦劳动的说法一样,希望借清理下水道和挖沟渠,让健康的乞丐们"因持久艰辛而变得顺从"。

我怀疑乞丐中是否有人能这么顺从,而且我认为更完善计划的前提是要**理解**他们。这不只意味着要认识他们独特的习惯和俗语——人们可以在娱乐活动和讽刺性的英国游民文学中发现它们;还意味着要超越西班牙的《托尔姆斯的拉扎里奥》(*Lazarillo de Tormes*)*的那种极好的同情和嘲讽,进而达到一种相对主义的社会考察,并以之作为政策的基础。这在16世纪是可能的:贝纳迪诺·德·萨哈甘和**阿隆索·德·佐里塔****便试图在阿兹特克人那里做到这点。由于某些原因,法国的游民文学比英国少,而且法国也鲜有当局像蒙田那样殚精竭虑地去考虑改变乞丐举止的问题,毕竟后者已习惯了自己的行为方式,而且觉得满足。[118]

我们回头看可以发现,很多职业乞丐和游民是有一技之长的(的

---

* 拉扎里奥是西班牙小说《托尔姆斯的拉扎里奥》(即《托尔姆斯的拉扎里奥的生活和祸福》)中的主人公。——译者注

** 阿隆索·德·佐里塔(Alonso de Zorita,1512—1585),西班牙皇家法官和基督教人文主义者。——译者注

确，我们今天把说服术也看成技能！）；他们一起迁移，一起留驻；他们有自己"事业"的合作关系；他们自创仪式、行阶和"奇迹法庭"（courts of miracles）。[119]也就是说，他们有办法应对无权与孤立。他们是很穷，但没有人许诺他们说公共工作可以赚得更多。某种程度上，他们要比我们自己城市中的那些"不能雇用者"和半失业者更难"重生"，因为他们从属于一种亚文化，弗朗索瓦·维庸*便曾经乐在其中。[120]事实上，里昂的职业乞丐认为，有错误的是总救济会的教区长，而不是他们自己。他们也赞同让·布罗金下葬那天有些人说的话："穷人可以高兴了，因为他们的敌人死了……恶魔将带走总救济会的老爷们，现在他们逮到第一个了。"[121]

　　一些受迫贫民也因法律禁止行乞而感到难过，他们只是因为行乞存在风险才停止这样做：一旦被抓住将从济贫册上除名。其他人只是不喜欢看到乞丐被鞭打，当杂吏这样做时，他们便混在围观者中起哄。[122]当然，上述这些都不表明里昂的"小人物"真的以乞丐为荣，不管是受迫的还是自愿的。比如，印刷职工们讽刺不加入他们组织的人，说"他们得到的工资将和乞丐差不多"。当他们在一次罢工中被公开称作"游民"时，他们对国王说，这个叫法是"丢人和可耻"的，因为"游民"必须马上回去工作或者在24小时内离开城市。[123]

　　相比是否允许行乞，被载入济贫册的贫民们还得担心更重要的事情。当每周的分发物品不够生存时，他们可以向教区长提出抗议，但只有教区长的话才起作用。而如果继续抗议下去，他们可能会被拘捕到塔中去。他们对教区长突然造访——他要确认自己管辖、救助的孩子是否真是受访者所有、是否还活着——的厌恶，一点也不亚于今天救济接受者对半夜来访的福利机构官员的反感。他们不能在旅店或纸牌和骰子游戏中花钱，否则就不能接受救济。他们不高兴的程度，也一点都不比今天的救济接受者乐于出卖东西以满足救济标准的程度差。罢工中的职工不能接受总救济会的救助，他们往往靠兄弟团体的

---

　　* 弗朗索瓦·维庸（François Villon，1431—1463），法国诗人、盗贼和游民。——译者注

第二章 济贫、人文主义和异端

"共同金库"度日。这种团体不得不接受这样的现实：所有的当局，都不愿意把提高实际工资视为应对贫困的一种可行办法。[124]

该说的已经说了，该做的也已经做了，但对于贫民来说，总救济会最初几十年的好处还是要大于它的坏处。在 1534 年到 1561 年间，任何时刻都有略多于 5% 的人口接受每周一次的救济（见本文附录，边码 62 页）。它不很大方，教区长也似乎没有根据通胀情况对发放的金钱作必要的调整。但一周的小麦面包和足够买数磅牛肉的钱是可以确保的。[125] 新儿童济贫院里随时都要照顾约 300 个小孩，教区长同时还要监督作为学徒或仆人的"被收养者"（adoptifs）的待遇状况，而这些人的数目要多得多。主宫医院在 1524 年初时只有 80 名病人，在之后的几十年里它要接待 3 至 4 倍于这个数目的病人，而死亡率并没有明显上升。[126] 这些措施稍微缓解了贫困造成的极大压力，也降低了某些传染病的爆发几率。虽然成年乞丐仍然是个问题，但街上的儿童乞丐减少了。而且，当里昂地区在 1556 年经历可怕的旱灾时，城市并没有沦为"满是饿鬼的济贫院"[127]。

要达到这些，必须比 1531 年饥荒时更好地组织总救济会的财政，使其更容易测算。[128] 居民、大主教、托钵僧以外的宗教组织和定居里昂的外国"族裔"许诺的捐助每周或每月收集一次。教区长负责监督、甚至控告任何不守诺言的人。[129] 到 1539 年时，地产和年金形式的捐助已经出现，而且随后的增长非常迅速。圣凯瑟琳济贫院的女孩们一旦受完纺丝或纺棉训练，她们的工资就归总救济会所有，直至她们达到结婚的年龄并带着嫁妆离开济贫院。最后，遍布城市的捐助箱、遗嘱、法庭罚款甚至博彩（接受救济者不得参与，但捐助者可以参与）都能为救济贫困提供资金。

上述所有的救助都到了 1534 年时实际居住在里昂的贫民手里。但在其后年份里来到城市的人情况怎么样呢？对那些在一年中的不同时候来到里昂的大群贫民，又该怎么办呢？沃泽尔在 1531 年饥荒时便向听众保证说，新计划能"很快地使你们免受那些现在让你们不堪重负的外来贫民的困扰"[130]。宗教裁判官莫林抨击了这种说法。《圣经》不是说希腊人和犹太人不分你我吗？里昂早期的主教不是还让使者去勃艮第请贫民们来里昂领取救济吗？[131]伊普雷的托钵僧修院持类似看法，萨拉曼卡的修士多明戈·德·索托也反对西班牙城市救济试验的这类措施。[132]人文主义和里昂经济都具有普世主义特征，我们可以看看总救济会是怎样对待外来人的。

答案是，总救济会的主要目的就是将城市团结在一起，"虽然"——节摘其法令——"它的人口族裔来源比法国其他任何城市都要复杂"[133]。因为外来者（非里昂地区和非法国人）中有教区长和总救济会的捐助者，他们贡献颇多，所以济贫册上允许出现外来者。[134]即便是非本地的健康乞丐，只要他停止行乞并到沟渠里干活，也可以留在城市中。居民与非居民之间的区别是存在的，但它的用意绝不是限制劳力供给，否则这种限制将会阻碍教区长和执政中的企业主的经营。这项政策更多的是为了保护城市免受职业乞丐的袭扰，同时确保其财力不被过早耗光。所以，所有穷旅行者、朝圣者和饥饿的农民都可以登记并得到唯一一份的救济，这被称为"暂留"（passade）。如果病了，他们将在主宫医院中得到治疗和供养，直到病愈；其他情况下他们都会被勒令离开。[135]所以码头和桥上设有守卫阻拦职业乞丐和其他贫民——比如带着小孩的年老妇人或寡妇——进城，因为人们怀疑他们进城只是为了挤上济贫册。尽管如此，在这些年中，有成千上万的农村无业工匠和年轻妇女进入里昂找工作，也许离开了又回来，但都没有受到干涉。

最后，更加正式的是，1539年时出现了"定居期限"，医疗护理、孤儿收养或急救不受其限制，但每周一次的救济则只向居民分发。这种期限在1540年代的时候大致为6年；到16世纪末时在3到7年之间浮动。今天的公共救济对"定居期限"也有要求（有些期限几乎跟之前一样长）。当然，鉴于有限的资金和相对原始的经济条件，他们的济贫法要更为符合慈善的原则。[136]

在很多进行了福利制度改革的欧洲城市，都出现过类似的针对农民、旅行者和刚来到城市的人的政策，尽管各地认可新居民的期限长

第二章 济贫、人文主义和异端

度不同。比如，巴黎的居住期限为 3 到 4 年（也许因为它的财政资源比里昂更充沛）；作为逃难者之都的日内瓦，则设立了一个"贫穷外来者联合会"（Bourse des Pauvres Étrangers）来及时处理新居民问题。[137] 无论如何，没有一个城市认为优待本城的居民有悖基督教先例："慈善始于家中"的教条和如何在众多请求人中分配有限资金的问题一样，早已被纳入圣典学者们的分析之中。[138]

何况，福利制度改革者们并没有完全忽略多明戈·德·索托提出的问题：那些被拦住的人又该去哪里寻求帮助呢？其他城市也许会跟着改革，那么负担也将被分摊。[139] 所以里昂人既从维弗斯、也许还有纽伦堡那里学东西，也参考巴黎的法规。[140] 沃泽尔 1531 年匆匆地在里昂将他的布道印刷成册，并将其送给在图卢兹的一个天主教朋友让·巴里尔，后者在当地将书重印。[141] 1539 年，总救济会的法令被当作"其他城市和社群的样板"印行。这些法令肯定很受欢迎，因为格里修斯一年里便印了两版。[142] 在 1520 年后的几十年里，当维弗斯的书在数个国家中发行并被译为德语、意大利语和弗莱芒语，当伊普雷的法令被翻印并由威廉·马歇尔译为英语，当纽伦堡、里昂、巴黎、夏特和布鲁日的律令都被印刷，当本笃会修士梅迪纳的胡安*描述萨拉曼卡、萨莫拉和巴拉多利德的改革并呼吁其他城市效仿，面对这些，我们能不觉察到一场欧洲规模的福利改革运动正在兴起吗？[143] 这些书不只影响城镇会议，而且影响了国王们。1531 年查理五世在尼德兰的敕令，1566 年查理九世命令法国所有城市和教区组织帮助贫民的敕令，都有城市模式的影子。出于某些原因，全国范围的立法在法国没有取得成功，多数贫民救济还是像里昂那样由城市承担。

四

让·德·沃泽尔布道书的发行也遭遇了反对意见。尼古拉·莫林

---

* 梅迪纳的胡安（Juan de Medina，1490—1547）是 16 世纪第一流的神学家。——译者注

作为多明我会修院的院长于 1529 年来到里昂,他是布罗瓦本地人,神学博士。他于 1532 年成为宗教裁判官,在这方面的处女作是《天主教知识论述——反驳一本以鼓吹救济里昂贫民为幌子的有害小书》(*A Treatise of Catholic Erudition ... confuting a pernicious little book which uses as a cover a zealous plea for alms for the poor of Lyon*)。[144]虽然没有提到沃泽尔的名字,但莫林肯定知道他是书的作者。布道词是匿名印刷的,因为沃泽尔从不在作品中写进思想以外的东西[145],但这些书是公开赠送的,莫林不可能不知道。

面对沃泽尔这本论述贫民救济的小书,莫林用一本 160 页的拉丁文著作来攻击它。虽然为 1531 年的事例所强烈触动,但莫林对临时救济会的描述表明他没有看到其新颖之处和社会意义。他死板地运用《圣经》教条——"他们把人聚集起来,尊崇教会并召集老人"[146],使改革的现实溶解在遥远的过去当中。他简单议论了外来贫民——"我们不应该偏视任何人",但这并没有给显贵们任何指引,而后者花费几个小时争论到底应该养谁(只是居民?附近的农民?生病的外来人?还是任何愿意挖沟渠的人?)。[147]莫林甚至不考虑沃泽尔的具体建议。如他自己所说,"我没有责任也没有能力做这种考察工作"。帕格尼尼来见执政团的时候,谈论的是贫民救济;而莫林来的时候,只是索要城市对修院的欠租。[148]

最让这位自负的神学博士不满的,是布道书的"土语风格"和对《圣经》例子随心所欲的引用,尤其是其伊拉斯谟式的观点。莫林是里昂人中最接近诺埃尔·贝达(莫林在文中表扬了他)、最接近索邦反对伊拉斯谟的中坚分子的人。无疑,他不喜欢帕格尼尼,因为后者在威严的神学系教员面前说过:应该用希腊文和希伯来文帮助解释《圣经》。至于放肆的沃泽尔,莫林把其看作充满异端思想的不学无术者。[149]

所以,莫林迂腐、一本正经的修正工作便开始了。确实,沃泽尔的作品是在亢奋和匆忙中完成的。他的记忆力也不好,把汉娜*说成

---

* 汉娜(Hannah)是《圣经》撒母耳书中的人物,埃尔卡那之妻。——译者注

第二章 济贫、人文主义和异端

埃尔卡那；他忘了西蒙从没到过埃及；他的作品付印时甚至没有校正参考书目（印刷者也没有去校正）。关于救济的原因，沃泽尔说，"上帝治疗病人，让哑的说话，让瘸的走路"，等等。而莫林却说，不是这样，只有一个奇迹。对沃泽尔嘲讽地提到瓦尔登派信条，莫林逐字计较，却忽视了他对路德的实质性批评。[150]

不过，沃泽尔最有害的错误是他对慈善和仪式的说法。"[救济新秩序的]经历会给你带来即时的信仰。"沃泽尔这样说。方济各修士在此前已经阐明这种"慈善构成信仰"的观点，而且如吕西安·费弗尔已表明的，这种观点"为许多热情的伊拉斯谟的读者所熟悉"。第二年它会再度出现在拉伯雷的《巨人传》（*Pantagruel*）中，其印行者和沃泽尔布道词的发行者是同一个人。加尔文会说这种观点是索邦式的谎言，而我们的莫林没头没脑地就告诉沃泽尔，信仰来自倾听上帝的声音。[151]

在反对沃泽尔关于死者葬礼和弥撒的主张时，莫林明显回到一个更传统的立场上。沃泽尔疾呼："活着的人，是活着的人而不是死了的人才应该得到救济。"沃泽尔当然知道自己这样是在冒险，因为在他数年前参加的一个里昂宗教会议上，任何反对为死者做弥撒的言论都已遭到禁止。不过，就像贝达不能阻止伊拉斯谟一样，莫林（他认为沃泽尔正在偷偷摸摸地往貌似正统的教条里加入异教邪说）这样的人也阻止不了基督教人文主义者。[152]

沃泽尔赢了。他从容地在圣让大教堂开展他的事业。他讽刺法立赛派和犹太人，他们总是追问一个人在哪里得到神学学位。[153]同时，人们可以想象多明我会修院里两个博士——莫林和帕格尼尼——之间势不两立的程度。莫林继续做了一段时间的院长。但当1534年一些真的异端被质疑时，别人取代了他。[154]

总救济会也赢了。莫林不着边际的批评没能赢得支持。多数教士更愿意转嫁自己的责任。教堂和本笃会平静地将他们用于发放救济品和食物的旧基金全部转交总救济会，还同意每周支付规定的一笔费用。之前圣让赎罪式（the Pardon of Saint Jean）的时候，大量的非定居贫民被允许来到里昂，这是他们的一个特殊时机。而管理救济和禁止行乞这两项工作都令人头疼，现在教士会显贵们将它们也抛给了教区长。1537年时一个主教区被告上法庭，因为它比许诺数目少给了250里弗，管事者索要，它只好实数交上。托钵僧和其他旅行者一样，可以在里昂城中得到"暂留"，但不得行乞。没有人抱怨。托钵僧修院每年从总救济会获得两次捐赠。斋期教区长每年都会给他们礼物，这让他们在布道的时候不忘慈善。托钵僧在复活节集市时还可以得到更多的捐助。[155]

到1540年，从义务担当教区长的执政职位追求者，到在教堂里传递募款圣杯的女人和挨家挨户募捐的工匠师傅；从那些在自己柜头设有捐助箱的店主，到向准备捐出遗产的人推荐总救济会的公证人，都参与了基督教的伟大工程。让·德·沃泽尔可以为此而高兴了。沃泽尔希望富有的天主教徒用在死后弥撒上的钱能捐给总救济会，在几十年里他的愿望得到了部分实现。这是个需要进一步研究的问题。[156]

显然，尽管采取的一些策略使得很多捐助变成了事实上的义务，总救济会仍然鼓励自发和创新的行动。一名商人开了家出演宗教剧的戏院，同意把每场演出的门票收入按一定比例捐给总救济会。印刷商塞巴斯蒂安·格里修斯将其发行法令所得全部捐出。印行格里高利·纳齐安森关于救助穷人的布道书所得的利润，他也全部献出（这名教会教父著作的第一个法语版本，数年之前皮尔凯默和伊拉斯谟曾经研究过）。[157]总救济会也影响了医师。尚比埃提议设立医师、外科医师和药剂师证书制度，以提高里昂的医疗执业水平。[158]另两位人文主义者医师出版了内外科方面的译著，以利于外科和配药职工。如果说这种工作部分地受到人文和专业考虑的推动，那么福利改革的年代则为其创造了社会条件。[159]

沃泽尔和帕格尼尼还取得了另一项成功。伊普雷的托钵僧修院曾争辩说，将非个人救济交给政府团体会使人变得冷漠和无动于衷。[160]但里昂的平信徒却认为，总救济会就是真正慈善的表现。对

第二章 济贫、人文主义和异端

于天主教平信徒们来说，这种感觉更因机构的一些天主教特征而强化。比如，每年复活节都有盛大的贫民游行。不同于后来巴黎的反改革兄弟会，这里的游行者是领救济者，而不是捐献人。在托钵僧修士、执政和教区长的带领下，所有的孤儿和成千上万录入救济册的贫民都走过城镇到达圣让大教堂。他们唱着、祈祷着，举着一个巨大的十字架。游行的目的，部分是向公众显示他们捐献的钱的出处——这是法令所规定的，部分是激起他们的善良愿望。此外，天主教徒们还指望穷人们为其捐助人的灵魂祈祷。[161]

总救济会的徽章也表明了这个政府机构的慈善意图。这个徽章于1539年出现（而此时恰好印行了机构的规则），它象征性地出现在每件非人格的特殊物品上——包括捐助箱[162]和印行的票证。一个女人端坐着，3个小孩盘在她身上和脖子上，女人的一只手里是一个钱袋，钱多得往外掉。她头上栖立着的鹈鹕不断地啄自己胸部，这样小鹈鹕们就可以喝它的血。女人当然是慈善的象征，而鹈鹕则是基督和慈善的旧标志。因为本地人和外来人共同设立了总救济会，所以它的徽章混合了几种艺术传统。端坐并带着小孩的善人是意大利人米开朗琪罗的新发明（帕格尼尼在意大利时便知道了）；栖立在善人头上的鹈鹕最早出现于15世纪末的法国。[163]

新教徒怎么看待总救济会呢？对天主教的诡计，他们毫无兴趣；但对其徽章，他们可以从自己的信仰背景出发自由地看待。按里昂最早的新教秘密传道者的说法，"从善行可以看出谁是耶稣最真诚的信徒……他是我们信仰最真实的见证者"[164]。也有证据表明，直到第一次宗教战争前，曾有新教徒个人向总救济会作过捐献，为其募捐、当教区长，也接受过救济。[165]对他们来说，总救济会的基本机制和政策是可以接受的。所以1562年到1563年间，当胡格诺信徒成为城市的主人时，他们几乎没有对总救济会进行什么改革。（守卫官或quarteniers——他们帮助教区长确定贫民的需要和精神状态——被长老会的督察官［surveillants］代替，但后者同样也得检查每个人的精神状态。）[166]

1530年代新教徒对总救济会的支持不难解释。他们都生活在这个扩张中的城市,都知道其中的风险。一些像克莱伯格这样的新教徒有人文主义者的背景,他们也吸收了人文主义者关于社会重生的观点,尽管他们坚信在上帝的眼中,人不能靠训练或工作达到自我重生。他们支持禁绝行乞。如牧师维雷在瑞士说的,"虽然处在反基督的控制下,又生活在迷信教皇的无序之中,[里昂人]为贫民做了这么多,以致乞丐绝迹了……也许上帝会怜悯他们,随后他们就会驱逐真正的大伪善者和懒人[就是天主教教士]了"[167]。

牧师维雷的言论再次表明教会改革缺乏牢固同盟的原因,组成和维系总救济会那样的联盟并没能得到拓展。关于联盟破裂的原因,通常人们会谈到他们在教义和迫害的影响上的不同观点。这里我们可以从首要任务和组织活力两方面看待其失败的原因。早期的激进新教徒和冒着生命危险的新教传道者,从来只将总救济会看作在正确方向上迈出的一小步。激进新教徒没时间去充当福利改革的领导者,即便可以利用社会上的愤愤不平唤醒反对教士的感情(像安特华·德·马尔库尔 1533 年在他的《商人书》[*Livres des Marchants*]中所做的那样)[168],他们也认为传教布道比救济贫民更重要。他们希望尽快建成新的耶路撒冷,虽然一些更耐心的新教徒甚至不等上帝将这座城市从教皇手中解救出来,就试图通过建立总救济会来改善里昂的情况。所以,1550 年代早期,就在新教牧师催促秘密集会(conventicles)设立自己的慈善机构的时候[169],其他新教徒却仍在总救济会中当教区长。

然而,意味深长的是,即便在天主教徒和新教徒之间无情地互相杀戮并没收对方财产的年代,总救济会仍然保持了相当程度的"一视同仁"。1537 年,在给犯人发 5 苏补助的时候,尽管教区长们多数是天主教徒,但他们仍将"弗朗索瓦的妻子,一名异教囚犯"包括在内。在第一次宗教战争前的那些紧张的月份,一些新教徒完全拒绝向总救济会捐献,因为在一些分发中心发生了歧视胡格诺教徒的事件。但是,由半是天主教徒半是新教徒组成的教区长会议(rectorate)还

第二章　济贫、人文主义和异端

是坚持总救济会的救助政策，即"不分教派，只管是不是需要"。1562 年到 1563 年，在教区长们协商将救济册中的教皇支持者清除之前，加尔文派政权让战事持续了 10 个月。在随后的 1563 年夏天——即教士和弥撒恢复几周之后，天主教的捐献仍继续交给总救济会，虽然它仍在新教教区长的管理下。[170] 接下来的 20 年里，随着天主教在里昂再度得势，形势继续维持不变。新教徒数目减少，有些被歧视；另外一些则被获许接受救济分发。有些新教徒不向总救济会作捐献；另一些人则两边都捐，或者至少分别捐给主宫医院和改革派教会的慈善机构。[171] 以任何人类团结的标准来衡量，这确实不是一幅完美的图画，但总救济会所订立的"不分教派"分发的原则在经历了宗教战争后仍然存在，这是对建立总救济会的那个同盟的一份礼物。不同于尼古拉·莫林，他们认为对里昂的生灵而言，苦难比异端更危险。

我希望，这篇论文中的材料能够成为有关 16 世纪社会和宗教变迁的进一步研究的基础。* 在我看来，福利改革的背景是城市危机，它是旧有贫困问题、人口增长和经济扩展的综合产物。问题来自农村居民和类似的非城市人群，他们在饥荒和战乱时涌入城市。问题也来

---

* 本文发表之后还有一些学者推出了他们极富研究价值的作品：Harold J. Grimm ("Luther's Contribution to Sixteenth-Century Organization of Poor Relief," *Archive for Reformation History* 61 [1970]：222—233)；Robert M. Kingdon ("Social Welfare in Calvin's Geneva," *American Historical Review* 76 [1971]：50—69)；Jean-Pierre Gutton (*La société et les pauvres. L'example de la généralité de Lyon*，*1534—1789* [Bibliothèque de la Faculté des Lettres et Sciences Humaines de Lyon, XXVI；Paris, 1971])；Marc Venard ("Les oeuvres de charité en Avignon à l'aube du XVIIe siècle," *XVIIe Siècle* 90—91 [1971]：127—143)；Howard Solomon (*Public Welfare*，*Science and Propaganda in Seventeenth Century France. The Innovations of Théophraste Renaudot* [Princeton, N. J., 1972])；Michel Mollat (ed.) (*Etudes sur l'histoire de la pauvreté* [*Moyen Age-XVIe siècle*] [Publications de la Sorbonne, Etudes, VIII；Paris, 1974])；Brian Pullan (*Rich and Poor in Renaissance Venice*)；Richard C. Trexler ("Charity and the Defense of Urban Elites in the Italian Communes," in F. Jaher, ed., *The Rich*，*the Well Born and the Powerful* [Urbana, Ill., 1974]，pp. 64—109)。

自本身就定居城市的男人、女人和孩子们。不管是新教城市、天主教城市还是混合兼有的城市，它们都开启了相似的福利改革，并且通常相互学习。里昂就是一个天主教占优势，但不同宗教达成了福利改革同盟的例子。纽伦堡是不是一个新教主导下靠宗教联盟实现福利改革的例子呢？事实是，济贫改革跨越了新教和天主教的宗教界限，而两个群体的价值和见识的同质性是它们合作的基础。[172] 我试图说明，商人和律师的职业阅历与人文主义关怀可以提供这些见识。而欧洲的城市会议中都有商人和律师。人文主义者（或至少他们的作品）影响了每个欧洲城市。此外，新教徒和天主教徒都从各自的宗教敏感性与教条中找到途径，去论证禁绝行乞、建立集中机构提供救济及重生的正当性。如同在里昂一样，我猜想天主教徒们总能找到对策：由基督教人文主义者引领，并仿效伊拉斯谟式的改革方案。

　　天主教和新教的福利管理（如果只是方式不同）当然会有所不同，这需要系统的研究。福利制度中的多数差异是不是可以用简单的宗教变量来解释呢？我很怀疑，因为甚至宗教界限也未必能说明这种差异。比如，天主教里昂和伊普雷的济贫法都禁止行乞；伊丽莎白济贫法允许持证行乞（第 10 款）。新教的日内瓦坚持对福利机构的捐献必须是自愿的；天主教的里昂则向着义务的方向发展，而天主教的巴黎则实行了一段时间的"济贫税"（taxe des pauvres）。自愿慈善组织存在于新教的英格兰和天主教的西班牙，怎么解释其动力？我们又该怎么解释俗界或教界控制救济活动的差别？在威尼斯，济贫法中的规定由教区教士和俗人共同执行；在加尔文教的日内瓦，总济贫院（General Hospital）由改革派教会的执事管理。除了 1562 年至 1563 年新教控制城市时以外（这时用督察官和执事代替），里昂总救济会的教区长和执行人都是俗人；只是到 1575 年时，在反宗教改革的精神影响下，才有一名来自圣让大教堂的教士会显贵加入到教区长委员会中。[173]

　　此外，我们还应该记住，作为与新教异端合作的结果，福利改革却很少遭到反对。每出现一个尼古拉·莫林或洛伦佐·维拉维琴佐，

第二章 济贫、人文主义和异端

便会有十个天主教城镇设立新法令而没有遭遇托钵僧的反对。看起来，法国的城市当局并没有认真对待索邦在伊普雷禁止行乞问题上的保留态度，也没有证据表明索邦在随后年份里强化了其立场。稍后，当塔兰托宗教会议的教规规定济贫必须置于教会管理下时，法国的城市当局表示强烈反对，即便是法国的大主教们也没有全盘接受。而且，对福利计划真正有意义的批评跟异端并不相关，因为其中有些便是贫民们自身提出的。多明我会修士德·索托的论点的基础，在于自然法和他对财富的不平等分配及遍及西班牙的贫困的观察。里昂印刷职工批评教区长们，是因为他们认为后者不能公正地估量贫民的需要，认为他们是在以雇主的朋友或亲戚、而不是一般人的身份考虑问题。[174]

最后，关于当前对人文主义者涉入市民事务的争论，我想从本研究中得出一些推论。[175] 里昂人文主义者圈子对福利改革的兴趣同其他人一样，部分得归因于他们自保的想法。像尚比埃一样，一个人可能发现自己的屋子被劫掠一空。另一部分原因是，他们有亲戚在执政团或其他外来社群里身居高位，或者他们本身可能就在执政团里。但他们的品味和作为人文主义者的知性关怀，让他们以独特的方式接触城市贫困问题。他们致力于古典式的完美、秩序与和谐，这让他们无法容忍城市街道上的吵闹、无序和人性的"丑恶"。其次，对教育改革的兴趣使他们尤其清楚在孩子们身上发生的一切，永久的或暂时的行乞可能教坏他们。他们关注孩子们，也有改造他们的愿望。第三，对辩术的热爱和运用为他们提供了改革的口头和书面工具。一个人如果想要城市不再"怨声载道"，他就必须说话。一个人如果想要"和平胜景"，他就不能默不作声。

里昂人为爱和恐惧所触动，尝试让异乡人在这个发展着的城市中找到兄弟般的感觉。伊拉斯谟曾经这样问过："一个城市除了是一个伟大的修院外，还能是什么？" 1539年，由于城市中的贫民得到良好的照顾，一位人文主义者这样评价里昂："虽然它是王国中人口来源最复杂最多样的城市，它却能够与过去的时代媲美，它几乎是一个真

法国近代早期的社会与文化

正的修院,一个真正的兄弟聚会。"[176]伊拉斯谟的问题仍然在提醒着我们,我们必须寻找那通向兄弟团聚的幸福之路。

附录 从总救济会接受救济的人数

很遗憾,如同对贫民及其需要的普查记录一样,总救济会的分发登记册也遗失了。在济贫册之外,家庭或个人被要求做**登记**。它们被一起保留在周日教区长会议的记录里,但有些时候(比如1551年下半年,Archive de la Charité, E7)那里面的数据不够详细。这样,要估计从总救济会接受救济的居民数量,我们必须从五个分发点每周的面包和钱的分发量算起。从1534年和1558年的目击记录中,我们还可以猜出有多少"不分老少"(tant grands que petiz)(E4, 79ʳ)的贫民参加了年度贫民大游行:1534年有3 000人,1559年有超过4 000人。[177]

从周分发账目中,我们至少可以看出某些趋势。1534年、1550年和1561年5月的周平均分发如表5。在估计1561年的分发量时,我们必须记住,里昂改革派教会的慈善机构刚刚设立,它正在帮助100到200个家庭。即使是按这样的容量,总救济会显然也无法应对这些年里昂人口的快速增长(大致从45 000增至60 000),而日益受到重视的金钱救济不管给贫民带来多少选择自由,都抵不上物价的暴涨。

表5　16世纪三个时期总救济会的平均周面包和钱分发量

时期	平均周分发量			
	面包条数	£	s.	d.
1534年5月	765	37	4	1
1550年5月	605	37	11	—
1561年5月	503.5	55	15	6

从这些账目推测有多少人接受救济时,不管是男、是女、还是小

孩，我们要面对几个问题。1530年代，一个成年男子的基本救济量（aumône）是1条12磅的面包和1个苏。理论上说，家长或带着小孩的寡妇可以收到2至3倍的救济。尽管苏的购买力下降了，但到1561年时，没有确切证据可以表明基本分发量有了增长。事实上，这些年里教区长们审慎地确定了救济量。比如，一名不带小孩的寡妇每周只能得到半条面包；一名老年男子只能收到钱，因为他咀嚼不下面包；一个没有孩子的家庭每周只能收到5个苏；一个有7个小孩的家庭能收到1条面包和1个苏。尽管实际操作时会有很多变数，但如果只是试图确定数量级，估计受帮助居民的数量还是有意义的。因此，我估计，平均4个人每周的救济量为1条12磅的面包和1个苏的钱。这样，我们就转到如表6所呈现的问题上。

表6　　16世纪五个时期总救济会中受帮助者数量估计

时期	周平均分发量 面包条数（×4）	周平均分发量 苏数（×4）	周平均受帮助数 平均数	周平均受帮助数 估计占总人口比例
1534年5月	3 060	2 976	3 018	7%
1550年5月	2 419	3 004	2 712	5%
1555年3～12月	2 290	2 965	2 628	5%
1561年5月	2 014	4 462	3 238	5%
1561年1～12月	1 931	4 167	3 049	5%

从表6的情况看，我们可以说，任何时刻都有略多于5%的居民在接受总救济会的帮助。因为有些人只接受了数个月的援助，一年中接受过绝对意义上的帮助的人口比例当然要高一些。

将里昂的贫民救济与其他城市相比会怎样呢？J.F.庞德告诉我们，在1570年的时候，诺维奇有13 200名英国人和6 000名外国人（共19 200人），大约有5%的英国人和3.5%的居民是"长期的受救助人"。按照华莱士·麦卡弗雷的研究，埃克塞特1570年代有7 687人，其中1564年至1565年里有160人接受了救济机构的援助。[178] 如果假设这里面的110人都已婚并平均有2个小孩（庞德对诺维奇的平均估计值），我们估计有大约5%的人口接受帮助。这个问题需要更多的比较研究，但这些估计都表明了城市福利机构——除了济贫院、工场（或公共工程）和孤儿培训计划外——分发援助的水平。鉴于16世纪城市的财政资源和他们对贫困的界定标准，我们该如何评价这个5%呢？

【注释】

〔1〕Vives to Cranvelt, August 16, 1527, in Juan Luis Vives, *De l'assistance aux pauvres*, trans. R. A. Casanova and L. Caby (Brussels, 1943), p. 42. 修女Alice Tobriner 为维弗斯的著作作了英文翻译和介绍，并以 *A Sixteenth-Century Urban Report* (Social Service Monographs, 2d ser., School of Social Service Administration, University of Chicago, [Chicago, 1971]) 的新标题出版。

〔2〕J. Nolf, *La réforme de la bienfaisance publique à Ypres au XVIe siècle* (Ghent, 1915), pp. 51, 69; Charles du Plessis d'Argentré, *Collectio Judiciorum de novibus erroribus* (Paris, 1728), 2: 84–85: "pia ac salutare"; "Id quod non Catholicorum est, et vivorum fidelium, sed impiorum Haereticorum Valdensium Wiclefisiarum et Lutheranorum."

〔3〕[Jean de Vauzelles] *Police subsidaire a celle quasi infinie multitude des povres survenus a Lyon lan Mil cinq cens trente Ung/Avec les Graces que les povres en rendent tant a messieurs de leglise que aux notables de la ville. Le tout fort exemplaire pour toutes aultres citez* (Lyon: Claude Nourry, dit le Prince, n. d. [1531]).

〔4〕*Tractatus Catholice eruditionis ad testimonium et legem recurrens, confutansque libellum perniciosum velamine elemosine pauperibus Lugduni impense propalatum* [sic], *Editione exaratus Fratris Nicolai Morini Blesensis Ordinis fratrum predicatorum doctoris theologi ac heretice pravitatis inquisitoris*... (Lyon: Guillaume Boulle); Colophon: printed for Boulle by Jean Crespin, dit du Carré, September 4, 1532; ff. 74ᵛ, 66ᵛ.

〔5〕R. H. Tawney, *Religion and the Rise of Capitalism* (Holland Memorial Lectures, 1922; Harmondsworth, Engl., 1964), pp. 262–264. W. Cunningham 在其1914年的作品 *Christianity and Economic Science* 中即将苏格兰对儿童及无业成人的严厉措施归因于新教信条。

第二章 济贫、人文主义和异端

〔6〕Christopher Hill, "Puritans and the Poor," *Past and Present* 2 (Nov. 1952): 32-50. 希尔在 *Society and Puritanism in Pre-Revolutionary England* (London, 1964) 的第7章中对同一问题进行了更深入的讨论。对希尔的批评可参见 V. Kiernan, "Puritanism and the Poor," *Past and Present* 3 (Feb. 1953): 45-51。

〔7〕Nolf, *Réforme*, pp. 69, 51.

〔8〕Brian Tierney, *Medieval Poor Law. A Sketch of Canonical Theory and Its Application in England* (Berkeley and Los Angeles, 1959), chaps. 1 and 3.

〔9〕Hans Baron, "Franciscan Poverty and Civic Wealth as Factors in the Rise of Humanistic Thought," *Speculum* 13 (1938): 1-37. Charles Trinkaus 在其 "Humanist Treatises on the Status of the Religious: Petrarch, Salutati, Valla" (*Studies in the Renaissance* 11 [1964]: 23-27) 中强调了 Salutati 对一名发誓守贫的教士朋友的赞赏态度。但 Salutati 能够抵御那种状态所带来的诱惑，而且如 Trinkaus 所指出的，他对贫穷的解释跟12世纪时是非常不同的。他谈到了适度贫穷的社会功用，谈到了12世纪，以及与置身于贫民之中的基督的相遇。参见 Michel Mollat, "Pauvres et pauvreté à la fin du XIIe siècle," *Revue d'ascétique et de mystique* 41 (1965): 305-323 及其在 the Thirteenth International Congress of Historical Sciences (Moscow, 1970) 上的报告 ("Les pauvres et la société médiévale")。关于北欧洲思想者，参见 F. Rapp, "L'église et la pauvreté en Alsace à la fin du moyen age," in "Résumés des travaux présentés à la Conférence de Recherches dirigés par M. Mollat" (mimeographed, Faculté des Lettres et Sciences Humaines de l'Université de Paris, 1964-1965)。

有关中世纪晚期社会对贫困问题的看法，可参考 Michel Mollat 新编著 *Etude sur l'histoire de la pauvreté (Moyen Age-XVIe siècle)* (Paris, 1974) 中的相关文章。

〔10〕D. C. Coleman, "Labour in the English Economy of the Seventeenth Century," *Economic History Review*, 2d ser., 8 (1956): 286.

〔11〕Emanuel Chill, "Religion and Mendicity in Seventeenth-Century France," *International Review of Social History* 7 (1962): 400-425. 重商主义思想家从非宗教的角度出发也支持对穷人进行隔离，参见 J.-P. Gutton, "A l'aube du XVIIe siècle: Idées nouvelles sur les pauvres," *Cahiers d'Histoire* 10 (1965): 87-97。另参见 Marc Venard, "Les oeuvres de charité en Avignon à l'aube du XVIIe siècle," *XVIIe Siècle* 90-91 (1971): 144-146 especially; Wilma Pugh, "Social Welfare and the Edict of Nantes," *French Historical Studies* 8 (1974): 349-376。

〔12〕Georg Ratzinger, *Geschichte der Kirchlichen Armenpflege* (Freiburg im Breisgau, 1884); Franz Ehrle, *Beiträge zur Geschichte und Reform der Armenpflege* (Freiburg im Breisgau, 1881)。

〔13〕W. J. Ashley, *An Introduction to English Economic History and Theory*, 4th ed. (London, 1906), 2: 340-346. Sidney and Beatrice Webb, *English Local Government: English Poor Law History*, Part I: *The Old Poor Law* (London, 1927), pp. 1-60。亦可参考 F. Salter 的 *Some Early Tracts on Poor Relief* (London, 1926), 韦伯为其作了序言。

〔14〕Pierre Bonenfant, "Les origines et le caractère de la Réforme de la bienfaisance publique aux Pays-Bas sous le règne de Charles-Quint," *Revue belge de philologie et d'histoire* 6 (1927): 230。引言中的斜体部分是我加的。当 Jean Imbert 谈及维弗斯的计划是"新教计划"(*Les hôpitaux en France* [Paris, 1966], p. 24)时,他似乎受到了波南方的影响。这两本著作从其他任何角度而言都是非常有价值的。

〔15〕G. R. Elton, "An Early Tudor Poor Law," *Economic History Review*, 2d ser., 6 [1953]: 65 and 65, n. 2. 埃尔顿在文章中引用了索邦对伊普雷方案的判决内容。这里问题的关键不是稿件作者是否新教徒,而是导致埃尔顿作出这种推论的观念预设。

〔16〕有关总救济会的印刷版材料如下:*Inventaire-sommaire des archives hospitalières antérieures à* 1790, *Ville de Lyon. La Charité ou Aumône-Générale*, ed. M. A. Steyert and F. Rolle (Lyon, 1874); E. Richard, "Les origines de l' Aumône-Générale à Lyon," *Revue du lyonnais*, 5th ser., 50 (1886): 329-339; Henri de Boissieu, "L'Aumône-générale de 1534 à 1562," *Revue d'histoire de Lyon* 8 (1909): 43-57, 81-105, 205-223, 255-276; idem, "L'Aumône-Générale sous la domination protestante," *Bulletin de la société littéraire historique et archéologique de Lyon* 3 (1908-1909): 1-32; A. Croze, "Statuts et règlements primitifs de l' Aumône-Générale de Lyon," *Revue d'histoire de Lyon* 13 (1914):

363ff。Gabriel Arminjon 在 *Banquier des pauvres*（n. p.，1957）中研究了总救济会在 18 世纪对民众的影响，此一研究非常有趣。此外在本文发表之后，Jean Pierre Gutton 推出了他的著作 *La société et les pauvres：l'exemple de la généralité de Lyon，1534-1789*（Paris，1971）。

西班牙的情况可参见 Maria Jimenez Salas，*Historia de la Asistencia Social en España en la edad moderna*（Madrid，1958）；Antonio Rumeu de Armas，*Historia de la Prevision Social en España*（Madrid，1944）；Jean Sarrailh，"Note sur la réforme de la bienfaisance en Espagne à la fin du XVIIIe siècle," *Eventail de l'histoire vivante … Hommage à Lucien Febvre*（Paris，1953），2：371-380。有关 16 世纪西班牙城市改革实验的最完善的档案是 Juan de Medina 的 *De la orden que en algunos pueblos de Espanase ha puesto en la limosna*（Salamanca，1545）。

[17] 16 世纪里昂的人口状况可参见 Richard Gascon，*Grand commerce et vie urbaine au XVIe siècle. Lyon et ses marchands*（Paris，1971），pp. 341-350。这里给出的数字源自我对里昂净出生率、民兵记录和其他档案的计算结果，所有这些都将在我的新书 *Strikes and Salvation at Lyon* 中给出。城市人口增长可参考 A. Kleinclausz et al.，*Lyon des origines à nos jours*（Paris，1925），pp. 22-30，160，166。

[18] 1570 年诺维奇的贫民普查表明多数贫民来自熟练手工行业（J. F. Pound，"An Elizabethan Census of the Poor," *University of Birmingham Historical Journal* 8 [1962]：139，152-153）。关于贫民中工匠的比重以及更一般的里昂贫困问题，可参见 Gascon，*Grand commerce*，pp. 392-404；"Economie et pauvreté aux XVIe et XVIIe siècles：Lyon, ville exemplaire et prophétique," in *Etudes sur l'histoire de la pauvreté*（注 9 中有引用），pp. 747-760。

[19] J. F. 庞德发现，在 1570 年的诺维奇，双亲都在世的家庭的平均孩子数为 2.34 个（"An Elizabethan Census," p. 142），而我手上的 1530 年的里昂数据则表明，这类家庭孩子数的平均值和中值均为 3 个。这可能跟样本的不同有关，庞德的样本来自人口普查中的 351 个家庭，而我的来自教区长随机提到的 33 个家庭，他们只是众多贫困家庭的一部分。不过同样有可能的是，两个城市在不同时期存在生活水准上的差距：前者 351 个家庭中只有 4 个家庭拥有 7 个孩子，而后者 33 个家庭中有 3 个家庭有 7 个孩子（参见表 2）。

〔20〕ACh, E4, ff. l', 172'; E5, p. 296.

〔21〕ACh, E4, f. 1'. 那段时间的瘟疫其实还比较温和。1531 年春瘟疫中，医院的死亡人数仅为 12 人（E138, f. 90'）。1532 年 3 月当死亡人数增至 32 人时执政团开始警觉起来（AML, B51, f. 92'）。直到 1564 年，瘟疫导致了大量的人口死亡和外迁。可参考 Brian Pullan 对 16 世纪城市疾病的出色研究："The Famine in Venice and the New Poor Law, 1527-1529," *Bollettino dell'Istituto di Storia della Società e dello Stato Veneziano* 5-6（1963-1964）: 159-168。

〔22〕*Généralle description de l'antique et célèbre Cité de Lyon ... par N. de Nicolay ... cosmographe du Roy*（1573 MSS; Lyon, 1881）, p. 17. *Remonstrances et Memoires pour les Compagnons Imprimeurs de Paris et Lyon* ...（n. p.[Lyon], n. d.[1572]）, A, f. i'。

〔23〕很多妇女在分娩后的恢复期向总救济会提出了特别救济要求（ACh, E4, ff. 59', 94', 172'）。1556 年一名面包匠女儿的分娩花费约为 3 里弗（ADR, 3E347, ff. 137'-138'），大致等于一名非熟练城镇工人 12 天的工作所得。而在很多情况下，诺维奇普查中，穷人妻子们都需要工作（Pound, "An Elizabethan Census," p. 137）。

〔24〕1529 年里昂谷物暴动者手举的标语牌便谴责"敲诈人的高利贷者"，暴动直到价格跌回正常状态后才结束。标语内容显示出当时气候正常，而且也没有任何军事供给需求（AML, BB46, f. 101'）。有关谷物价格投机的影响，参见 C. Verlinden, J. Craeybeckx, E. Scholliers, "Mouvements des prix et des salaires en Belgique au XVIe siècle," *Annales ESC* 10 [1955]: 179-189。有关里昂的谷物价格，参见 Gascon, *Grand commerce*, pp. 538-548, 920-921。

〔25〕AHD, E1, f. 3'。

〔26〕ACh, E4, ff. 1', 100', 118', 120v, 122', 150', 158'。

〔27〕伊普雷救济体系的法令也表现出对儿童乞丐的特别关注（Salter, *Some Early Tracts*, pp. 47, 53）。弃婴救济院出现于中世纪晚期，孩子们会在那一直呆到 7 岁或 8 岁，此一时期还出现了少量的孤儿院（如同杜埃的情况一样：F. Leclère, "Recherches sur la charité ... au XIVe siècle à Douai," *Revue du Nord* 48 [1966]: 145）。但在北欧洲，儿童救济机构与其他机构**分离**的主要时期是 15 世纪末和 16 世纪，参见 L. Lallemand, *Histoire de la Charité*（Paris, 1906）, 3:

第二章 济贫、人文主义和异端

139，148；W. J. Marx，*The Development of Charity in Medieval Louvain* (Yonkers, N. Y., 1936), pp. 74-75; Jean Imbert, *Les hôpitaux en droit canonique* (Paris, 1947), p. 127; Jean Delumeau, *Vie économique et sociale de Rome dans la seconde moitié du XVIe siècle*, Bibliothèque des écoles françaises d'Athènes et de Rome, fasc. 184 (Paris, 1957), p. 410。

〔28〕C. Paultré, *De la repression de la mendicité et du vagabondage sous l'ancien régime* (Paris, 1906), pp. 17 ff. Lallemand, *Histoire de la Charité*, 3: 346-347. Manuel Colmeira, *Historia de la economia politica en España* (Madrid, 1965), pp. 599-600.

1351年之后巴黎对游民的惩处措施可参见 Bronislaw Geremek, "La lutte contre le vagabondage à Paris aux XIVe et XVe siècles," in *Ricerche storiche ed economiche in memoria di Corrado Barbagallo* (Naples, 1970), 2: 213-236。

〔29〕Paultré, *Repression*, pp. 29, 34-35, 51-53. 15世纪早期巴塞尔元老院的名单大致可以确定到这个世纪末期时的"自由游民"(*Liber vagatorum*)的范围。亦可参考 Sebastian Brant 的 *Narrenschiff*(1494)中有关乞丐的章节，以及伊拉斯谟有关乞丐的谈话("Beggar Talk," in *The Colloquies of Erasmus*, trans. Craig R. Thompson [Chicago, 1965], especially p. 251. 这部分作品在1524年首次发表)。

〔30〕Erasmus, "Beggar Talk," in *The Colloquies of Erasmus*, p. 252. 亦可参考 Frank Aydelotte 令人兴奋的作品 *Elizabethan Rogues and Vagabonds* (Oxford, 1913)。

〔31〕A. Sachet, *Le pardon annuel de la Saint Jean et de la Saint Pierre à Saint Jean de Lyon* (Lyon, 1918), 1: 491-492.

〔32〕Guillaume Paradin, *Memoires de l'histoire de Lyon* (Lyon: Antoine Gryphius, 1573), p. 281. *La Police de l'Aulmosne de Lyon* (Lyon: Sébastien Gryphius, 1539), p. 7. 在欧洲的很多地方，农村人在饥荒时期涌向城市是一项久已有之的传统(Paultré, *Repression*, pp. 64-65; Pullan, "The Famine in Venice")。

〔33〕Charles Mullett, *The Bubonic Plague and England* (Lexington, Ky., 1956), pp. 22-23, 44-46. 另根据 Sachet(*Le pardon annuel*, 1: 493), 1468年的时候因为害怕传染疾病，圣让修院将乞丐们驱逐了出来。

〔34〕ACh, E4, f. 6^v; A1, letter of Henri de Gabiano. Vives, *De l'assistance aux pauvres*, pp. 186–187. Pullan, "The Famine in Venice," pp. 159, 167–168. Venard, "Oeuvres de charité en Avignon," p. 139.

〔35〕Morin（*Tractatus*, f. 31^r）估计临时组织供养了8 000名穷人，而在 *Police de l'Aulmosne*（pp. 11–12）中这个数字是7 000人到8 000人。此处给出的数字是从1531年的实际分发记录（ACh，E138，ff. 89^r，90^v）中计算出来的。

〔36〕Vauzelles, *Police subsidaire*, f. A iii^r; *Police de l'Aulmosne*, p. 7. 拉伯雷1537年的时候已在里昂公开进行了尸体解剖，*Police de l'Aulmosne* 的作者——有可能就是沃泽尔本人——在观看拉伯雷解剖的时候肯定会回想起1531年饥荒时的情景。参见 Morin 的记录（*Tractatus*, ff. 24^v-25^r）。1528年维琴察和威尼斯的饥荒也给见证者留下了类似的印象（Pullan, "The Famine In Venice," pp. 153, 157）。

〔37〕Vauzelles, *Police subsidaire*, ff. A ii^v–A iii^v, B iii^{r-v}, C ii^v.

〔38〕AML, BB48, ff. 275^r, 276^v; Vauzelles, *Police subsidaire*, f. B i^v.

〔39〕M. G. 和 G. Guigue 在他们的 *Bibliothèque historique du Lyonnais*（Lyon, 1886）中重印了有关大暴动（rebeine）的所有档案。尚比埃的见证描述很重要，但因为他对异端和大暴动间关系的错误且脱离实际的理论，运用这些描述的时候必须谨慎：*Sensuyt ung petit traicte de la noblesse et anciennete de la ville de Lyon. Ensemble de la rebeine ou rebellion du populaire de la dicte ville contre les conseillers de la cyte et notables marchans a cause des bledz* … 〔Paris: Jean Saint Denis, 1529〕; *Cy commence ung petit livre de lantiquite, origine et noblesse … de Lyon: Ensemble de la rebeine et coniuration ou rebellion du populaire* … 〔Lyon, January 1529/1530〕. P. Allut 在其 *Etude biographique et bibliographique sur Symphorien Champier*（〔Lyon, 1859〕, pp. 333–382）中重印了里昂版的内容。亨利·豪塞在 "Etude critique sur la 'Rebeine' de Lyon"（*Revue historique* 61〔1896〕：265–307）中引用了尚比埃的描述。

〔40〕"Vidimus des lettres patentes de François Ier, 1529," ed. N. Weiss, BSHPF 59（1910）：501–504.

〔41〕Nicolas Volcyr, *L'histoire et Recueil de la triumphant et glorieuse victoire obtenue contre les seduyctz et abusez Lutheriens du pays Daulsays* … （Paris, 1526），律师 Claude Bellièvre 的图书馆中藏有此书，后者在1523年至1524年及1529年大暴动的时候都是城市的执政（Lucien Auvray, "La bibliothèque de

第二章 济贫、人文主义和异端

Claude Bellièvre, 1530," *Mélanges offerts à M. Emile Picot* [Paris, 1913], 2: 356)。沃勒西尔和尚比埃都为洛林公爵效过力,沃勒西尔还为尚比埃的作品题过诗(Allut, *Etude biographique*, p. 173)。沃勒西尔在书中强调了农民暴动和路德异端间的关系。

〔42〕Champier, *Rebeine* (1529), f. xvi^v.

〔43〕参见本书第一章和拙文 ("A Trade Union in Sixteenth-Century France," *Economic History Review*, 2d ser., 19 [1966]: 66) 中的相关内容。温和天主教徒纪晓姆·帕拉丁在 *Memoires* 中并不确定大暴动的异端背景,虽然他以其他方式表达了对尚比埃观点的赞同。极端敌视新教的克劳德·德·卢比只将大暴动视为一场一般的谷物暴动 (*Histoire veritable de la ville de Lyon* … [Lyon, 1604])。在巴黎,一名市民在日记中将其描述为一场粮食暴动:"y eust à Lyon grande mutinerie, à cause de la charté des bleds…" (*Journal d'un Bourgeois de Paris*, ed. V. Bourrllly [Paris, 1910], p. 322)。

〔44〕Vauzelles, *Police subsidaire*, f. C ii^v. AML, BB49, ff. 203^v - 204^v, 210^r - 211^r.

〔45〕AML, BB49, f. 216^v.

〔46〕Ibid., ff. 269^r - 273^v, 275^r - 276^r: BB51, ff. 92^v, 100^v; BB52, 6^r, 9^r, 56^r - 57^v, 77^v, 80^v, 133^v. 还可参见 *La Police de l'Aulmosne*, p. 17; Paradin, *Memoires*, p. 290。

〔47〕Vives, *De l'assistance aux pauvres*, p. 53.

〔48〕有关沃泽尔,参见 Ludovic de Vauzelles, "Notice sur Jean de Vauzelles," *Revue du Lyonnais*, 3d ser., 13 (1872): 52 - 73; Emile Picot, *Les français italianisants au XVIe siècle* (Paris, 1906), 1: 118ff.; 以及 N. Z. Davis, "Holbein's *Pictures of Death* and the Reformation at Lyons," *Studies in the Renaissance* 3 (1956): 111 - 118。

〔49〕Vauzelles, *Police subsidaire*, f. C ii^v. *L'entree de la … Reyne Eleonor en la Cité de Lyon L'an mil cinq cens trente trois* …, in T. Godefroy, *Le Ceremonial François* (Paris, 1649), 1: 804 - 816.

〔50〕沃泽尔的作品有:*Hystoire evangelique des quatre evangelistes en ung fidelement abregee* … (Lyon: Gilbert de Villiers, 1526), 此书献给 Marguerite de France, 沃泽尔希望那些不认识拉丁语的人们能够一起分享福音的"财富"; *La Passion de Iesu Christ, vifvement descripte, par le Divin engin de Pierre*

Aretin... （Lyon：Melchior and Gaspard Trechsel，March 1539/1540），此书献给纳瓦尔的让娜，书中强调要从对耶稣受难的思考中获得道德教育；*La Genese de M. Pierre Aretin*，*Avec la vision de Noë* ... （Lyon：Sébastien Gryphius，1542），此书献给弗朗索瓦一世，其中的 "Monarque d'Eloquence" 向其介绍了阿雷蒂诺的 "divine eloquence"；*Les Simulachres et Historiees Faces de la Mort* ... （Lyon：Melchior and Gaspard Trechsel，1538）献给里昂的 Abbess de Saint Pierre。"《死亡之图》是我们纠正罪行、净化灵魂的镜子。"

沃泽尔并非杰出的文体学家，但他的作品面向广大读者，文风直白、有趣而达意。这跟他写给阿雷蒂诺的书信和为皇后入城式所作的诗形成鲜明对比，后两者都辞藻华丽而曲折拗口。

[51] Vauzelles，*Police subsidaire*，f. C iv^v；*idem*，*Simulachres*，f. A iii^{r-v}. 面对自己作品与《圣经》原文的偏差，他在 *Hystoire evangelique* 中如此解释：关键在于这些文字背后的信念，而不是文字本身的神力。"*Toutes choses ou la foy nest la principalle ouvriere sont supersticieuses et damnables* ［任何不以信念为根本的事物都是迷信和可诅咒的］"（f. iii^v）. 这是一种伊拉斯谟式的观点，而不是路德式的 "唯信称义"。同伊拉斯谟一样，沃泽尔也批评仪式主义（ceremonialism），但承认善工的价值。

[52] T. M. Centi，"L'attività letteraria di Santi Pagnini (1470–1536)，" *Archivum fratrum praedicatorum* 15 (1945)：5–51.

[53] Pagnini to Clement VII in *In Utriusque Instrumenti nova translatio* （Lyon：Antoine du Ry，1528）；quoted in Centi，"L'attività letteraria，" p. 20："*rogatus ... a civibus illis florentinis concionari statui in proxima quadragesima, quum multos audierim Lutheriana infectos haeresi.*"

[54] 可参见：*Habes Hoc in libro candide Lector Hebraicas Institutiones* ... （Lyon：Antoine du Ry for François de Clermont，bishop of Avignon，1526）；此书献给萨勒尼塔那主教 Federico Fregoso，书中赞同圣杰罗姆的观点，认为希伯来文书有助于研习《圣经》；*Hoc est, Thesaurus Linguae Sanctae. Sic enim inscribere placuit Lexicon hoc Hebraicum* （Lyon：Sébastien Gryphius，1529），同样献给 Fregoso，书中提到：纯洁的语言是纯洁生活的表现；*Santis Pagnini ... Isagogae ad sacras literas, Liber unicus ... Isagogae ad mysticos sacrae scripturae sensus, Libre XVIII* ... （Lyon：François Juste at expense of Thomas de Gadagne and Hugues de La Porte，1536/1537）于帕格尼尼去世后出版，献给红衣主教

第二章 济贫、人文主义和异端

Jean du Bellay，称自己正在圣母和圣餐问题上著文反击异端，还附有尚比埃称赞自己的信件。帕格尼尼劝自己作品的资助人 Gadagne 捐助瘟疫医院，后者的妻子是帕格尼尼的一名亲戚。

〔55〕Centi, "L'attività letteraria," p. 26 n. 78, p. 46.

〔56〕关于演讲的日期：自从我们开始临时救济会（Aumône）的运作，谷物的价格已经下降了，"pour certain ung evident miracle, attendu que nous sommes en May"〔鉴于现在是5月，这肯定是一个奇迹〕（Vauzelles, *Police subsidaire*, f. Aiiii^v）。这次布道应该是在一次执政和权贵的会议（也许是在方济各修院的大院里，这种地方有时会有大型会议）而不是在教堂的讲道坛上进行的。这种演说是有意安排的，这可以从其风格中看出来：大量的直白话语和呼语，不断重复华丽辞藻，等等。它不是中世纪晚期的"现代"风格（主题、前题，等等）。相反，沃泽尔的动作有点西塞罗式色彩。而且《圣经》故事和人物都被他用来直接指涉或预言里昂的人或事，这种技巧在16世纪的英国讲道坛演说中司空见惯（参见 M. Maclure, *The Paul's Cross Sermons* [Toronto, 1958], pp. 151, 173）。有关里昂地名来源的博学的开场白（f. ii^{r-v}）大概用来回应尚比埃的某些语源学猜测，后者的这些猜测出现在其1530年版的论述大暴动的书（ff. 4^v-5^r）中，沃泽尔的印刷本布道词中也包括了这些内容。

〔57〕沃泽尔的兄弟马蒂厄和朋友 Claude Bellièvre 都试图争取在里昂设立高等法院，但最终均告失败。

〔58〕Vauzelles, *Police subsidaire*, f. B iii^v. Cf. Erasmus, *A Book Called in Latin Enchiridion Militis Christiani* ... (London, 1905; based on the English translation: London, 1533), chap. 13, esp. pp. 171-172.

〔59〕据 AML, BB52, ff. 57^r, 62^r, 77^v; *Inventaire-sommaire des archives communales antérieures à 1790. Ville de Lyon*, ed. F. Rolle (Paris, 1865), CC849 显示，为感谢桑托修士（即帕格尼尼）"以穷人和济贫院的名义日复一日进行的传道"，执政团赠送他一些勃艮第酒，参见 Champier to Tournon in Pagnini, *Isagogae*, f. C ii^{r-v}。

〔60〕Tierney, *Medieval Poor Law*, pp. 116-119.

〔61〕John Durkan, "John Major: After 400 Years," *The Innes Review* 1 (1950): 131-139; idem, "The Beginnings of Humanism in Scotland," *The Innes Review* 4 (1953): 5-24; J. H. Burns, "New Light on John Major," *The Innes*

Review 5 (1954): 83-97; Francis Oakley, "On the Road from Constance to 1688: The Political Thought of John Major and George Buchanan," *Journal of British Studies* 2 (1962): 1-31; idem, "Almain and Major: Conciliar Theory on the Eve of the Reformation," *American Historical Review* 70 (1965): 673-690.

[62] *Joannis Maioris doctoris theologi in Quartum Sententiarum quaestiones …* (Paris: Josse Bade, 1516), ff. lxx^v – lxxiiii^r.

[63] Salter, *Some Early Tracts*（注 13 中有引用）, p. 62; Bonenfant, "Les origines"（注 14 中有引用）, p. 222。

[64] Vauzelles, *Police subsidaire*, f. B iiii^v。到目前为止，我们没有发现帕格尼尼曾为自己有关贫民救济的布道留下任何的手稿或印刷材料，所以我们无法知道他在新机构的设立过程中起着什么样的作用。他在佛罗伦萨和阿维昂时已在关注贫民救济（Champier to Tournon, in Pagnini, *Isagogae*, f. C ii^{r-v}）。伟大的传教士和人文主义者 Johann Geiler 在 1497 年至 1501 年的一系列布道中都试图劝说斯特拉斯堡当局建立新的贫民救济体系，虽然这项改革直到 1523 年才付诸实施（F. Rapp, "L'église et la pauvreté"［注 9 中有引用］, and letter of November 1966）。

[65] Nolf, *Réforme*（注 2 中有引用）, p. liv; Jimenez Salas, *Historia*（注 16 中有引用）, p. 92 n. 11. M. Bataillon, "J. L. Vives, réformateur de la bienfaisance," BHR 14 (1952): 151. 维拉维琴佐抨击维弗斯的《论贫民救济》，但支持 Gilles Wijts 在布鲁日进行的济贫制度改革，相关论著后来以 *De oeconomia sacra circa pauperum curam a Christo instituto*（Antwerp: Plantin, 1564）的标题出版。

[66] ACh, E4, f. 8^{r-v}。

[67] Allut, *Etude biographique*, p. 252; Lallemand, *Histoire de la Charté*, 4. 2: 480ff. G. D. Mansi, ed., *Sacrorum conciliorum nova et amplissima collectio* (Florence, 1759 – 1798; reprint, Paris and Leipzig, 1901 – 1927), 32, cols. 905-907. 有人在 1571 年首次提到里昂有"低息贷款"（*mont-de-piété*）存在，执政团——而非方济各修院——随后提出了相关建议（AML, BB89, ff. 48^r-49^v），但此事最后无果而终。M. Gutton 在其 *La société et les pauvres*（注 16 中有引用）中讨论了这个问题，亦可参考 Howard M. Solomon, *Public Welfare, Science, and Propaganda in Seventeenth-Century France: The Innovations of Théophraste Renaudot* (Princeton, N. J., 1972), pp. 48-53。

第二章 济贫、人文主义和异端

〔68〕Vauzelles，*Police subsidaire*，f. C ii^{r-v}. 伊拉斯谟对平信徒的看法可参见 James K. McConica，*English Humanists and Reformation Poiltics under Henry VIII and Edward VI*（Oxford，1965），chap. 2。

〔69〕L. de Vauzelles，"Notice sur Matthieu de Vauzelles，" *Revue du lyonnais*，3d ser.，9（1870）：504-529；V. L. Saulnier，*Maurice Scève*（Paris，1948），1：34. AHD，ff. 1^{r-v}，2^v-3^r. AML，BB49，f. 215^v（马蒂厄·德·沃泽尔建议将那些有能力向城市提供谷物的富人列入名册，这些人将被强制提供粮食）。ACh，E4，ff. 5^v-7^r，12^{r-v}. 执政官家族里的其他律师，比如 Jean du Peyrat、Claude Bellièvre 和 Eynard de Beaujeu，都在总救济会的创立过程中起到了关键作用。

〔70〕Auvray，"Bibliothèque"（注 41 中有引用），p. 358。

〔71〕此书由 Melchior 和 Gaspard Treschel 合作发行，两人均还是尚比埃和让·德·沃泽尔版的霍尔贝因《死亡之图》的发行人。

〔72〕ADR，Fonds Frécon，Dossiers Rouges，II，B. AML，BB52，ff. 1^r，57^{r-v}，149^r. ACh，E138，f. 1^r.

〔73〕ACh，E138，ff. 2^{r-v}，28^v；E139，p. 24；E4，f. 1^r-13^v. 借在里昂的意大利定居者中筹集资金的机会，涂尔盖不仅跟执政团有了往来，甚至还屡次在 1534 年初规划设立总救济会的会议上出现。

〔74〕*Traicte des Péages，Composé par M. Mathieu de Vauzelles docteur es droits…*（Lyon：Jean de Tournes，1545），p. 105. 在有关教士特权及豁免的章节中，沃泽尔指出天主教教士制度需要进行一系列改革，并为之作出申辩。

〔75〕布罗金的母亲 Pernette Andrevet 在 1522 年之前丧偶并再嫁给银行家、商人 Antoine Du Blet（ADR，Fonds Frécon，II，B）。关于法雷尔的这位朋友，可参见 *Guillaume Farel，1489-1565*，ed. Comité Farel（Neuchatel，1930），pp. 120-129 和 Henri Hours，"Procès d'hérésie contre Aimé Maigret，" BHR 19（1957）：16. 在 Du Blet 死后，Pernette 肯定意识到自己周围有太多处境危险的男人了，所以最终嫁给了一名有声望的天主教律师 Maurice Poculot。

〔76〕Eugène Vial，"Jean Cleberger，" *Revue d'histoire de Lyon* 11（1912）：81-102，273-308，321-340；12（1913）：146-154，241-250，364-386. N. Weiss，"Le réformateur Aimé Meigret. Le martyr Etienne de la Forge et Jean Kléberg，" BSHPF 39（1890）：245-269. ACh，E150，p. 12. *La Police de l'Aulmosne*，p. 10. 克莱伯格在 1531 年饥荒的时候捐献了 500 里弗，到 1539 年其捐献额超过 2 300 里弗。同期里昂主教的捐献额远少于 2 000 里弗。在 1546 年 8 月 25 日的遗嘱中，克莱伯格更向总救济会捐助了 4 000 里弗（ADR，3E4494，f. 168^r）。

〔77〕我所知的这方面的唯一例子是 Jacob Fugger 在奥格斯堡为年老工人设立的棚屋或 Fuggerei，此项制度提供济贫院以外的住房补助。Karl Helleiner 教授告诉我说，寡妇可以在中世纪末的荷兰"租用"独立的 Beguine 房屋。至于这是否构成"受补助的低价住房"，要取决于寡妇所支付的房租数额。

〔78〕Woodrow Borah, "Social Welfare and Social Obligation in New Spain: A Tentative Assessment," in *XXXVI Congresso Internacional de Americanistas*, *Seville*, *1964* (Seville, 1966), 4: 45-57. J. H. Elliott, *The Old World and the New*, *1492-1650* (Cambridge, 1972), p. 27.

〔79〕1492 年来自意大利的瓦尔登派牧师正在里昂附近的农村传道，当他们到达里昂时，他们的目的是到瓦尔登所在的街区进行朝圣而不是传教。不管如何，多菲内稍后的宗教裁判显示他们已不再强调使徒式的守贫（Peter Allix, *Some Remarks upon the Ecclesiastical History of the Ancient Churches of Piedmont* [Oxford, 1821], pp. 335-345）。16 世纪时，里昂没有任何文书材料可以显示其范围内有瓦尔登派传统的残存。相反，尚比埃抨击路德派是此种异端的"复活"。这里有关瓦尔登所在街区的摘录来自 Barthelemy Bellièvre（ca. 1460-ca. 1529）的 *Souvenirs de voyages ... notes historiques ...*, ed. Ch. Perrat（Geneva, 1956），p. 74. 另参见 René Fédou, "De Valdo à Luther: Les 'Pauvres de Lyon' vus par un humaniste lyonnais," in *Mélanges André Latreille*（Lyon, 1972），pp. 417-421. 有关里昂的职工工会，参见拙文："A Trade Union"。

〔80〕Vauzelles, *Police subsidaire*, ff. B ii^v，B iiii^v.

〔81〕J. Beyssac, *Les chanoines de l'église de Lyon*（Lyon, 1914），pp. xxii-xxv；J. Déniau, *La commune de Lyon et la guerre bourguignonne*, *1417-1435*（Lyon, 1955），pp. 167-170；R. Fédou, *Les hommes de loi lyonnais à la fin du moyen age*（Paris, 1964），pp. 330-331.

〔82〕Bonenfant, "Les orgines"（注 14 中有引用），pp. 208-210，Marx, *Development of Charity*（注 27 中有引用），pp. 49-59；Jean Imbert, "La Bourse des pauvres d'Aire-sur-la-Lys à la fin de l'Ancien régime," *Revue du Nord* 34 (1952): 13-36；Leclère, "Recherches"（注 27 中有引用），pp. 149, 152-153.

第二章　济贫、人文主义和异端

这些表格亦被称作 Tables du Saint-Esprit。

〔83〕J. Gerig, "Le Collège de la Trinité à Lyon avant 1540," *Revue de la Renaissance* 9 (1909)：75-77.

〔84〕Déniau, "La commune," pp. 137-140. Kleinclausz (ed.), *Histoire de Lyon*（注 17 中有引用），1：293-294。

〔85〕M. C. Guigue, *Recherches sur Notre-Dame de Lyon* (Lyon, 1876), pp. 95-120. AHD, E1, ff. 1^r-5^v. 虽然执政团拨款对济贫院进行财政支持，并帮助维修了其所属的建筑，但有效的改革直到 1524 年才出现，而这正是记录开始的地方。巴黎的情况也类似，市会议在 15 世纪末已从圣母教堂那取得对主宫医院的管理权。这个过程在 1546 年和 1561 年的法令颁布后达到高峰，法令规定法国所有的济贫院都应置于平信徒的管理之下。(Roger Doucet, *Les Institutions de la France au XVIe siècle* [Paris, 1948], 2：808; Jean Imbert, "L'Eglise et l'Etat face au problème hospitalier au XVIe siècle," in *Etudes du Droit Canonique dédiées à Gabriel Le Bras* [Paris, 1965], pp. 576-592).

〔86〕比如，1546 年佛罗伦萨出版商 Jacques de Giunta 的遗嘱有如下说明，捐献 50 图尔里弗（里弗全称图尔里弗，1203 年法王菲利普二世从安茹伯爵手中夺取图尔后将该货币推行到自己的领地内。——译者注）给总救济会，为 30 名贫困女孩提供每人 10 埃居的嫁妆（由总救济会的孤儿管理计划来执行），为在葬礼上持火炬的 12 名穷人提供衣服；1558 年制陶匠 Jean Chermet 的遗嘱则是：捐献 5 里弗给总救济会，为每名贫困女孩提供 20 里弗的嫁妆（由总救济会执行），捐献 5 里弗给主宫医院，给 4 名抬棺的穷人每人 2 苏（ADR, 3E5300, ff. 153^v-155^r）。

〔87〕Guigue, *Bibliothèque*（注 39 中有引用），p. 257; Allut, *Etude biographique*, p. 231; Bellièvre, *Souvenirs*（注 79 中有引用），pp. 122, 129-130. 有关 1528 年至 1529 年间在桑城召开的省宗教会议对兄弟会的限制，参见 Mansi, *Sacrorum conciliorum…collectio*（注 67 中有引用），32, col. 1196. 1539 年整个王国的所有工匠兄弟会遭到禁止，但如同其他地方一样，里昂的兄弟会组织直到 1561 年的奥尔良敕令（Edict of Orléans）之前仍正常运转着，此法令规定兄弟会的所有财物和收入都必须转交官方机构，用于支付贫民救济和教育事务开支。

〔88〕ACh, E4, f. 12^{r-v}, E7, p. 391; *Police de l'Aulmosne*, pp. 25-26; Boissieu, "L'aumône-générale de 1534 à 1562," p. 256. 总救济会的设立和禁绝行乞

法国近代早期的社会与文化

的措施都是由 Jean du Peyrat 于 1533 年或 1534 年 3 月 3 日颁布的法令授权的，此人出身执政官家族，是国王在里昂的军事副官。法令公布了总救济会的各项条款，并要求立即停止公共场合的救济活动。

〔89〕有关早期"票证"（tillets）的含义，可参见 Boissieu, "L'aumône-générale," p. 97。在早期，明显需要长期救助的家庭会领到羊皮纸的票证，而一般家庭则会领到一般的纸质票证（ACh, E4, *passim*）。在 1531 年的饥荒中出现了铅币，但为每个人量身定做的票证显然更有利于防止人们滥用救济。如果领救济者离开城镇，则票证必须退回，参见 *Police de l'Aulmosne*, pp. 37-38。有关早期分发的票币制度，参见 William J. Courtenay, "Token Coinage and the Administration of Poor Relief During the Late Middle Ages," *Journal of Interdisciplinary History* 3（1972-1973）：275-295。

〔90〕Bonenfant, "Les origines," p. 217. Salter 在其 *Some Early Tracts*（注 13 中有引用），p. 115 中描述了鲁昂人口调查的情况。虽然我们可以用 J. F. 庞德提供的诺维奇 1570 年调查的情况（"An Elizabethan Census"〔注 18 中有引用〕，p. 138）作参考，但里昂的调查数据很遗憾地遗失了。Brian Pullan 没有提到威尼斯有人口调查，而只是援引了其 1528 年或 1529 年济贫法的某些条款：每个教区依据其财富情况都有一定的救济配额，贫民据此被安排到各个教区当中。这里某些账册是必然要出现的，至少在每个教区内是这样（Pullan, "The Famine in Venice," pp. 173-174, and *Rich and Poor in Renaissance Venice*〔Cambridge, Mass., 1971〕, pp. 252-254）。

〔91〕Vauzelles, *Police subsidaire*, ff. B iiii^v, C ii^{r-v}。

〔92〕ACh, E4, f. 1^v. Ambrose Raftis, C. S. B. 告诉我，修院机构在中世纪时已开始作类似的核算以估测所需救济量。但圣让大教堂在 16 世纪时似乎并没有类似措施。

〔93〕ACh, E4, f. 3^r.

〔94〕AHD, E1, ff. 3^v, F18. ACh, E4, f. 14^v. 有关法国教区登记制度的演变，参见 M. Fleury and L. Henry, *Des registres paroissiaux à l'histoire de la population*（Paris, 1956）, pp. 17-21。

〔95〕法令本身出自总救济会的教区长之手。他们读过一份关于 1531 年事件的报告，其中引用了沃泽尔 *Police subsidaire* 中的材料。此外还有关于慈善意义的表述——*nous pouvons acquerir le celeste heritage avec un payemnent terrien*——沃泽尔应该会同意这些内容。另一方面，序言的风格不仅不像沃

第二章 济贫、人文主义和异端

泽尔 1531 年 5 月布道那样令人振奋（这是意料之中的），也不同于他对霍尔拜因《死亡之舞》的稍显平淡的评论。但沃泽尔毫无疑问跟最终的法令有关系。他之前就写过这方面的东西，现在也更为关注主宫医院的情况，这体现在 Police de l'Aulmosne 中。对图示的强烈兴趣——1533 年的入城式和对霍尔拜因的评论都是证据——可能使他试图为 Police de l'Aulmosne 加入木版画。最后，就在法令出版的第二年，他还让格里修斯发行了自己翻译的一本阿雷蒂诺的作品。

〔96〕我已查阅过低地国家十进制索引下所有有关《慈善之道》的记载条目，多伦多大学美术系的 W. McAllister Johnson 的相关意见也让我受益不浅。E. Staley 已复制了一些 15 世纪晚期佛罗伦萨有关《慈善之道》的画作（The Guilds of Florence〔London, 1906〕, pp. 538, 545, 553）。相比尼德兰的场景画，人群显得不那么怪异，但捐献还是在街道上进行。即便低息贷款也以钱堆的方式被摆在街道中间。

一幅描述 San Martino 在佛罗伦萨作演说的画作将救济接受者表现为"可靠的人"，而不是悲惨的贫民。Richard Trexler 认为他们是"害羞的穷人"，也就是说，他们出身良好，只不过在时局不景时落难（"Charity and the Defense of Urban Elites in the Italian Communes," in The Rich, the Well Born and the Powerful, ed. F. Jaher〔Urbana, Ill., 1974〕, pp. 90-91）。安特卫普教堂的一幅画则描绘赈济人员身着制服在教堂外分发食物和衣服的场景（M. J. Friedländer, Early Netherlandish Painting〔Leyden, 1967- 〕8, no. 87; I am grateful to Larry Silver for this reference）。这两幅画都在向里昂木版画的方向靠近。

关于里昂绘图传统中带有 17 世纪荷兰画特色的分发场景，参见 Arm in de Gouden Eeuw（Amsterdams Historisch Museum, October 23, 1965-January 31, 1966）, nos. 17-19, 亦可参见 Pierre Deyon, "A propos du paupérisme du milieu du XVIIe siècle: Peinture et charité chrétienne," Annales ESC 22（1967）, fig. 1（这是一幅反映中世纪传统的画作）。

〔97〕N. Rondot, L'ancien régime de travail à Lyon（Lyon, 1897）, p. 34.

〔98〕在 14 世纪杜埃的 493 份遗嘱中（"Recherches"，见注 27），Françoise Leclère 没有发现任何用于重生或教育的遗赠。J. A. F. Thomson 认真考察了 15 世纪伦敦的遗嘱，发现其中有一种往重生和教育方面转移的趋势，但这种趋势非常轻微。在其所研究的遗嘱中只有 3.5% 包含有教育用途的遗赠，而且多数供给大学研究神学。这跟之后的教育基金反差明显，W. K. Jordan 在 Philanthropy *in England*, *1480-1660* (New York and London, 1959) 中对其有过描述。早期没有学徒基金，也只有10%的遗嘱指明向贫穷女孩馈赠嫁妆（J. A. F. Thomson, "Piety and Charity in Late Medieval London," *The Journal of Ecclesiastical History* 16 [1965]: 178-195）。

〔99〕Kleinclausz (ed.), *Histoire de Lyon*（注17中有引用），1: 136-137。

〔100〕有关此项规划，可参见 Boissieu, "L'aumône-générale de 1534 à 1562," pp. 209-222 和 Paul Gonnet, *L'adoption lyonnais des orphelins légitimes* (Paris, 1935)。

〔101〕*Police de l'Aulmosne*, pp. 19-20, 29-30; Paradin, *Memoires*, pp. 291-292: "Une Maistresse, pour les filles, laquelle leur apprent à filler, à couldre en divers ouvrages, à aucunes à lire, selon ce à quoy elle iuge leur esprit estre enclin, & propre." 此项规划在女孩教育方面并不如维弗斯的建议那样周全，后者希望所有的女孩都能够受到教育，而聪明的女孩甚至可以走得更远（Vives, *De l'assistance aux pauvres*, p. 214）。路德的《莱茨尼希法令》（ordinance for Leisnig）中规定必须使所有女孩具备阅读能力。在里尔，贫民救济体系于1527年进行改革，而一位市民则于1544年创立了一所学校，男孩和女孩在那里一起接受读写能力的训练。里昂在贫困女孩的教育方面也许显得有所倒退，但具体情况可参见下文注166的内容。

〔102〕1527年当学院转归市政当局管理时，三一兄弟会便期望后者能从主宫医院中选送资质好的弃儿到学院中学习。尽管如此，1529年执政团仍在讨论是否要在学院中施行免学费制度的问题（Gerig, "Collège"[注83中有引用], pp. 77-78, 83）。但在总救济会为弃儿和其他男孤儿提供基础教育之前，这实际上是不可能的。

〔103〕涂尔盖在总救济会成立后的第一年中为其做了资金的募集和分发工作（ACh, E139, p. 24; E144），他也参与了1534年初规划成立救济会的会议。在1536年8、9月份，涂尔盖还和马蒂厄·德·沃泽尔一起与执政团展开协商，讨论设立丝织业以及促进此项产业发展的相关特许和豁免事宜（AML, BB55, ff. 193^r, 194^v, 196^v）。

〔104〕涂尔盖在1535年或1536年2月获选教区长（ACh, E4, f. 209^r）。"Le sire Estienne Turquet a Remonstré aud. Srs. quil est tous les jours apres Remonter sus la manufacture des veloux en ceste ville ce quil ne bonnement faire sans tousjours quelque petite aide de laulmosne"（E5, p. 271）。亦可参见 pp. 182,

272，332，368，388，398 的内容。

〔105〕Boissieu, "L'Aumône-générale"（注 16 中有引用），p. 222.

〔106〕Vauzelles, *Police subsidaire*, f. B iiii^v.

〔107〕ACh, E4, ff. 6^r–7^r, 12^r, 124^r; Boissieu, "L'aumône-générale," p. 258.

〔108〕*Documents concernant les pauvres de Rouen*, ed. G. Panel (Rouen, 1917), p. xxvi; M. Fosseyeux, "La taxe des pauvres au XVIe siècle," *Revue d'histoire de l'Eglise de France* 20 (1934)：418.

〔109〕帕拉丁对出现在其 *Histoire* 中的总救济会法令作了有趣的修改，这可以从某种角度上反映出来。1539 年法令对瞭望塔的说明是："为了始终保证和维护救济的秩序，也为了使领取救济者谦恭"（*pour conserver et entretenir de poinct en poinct l'ordre de l'aulmosne et affin que lesdictz Recteurs soyent bien et deument obeiz …* , p. 21），而帕拉丁修改为："为了维护这项十分慷慨的救济的秩序和警治，需要有某种强制和威慑力，以抑制住这些吵闹、不驯贫民的不安和冲动"（*Pour la conservation de l'ordre & police de ceste aumosne tant generate, il a esté besoing d'une coercion & terreur, pour tenir en cervelle & en bride aucuns des povres qui sont turbulents：& refractaires, & qui ne veulent prester obeissance aux recteurs …* , p. 292）。

〔110〕"*Lors verrez vous plusieurs maraulx maris …* ," Vauzelles, *Police subsidaire*, f. C ii^r. ACh, E4, ff. 6^r-7^r.

〔111〕Paultré, *Repression*（注 28 中有引用），pp. 78-79; *Documents … de Rouen*, p. 50.

〔112〕ACh, E4, f. 98^r.

〔113〕很不幸，教区长并没有记录下所有提供或拒绝救济的理由。生病、怀孕、年老或者身体缺陷，都可能是理由。很多情况下已婚男人或女人也可以得到救济，有时这会持续一段时间，但并没有给出理由。法令没有指明教区长应该拒绝向临时失业男人的家庭伸出援手。教区长只是说"有些穷困的持家者或工匠……因有多个小孩而负担沉重，而他们的工作不足以提供足够的薪水"。教区长会根据孩子的数目、妻子的职业和男人工作的性质来决定是否给予帮助（ACh, E4, f. 1^v）。这当然为非常穷困的家庭在淡季获得救助留下空间。法令还规定教区长应该在复活节后重新审查救济名册，以除去那些健康并可以在夏季（此时工作机会增多）找到工作的人的名字，但在圣马丁节（11 月 11 日）后可以重新将他们登记入册，"如果怜悯之心和实际情况需要的话"（*si la pitie et necessité le requiert*）。这也表明，当在教区长看来工作机会很少的时候，对临时失业者的救济也是可行的。

〔114〕Paultré, *Repression*, pp. 62-63; G. Montaigne, "La police des paouvres de Paris," ed. E. Coyecque, *Bulletin de la société de l'histoire de Paris et de l'Ile-de-France* 15（1888）：117.

〔115〕Colmeira, *Historia*（注 28 中有引用），p. 603.

〔116〕Elton, "Early Tudor Poor Law"（注 15 中有引用），pp. 57-58. 英格兰的方案包含全国性的公共工程计划而不只是城市计划，其对拒绝做工和不服从的惩罚是坐牢和烙印侮辱。相比法国城市计划的改进之处是建议给予"合理的工资"。维弗斯建议将所有健康的非本城乞丐遣返回乡（在里昂他们可以呆着，只要他们不乞讨并找到一份工作，或者到市政工地干活）。剩下那些因陋习（赌博、生活无序，等）而失业的穷人将被给予艰苦的工作和少量的食物。他们不能因饥饿而死亡，"但必须接受有限的食物和艰苦的劳动，以苦行抑制自己的欲望"。尽管如此，维弗斯所建议的强制工作仍超出了挖壕沟和建筑工地的范围，穷人们也可以到纺织作坊中工作（*De l'assistance aux pauvres*, pp. 200-204）。在日内瓦，来自农村但"愿意干活的乞丐"会被送到防御工事工地挖壕沟（the chronicler Michel Roset, quoted by A. Bieler, *La pensée économique et sociale de Calvin* [Geneva, 1961], p. 156）。因为那些避难于日内瓦但不能马上找到工作的人也从事这项工作，工人们的报酬要比里昂多一些。另外，乞丐和游民不能出现在城市中（ibid., p. 153）。

〔117〕Vauzelles, *Police subsidaire*, f. B iiii^v.

〔118〕有关英国游民文学，参见 Aydelotte 作品（注 30 中有引用）的第 6 章。Bernardino de Sahagún, *General History of the Things of New Spain*, trans. A. J. O. Anderson and C. E. Dibble（Santa Fe, N. M., 1950-1961）; Alonso de Zorita, *The Brief and Summary Relation of the Lords of New Spain*, trans. B. Keen（New Brunswick, N. J., 1963）. 对于阿兹特克人的说法，佐里塔的记述有些浪漫化，而萨哈干则一字不落，且不带有道德评判。裁判官佐里塔关注的是国家政策，方济各会修士萨哈干关注的则是教会对印第安人的政策。

庞大固埃玩弄各式把戏，但他不是拉扎里奥那样的乞丐或游民。蒙田对乞丐的看法可参见 *Essais* 的 Book III, chap. 13, "De l'experience"。

〔119〕可参见 1595 年罗马一名意大利流浪汉的证词（Delumeau, *Vie écono-*

第二章　济贫、人文主义和异端

mique〔注 27 中有引用〕, pp. 405-406), 以及 *La vie généreuse des mercelots, guez et boesmiens* (1596) 中的材料, 此书作者 Pechon de Ruby 曾是流浪汉 (Paultré 在 *Repression*, pp. 42ff 提及他)。还可参考 M. Gongora 的出色研究: "Vagabondage et société pastorale en Amérique latine," Annales ESC 21〔1966〕: 159-177。有关威尼斯乞丐的"行业"安排及培训, 参见 Pullan, *Rich and Poor*, pp. 302-307。

〔120〕可参见 Gertrude Zemon Gass 和 Aaron Rutledge 对底特律失业男性再培训计划的研究 (*Nineteen Negro Men*〔San Francisco, 1967〕), 此计划旨在将受训者培训为临床护士。还可参考 A. B. Hollingshead and F. C. Redlich, *Social Class and Mental Illness: A Community Study* (New York, 1958), pp. 115ff, 此研究显示有 76% 的最低收入阶层家庭"完全孤立"于任何社团之外, 而且其家庭生活本身也处于中断的状态, 这意味着更进一步的隔绝。

〔121〕ACh, E5, pp. 407, 412.

〔122〕Ibid., p. 403.

〔123〕N. Z. Davis, "A Trade Union in Sixteenth-Century France," p. 62; Archives Nationales, X¹ᵃ 4911, f. 80ʳ⁻ᵛ.

〔124〕ACh, E5, p. 296; E4, ff. 149ʳ, 112ᵛ-113ʳ, 12ᵛ. N. Z. Davis, "A Trade Union," pp. 64-65. 只是到了 17 世纪末才有少数英国重商主义作家和法国宗教思想家开始倡导提高工资水平 (Coleman, "Labour in the English Economy"〔注 10 中有引用〕, p. 281; Pugh, "Social Welfare"〔注 11 中有引用〕, p. 374, 其中援引了里昂圣餐团 1694 年的一份备忘录)。可参见 Richard A. Clowman and Richard M. Elman, "Poverty, Injustice and the Welfare State," *The Nation* (Feb. 28, 1966), pp. 230-232。

〔125〕1530 年代一名成年男性的基本救济量为 1 条 12 磅的面包 (多少多于教区长所估计的量, 教区长认为每名男性每周吃 10.5 磅面包) 和 1 苏的钱。按照 1534 年教区长的估计, 面包以外的其他食物每天将耗费这名男子 3 但尼尔 (denier, 法国旧货币单位, 1 苏等于 12 但尼尔。——译者注), 所以基本救济量并不能应付每周的全部食物开销。在失业的情况下仍会有吃饭问题, 除非救济量有增长。当这名男子有妻儿时, 他将获得两至三倍的救济, 而教区长也将根据情况作调整。参见 ACh, E4, ff. 1ᵛ, 9ʳ; *Police de l'Aulmosne*, pp. 23-24。没有确切证据表明到 1561 年救济量是否有了增长, 虽然随后不久一名盲人及其妻子收到了 6 磅面包和 5 苏 (ACh, E10, p. 565)。

以下是第一次宗教战争前数年内总救济会所支付的每磅牛肉的价格。因为多数是斋期时的价格，它们应该比市场价格略低：1535 年 4 月，4.5 但尼尔；1539 年 3 月，5 但尼尔；1549 年 4 月，6 但尼尔；1550 年 3 月，6 但尼尔；1561 年 3 月，6 但尼尔；1561 年 12 月，8 但尼尔。真正的通胀影响在这个世纪的晚些时候显现。1587 年 2 月执政团要求屠夫以每磅 23 但尼尔的价格出售牛肉（AML，BB118，ff. 24^v-25^r）。羊肉价格通常比牛肉贵 2 到 3 但尼尔。有关里昂肉的价格，参见 Gascon, *Grand commerce*, p. 922。

〔126〕1560 年 3 月当有 215 名病人在医院里时，死亡率为 0.20（原文如此。——译者注）；在 1560 年晚秋的一个四周的时间段内，这个死亡率达到了 0.38；在 1561 年 1 月，330 名病人的死亡率为 0.30（AHD，F21）。这可以跟 1539 年至 1540 年当医院的总病人数通常都少于 200 人时的情况作对比（见表 3）。

〔127〕虽然贯穿这一整个世纪都有周期性的排斥成年乞丐的舆论，但他们的行乞活动还是持续着，经济体系的特点、旧行为模式的韧性和里昂警治力量的不足，都是成年乞丐屡禁不绝的原因。1539 年的法令只提到了针对儿童乞丐的改进措施，却对稍后教区长所反映的成年乞丐问题只字不提。这些法令还宣称，因为总救济会的存在，"瘟疫"事件已不再发生。一份描述 1550 年代巴黎济贫体系的文件也有类似说法（*Police de l'Aulmosne*, p. 44；G. Montaigne〔注 114 中有引用〕，p. 106）。如果这些属实，那么它们大概可以表明，其他疾病和饥荒的减少提高了人们对瘟疫的抵抗能力。关于 1556 年的旱灾，参见 Paradin, *Memoires*（注 32 中有引用），p. 357。当然，供应上的危机并没有结束，但 1534 年后他们处理问题的效率有了些许提高。

〔128〕*Police de l'Aulmosne*, pp. 24-27；Boissieu, "L'aumône-générale"（注 16 中有引用），pp. 263-267. 从 ACh，E138（1534-1535）到 ACh，E150（1537-1539）的变化已表明收入的增加。总救济会的简单行政开支所需有限。国王的财政豁免使一些必要开支维持在低水平上。付给方济各修院的租金很低；一个粮仓（为其碾磨谷物）和一个面包店专门为总救济会提供面包。总救济会的教区长和募捐人免费为其工作；杂吏和学校老师则需要支付薪水。

〔129〕ACh，E5，p. 215，E7，p. 470；*Police de l'Aulmosne*, p. 35（救济会人员 "*sollicitera les particuliers donataires de 'aumosne, comme les nations estranges, & autres bienfacteurs, de porter & envoyer les dons promis. Et s'il est besoing, d'en contraindre quelcun par proces, sera tenu d'en advertir le Se-*

第二章 济贫、人文主义和异端

cretaire … ").

〔130〕Vauzelles, *Police subsidaire*, f. B iii^v.

〔131〕Morin（注 4 中有引用），ff. 65^r—66^v。

〔132〕Nolf, *Réforme*（注 2 中有引用），p. 64. Jimenez Salas, *Historia*（注 16 中有引用），p. 90。

〔133〕*Police de l'Aulmosne*, p. 44.

〔134〕总救济会的非本国教区长有埃蒂安·涂尔盖、Girardin Panse、Albisse d'Elbene、Andrea Cenami 和 Georges Obrecht。济贫册上的非本地人有：来自尚贝里的制鞋匠 Jacques Perrier（ACh, E4, f. 119^v）、来自瓦朗斯的理发师 Mathieu du Boys（f. 177^v）、来自 Velay 地区的寡妇 Jane Mole（f. 55^v）、一名来自多菲内 Quirieu 的女孩（f. 63^v），还有 Mathieu Vulpa 的妻子（E7, p. 237），此姓氏来自意大利；Estienne Harestonny（p. 270），可能是德国人；Jeanne de Sarragosse，"来自西班牙的穷困女人"（E18）。

〔135〕*Police de l'Aulmosne*, pp. 36–37. 几乎所有的"暂留者"都得到了补助。假设每一单位的"暂留费"为 1 苏，那么从 1538 年 8 月 10 日到 1539 年 6 月 30 日大概有 4 100 人接受补助（ACh, E150），从 1550 年 3 月到 12 月则有 4 450 人（E162）。紧急情况下，用于补助"暂留者"的资金会缩减，某些情况下会停止支付。

〔136〕1537 年或 1538 年 3 月教区长拒绝将一名寡妇列入救济册，因为总救济会设立的时候她并没有在里昂居住（E5, f. 132^v）。1539 年付印的法令也有此项要求。但在那些于 1539 年后获得救济的人当中，"1534 年居住在里昂"这项条件不久就消失了。1588 年执政团提到"被认可贫民"的 3 年居住要求（AML, BB120, f. 198^r）。Boissieu 认为是 7 年，但并没有给出证据（"L'aumône-générale," p. 98）。

〔137〕G. Montaigne（注 114 中有引用），p. 111；AEG, Archives hospitalières, Kg 12；H. Grandjean, "La bourse française de Genève," *Etrennes genevoises*（1927），pp. 46–60. 可参见 Pullan 对这个问题非常有参考价值的讨论（"The Famine in Venice," pp. 165–176 以及 *Rich and Poor*, Part II, chap. 4）。

〔138〕Tierney, *Medieval Poor Law*（注 8 中有引用），p. 57. 维弗斯指出民法也认可此种区分（*De l'assistance aux pauvres*, p. 201）。亦可参见 Trexler, "Charity and the Defense of Urban Elites"（注 96 中有引用）。

〔139〕那些在农村拥有财产或封地的里昂居民可能还直接向其捐献资金。

W. K. Jordan 提到伦敦人所建立的农村慈善机构（Philanthropy in England [注 98 中有引用]）；Brian Pullan 猜测类似机构可能也在威尼斯出现过（"The Famine in Venice," p. 176）。在里昂地区拥有大量财产的圣让大教堂，也给予多个村庄的贫民每年一次的救助。

〔140〕ACh，E4，ff. 4^v，32^r.

〔141〕西班牙人费尔南·哥伦布（即探险家之子）于 1535 年在蒙彼利埃买到了里昂版的法令，这似乎可以说明沃泽尔布道书的流转程度，参见 L. Galle, "Les livres lyonnais de la bibliothèque du Baron Pich… [原书印刷不清。——译者注]," *Revue du lyonnais*, 5th ser. (1897): 431。

Irene Brown 正在研究 16 世纪的图卢兹，他友善地告诉我一些有关巴里尔的情况（has kindly provided me … [原书印刷不清。——译者注] information about Jean Barril）。这名酒商资助了 1530 年代图卢兹好几本著作的出版，包括：一本献给纳瓦尔的玛格丽特的作品，论述上层妇女的道德教育问题；一本描述天主教徒帕拉丁伯爵弗雷德里克的著作；以及一份反映方济各会对墨西哥印第安人进行皈依劝导和教育的有趣报告。

沃泽尔可能经由玛格丽特认识了巴里尔。图卢兹版布道书的题目和注 3 中的一致，但沃泽尔加上了如下的内容：*Dirigee a bonneste homme Jehan Barril marchant de Tholoze pour la communiquer aulx habitans dicelle. Dung vray zelle*（沃泽尔的题铭）。

〔142〕*Police de l'Aulmosne*，p. 17. 一个版本是里昂市政图书馆的 *La Police de l'aulmosne de Lyon*，索书号 355969；另一个是 AML, GG140 的 *La Police de L'Aulmosne de Lyon*。两个版本的排版和扉页有所不同，也使用了不同的木版画，但所用标志却是一样的。在总救济会的执政和教区长的要求下，里昂司法辖区法院（Sénéchaussée）在 1538 年或 1539 年 1 月 11 日给予格里修斯一项为期两年的特许。

〔143〕维弗斯作品的版本情况可参见 Casanova and Caby，*De l'assistance aux pauvres*，pp. 265-288，伊普雷法令的版本情况可见 Salter 的 *Some Early Tracts*（[注 13 中有引用]，pp. 32-33）。伊普雷法令的拉丁语版前言称有很多学者正在争论如何应对贫民大量的情况。而对其他基督徒而言，伊普雷计划就是一种应对方案（*Forma subventionis pauperum quae apud Hyperas Flandorum urbem viget, universae Reipublicae Christianae longe utilissima* [Antwerp. Martin Lempereur, 1531]，v° of title page）。纽伦堡法令的情况参见

第二章 济贫、人文主义和异端

O. Winckelmann, "Die Armenordnungen von Nurnberg（1522）…,"*Archiv für Reformationsgeschichte* 10（1912-1913）: 243-246。据我所知巴黎的法令并没有得到印刷推广，但蒙田在发给 Cardinal de Tournon 的手稿里提到印刷版的存在（G. Montaigne［注 114 中有引用］, p. 106）。法学家 Vincent de la Loupe 在 1557 年的拉丁文作品中提到了夏特的计划（E. Armstrong, "Robert II Estienne à Paris," *Bibliothèque d'humanisme et renaissance* 20［1958］: 353）。Gilles Wijts 在 *De continendis et alendis domi pauperibus*（Antwerp, 1562）中为布鲁日的计划辩护。萨拉曼卡 Saint Vincent 修院院长梅迪那的胡安在献给菲利普王子的书中提到了这座城市的计划，胡安早前已和菲利普讨论过相关计划（Medina［注 16 中有引用］, ff. A ii^r-A iv^r）。

［144］有关莫林，参见 ADR, 3 H 1, *passim* 和 J. Beyssac, *Les prieurs de Notre-Dame de Confort*（Lyon, 1909）, p. 43。

［145］图卢兹版中出现了沃泽尔标志性的"Dung vray zelle"。如果莫林对此书的作者身份有任何疑问，他可以到印刷商 Claude Nourry 那里进行确认，此人的名字出现在扉页上，他本人也经常在多明我会修院附近的街区走动。

［146］Morin, *Tractatus*（注 4 中有引用）, f. 26^r. 引用内容出自《约耳书 2: 16》。

［147］Morin, ff. 65^r-66^r. 有关城市对外来人负有职责的范围，可参见执政和显贵们的讨论：AML, BB49, ff. 269^v-273^v; BB52, ff. 56^v-57^r。

［148］Morin, f. 31^v, AML, BB46, f. 76^v。

［149］Morin, f. 6^v（"ydiomate vulgari"）, f. 77^r. 此前不久在桑城举行的一次省宗教会议授权莫林对此书进行抨击（f. 6^r; Mansi, *Sacrorum conciliorum … collection*, 32, col. 1198）。有关索邦对希伯来文书和伊拉斯谟的攻击，参见 D'Argentré（注 2 中有引用）, p. 34 和 M. Mann［Phillips］, *Erasme et les débuts de la réforme française*（Paris, 1934）, pp. 75-77, 118-120, 140。

［150］Morin, ff. 20^r, 31^v, 55^v, 22^r-23^v, 30^v, 6^v. 在 1538 年对霍尔贝因《死亡之图》的评论中，沃泽尔对《圣经》故事的引用和注释十分细致，这大概是对莫林批评的一种回应。沃泽尔对瓦尔登派——或者所谓的"里昂的穷人们"——的引述如下："*Je me tais aussi dung aultre temps auquel Lyon fust par sa simplicite trop charitable: si grand aulmosnier que de celuy en redonda ung non petit reproche.*"（*Police subsidaire*, f. A iii^v）。他对路德的批评参见 ibid., ff. B iii^r, C i^v。

〔151〕*Police subsidaire*, f. B iiii^v. A. J. Krailsheimer, *Rabelais and Franciscans* (Oxford, 1963), pp. 290-291; Lucien Febvre, *Le problème de l'incroyance au XVIe siècle* (Paris, 1947), pp. 303-306. Michael Screech, *L'évangélisme de Rabelais. Aspects de la satire religieuse au XVIe siècle* (Etudes rabelaisiennes 2, Geneva, 1959), pp. 30-34. Morin, ff. 64^r-65^r.

〔152〕Vauzelles, *Police subsidaire*, f. B iii^v; Morin, ff. 38^r-55^r, 63$^{r.v}$. Mansi, *Sacrorum conciliorum … collectio*, 32, cols. 1102, 1127.

〔153〕我查阅过圣让大教堂1531年至1533年的记录，发现沃泽尔情况正常，他仍据有名为"chavelier"的司法职位，还每隔一段时间参加会议履行职责（ADR，10G114，ff. 37^r，73^v；10G115，ff. 36^r，57^r）。他对神学学位的评论参见 *La Passion de Iesu Christ*（注50中有引用），p. 3。

〔154〕Merle d'Aubigné, "La Réforme à Lyon. Procès inquisitionnel contre Baudichon de la Maisonneuve … ," BSHPF 15 (1866): 121.

〔155〕ACh, E4, ff. 54^v-55^r, 59^v-60^r, 79^r, 128^r-129^v（本笃会所属的Ainay修院同意将每年的谷物分发事务移交给总救济会，而由后者负责禁绝其所在街区的行乞活动），139^v-140^r，158^v-159^r，174^r，194^r，203^r；E5, f. 133^r, pp. 215, 219（在大主教François de Rohan去世后其所在教区没能支付其所许诺的金额，于是受到控告。教区在大主教去世后由奥坦主教管理，弗朗索瓦一世授权此人负责教区财政，f. 121^r（两名穷克莱尔修会的修女被禁止在城镇行乞），p. 467（一名来自蒙彼利埃的托钵僧在里昂被禁止行乞）. *Police de l'Aulmosne*, p. 43。

〔156〕有关英格兰新教徒在支配慈善捐款的方式上的转变，参见 W. K. Jordan, *Philanthropy in England*（注98中有引用）。此书的主要弱点是忽视通胀的影响，但对此点的批评并不能改变Jordan的结论："数据表明，贫民救济已取代教会成为慈善捐助的主要受益者"（D. C. Coleman的书评：*Economic History Review*, 2d ser. 13〔1960-1961〕：113-115）。

〔157〕Boissieu, "L'Aumône-générale," p. 267. 有关格里高利·纳齐安森布道词的翻译和发行，尤其是其提倡基督教人文主义和救济体系改革的计划，我已在另一篇文章（*Renaissance Quarterly* 20〔1967〕：455-464）中进行了更详细的介绍。

〔158〕Allut, *Etude biographique*（注39中有引用），p. 241. 尚比埃在1531年和1532年显贵会议上提出了一些有关救济制度改革的有用建议（AML,

第二章　济贫、人文主义和异端

BB49, ff. 216ᵛ, 273ʳ), 但 1533 年 12 月他辞去了在执政团的职位（BB52, f. 168ᵛ), 他也没有出现在 1534 年初商议设立总救济会的任何一次会议上。他对 rebeine 的辛辣批评、他的排外色彩和对里昂过去的怀念（"*mieulx vault ung escu entre les siens, que ung noble avec les estranges et differens de meurs et conditions,*" Allut, p. 226), 都可能使他不适合筹划一个严重依赖外来人参与的组织。尚比埃是帕格尼尼的密友，但他可能跟沃泽尔不和。

〔159〕比如: *La Chirurgie de Paulus Aegineta … Le Tout traduict de Latin-Francoys par Maistre Pierre Tolet Medecin de l'Hospital* (Lyon: Etienne Dolet, 1540)。为方便外科业职工，托莱翻译了这本著作 (p. 3)。有关托莱和 Jean Canape 的翻译工作，以及两人在 1530 年代的行医活动，参见 V. L. Saulnier, "Lyon et la medecine aux temps de la renaissance"; H. Joly and J. Lacassagne, "Médecins et imprimeurs lyonnais au XVIe siècle", 两篇文章均出现在 1958 年的 *Revue lyonnaise de médecine* 中。虽然拉伯雷没有翻译过作品，但他在里昂公开进行的尸体解剖也是一种在民众中普及知识的尝试。

〔160〕Nolf, *Réforme* (注 2 中有引用), pp. 54-55.

〔161〕*Police de l'Aulmosne*, pp. 42-44. 没有提供正当理由而缺席游行的穷人可能会失去已收到的救济品。天主教徒有时会在遗嘱中指明要求圣凯瑟琳救济院的女孤儿参与其葬礼仪式。巴黎和奥尔良的类似情形参见 G. Montaigne (注 114 中有引用), p. 117; Fosseyeux, "La taxe des pauvres" (注 108 中有引用), p. 423。

〔162〕现在仍可以在 Musée des Hospices Civils de Lyon 看到这些捐助箱。

〔163〕Guy de Tervarent, *Attributs et symboles dans l'art profane, 1450-1600* (Geneva, 1958-1959), cols. 302-303. V. G. Graham, "The Pelican as Image and Symbol," *Revue de litterature comparée* 36 (1962): 235-243. Emile Male, *L'art religieux de la fin du Moyen Age en France* (Paris, 1925), pp. 317-322. R. Freyhan, "The Evolution of the Caritas Figure in the Thirteenth and Fourteenth Centuries," *Journal of the Warburg and Courtauld Institute* 11 (1948): 68-86. Edgar Wind, "Charity. The Case History of a Pattern," *Journal of the Warburg and Courtauld Institute* (1937-1938): 322-325. Idem, "Sante Pagnini and Michelangelo," *Gazette des Beaux Arts* 26 (1944): 211-235. Andrea del Sarto 在 1518 年前后为弗朗索瓦一世创作了一幅大行画作，画中描绘一名带着小孩端坐着的慈善人物（卢浮宫，感谢 Larry Silver 提醒我注意这幅画）。我们还可以在圣路易斯城市艺术博物馆看

到一尊创作于16世纪法国的大理石雕像，也是反映带着小孩端坐着的慈善人物形象。

〔164〕Letter of Claude Monier from prison to the conventicles of Lyon, 1551, in Crespin, *Martyrs*, f. 205^v.

〔165〕在皈依新教后仍担任职务的教区长有出版商 Jean Frellon、商人—出版商 Antoine Vincent、显赫的德国银行家和西奥多·德·贝兹的朋友 Georges Obrecht。

〔166〕新教当权时的记录和账册来自 ACh, E10、E170、E171。旧教当局 1561 年开始以慈善为由征用兄弟会的基金，这种措施后来被新教强力终结。后者向圣凯瑟琳救济院提供了 100 本有关宗教教育的书籍（E10, p. 508），这或者表明一种针对女孩教育的新政策，或者说明 1539 年法令之后总救济会对女孩的政策已经在往这个方向转变。孤儿院的训练制度也被用来培训在修道院中皈依的新教徒（p. 453）。

〔167〕Pierre Viret, *Metamorphose chretienne, faite par dialogues* (Geneva: Jacques Brès, 1561), p. 229. 加尔文教对贫困问题的反应可参见 R. Stauffenegger 极具洞察力的文章："Réforme, richesse et pauvreté," *Revue d'histoire de l'Eglise de France* 52 (1966): 52-58。

〔168〕此书是一部尖刻而诙谐的讽刺性作品，作者是一名皈依新教的神学博士，虽然一直与里昂保持紧密联系，但他还是于 1530 年离开了这座城市。此书于 1533 年在 Neuchâtel（也是一个里昂人的避难处）由 Pierre de Vingle 发行，后者是沃泽尔布道书的印刷商 Nourry 的女婿。有关马尔库尔，参见 Gabrielle Berthoud, *Antoine Marcourt, réformateur et pamphlétaire* (Geneva, 1973)。

〔169〕Monier in Crespin, *Martyrs*, f. 205^v.

〔170〕ACh, E5, f. 147^r; E10, pp. 367, 398, 430, 584; E170, f. 1^r; E171, ff. 6^v-7^v.

〔171〕比如：布料商的妻子 Claudine Perrussin 于 1571 年 10 月捐献 100 里弗给里昂改革派教会的穷人；皮埃蒙特商人 Charles Sartoris 于 1571 年捐献 4 太阳金埃居（écus d'or soleil）给改革派教会中的皮埃蒙特人（AEG, Notaires, Jovenon, II, 92^v-96^r, 89^r-92^v）；里昂的屠夫和旅店主 Jean Chamarier 捐献 10 里弗给总救济会，另外 5 里弗用于兴建改革派教堂（ADR, 3E7185, August 28, 1564）；印染师傅 Regnaud Chollet 于 1567 年捐献 25 里弗给总救济会，12 里弗 10 苏给日内瓦的"贫穷外来者联合会"（AEG, Notaires, Rageau, IX, 336-

339）；里昂商人和执政 Jean Bezines 捐献 100 里弗给总救济会，50 里弗给主宫医院，200 里弗给里昂改革派长老会的一名长老（以分发给信奉新教的穷人）。而如果改革派教会不允许此种跨界捐助，那么 Bezines 将取消对总救济会和主宫医院的捐助而改向改革派教会捐献 350 里弗（ADR, B, Insinuations, A, ff. 58^v – 60^v, Sept. 13, 1564）。还需要注意天主教商人 Gérardin Panse 的遗嘱：捐献 1 000 里弗给总救济会，但前提是救济会由天主教徒管理。如果此项前提不成立，则捐献 500 里弗给主宫医院，再捐献等额的嫁妆给信奉天主教的贫穷女孩（ibid., f. 44^r, August 9, 1564）。

〔172〕在 *Strasbourg and the Reform*（New Haven, Conn., 1967）中，Miriam Chrisman 指出斯特拉斯堡 1552 年的济贫改革发生于 Capito 和布塞到达之前。如果说市政府中已有某些人皈依路德教，那么其他人则还没有。最初的改革源自较早前的形势发展，而且"跟宗教改革没有直接关系"（p. 277）。此处对福利制度改革者的考察也表明了双方的合作关系。

〔173〕威尼斯的情况可参见 Pullan, *Rich and Poor*, Part Ⅱ。加尔文对日内瓦总济贫院的财务及医务人员（*procureurs* and *hospitaliers*）进行了"神圣化"（sacralization），这些统一信奉新教的人还和改革派教会的执事们被归并到了一起。有关这种"神圣化"可参见 R. W. Henderson, "Sixteenth Century Community Benevolence: An Attempt to Resacralize the Secular," *Church History* 38 (1969): 421 和 Robert Kingdon, "Social Welfare in Calvin's Geneva," *American Historical Review* 76 (1971): 61。有关教士会成员在 1573 年成立的亚眠贫民救助机构（Bureau des Pauvres）中的作用，可参见 Pierre Deyon, *Amiens, capitale provinciale*（Paris, 1967）, pp. 348 – 349。阿维昂的情况可参见 Venard, "Oeuvres de charité"（注 11 中有引用），p. 144。

〔174〕Jean Imbert, "Les prescriptions hospitalières du Concile de Trente et leur diffusion en France," *Revue d'histoire de l'Eglise de France* 42 (1956): 5 – 28. Archives Nationales, X^{1a}4911, 78^r. 法国教会对城市救济计划的态度，可以从其 1560 年三级会议上提交的陈情表中看出来。教会支持这些计划，但要求其捐献必须遵循自愿的原则而不能强制。

〔175〕可参见 Jerrold E. Seigel, "Civic Humanism or Ciceronian Rhetoric? The Culture of Petrarch and Bruni," *Past and Present* 34 (July 1966): 3 – 48; Hans Baron, "Leonardo Bruni. 'Professional Rhetorician' or 'Civic Humanist'?" in *Past and Present* 36 (April 1967): 21 – 37。

〔176〕Erasmus, *Enchiridion*, letter to Volzius *"Quid aliud est civitas quam magnum monasterium?"* (*Opera Omnia* [Cologne, 1555], 3, col. 346). 维弗斯在 *Police subsidatre* 中采用了类似的比喻：里昂是一座"真正的美德修院"（*vray cloistre de vertu* [f. B iv^r]），亦可参见 *La Police de l'Aulmosne*, p. 44。

〔177〕ACh, E4, f. 79^r; *La chronique lyonnaise de Jean Guéraud, 1536–1562*, ed. Jean Tricou (Lyon, 1929), p. 113.

〔178〕Pound, "An Elizabethan Census," p. 144; Wallace T. MacCaffrey, *Exeter, 1540–1660* (Cambridge, Mass., 1958), pp. 12, 113.

第三章　城市妇女和信仰变化

回顾自己生命时光中加尔文异端的诞生和发展，波尔多的法学家弗罗里蒙·德·雷蒙强调，女性要远比男性易于陷入异端邪说之中。教会教父早就向我们提出过这种警告。女性脆弱又愚笨，她们或如珍珠般可爱，或如蜂蛇般狠毒。德·雷蒙接着说，宗教纷争的时候，她们的纺纱车制造的邪恶常常比顽固叛乱分子的剑造成的邪恶还要多。这些是他从自己的亲身经历中体会到的，他早年曾误入邪途：1560年代的时候他便是胡格诺运动的一员。[1]

德·雷蒙并不是唯一一名这样奚落新教的男性天主教徒。他们认为新教只会利用女性的脆弱意志和低下智力惹是生非。对此，新教辩论家回敬说，在最好的情况下，女天主教徒也依然是愚昧和迷信的，至于最差的情况，她们就和妓女、疯婆子差不多了。[2]多数研究宗教改革的现代历史学家的看法比他们好一点：他们根本就不提女性。

噢，是的，曾经有过例外，现在也有。在始自普鲁塔克和薄伽丘的女性史传统之外，有些女性形象——比如路德和加尔文的妻子、新教女公爵或女王——也受到了史家的关注，而后者无非是想借这些形象来表明，女性毕竟和宗教改革有关系。一个多世纪以前，苏格兰牧师詹姆斯·安德森出版了他的《宗教改革中的女性：16世纪杰出女性人物传记》(Ladies of the Reformation, Memoirs of the Distinguished Female Characters Belonging to the Sixteenth Century)；即便到今天，罗兰·邦顿*称作《宗教改革中的女人》(Women of the Reformation) 的有趣实用的小册子仍出现在我们眼前。此外，那些伟大的政治和文学领袖也得到了应有的重视：比如纳瓦尔的玛格丽特，她是法王弗朗索瓦一世的姐姐，她的诗歌和庇护为法国早期宗教改革作出了重要贡献，还有她的女儿，激进胡格诺信徒、纳瓦尔女王——阿尔布雷的让娜。[3]

但是，在16世纪信仰变化中女性所起的作用是什么呢？社会研究很少系统考察这个问题。[4] 宗教改革确实对女性有特别的吸引力吗？如果有的话，特别在什么地方？它又对哪类女性比较有吸引力呢？新教女性为信仰变化做了什么？宗教改革的种种变化又如何影响了不同社会阶层妇女的生活？

人们已经作出了一些假设。首先，有学者认为，宗教运动的某些特征对女性有特别的吸引力。马克斯·韦伯在他的《宗教社会学》中提到，女性特别容易接受非军事的、非政治的预言，以及那些带有狂欢、情绪化和歇斯底里色彩的宗教运动。韦伯的说法让我们很不舒服地想到了教会教父和弗罗里蒙·德·雷蒙，但不管如何，我们要问，对于像加尔文教这样严肃克制的宗教，这种评判依据是否适用？基斯·托马斯在研究17世纪英格兰内战中的各教派女性时，提出了一个更宽泛的假设。他认为，不管是情感活动还是非情感活动，宗教地位和活动空间是促使她们转向新教的原因。宗教上的性别平等越充分，参加运动的女性就越多。[5]

第二类假设跟女性改变宗教之前的生活状态有关。一些历史学家强调之前她们那种无所作为和受束缚的感觉，而皈依新的宗教则是一种解脱。在谈到新教对英国贵族女性的吸引力时，劳伦斯·斯通认

---

* 罗兰·邦顿 (Roland Bainton, 1894—1984)，英国教会史家。——译者注

第三章 城市妇女和信仰变化

为,"她们处在男性支配的世界里,整天呆在乡间豪宅中,生活空虚而失落。在这种情况下,她们不顾一切地投身到宗教慰藉中去的举动毫不令人奇怪"。在解释16世纪法国商人、工匠和非熟练工人的妻子们改信宗教的动机时,罗伯特·曼德卢也给出了类似说法:"整天呆在家中,没完没了地为那小院子、家内事和孩子们操劳,毫无疑问,这些女性在宗教运动中找到了解放的感觉。"[6]

但是,其他历史学家的看法则给人一种印象:似乎在宗教改革之前,这种解放即已开始。南希·罗尔克认为,胡格诺教贵族女性意志坚强,她们是相当独立自主的妻子或寡妇,她们把宗教改革看成继续推进已有那些行动(规劝亲属、保护新教牧师、为男性领袖提供钱和建议,等等)的一种手段,而在这个过程中她们可以继续保留其女性的身份认同。类似的,帕特里克·科林森认为,正是教育和相对宽松的社会生活,为英国贵族妇女和商人妻子积极回应16世纪的清教运动提供了条件。科林森写道:"现代伊斯兰教社会的例子引人猜想:获得部分解放的妇女会狂热、甚至暴烈地接纳政治理想。转到16世纪的背景下,或许我们就可以在那个时代女性激进的宗教派系偏见中见证到类似的情况。"[7]

这些假设里面哪一个更符合法国城市中新教妇女的情况呢?我们将在这篇文章里找到答案。我们也许已注意到,其中两类假设都只是从心理学的角度进行分析,而没有在新宗教运动的具体内容和组织上面做文章。罗伯特·曼德卢确实说过,家庭主妇可以从新教中获得解放,也可以从反宗教改革的转型天主教中获得解放,哪一个都无所谓。

第三类假设跟宗教改革给女性带来的影响有关。人们经常说,新教对女性家庭生活的改变最为显著,而且这种改变是向着好的方向去的。新教不只废止了教士单身制,而且将婚姻定义为人性学堂,给新教夫妇双方带来了更多的平等和友谊,这大概是同一时期的天主教夫妇所没有的。[8]但是,妇女角色在改革派教会的生活、礼拜、符号或是组织中的变化则很少有人关注。有人试图用社会和心理因素去考察新教反对圣母崇拜的原因[9],但禁绝圣母崇拜怎样影响了人们对妇女和性别认同的态度呢?

让我们在法国城市妇女——而不是南希·罗尔克研究过的贵族妇女——这个重要的妇女范畴内考察这些问题。我希望在作适当调整之后,从法国得出的一些结论可以对应欧洲其他地方的情况。

一

16 世纪的法国城市,从一些只有 1 万居民的小地方到有 6 万人口的里昂和 10 万人口的巴黎,都是新教组织和传播的中心。1572 年圣巴托罗缪节大屠杀前的那几十年是这里问题的关键,即便是这一年,在新教徒们看来还很有希望的,如一位在日内瓦避难的妇女所认为的:新基督徒将把他们的城市从教皇派暴君们的苛政和虐待中解放出来。[10] 有一段时间他们成功了,新教运动得到了一次大扩张。1559 年,他们建立了正式的法国改革派教会。1572 年之后,胡格诺信徒继续奋争,但从那时起他们将注定只是一个狂热的少数派。

除了修女之外,16 世纪上半叶的城市妇女都是结了婚或者曾经结过婚。富商、律师或财政官的女儿在不到 20 岁的时候会发现自己已被许配。多数女性会等到 20 岁出头嫁妆凑齐的时候再出嫁,这嫁妆通常来自家里,或来自自己的工资,或来自某个慷慨的主人或主妇的捐助。

接下来,她的小孩就出生了,而且她将每两到三年生育一胎。富人家的妇女因为良好的饮食和乡下寓所能够躲避瘟疫,可以把 6 到 7 个小孩养育成人。工匠妻子可能怀上多少个孩子便得亲手埋葬多少个,穷人家的妇女有一个孩子成人就很幸运了,因为 16 世纪对于童年期的孩子来说是充满危险的。随后,如果她每次都分娩顺利并活到 30 多岁,她也许会发现自己的丈夫过世了。当然,再婚很普遍,直到 1560 年代法国国王的某些限制法令之前,寡妇们可以相当自由地订立婚约。假如她比丈夫长命并活到了 40 多岁,她可能仍然是寡妇。在这个阶段,妇女的人数比男性多,她们也更长寿[11],如果在乎自己的财产,她可以选择独身,而不处在婚姻的相互监护下。

在死亡率这么高的情况下,16 世纪法国城市的人口增长很大程度上要靠移民。这方面,我们发现了存在于性别间的有趣差异:在进入城市的年轻移民中,男性的比例要大大超过女性。男性移民几乎从事所有的职业:从公证人、法官、商人到工匠和非熟练日工。虽然多数男性来自附近的省份,但也有人来自遥远的城市和法国以外的地区。另一方面,女性移民几乎全都处在社会底层,她们多数来自附近省份的大小村落,在城市中找寻一份佣人的工作过活。[12]

几乎所有的女性都通过这样那样的方式参与到城市的经济生活中。文艺复兴时期宫室图书(courtesy books)中描绘的场景以及罗伯特·曼德卢引用的说法——妇女仍呆在家中,与司法记录和私人合同中显示出的事实有很大的出入。富有律师、皇家官员或商人的妻子在家中监督生产活动,她们也会以自己或丈夫或一个寡妇的名义租卖乡下或城里的地产。商人和工匠雇主的妻子并不只在她们成为寡妇时才参与经营作坊,丈夫在世时她们便这样做了:她们可以监督徒工们(他们有时很反感被女性鞭打),可以在大织机上帮助职工们,可以在丈夫和工人宰杀牲口时卖肉,也可以帮助丈夫借钱从事印刷业,等等。[13]

此外,在工匠家庭和"小人物"中存在很大比例的自食其力的女性。在纺织、制衣、皮毛业和分发贸易中尤其是这样,虽然我们也可以发现有一些女孩在制针匠或镀金匠那里做徒工。她们卖鱼和牛肚,经营旅馆和客栈。她们是油漆工和接生婆(这是当然的)。在巴黎,她们制造亚麻制品;在里昂,她们缫丝。她们制作鞋、手套、带子和项圈。巴黎一名叫佩莱特·奥贝登的妇女在马图林教堂旁的一个货摊里卖水果,而她的丈夫则从事印刷业。在里昂,一名叫佩耐特·默里利埃的女人制售头巾,而她的丈夫是打金匠。在里昂的一份特别档案里,一位成功的制鞋匠坦承他的财富主要不是源于自己的获利,而是来自他妻子独立经营亚麻生意 25 年的收入。[14]

最后，有几类半技术或非技术工作是由女性来做的。家佣中女孩和妇女的比例高得惊人。即便一个朴实的工匠家庭也可能会有一名女仆。她的工钱少得可怜，也许她就是从某个孤儿济贫院那里来的，而很多城市都刚刚在市中心设立了这种机构。澡堂也有雇佣工，这种地方往往变为妓院。每个城市都有妓女（filles de joie）。城市会议试图将她们限制在特定街道里，并将厚颜无耻的皮条客从教区教堂前赶走。也有重体力活，比如索恩河和其他河流的摆渡工作，划船的时候她们会讨价还价。如果其他尝试都失败了，这名妇女还可以去市政工地上挖沟渠、搬东西。在后面这种情况下，她要和非熟练男日工肩并肩地干活，而报酬却只有他们的一半或三分之一。[15]

"小人物"女性从事的工作可以从她们中的某些有趣的诨称中看出来。16世纪多数法国女性终身保留她们的乳名：需要的时候就加上"某某之妻"、"某某的寡妇"这类的惯用语。但是某些女性有绰号："母牛队长"（la Capitaine des vaches）和"匈牙利女王"（la reine d'Hongrie）是里昂两名主持家务的女性的外号；"碗"（la catelle）是巴黎一位女教师的外号；"沼泽"（la Varenne）是勒芒一位接生婆的绰号；"大菊花"（la Grosse Marguerite）是奥尔良一位小贩的绰号。[16]很老的妇女也有这样的外号。无论怎样，我们从这些例子中不只可以推测出这些妇女有点奇怪的行为，还可以知道，这些绰号是在公共生活中出现的：街道上、市场上或客栈里。

不过，城市妇女的公共生活并没有扩展到城市集会或城镇议事厅当中。主持家务女性的名字确实出现在税册甚至兵役册上，因为市政府需要的时候会指望她们出钱出人。但这就是女市民（citoyenne）参与政治的极限。男性工匠或商人在寡头制的市政府中也没什么影响力，但起码他们中比较富裕的人能够指望以行会代表的身份影响城市会议成员。行会给女性的施展空间相当有限，甚至已经不如中世纪晚期了。简而言之，城市社会各阶层的女性只能有间接和非正式性质的政治活动。皇家官员或城市会议成员的妻子大概可以指望在餐桌上影响一下有权势的男性。穷人和无权的职工或日工的妻子们，在餐桌空

第三章 城市妇女和信仰变化

空如也、当权者不能供应城市粮食的时候,大概就只能跟着她们的丈夫和孩子们参加时机合适的暴动以求改变情况了。[17]

在印刷术被引入欧洲后的这个世纪里,城市妇女的识字水平如何呢?在城市上层家庭里,女性至少曾经由方言授课学习法语或意大利语、音乐和算术,而授课者通常是私人教师。非贵族城市妇女接受拉丁语教育的人数很少,以致有"学识超越一般女性"(learned beyond her sex)这样的说法流传。像里昂的路易斯·萨拉森这样的女孩,因为8岁起她做医师的父亲开始教她希伯来语、希腊语和拉丁语,就被认为是一个无与伦比的天才。正是来自银行家和法学家等富有家庭的妇女,组织了巴黎、里昂、普瓦提埃和其他地方的重要文化沙龙。[18]

但是一旦超出这个有限的社会圈子之外,城市妇女的受教育水平和单纯的识字率便会急剧下降。只要看看她们能否签名[19]就能说明问题。对里昂1560年代和1570年代涉及约1 200人的合同的研究表明,女性中只有28%的人能够写出自己的名字。这些人几乎都来自像富有商人、印刷商这样的上层家庭,另外有小部分是外科医师和打金匠的妻子。这个群体中的其他女性——绸布商、技术行业工匠、甚至部分公证人的妻子——不能写出自己的名字。这跟她们的丈夫们和男性工匠的总体情况形成对比,他们中能签名者的比率随行业而变化:印刷商、外科医师和打金匠的比率最高,皮毛、纺织业者次之,食品和建筑行业从业者比率最低,但仍远高于0。这样,在人数众多的城市中等阶层中,虽然自15世纪中期起因为经济发展的影响和印刷术的引进,男女识字率都有了增长,但男性识字率增长得比女性快得多。商人经营要有书面账目。他们更经常需要掐指算数,或者用算盘和算石。只是在社会最底层,在非熟练日工和城市园丁中间,男女的识字率才大致一样。至于农民,无论男女大体都是文盲。[20]

倘若工匠家庭中的父亲或丈夫不教女性读写,她们又该到哪里学这些呢?女修院学校只招收少量世俗女孩,而且她们只来自富贵人家。16世纪上半叶，图卢兹、尼姆和里昂的市立学院只招收男孩；在这些年里，用方言教学的小学校即便在相当不起眼的城镇附近也发展迅速，但它们同样只招男孩。固然，巴黎有少量正式的女教师，也经常有一些巴黎的校长因为违规接收女孩而被斥责，但在里昂，从1490年代到1560年代，我总共只找到了5名女教师，而同期有87名男校长。[21]

这样，对于16世纪上半叶富有和出身良好的女性来说，她们的读书学习受到几个有利因素的鼓励：印刷图书不再遥不可及了；克里斯蒂娜·德·皮冉和纳瓦尔的玛格丽特作品的出版，反映了正在提高中的知识女性形象；为女性提供适当教育的计划受到一些教士的重视，基督教人文主义者如伊拉斯谟和胡安·路易斯·维弗斯都积极宣传这些计划。但对于"小人物"女性来说，读写则是近乎荒谬的事情，以致成为喜剧嘲弄的对象。[22]

这些都反衬出路易斯·拉贝成就的非凡。她是16世纪一位出身下层的法国女诗人。她成长在里昂一个兼有制绳匠、外科理发师和屠夫的家庭中，家里女性中有识字的，也有不识字的（包括她的继母）。她热衷于以自己的天分和世俗的爱创作并发表诗文。1555年，她呼吁妇女们"关注一下针线活和纺锤以外的东西……投入科学和知识之中……让这个世界知道，即便我们并非生来就是支配者，我们也不能因此便不屑于和他们——那些在公共及家务事上的统治者和被统治者——占有同样的地位"[23]。

二

对妇女们来说，加尔文教改革者的布道也涉及阅读和同伴关系模式的问题。但在关注这点之前，让我们看看在法国宗教改革前夕城市妇女参与天主教活动的情况。

在教会圣礼生活方面，女性的行为跟其丈夫们极其相似。显赫家

第三章 城市妇女和信仰变化

族按一定程序参与弥撒和忏悔仪式。这些家族的男主人都是教区建设委员会（parish building committee）成员。他们中最富有的家庭还在乡下家中设立私人礼拜堂。其他人就不经常参与了，甚至每年一次的复活节忏悔和圣餐仪式也不是所有的教区居民都会参加。（教会本身应该承担其部分责任。在几十年里，那些大城市的教区扩展了2倍甚至3倍，而法国教会实际上并没有根据职能需要增加神父数量，甚至也没有增加能够听懂教区居民们方言的忏悔神父的数目。）不过，像婚礼和临终涂油一样，洗礼也得到了更多的重视。每两到三年，丈夫都要带着新生儿出现在神父（curé）面前，此时周围会有1到2名教父和多时可达5名的教母。妻子则一般在家等着，直到她可以起身参加生产后的"产后感谢礼"或洁身礼（the relevailles）。[24] 此外，不管男女，他们去世前都要极度操心遗嘱问题并指定葬礼游行仪式和弥撒说辞，这些事关他们灵魂的安息。一名女仆或男织工在作这种安排时必定要耗费好几个月的薪水。[25]

至于宗教改革前夕天主教信仰的组织和社会生活方面，女性的情况则与男性有所不同。一方面，男性的宗教生活比女性更有组织；另一方面，城市女性和男性共同参加有组织的平信徒崇拜活动的机会不多，而这种机会本来是可以更多的。

确实，在圣体节等节日时，由神父带领的游行队伍中包括男人、女人和小孩，城镇大游行也是这样，人们希望游行能让上帝帮助驱除城镇的饥荒和其他灾难。但16世纪早期，法国平信徒宗教活动的核心存在于世俗兄弟会当中，它们是围绕技艺或某些信仰关注建立起来的。在这里，平信徒资助一般的弥撒仪式，举办自己的宴会（教士们感叹其奢侈），遇到自己行业庇护者的节日便举行游行——"神佑面包"、音乐、节日服装和戏剧都在这里登场。在这个时期的兄弟会中，女性的人数要远远少于男性。举个例子，在16世纪前半叶，鲁昂的37个兄弟会中只有6个提到了女会员，而且其女性的比例很小。巴黎的殉道兄弟会（Confraternity of Passion）正式拒绝女性参与，其他城市的一些兄弟会也有类似条款。年轻的未婚男子被组织到由圣尼古拉庇护的兄弟会中；年轻未婚女性则崇拜圣凯瑟琳，但年轻妇女的宗教组织则难寻其踪迹。[26]

这个时期，即便女修道院也缺乏作为组织核心应有的活力。在法国，它们数量上比不上男修院，其成员又只来源于贵族或富有的城市家庭。女修道院在 16 世纪早期的"改革"运动后受到进一步孤立。修道院不进反退，实行枯燥的隔绝制度：修女们不只被阻隔在违法的恋爱之外，甚至连跟修院临近女性的过多接触都被禁止。[27] 16 世纪上半叶，意大利城市中出现了富有新意的乌苏拉团社（Ursuline Community）。同中世纪末期的倍居安女修会（Beguinages）一样，妇女们要在团社中共同生活、劳动和修持。但我们没有听说法国有任何类似的团社试验出现。

因此，在宗教改革之前，天主教女平信徒与女圣徒一般只有私人或非正式组织性质的关系。最重要的祈求圣徒的时刻就是怀孕，尤其是分娩的时候。此时，在女邻居和接生婆面前，临产的妇女呼唤圣母——或者更可能是怀孕妇女的保护神圣玛格丽特，这样，上帝就会缓解一下她的危险状况和痛苦，同时保佑她的孩子顺利出世。[28]

在城市妇女与教区教士以及男性宗教组织分开的情况下，已有新的因素准备进入其中，甚至是在宗教改革之前。识字妇女和那些活跃于大声朗读的圈子里的妇女，正为方言信仰读物所吸引，她们用《圣经》推敲神学。方济各传道者鄙视地说，"为什么？她们都成半个神学家了"。她们以对待爱情故事和浪漫传奇的方式对待《圣经》。她们因质问圣餐变体论而忘形，"从一座[女]修院问到另一座修院，寻求建议，无事生非"。其好兄弟们从城市妇女身上期望的，不是她们无聊的推理，而是充满修辞和生动手势的斋期布道——方济各修士是这方面的大师——后她们的泪水和忏悔。[29]

即便是比方济各修士更同情知识女性的男性，也会对她们该在学习上走多远持保留意见。一名男诗人赞扬贵妇波旁的加布里埃尔。她在 1520 年代阅读了道德和教义问答方面的书籍，并写出短文称颂上帝和圣母玛丽亚。但她知道自己的限度，因为"女性不应该在奇怪的

第三章　城市妇女和信仰变化

神学问题和上帝私事上花心思,这些知识属于教士、教区长和博士们"[30]。

基督教人文主义者伊拉斯谟是这个时期少数几个觉察到女性愤恨程度的男性之一。而对她们的教义思考,教士们则无动于衷。在他的一本《谈话录》(Colloquies)[31]中,一位通晓拉丁文和希腊文的妇女,正忍受着一名愚蠢的修道院院长(asinine abbot,伊拉斯谟的原话)喋喋不休的说教。她最终爆发了:"如果你坚持刚才所说的,那么白痴也能传教,只要他受得了你这结结巴巴的神父。如你所见到的,现在这世界是个乱哄哄的舞台。每个男人必须演好自己的角色,不然就滚蛋。"*

三

这世界确实够乱的。当伊拉斯谟试图从内部改革天主教会的时候,天主教会自己却正被新教徒所撕裂,他们认为信仰耶稣便可以得救,而善工无济于事,他们正在改变整个圣礼体系并推翻神职等级。在这新理念此起彼伏的时刻,让我们将注意力集中在加尔文教大众读物上面,看看它们如何反映基督教妇女的新形象。

在 1550 年左右的一出小戏剧里,我们便可以找到这种形象。女主人公不是满腹墨水的女性,而是一名纯洁、朴素、熟悉《圣经》的妇女。恶棍不是一名只是喜欢奚落人的、没有恶意的院长,而是一名好色又愚蠢的乡村神父。一开始,他将这名妇女跟那些擅自读《圣经》的工匠相提并论,接着说道:"为什么,你居然会见到一个女人/

---

* 伊拉斯谟的谈话跟 14 世纪一位妇女与其告解牧师 Schwester Katrei 的对话形成有趣的对比。对话出自一本神秘主义文集(被认为是 Meister Eckhart 的作品)的一部分。它描述一名妇女通过经验和启发,而不是宗教学习和阅读,最终比她的告解牧师懂得更多的东西。参见 Robert E. Lerner(*The Heresy of the Free Spirit in the Later Middle Ages* [Berkeley and Los Angeles, 1972], pp. 215-218)和 Franz Pfeiffer 的著作(*Meister Eckhart*, trans. C. de B. Evans [London, 1923], I: 312-334)。

以《福音》作答/推翻你的论点。"剧中，这名妇女确实依据《圣经》反对圣母、圣徒崇拜和教皇权力。这名神父只能从注解里找词句应对，喊着她的名字，还威胁烧死她。[32]

在1540年到1560年间的任意新教宣传物里，人们都可以看到，基督教女性的身份是由其与《圣经》的关系来确定的。性纯洁和性控制因对《圣经》的兴趣而得到了凸显。她们读方言版《圣经》的权利得到了保证，任何人都不能阻止她们阅读，就像任何人都不能阻止不识字的商人和工匠读《圣经》一样。小册子《认识上帝知识的方法》（The Way to Arrive at the Knowledge of God）的作者表述得很清楚："你说那些想读《圣经》的女人是放荡的？你之所以说她们淫荡，是因为她们不屈从于你的诱导。你说允许女人读薄伽丘的《十日谈》（Flamette）和奥维德的《爱经》（Art of Love）……她们就会成为通奸者，而你会将一个读《圣经》的女人送去火刑。你说女人做好家务、缝衣和纺纱便能得到救赎？……那基督给她们的许诺有什么用？你在天堂养蜘蛛好了，它们可以把纱纺得很好。"[33]

在1560年代第一次宗教战争时，这种信息甚至在音乐中被传达出来。信奉胡格诺教的纳瓦尔女王唱道：

> 那些说女人不该读《圣经》的人
> 是邪恶的男人、无名的引诱者和反基督者
> 唉，我的女士们
> 你们可怜的灵魂啊
> 让它们摆脱这些恶魔的统治吧。[34]

事实上，同新教普及读物的说法一样，新教妇女也确实正在将自己的灵魂从神父和神学博士的统治下解放出来。尊贵的神父们被新教女性们的放肆惊呆了，她们如同反上帝的男人们一样。让·克雷斯平的家喻户晓的《殉道者书》（Books of the Martyrs）记述了一位叫玛丽·贝考戴尔的妇女的故事。这个故事源自真实的新教奇遇：她是拉罗歇尔的一名仆人，跟着主人学习《福音》并在公共场合跟一位方济各教士争辩，她以《圣经》为证，指出他的传道没有遵循上帝的教

导。一位书商的妻子在监牢里跟巴黎大主教及神学博士辩论。图尔一位老实的寡妇跟神父和僧侣谈话,借用《圣经》说:"我是一个罪人,但我不需要借烛光去让上帝饶恕我的罪过。你才是在黑暗中行走的人。"这些博学的神学家不知道是什么造就了这么可怕的女人,她们完全违背自然。[35]

女性拒绝被排除于神学之外。面对这种挑战,中世纪的神学家们不是试图调和,而是挖对方的墙脚。一名重要的耶稣会传教士说,将《圣经》交由"女人晕头转向的脑子"判断是危险的。另一位教士附和道:"要研究基本教义,不需要女人和工匠们放下自己的工作去研读方言版的《旧约》和《新约》。不然,他们就会争辩起来并坚持己见……他们将不可避免地陷入错误之中。如圣保罗说的,女人在教堂里应该闭嘴。"非常有趣的是,当16世纪末方言版的天主教《圣经》终于获许在法国通行时,它却没有在天主教领袖——如巴布·阿卡丽和尚塔尔的圣让娜·弗朗索瓦*——的规劝活动或信仰生活中起到重要作用。[36]

因此,在宗教改革前,当城市妇女们由于对神学的好奇而被教士们疏远或与其关系紧张时,新教运动提供了一个新的选择:女性可以打破与神职等级的关系,像她们的丈夫们一样(实际上是**和**她们的丈夫一起),参与到纯洁而严肃的研习《圣经》的团体中来。同样的信息也被传达到男工匠和下层商人中间,但其重要性相对小一些。首先,男性更有可能在此之前便已识字;即便不识字,文化界限也是男性要打破的唯一的自然秩序。而女性却**还要**被召唤到新的两性关系中来。值得一提的是,这种对女性的吸引力,与马克斯·韦伯所认为的最有可能使女性皈依新教的理由截然不同。新教不是用狂迷和情感因素来鼓动她们,而是用思维活动和自我控制来号召她们。

---

* 巴布·阿卡丽(Barbe Acarie,1566—1618),法国修女和神秘主义者,加默罗修会的引荐者。尚塔尔的圣让娜·弗朗索瓦(Saint Jeanne Françoise de Chantal,1572—1641),法国显灵会(Visitation Order)的创立成员。——译者注

这种吸引力的效果如何？当然，法国没有变成一个新教王国。即便在新教运动最活跃的城市里，也只有三分之一到一半的居民是坚定的加尔文信徒。城市中笃信新教徒的男人，从富有的银行家、自由职业者到贫穷职工都有，然而总体而言，他们来自更有技术要求、更复杂、识字率更高、更新兴的行业和职位。一位印刷商、一名打金匠或外科理发师比一名船主、屠夫或面包工更有可能反抗神父和神学博士。

女加尔文信徒怎么样呢？和男性一样，她们也不是来自城市底层的贫困非熟练人群，虽然确有相当比重的女仆跟随她们的主人和主妇皈依了新教。新教妇女多数来自工匠、商人和男性自由职业者家庭，但她们并非都识字。尽管有女殉道者用从《圣经》中学到的言语回答宗教裁判官，但也有相似数量的妇女用听来的信条作答。而且，同样确切的是，直到1570年代改革派教会设立超过10年之后，仍有很大比重的新教妇女不能写出自己的名字。[37] 对这部分人而言，新教并不是一种表现她们新文化水平的方式，而只是一种最终和男性一起汇入识字潮——前面已描述过男性识字潮——的方式。

但转皈新教的城市女性还有更多的背景。我找到了三份档案：一份因信奉异教被捕和在法国多个地方的天主教起事中被杀的新教女性的记录，一份1568年至1569年图卢兹可疑女新教徒的档案，还有一份含有大量（约750人）里昂新教妇女的样本。初步研究这三份档案可以得出三个判断。第一，没有明显证据表明妻子们参加新教运动主要是受到丈夫们的先例（或以类似的方式）的影响。* 我们发现有些女性被丈夫规劝转教后，显得比丈夫更积极；我们也发现有些女性转向新教而其丈夫还"在旧教中不能自拔"，或者有些男性改宗了而其妻子仍然不改信仰的情况。[38] 第二，独立女新教徒的数目看起来比

---

* 南希·罗尔克在贵族女胡格诺信徒里发现的情形与此不同，她们更常先于丈夫改信新教（"The Appeal of Calvinism to French Noblewomen in the Sixteenth Century," *The Journal of Interdisciplinary History* 2 [1972]：402）。阶层的差别有助于说明这种对比，比如，贵族妇女在公共生活中就起着比城市妇女更重要的作用。

较多。她们是寡妇、自食其力者——如制衣工、商人、接生婆、旅店老板，或类似的人——和以奇怪绰号及古怪性格出现在公共场合的女性。[39]最后，我们发现，不论是文化沙龙的女资助人还是世俗的女诗人，16世纪的新教运动并没有把城市中少量而重要的、有真才实学的女性群体拉入其中。路易斯·拉贝虽然希望女性从针线活中解脱出来，但她仍然留在尊崇圣母的天主教会内，虽然她的一个姨妈（一位女理发师）改信了加尔文教。[40]

这几个关于城市女性改信新教之前生活状态的判断说明什么呢？它们并没有反映出改革之前她们的生活的烦琐无聊，也没有反映出家庭世界的拘束。相反，转皈新教看起来倒像是拓展了她们之前生活中已有的独立性和空间。已在街道和市场上获得独立的妇女们现在冒着风险进入男性独占的神学世界里，而已获许进入文化城堡的知识女性们却似乎不需要信奉新教。看看改革派教会里发生的情况，我们就知道为什么是这样了。

四

1562年之后，法国改革派教会开始按其新的组织架构稳定下来，而新教对城市妇女们的承诺也开始兑现。为女性设立的教义问答班开始出现。在胡格诺信徒控制的城镇，鼓励识字的对象不只是少数有天分的女孩，甚至孤儿院中的穷女孩也包括在内。在某些改革派家庭里，识字的丈夫们终于开始教妻子识字了。[41]

但一些新教妇女有更高的目标。怀揣《圣经》的新基督教女性形象使她们不满足于简单的教义问答班或与丈夫一起读《圣经》。看看玛丽·丹蒂埃吧。她曾是图尔内的修女，但1520年代因为信奉异教而被驱逐出院，她嫁给了一位牧师，宗教革命期间她终于来到了日内瓦。在那里，按照一位穷克莱尔修会修女的说法，她"涉入到传教之中"。比如，她到女修道院里规劝这些可怜人离开悲惨的生活。她还出版了两部宗教著作，其中之一是写给纳瓦尔王后玛格丽特的书信集，与她交流着对宗教事务的看法。丹蒂埃在里面插入了《为女性辩护》，因为不仅天主教对手诋毁女性，连部分虔诚的新教徒也是这样。后者说女性互相发表作品讨论《圣经》的做法是草率的。丹蒂埃不这么认为："如果上帝仁慈地赐予一些贫穷女性《圣经》，向她们展现光荣和神圣，她们怎么敢不为之著文、不为之说话，并在每个人面前宣传呢？……掩饰上帝给予我们的才智不是很愚蠢吗？"[42]

丹蒂埃坚称自己正在写的不起眼的小说只面向其他女性。后来的妇女们可不只是这样。法国监狱里，便有一些女囚犯向男女听众鼓吹"好消息"。曾是加尔文信徒的法律学家弗罗里蒙·德·雷蒙给出了几个例子，全都来自新教秘密集会和迟至1572年的改革派教会的日常活动：有些妇女在等待牧师前来的时候便自己跑上讲道坛宣读《圣经》。一位女神学家（thèologienne）甚至公开反对她的牧师。最后，巴黎西南（这个地区的纺织工和妇女早已皈依）的一些改革派教堂也有一种允许平信徒传播神启的倾向：这样，女性和不识字的男性便可以去教堂谈论圣事了。[43]

让·加尔文、西奥多·德·贝兹和牧师圣职公会的其他成员并不欢迎这种趋势。在他们看来，宗教改革的社会根本在于推翻神职等级制，将教会交给经过良好训练的牧师和长老会明智的男性成员来管理。对他们而言，情况已经够混乱的了。如同天主教引用《哥林多前书》中的保罗格言——"女人在教堂里应该闭嘴"——来批评读《圣经》、谈《圣经》的新教徒一样，现在新教牧师们也引用这句话来反对那些试图公开传教或谋取特别教职的新教妇女。[44] 1560年，皮埃尔·维雷解释说，选民的平等在于他们都应召成为基督信徒，无论是男还是女、是主人还是仆人、是自由人还是农奴。但《福音》既没有废除教会里的位阶，也没有废除自然和人类社会的秩序。上帝创造了这个秩序，耶稣则维护着这个秩序。即便一位女性比她的丈夫更有宗教天赋，她也不能在宗教集会上说话。这名牧师说，她的工作就是在孩子小的时候帮助他们确立宗教信仰；她愿意的话，也可以去学校里

第三章 城市妇女和信仰变化

教女孩子们。*

当一位女性想超越这些并插手长老会的闲事时，牧师们便会断然拒绝，即便她是如法兰西的赫内那样的皇室成员。正如一名牧师在给加尔文的信中提到赫内那样："她在我们的神职会议里颠倒是非……我们的长老会将会成为教皇支持者和再洗礼派的笑柄。他们会说，我们在被女人统治着。"[45]

妇女们曾经被鼓动起来违抗她们的神父：现在她们是否可以违抗她们的牧师呢？牧师们很容易地便压制了妇女们。她们要么从嘈杂归于沉默，要么——在少数例子中——重新皈依天主教。非常有意思的是，当1560年代城市教堂急需牧师的时候，甚至一些工匠出身的男性也混到了牧师的职位。长老会控制在富有商人和自由职业男性手里，但通常也包括一到两名有钱的工匠雇主。[46]至于妇女，不论她们多有钱，多有知识，她们只是男人们的妻子；同丈夫们一样，她们跟《圣经》有了新式的关系，但男女依旧不平等。

法国的女加尔文信徒对这种角色并没有表现出太多的不满。再洗礼派类型的激进派别并没有在法国出现，而是出现在尼德兰和德意志，因为其职业、阶层等级不那么森严和迂腐，女性可以预言神启，也可以和男性一样谈论它们。除了稍后的巫婆审判之外，法国的宗教改革还没有激进到后来大革命时雅各宾派的那种地步，后者用极端方式对付制造麻烦的女性：他们将女权主义者（如奥林普·德·古热）推上断头台，拒绝给予妇女任何政治权利，甚至禁止她们观摩政治辩论。值得注意的并不是女加尔文信徒渐有的不满态度，而是宗教改革

---

* 1560年代尼姆的长老会授权4名妇女为平民寻找救济（Samuel Mours, *Le protestantisme en France au seizième siècle* [Paris, 1959], p. 218)，但妇女不能成为执事。实际上，Jean Morély——阿尔布雷的让娜的前宫廷教师——就建议改革派教会允许女性成为执事。这个建议在他的作品（*Traicté de la discipline et police chrestienne* [1562]）中出现。他还提出了一些有想象力的建议，比如更分权、更民主的教会组织。当然，建议没有成为现实。不只如此，Morély的著作还被日内瓦的牧师和法国教会的宗教会议加以通篇批判（Robert Kingdon, *Geneva and the Consolidation of the French Protestant Movement* [Madison, Wis., 1967], pp. 46–84, esp. p. 59)。

以《福音》的名义给予她们的确定的活动形式。在使城市成为新耶路撒冷的过程中，不管女性的活动内容——从游行到殉道，各种方式都有——如何，有两件事是她们不做的。没有任何女加尔文信徒表现（或得以表现）出可以与天主教徒相比的组织上的创造力，后者比如伟大的反改革女天主教徒安杰拉·梅里奇*，便于1530年代在布雷西亚设计并建立了一个非凡的、非封闭性的新式女修会。非贵族圈子的女新教徒出版的作品也没有同等地位的女天主教徒多。1538年，玛丽·丹蒂埃"为女性辩护"的《与纳瓦尔王后的通信》（*Letter to the Queen of Navarre*）之后（顺便说一下，这本书因为猛烈批评牧师们而在日内瓦遭到诽谤），在这个世纪余下的日子里，日内瓦没有出版过一本女性著作。16世纪，法国也没能产生一位跟路易斯·拉贝相当的加尔文教女诗人。[47]

现在，我们可以更好地理解其中缘由了。在加尔文长老会的教规之下，路易斯·拉贝也许就没这么成功，她大概也不会欣然投身到胡格诺运动之中。确实，加尔文教也使很多16世纪的法国男诗人备感窘迫。但起码他们中的一位——没有比牧师西奥多·德·贝兹更能说明问题的了——能够坚持自己一些一贯的文学特性，即便在转皈新教后依然如此。[48]路易斯·拉贝公开而独立的特性奠基于某些行为之上，而这些行为是朴实、勇敢的新教妇女所不能接受的。路易斯·拉贝阅读和撰写的书是淫荡的；她的沙龙是异性的不洁聚会；她的文学女权主义厚颜无耻。在日内瓦，人们把她说成一个淫荡的女人，教唆里昂一位外科医师的妻子为了快活而抛弃其信奉基督的丈夫。在一首诽谤新式箍裙的新教诗歌里，路易斯看起来就是放荡者的代表：大声说话，经常放荡淫逸却假装知晓圣事。里昂的一位天主教执事、人文主义者和文人纪晓姆·帕拉丁认为，路易斯是纯洁的，她有天使般的面容和超越一般女性的理解力。加尔文却说她是名妓女。双方的评价各有依据。[49]

---

* 安杰拉·梅里奇（Angela Merici，1470—1540），乌苏拉修会创立者。——译者注

第三章 城市妇女和信仰变化

五

对新教改革其他一些方面的考察，也让我们发现了跟读《圣经》和传教类似的事情：城市妇女反抗神父们，皈依那看似能使她们与男性平起平坐的新宗教，但留给她们的依然是不平等。

因为强调会众（congregation）的和睦友爱，加尔文教的礼拜仪式是用女性和文盲们惯用的方言进行的，其中便有男女合唱圣歌这样的内容。后一点让天主教围观者最为吃惊。当听到男女声伴着音乐从秘密集会的屋子里传出来时，他们所能想象的就是蜡烛熄灭之后的淫荡活动。当新教运动公开之后，他们的想法也没有发生多少改变。按1560年代巴黎一位天主教徒的话来讲，在富丽堂皇的弥撒——由具备应有的圣洁和高贵的教士主持——面前，改革派的仪式显得"没有规律、没有秩序、没有和谐"，"牧师起头，大家跟随其后：男人、女人、小孩、仆人、女仆……歌声参差不齐……女仆的声音轻软缠绵……所以年轻男子肯定会去听。加尔文教让女人在教堂里唱歌是多么大的错误啊"[50]。

这些在新教徒听来全然不同。仪式上男女齐声歌颂上帝，表现出会众与牧师之间的亲近。天主教神父偷取了圣歌；现在它们回来了。参加秘密集会的时候，圣歌给予他们勇气，让他们坚信自己的纯洁胜过教皇至上论者的伪善，后者一旦弥撒结束唱的便是情歌了。虔诚的新教徒坚定地控制了自己的性冲动，他们相信黑而严肃的衣服就是自己真诚的证据。当1560年代男女齐声唱着歌在街上武装游行的时候，歌声既是对顽固天主教徒富有战斗性的挑战，也是让摇摆不定者加入队伍的邀请。[51]

对于城市妇女来说，这里有更多的新事物。在旧教会有组织的平信徒仪式中，她们的角色不如男性，而兄弟会中她们的数量几乎可以不计。在此之前，修女是唯一获许在圣礼上唱歌的女性。现在，兄弟会和女修院被废除了。仪式被简化了，只存在一种信仰团体，男女信徒在其中齐声歌唱。对于新教手艺人而言，由于他们中很多人是移民，新的仪式团体为其提供了宗教依托，而这在不友善的旧教教区里是无法找到的。对于一般不是移民的女新教徒而言，新仪式让她们同男性一样在宗教组织中找到了自己的归属。

但这种平等化和男女齐聚是有其限度的。在教堂唱歌的意义不比读《圣经》多多少，它并不意味着随后她们可以传教或参与长老会。不只如此，牧师们还在会众中设定等级，以反映现实的社会秩序。在日内瓦，特定的座位被用来减少男女混杂的局面。而一些改革派的礼拜堂则在圣餐时将男女分开，男性先行起立享用圣餐。[52]

圣歌被加入到新教徒的宗教生活中，而祷告、塑像和祈求则被与圣徒分离开。在这方面男女是平等的：圣达米安*和圣玛格丽特、圣尼古拉和圣凯瑟琳一样都离开了。新教男女在宗教裁判所里坚称：人们不能崇拜圣母，虽然受到了神佑，但她没有神性。当官员们还在慢吞吞地清除教堂里的偶像时，狂热的"小人物"们一举便摧毁了圣像。妇女总是参与其中。[53]实际上，同唱圣歌的武装游行一样，粮食暴动有连带性政治行动，而圣像破坏骚动只不过是这种行动的宗教化。

但失去圣徒给男性和女性带来的影响是不一样的。新教徒再也不能向一个女人祈祷了，但圣父、圣子的男性特质却完好无损。在宗教改革时代提出宗教肖像的性别认同问题，看起来也许是时代错置了，但实际上却不是这样。稍后，蒙田的朋友和编辑、天主教女诗人古尔内公鹅玛丽在她的《论性别平等》（*Equality of Sexes*）中争辩道，耶稣现身为男性并不代表着男性的特殊荣耀，而只不过是历史的便宜行事；鉴于犹太人的父权制预谋，一个女性救世主将永远不会被接受。但如果有人要强调耶稣的性别，那我们更应强调玛丽亚的完美和她孕育基督的作用。[54]所以，假如说废除天主教会对男性而言只是

---

* 圣达米安（Saint Damian），与其兄弟科斯马一同在西里西亚行医，并促成很多人皈依基督教，后在戴克里先的迫害运动中遇害。——译者注

去掉了某些形式的宗教影响,那么对女性而言,这种废除对她们的性别认同的影响则更为深刻。现在,分娩的时候——加尔文形容是一场"战斗"、"一种可怕的痛苦"——她们既不呼唤圣母也不祈求圣玛格丽特了。相反,如加尔文建议的,她们向上帝呻吟、哀叹,而上帝便将这些呻吟当作她们顺从的标志。[55]

顺从上帝当然是男女皆需的事情。但女性还有另外的义务:服从丈夫。改革派的婚姻观展现了终极形式的"共同但不平等"。

新教对教士独身制最主要的批评在于其落后的观点,即认为男性比女性更能控制自己的性冲动。自希腊时代起医师们就告诉人们,女性的生理特点使其更难以控制自己的欲望。如医生弗朗索瓦·拉伯雷所说的,从工作到喝酒,一个男人有更多的手段来控制自己的"肉欲冲动";而因为体内歇斯底里的动物性(即子宫),一个女人是很难控制自己不给丈夫戴绿帽子的。从这种判断出发,对于更为优秀的男性来说,教士独身制被认为是可能的,而对于女性来说,独身则是一项非凡的成就。[56]

改革派的观察认为,克制是上帝赐予的一种珍贵礼物,而他们"与其欲火焚身,不如干脆结婚"的告诫主要面向大量的男教士,而不是少量的修女。实际上,有关教士婚姻的布道词讲的主要是新郎可以从通奸和地狱的苦难中解脱出来,而鲜有关于新娘灵魂拯救的内容。当然,加入新教运动的男修士的比例要大于修女这个事实也很重要。修女们总是坚定不移,即便许诺给她们嫁妆和年金也于事无补。虽然她们中有些人胆怯地尝试进入婚姻世界,但很多人还是选择了与世隔绝的独身状态和组织。当玛丽·丹蒂埃试图劝说日内瓦穷克莱尔修会的修女们像她自己那样,放弃伪善的生活而结婚时,姐妹们给了她一耳光。[57]

某种程度上,关于教士婚姻的争论使得男女在欲望方面变得平等了。在确认女性可以成为上帝牧师的有益伙伴之后,她们的地位也提高了。以往,牧师的情妇们总是带着耻辱离开牧师的家,她们被天主教改革者追赶,被新教徒嘲笑为妓女。现在,她们可以成为牧师的妻子了！一名出身城市望族的可敬的女孩——第一代牧师妻子大致是商人或富有的工匠的女儿——可以成为她丈夫有益的伴侣，她可以把家里打理得井井有条，可以招待丈夫的同僚们。她还可以把儿子培养成一位牧师，把女儿培养成牧师的妻子。[58]

因为婚姻是现在唯一受鼓励的状态，改革派竭尽所能地按其思路改造它，使其更容易被接受。正如许多历史学家所指出的，婚姻中的友谊和同伴关系受到强调（虽然认为这是新教特有观点的想法是错误的）。天主教人文主义作者也重视婚姻中的这种关系。[59]但在其他方面，改革派则是开创性的。* 单一性别标准现在被加强了，而不只停留在口头上；在宗教战争期间，得胜的胡格诺长老会清除妓女的速度几乎跟他们压制弥撒的速度一样快。如加尔文说的，丈夫有必要尽可能在"适度并且不欺负女人（她是［上帝］赐给的伴侣）"的范围内行使权威。这样，在基督教欧洲真正的创举出现了：鞭打妻子的男人们被告到长老会那里，他们甚至有可能因此无法参加圣餐仪式。男人们抱怨连连。一名里昂的铸字工这样说："我以前就打过妻子，只要她坏，我还会打她。"但到这个世纪末时，日内瓦的情况得到了相当的改观，以致那里被称为"女性的天堂"[60]。

---

* 罗尔克认为，加尔文对离婚的看法"使女性上升到了一个和其丈夫平等的地位上"，这是不太公正的。她坚称，加尔文允许妻子们和丈夫一样发起离婚诉讼，他提高了她们的地位，扩展了她们的合法权利。在确立成为日内瓦的法律之后，这些只会把妇女的地位提到一个新高度"("The Appeal of Calvinism," p. 406)。因通奸或过长时间外出而允许离婚并再婚的制度，当然是加尔文和其他新教改革者的重要创举。但这种变化并没有改变现有婚姻法的**不平等**。教会法律早已允许男性或女性在教会法庭里（以对方通奸的理由）提起离婚诉讼，在特定情况下也允许解除婚姻关系。在宗教改革前后，有两个因素真正决定了男女是否有平等的分离或离婚权。第一，日常程序的双重标准：它更纵容丈夫的通奸行为；第二，女性再婚前相对更大的经济压力：她要在这段时间里独立养活自己和孩子。除了那些非常有钱的男性和女性外，离婚或合法的分离是没有什么可能性的。无论如何，Roger Stauffenegger 的详尽研究表明，在 16 世纪末和 17 世纪初的日内瓦，离婚是很少被允许的，牧师和长老会总是施压让夫妇们解决争端。参见基斯·托马斯（"The Double Standard," *Journal of the History of Ideas* 20 [1959]：200-202）、John T. Noonan, Jr.（*Power to Dissolve* [Cambridge, Mass., 1972], chaps. 1-3, 7）和 R. Stauffenegger 的作品（"Le marriage à Genève vers 1600," *Mémoires de la société pour l'histoire du droit* 27 [1966]：327-328）。

第三章 城市妇女和信仰变化

尽管如此，改革派的婚姻关系模式还是同天主教一样，毫不迟疑地将妻子置于丈夫之下。加尔文说，女性生来从属于男性，虽然在堕落之前"这种从属是自由和宽松的"。由于原罪，情况变糟了："让女人安于从属的状态吧，不要认为她生来低于更杰出的男性是一种错误。"持有这种观点的可不只是牧师们。很多16世纪法国新教徒的例子表明，丈夫们训导妻子，"他们亲爱的姐妹和忠诚的妻子"，告诉她们宗教义务、养育孩子的责任，警告她们在征求意见前决不能自作主张。而如果新教妻子对丈夫说"见鬼去吧"，或者大声辱骂丈夫以至被四邻听见，她将会被带到长老会那里，甚至受到拘禁3天的惩罚（如日内瓦的犯罪记录表明的），而在这期间她只能得到面包和水。[61]

无疑，在商人和工匠圈子的很多新教婚姻中，丈夫与妻子是和睦相处的。为什么不呢？妇女们加入改革派反抗的是神父和教皇，不是她们的丈夫。虽然她们希望能够参加一些"男性的"宗教活动，但信奉加尔文教的妻子们——即便是其中最桀骜不驯的——从来没有走得这么远，以致要否定她们在婚姻中的从属地位。[62]在宗教改革那史诗般的几十年里，实际个人婚姻中的男性支配并没有那么过分。这主要受到了两个因素的影响：一个是妻子本身的个性，这点支持她去反抗神父的权力，并寻求自身与书本和男性的新关系；另一个因素是改革的共同事业，它在一个时期内需要丈夫和妻子共同的勇敢行动。

假如一位城市妇女并不像贵族妇女那样有钱有势，她该如何实现这个目标呢？在天主教节日期间，她可以公然坐在窗边纺纱来藐视她的天主教邻居。她可以自己、或是同丈夫和新教朋友一起冥思《圣经》。如果她是印刷商的妻子或是寡妇，她可以以帮助出版新教作品来控诉残暴的神父们。她可以将自己家里变成一个非法的新教秘密集会或集会的场所。她可以收起放荡的箍裙和长袍，然后穿上黑衣。她可以在街上大声指责神父们。她可以边游行边唱歌，以此藐视皇家法令。她可以破坏塑像，砸洗礼盆，毁掉圣像。如果迫害很严重,她可以逃去伦敦或日内瓦,那也许是她有生以来最长的旅程。她可以呆在法国,为改革派会堂奠基。她甚至可以参加战斗——在图卢兹,一名女胡格诺信徒在第一次宗教战争时携带了武器。她可以在火中呼喊着丈夫而死去:如一位朗格尔的年轻妇女所做的,"我的朋友,如果我们已在婚姻中融为一体,你要想到,这只是一个婚姻的许诺,因为我们的上帝……会在我们殉道时成就我们的婚姻"[63]。

显然,很多像阅读《圣经》这样的活动是城市新教妇女特有的。少量则不是。比如在伊丽莎白时期的英格兰,倘若天主教妇女在家中藏匿神父并被抓住,她便得跟胡格诺信徒一样勇敢地奔赴殉教之"婚"。激进的再洗礼派也有这样的例子。但有一类行为则是城市天主教妇女特有的(就像17世纪的女贵格派教徒一样):有组织的妇女集体行动。妇女共同工作生活的新式机构——如乌苏拉修会、慈善姐妹会(Sisters of Charity)和玛丽·沃德基督会——的创立尝试反映了这种行动的最高水平。而全部由天主教妇女组成的集体暴力行动则体现了其最低水准:向新教妇女扔石头、往牧师身上扔泥块,在普罗旺斯-艾克斯,一群女屠夫甚至鞭打并绞死了一名新教书商的妻子。[64]

在考察宗教改革对性别关系的长期影响时,以上这些对比有助于我们得出一些一般性的结论。在一篇有意思的论文里,阿莱斯·罗西提出了讨论平等问题的三种模式。第一种是同化型:受支配群体通过模仿支配者而上升。第二类是多元型:在一个总体上还是等级制的社会背景下,每个群体都被允许保留自己的独特性。第三类是混合型(或许称转变型更合适):参与群体——无论是群体中还是群体间——都发生转变。[65]不管社会关系的转变是由宗教改革还是反宗教改革完成的,看起来两性关系在新教内的表现似乎是同化型的;而因为其女圣徒和女修院,天主教则是多元型的。当然,哪一个都没有消除女性的从属地位。*

那么，其中是不是有一方更好一点呢？也就是说，在16、17世纪社会的背景下，是否有一套方案，能够给男性和女性更多的自由，去让他们决定自己的生活和角色呢？一个重要的社会学学派在回答这种问题时总会偏向新教。它是更优越的教派：它超然和激进的教父，它更少级别色彩的宗教符号体系和此世禁欲的态度，都使其成为一个更为发展（evolved）的宗教，使其有助于社会的世俗化。如这种观点认为的，更多的选择机会具备了，社会的变迁也就更快了。[66]

确实，改革派推进了社会的无性别化、某种交往形式和宗教地位的中立化，所以它能够为女性所接受。这些重要的进展为女性提供了新手段，也为男性和女性带来了新体验。但同化型的方案也有缺失。此世禁欲压制了男女平信徒的娱乐和节庆生活，而天主教则宽容得多。那种制度化的、高尚的修院共同生活机制消失了，在私家生活之外，人们没有第二选择。通过摧毁曾作为两性共同模范的女圣徒形象，它将情感和行动的范围大大缩小。而废除女性在宗教生活中的独立认同和独立组织，则可能使得她们在所有方面都更容易屈从。

结果，从16世纪末到18世纪，无论在天主教还是在新教中，女性得为她们的无权忍受很多东西：婚姻法的变化加大了对女性自由的限制，女行会萎缩了，中层商人和农田监督中女性的重要性减退了，男女工资差别增大了。[67]不管在天主教的法国还是在新教的英格兰，知识女性都要为确立自己的地位而挣扎：不管她们是老处女还是乌苏拉会修女，女教师逐渐成为一种熟悉的象征；女剧作家在生存线上苦苦攀爬，从17世纪便受毁谤的阿法拉·贝恩**到18世纪屡受中伤的奥林普·德·古热，都是这样。

---

* 宗教改革和反改革运动中的阶级关系也有类似的特点。改革派将工匠甚至农民往上吸收到种种宗教行为中去，而天主教则给"农民宗教"以更大的空间。虽然加尔文教减少了天使和教会的等级，但两个教会都没有挑战社会层级这个**观念**本身。

** 阿法拉·贝恩（Aphra Behn，1640—1689），英国剧作家、小说家和诗人，是英国为人所知的第一位以写作为生的女性。——译者注所以，从历史的角度来看，这种说法是很难站得住脚的：相比16、17世纪天主教的多元型结构，改革派的同化型结构促进了性别角色上的更快速、更有创意的变化。两种形式的宗教生活都对性别角色和社会的转变有所贡献。以某种特定角度来看，它们可以相互补充校正。[68] 不管达成了什么长期转变，本文里的种种声音都为这转变作出了贡献：桀骜不驯的路易斯·拉贝告诉妇女们要从针线活中解脱出来，女仆玛丽·贝考戴尔与神父争辩，曾是修女的玛丽·丹蒂埃劝说女性谈《圣经》、写文章。是的，天主教徒古尔内公鹅玛丽提醒我们：基督耶稣生为男性只不过是历史的偶然事件。

【注释】

[1] Florimond de Raemond, *L'histoire de la naissance, progrez et decadence de l'hérésie de ce siècle* (Rouen, 1623), pp. 847-848, 874-877. 在雷蒙去世四年之后的1605年他的著作首次出版，随后相继有多个版本面世。

[2] Gabriel de Saconay, "Preface," in Henry VIII, *Assertio Septem Sacramentorum adversus Martinum Lutherum* (Lyon, 1561), p. xlvi. Claude de Rubys, *Histoire veritable de la ville de Lyon* (Lyon, 1604), p. 84. Crespin, *Martyrs*, 1: 385-387; 3: 203-204, 392.

[3] 安德森的著作于1857年出版，法语版于1865年至1869年面世。上述提到的作品分别是：Roland H. Bainton, *Women of the Reformation in Germany and Italy* (Minneapolis, Minn., 1971), *Women of the Reformation in France and England* (Minneapolis, Minn., 1973); Lucien Febvre, *Amour sacré, amour profane, Autour de l'Heptaméron* (Paris, 1944); Henry Heller, "Marguerite of Navarre and the Reformers of Meaux," BHR 33 (1971): 271-310; Nancy L. Roelker, *Queen of Navarre: Jeanne d'Albret, 1528-1572* (Cambridge, Mass., 1968); Charmarie Jenkins Blaisdell, "Renée de France between Reform and Counter-Reform," *Archiv für Reformations-geschichte* 63 (1972): 196-225.

[4] 但一旦转到天主教宗教生活或者激进新教教派的问题上，我们就可以发现学界对女性在宗教变迁中所扮演的角色已经作了非常多的研究。这方面的著作有 R. W. Southern, *Western Society and the Church in the Middle Ages* (Har-

mondsworth, Engl., 1970); Robert E. Lerner, *The Heresy of the Free Spirit in the Later Middle Ages* (Berkeley and Los Angeles, 1972); Henri Brémond, *Histoire littéraire du sentiment religieux en France depuis les Guerres de Religion* (Paris, 1916-1962); 还有 Keith Thomas, "Women and the Civil War Sects," *Past and Present* 13 (April 1958): 42-62; R. F. Wearmouth, *Methodism and the Common People of the Eighteenth Century* (London, 1945), pp. 217-238。

[5] Max Weber, *The Sociology of Religion*, trans. Ephraim Fischoff (Boston, 1964), pp. 104-106; Robert A. Lowie 在其 1924 年出版的 *Primitive Religion* 的第 10 章中认为, 女性的宗教敏感性存在更大的变动空间; Keith Thomas, "Women and the Civil War Sects"。

[6] Lawrence Stone, *The Crisis of the Aristocracy* (Oxford, 1965), p. 739; Robert Mandrou, *Introduction à la France moderne* (Paris, 1961), p. 117.

[7] Nancy L. Roelker, "The Appeal of Calvinism to French Noblewomen in the Sixteenth Century," *The Journal of Interdisciplinary History* 2 (1972): 391-418; Patrick Collinson, "The Role of Women in the English Reformation Illustrated by the Life and Friendships of Anne Locke," *Studies in Church History* 2 (1965): 258-272.

[8] Roland H. Bainton, *The Reformation of the Sixteenth Century* (Boston, 1952), pp. 256-260; Bainton, *Women* (1971), pp. 9-10; André Biéler, *L'Homme et la femme dans la morale calviniste* (Geneva, 1963).

[9] Guy E. Swanson, "To Live in Concern with a Society: Two Empirical Studies of Primary Relations," in A. J. Reiss, Jr., ed., *Cooley and Sociological Analysis* (Ann Arbor, Mich., 1968), pp. 102-104, 111-116; Erik Erikson, *Young Man Luther. A Study on Psychoanalysis and History* (New York, 1958), pp. 71-72.

[10] Marie Dentière, *La Guerre et deslivrance de la ville de Genesve*, in A. Billet, ed., *Mémoires et documents publiées par la société d'histoire et d'archéologie de Genève* 20 (1881): 342.

[11] Pierre Goubert, *Beauvais et le Beauvaisis de 1600 à 1730* (Paris, 1960), p. 38 and p. 38, n. 6; David Herlihy, "The Tuscan Town in the Quattrocento. A Demographic Profile," *Medievalia et Humanistica*, n. s. 1 (1970): 99-100.

[12] 此处对移民性别模式的描述源自我对里昂现存结婚登记记录的分析结

果，这些信息散布在公证记录和罗纳省档案馆的材料（Series 3E and B,"Insinuations" for Easter 1557–1558 and Easter 1560–1561）当中。类似分析可参见 Richard Gascon, "Immigration et croissance urbaine au XVIe siècle: l'exemple de Lyon," *Annales ESC* 25 (1970): 994（Gascon 结论的论据可能不够充分，因为济贫院记录不加区分地包括了旅行者和本地居民）；Herlihy, "Tuscan Town," 101–102; Marcel Lachiver, *La population de Meulan du 17e au 19e siècle* (Paris, 1969), p. 94。

〔13〕E.g., Bronislaw Geremek, *Le salariat dans l'artisanat parisien aux XIIIe-XVe siècles* (Paris, 1968), p. 55; Enea Balmas, *Montaigne a Padova e altri studi sulle letteratura francese del cinquecento* (Padua, 1962), p. 207; ADR, 3E3765, ff. 179^v, 289^v–290^v（印刷雇主埃蒂安·多莱与其妻子 Loyse Giraud 在 1539 年至 1541 年间共同借得资金设立了一家印刷作坊）。

〔14〕可参见 ADR, 3E7180, ff. 988^v–989^r; B, Insinuations, Donations, 25, ff. 222^v–224^r; Ernest Coyecque, *Recueil d'actes notariés relatifs à l'histoire de Paris et de ses environs au XVIe siècle* (Paris, 1923), no. 3998。还可参考 Henri Hauser, *Ouvriers du temps passé* (5th ed.; Paris, 1927), chap. 8: "Le travail des femmes"。

〔15〕ACh, E9 显示有许多一般工匠家庭雇佣女孤儿作为女仆。J. J. Servais and J. P. Laurend, *Histoire et dossier de la prostitution* (Paris, 1965), pp. 139–209. Felix Platter, *Beloved Son Felix* (London, 1961), pp. 36–37. Jean Guéraud, *La chronique lyonnaise de Jean Guéraud, 1536–1562*, ed. Jean Tricou (Lyon, 1929), p. 76. ADR, 3E7179, ff. 411^v–421^r（建筑工地上的女劳力每天工资为 1 苏 6 但尼尔至 2 苏；非熟练男工每天最高可至 4 苏［1562 年 7 月］）。

〔16〕*Inventaire-sommaire des archives communales antérieures à 1790*, ed. M. F. Rolle, *Ville de Lyon* (Paris, 1865), CC152; AML, CC1174, f. 10^v; Crespin, *Martyrs*, 1: 305; 3: 296, 702.

〔17〕Hauser, *Ouvriers*, pp. 156–157。妇女参与 1529 年里昂谷物大暴动的情况可参见 M. C. and G. Guigue, *Bibliothèque historique du Lyonnais* (Lyon, 1886), p. 258; P. Allut, *Etude sur Symphorien Champier* (Lyon, 1859), p. 358。

〔18〕Guillaume Paradin, *Memoires de l'histoire de Lyon* (Lyon, 1573), p. 356（因为拉贝懂拉丁语，她就"具有超越一般女性的能力"["*dessus et outre la capacité de son sexe*"]）. Père du Colonia, *Histoire littéraire de la ville de Lyon*

第三章 城市妇女和信仰变化

(Lyon, 1730), 1: f. II^v. Mme. Michel Jullien de Pommerol, *Albert de Gondi, Maréchal de Retz* (Geneva, 1953), pp. 13–17. George E. Diller, *Les Dames des Roches; étude sur la vie littéraire à Poitiers dans la deuxième moitié du XVIe siècle* (Paris, 1936). L. Clark Keating, *Studies on the Literary Salon in France, 1550–1615* (Cambridge, Mass., 1941).

[19] 源自对 ADR, 3E 中数百份合同的分析结果。

[20] 有关 16 世纪男性识字率的更详尽信息可参见 E. Le Roy Ladurie, *Les paysans de Languedoc* (Paris, 1966), 1: 345–348; 2: 882–883。17 世纪亚眠男性识字率的情况可参见 P. Deyon, *Amiens, capitale provinciale* (Paris, 1967), p. 342; D. E. Smith, *History of Mathematics* (New York, 1953), 2: 199–202。

[21] Eileen Power, *Medieval English Nunneries* (Cambridge, 1922), pp. 264–270; Charles Jourdain, "Mémoire sur l'education des femmes au Moyen Age," *Excursions historiques et philosophiques* (Paris, 1888), pp. 505–507. 里昂的证据源自 15 世纪末 16 世纪初数十年内的档案材料记录。

[22] Foster Watson, *Vives and the Renascence Education of Women* (New York, 1912). 维弗斯论述女性教育的拉丁文论文发表于 1523 年底, 并于 1529 年和 1540 年代分别被翻译为英文和法文 (*L'institution de la femme chrestienne... nouvellement traduict en langue Françoise par Pierre de Changy Escuier* [Lyon: Jean de Tournes, 1543], dedicated by Changy to his teenage daughter Marguerite). *Farce nouvelle fort joyeuse des femmes qui apprennent a escrire en grosse lettre*, listed in Emile Picot, "Répertoire historique et bibliographique de l'ancien théatre" (Bibl. nat., Mss., nouv. acq. fr. 12646, XV, f. 363^r).

[23] Georges Tricou, "Louise Labé et sa famille," BHR 5 (1944): 67–74. *Oeuvres de Louise Labé*, ed. P. Blanchemain (Paris, 1875), pp. 3–4, 80. 拉贝的诗集最早由里昂的让·德·图内于 1555 年发行。

[24] Jacques Toussaert, *Le sentiment religieux en Flandre à la fin du Moyen Age* (Paris, 1963), pp. 89–243. 教母的情况参见里昂的洗礼记录 AML, GG528 (1568), *passim* 以及 GG2 ff. 89^v, 93^r, 109^r, 相关记录内容随处可见。基斯·托马斯在 *Religion and the Decline of Magic* (London, 1971), p. 38 中对洁身礼进行了讨论。

[25] Toussaert, *Sentiment religieux*, pp. 204–224; Allen N. Galpern, "Change without Reformation: Religious Practice and Belief in Sixteenth-century

_119

Champagne" (Ph. D. diss., University of California at Berkeley, 1971), pp. 23–40. 可参考里昂的遗嘱样本：1543 年一名女仆在身后留下 8 里弗用于其葬礼和弥撒的花费（ADR, 3E336, ff. 132^r–133^v）；1545 年一名制蜡匠的妻子为自己安排了华丽的游行，而且在葬礼之后的 30 天内每天都有一场弥撒（3E337, f. 20^r）；1552 年一名香料商的妻子安排在自己过世的当天和周年祭日进行 3 场大弥撒和 25 场小弥撒，在此期间的一年中每天都将有 1 场小弥撒（3E344, ff. 31^v–37^r）；一名男性羊毛衣裁剪工安排了 1 场大弥撒和 30 场小弥撒（3E5297, June 3, 1542）；一名包装工以每场 15 苏的花费为自己安排了 3 场大弥撒（3E7183, Aug. 8, 1555；每场弥撒耗费 5 天的工作所得）。

［26］有关兄弟会的重要性，参见 Toussaert, *Sentiment religieux*, pp. 478–493; John Bossy, "The Counter-Reformation and the People of Catholic Europe," *Past and Present* 47 (May 1970): 58–59; Galpern, "Change without Reformation," pp. 75–105; 以及 *Répertoire des anciennes confréries et charités du Diocèse de Rouen*, ed. Louis Martin (Rouen, 1936), pp. 143–160. N. Taillepied 在 *Recueil des Antiquitez et Singularitz de la Ville de Rouen* (Rouen, 1587), p. 66 中记载了一个女织工"姐妹会"，此会处于 Saint Anne 的庇护之下。

L. Petit de Julleville, *Histoire du théatre en France: Les mystères* (Paris, 1880), 1: 413. 有关未婚男性组织可参见本书第四章的讨论。

在一篇有关"玫瑰兄弟会"（Confraternity of the Rosary）的文章中，J.-C. Schmitt ("Apostolat mendiant et société. Une confrérie dominicaine à la veille de la Réforme," *Annales ESC* 26 [1971]: 100–102) 指出其中可能有超过一半的成员为女性。他特意将这点与其他兄弟会对女性的排斥作对比，还认为此点可能导致了其宗教活动的隐秘性（没有普通弥撒，没有游行，没有宴会，只有祈祷）。此处还可指明一点：Colmar 修院的建立者肯定是 Jacob Sprenger，此人是有名的宗教裁判官和巫术审判官，还是 *Malleus Maleficarum* 中有关"为什么女性比男性更容易迷信"（Why women are more prone to superstition than men）的那一章的作者。相比其他方式，他显然更希望女性守在家里诵读《玫瑰经》。玫瑰兄弟会主要于 17 世纪时在法国传播。

在其他反改革兄弟会中，女性的比例可能有所增加。但从 Michel Vovelle 作品（*Piété baroque et déchristianisation en Provence au XVIIIe siècle* [Paris, 1973], pp. 297–298）中反映 18 世纪普罗旺斯的画作上我们仍旧可以看出，兄弟会基本上是男性组织，尽管其隐秘宗教活动是由女性主导的。

第三章 城市妇女和信仰变化

〔27〕Imbart de La Tour, *Les origines de la Réforme* (Melun, 1944), 2: 515-518. Adrien Montalembert 在 1528 年的 *La merveilleuse hystoire de lesperit de Lyon*（Lyon, 1887）中描述里昂一个女修院进行了令人兴奋的改革。有关修女和周围街区妇女往来交流的可能性，可参见 Jeanne de Jussie, *Le levain du Calvinisme ou commencement de l'hérésie de Genève*, ed. A. C. Grivel (Geneva, 1865)。16 世纪上半叶佛罗伦萨修女的高出现率（R. C. Trexler, "Le célibat à la fin du Moyen Age: Les religieuses de Florence," Annales ESC 27 [1972]: 1329-1350）与法国的情况形成鲜明对比，这可能跟这座城市中不寻常的婚嫁状况有关。

〔28〕介绍圣玛格丽特生平以及在分娩时向她祈祷的书籍在 16 世纪早期相当普及。这里有 1515 年前后的两个版本：*La vie de Madame Saincte Marguerite, vierge et martyre avec son oraison* (n. p., n. d.; copy in the Folger Library, Washington, D. C.); *La vie de Ma Dame Saincte Marguerite, vierge et martyre, Avec son Antienne et Oraison* (n. p., n. d.; copy in the Academy of Medicine, Toronto)。

〔29〕A. J. Krailsheimer, *Rabelais and the Franciscans* (Oxford, 1963), pp. 31-32; De Rubys, *Histoire veritable*（注 2 中有引用），p. 355。尽管如此，在一名修女写给世俗妇女的小册子（*Cy commence une petite instruction et maniere de vivre pour une femme seculiere*, 此书的最后一个版本出版于 1530 年）中，作者还是呼吁自己的世俗姐妹要阅读和思考《圣经》，其中一章还描述了一名善良妇女访问神学博士寻求建议的情形（Alice Hentsch, *De la littérature didactique du Moyen Age, s'adressant spécialement aux femmes* [Cahors, 1903], pp. 223-225）。

〔30〕Jean Bouchet, *Le panegyric de Loys de la Trimouille*, chap. 20: "Des moeurs, vertus, gouvernement et forme de vivre de Madame Gabrielle de Bourbon," 援引自 Charles de Ribbe, *Les familles et la société en France avant la Révolution d'après des documents originaux* (2d ed.; Paris, 1874), 2: 88-89。

〔31〕Desiderius Erasmus, *The Colloquies of Erasmus*, trans. Craig R. Thompson (Chicago, 1965), pp. 217-223.

〔32〕*Monologue de Messire Iean Tantost lequel recite une dispute qu'il ha eue contre une dame Lyonnoise* (n. p. [Lyon], 1562). 可以比较一下 1558 年拉罗谢尔为纳瓦尔国王、王后、Antoine de Bourbon 和阿尔布雷的让娜所举行的演出：

一名垂死的女人正从神父和僧侣那寻求无用的救助（圣徒遗物、特赦，等等），但当一名陌生人给她一本"偏方之书"后，她马上变得健康和快乐。这本书是《新约》，而"医师"则是在树桩上被烧死的异端（BSHPF 8［1859］：278-279）。

［33］ *Le moyen de parvenir a la congnoissance de Dieu et consequemment à salut* （Lyon：Robert Granjon，1562），ff. a iiii^r，c iiii^r-c v^r，d ii^{r-v}，e ii^{r-v}. 此书的一个更早期的版本发行于1557年。

［34］ *Cantique des fidelles des Eglises de France qui ont vaillamment soustenu pour la parole de Dieu，auquel ils en rendent graces* （Lyon，1564），f. A iv^v.

［35］ [Gabriel de Saconay]，*Discours catholique，sur les causes et remedes des malheurs intentés au Roy et escheus à son peuple par les rebelles Calvinistes* （Lyon：Michel Jove，1568），pp. 65-66. Crespin，*Martyrs*，1：306；2：668-669；3：318-319.

［36］ Emond Auger，*Continuation de l'Institution，Verite et Utilite du Sacrifice de la Messe，Avec Les Responses aux Obiections des Calvinistes ... Par M. Emond Auger，de la Compagnie de Iesus* （Paris：Pierre l'Huillier，1566），pp. 115-116. Gabriel de Saconay，*Genealogie et la Fin des Huguenaux，et descouverte du Calvinisme* （Lyon：Benoît Rigaud，1573），p. 60a. 1533年一场反路德派的演出上演了跟注32提到的演出相对应的内容。演出在巴黎的纳瓦尔学院（Collège de Navarre）举行，表现一名妇女在平静地缝补衣物，当她接触到《圣经》之后她无法控制自己，举止粗暴无礼。纳瓦尔的玛格丽特是演出的影射对象（N. Wiess and V. L. Bourrilly，"Jean du Bellay，les protestants et la Sorbonne，" BSHPF 52［1903］：209。感谢James Farge的提醒）。有关稍后的天主教版《圣经》的情况，参见Eugenie Droz，"Bibles françaises d'après le Concile de Trente，" *Journal of the Warburg and Courtauld Institutes* （1965）：209-222。

［37］ 这里的男女新教徒社会构成源自对里昂4 000名男性和750名女性的分析结果，他们被公认为新教徒。（导致男女新教徒数目悬殊的部分原因在于，很多档案并不能反映女教徒的存在。比如，新教婚礼会记录下夫妇双方的名字，而财产没收册上通常只有新教徒家的男主人的名字。）此外依据克雷斯平的《殉道者书》，人们也对来自法国和弗兰德斯的女新教徒（约250名）进行了分析。

第三章　城市妇女和信仰变化

有关 1570 年代在一些新教妇女中依旧持续着的低识字率的问题，可参见 ADR, 3E2810, *passim*。

〔38〕比如：Crespin *Martyrs*, 1: 668-669; 2: 35-36; 3: 259-260。在 1560 年晚期里昂民兵编列的异端名册中，无论是否改皈新教，城市女性都没有表现出特别的坚定。

〔39〕这里无法详尽展现所有有关里昂数百名妇女的材料。克雷斯平列举了一份记录有 175 名城市新教妇女的名单，她们要么是囚犯，要么是暴动的受害者。其中有 43 人守寡或者尚未出嫁，17 人可以用职业来辨别其身份（这在非直接涉及经济事务的档案中非常少见，我们可以据此判断，这些妇女的身份与其从事的工作直接相关），1 人原来是修女。在图卢兹 1568 年至 1569 年的一份可疑女新教徒名单中，总共 37 人中有 20 人是寡妇或者仍未出嫁（Paul Romane-Musculus, "Les protestants de Toulouse en 1568," BSHPF 107 [1961]: 69-94）。

〔40〕有关普瓦蒂埃的 Magdeleine 和 Catherine des Roches 对天主教的忠诚，可参见 Keating, *The Literary Salon in France*（注 18 中有引用），pp. 59-61。拉贝的姨妈 Marguerite Roybet 参与了 1550 年代晚期的新教运动，她与其已去世的丈夫一样都是理发师。

〔41〕Saconay, *Genealogie*, p. 60a: "*Catechiseurs des femmes.*" [Pierre Viret], *Exposition familière des principaux poincts du Catechisme et de la doctrine Chrestienne* (n. p. [Lyon], 1562), pp. 277-278. 可参见本书第二章注 166 中内容。

〔42〕Dentière, *La guerre et deslivrance*（注 10 中有引用），Introduction and pp. 378-380。丹蒂埃没有在著作中留下自己的名字，她因身为女人写作 *Deslivrance* 而被批评，她对此还是多少有所顾虑的。当 *Epistre tres utile, faict et composée par une femme chrestienne de Tornay, envoyee a la Royne de Navarre* 于 1539 年出版时，她并没有给出自己在安特卫普的正确地址。

〔43〕Crespin, *Martyrs*, 3: 318; Raemond, *Histoire*（注 1 中有引用），pp. 875-876; Noel Taillepied, *Histoire de l'Estat et Republique des Druides* (Paris, 1585), f. 33^{r-v}. Robert Kingdon, *Geneva and the Consolidation of the French Protestant Movement* (Madison, 1967), pp. 106-109. 还可参见 Jean-Jacques Hemardinquer 在 "Les femmes dans la Réforme en Dauphiné," *Bulletin philologlque et historique*, 1959 (Paris, 1960), pp. 388-389 中描述的事例：Montélimar 的妇女们在 1555 年至 1557 年间开始改宗新教。

〔44〕*Moyen de parvenir*（注 33 中有引用），ff. C v^v，C vii^{rv}，D iii^{rv}；Pierre Viret，*Instruction Crestienne en la doctrine de la Loy et de l'Eglise* (Geneva：Jean Rivery，1564)，2：721-728。

〔45〕Jean Calvin，*Ioannis Calvini opera quae supersunt omnia*，ed. G. Baum，E. Cunitz，E. Reuss (Brunswick，1863-1900)，20：col. 208（以下引为 *Calvini opera*）。感谢 Charmarie Blaisdell 提醒我关注这封信。纳瓦尔女王阿尔布雷的让娜 1571 年时获许参加改革派教会在拉罗谢尔举行的全国宗教会议，但她并没有投票权（Samuel Mours，*Le protestantisme en France au seizième siécle*〔Paris，1959〕，p. 213)。

〔46〕Robert Kingdon，*Geneva and the Coming of the Wars of Religion* (Geneva，1956)，pp. 139，143. 1560 年代早期里昂长老会成员包括一名出版—印刷商、一名外科理发业师傅、一名富有的旅店主，甚至还有一名制鞋商。

〔47〕因为丹蒂埃在书中批评日内瓦的牧师们是懦夫和投机分子，言语中还暗含对被放逐的加尔文的支持，*Epistre* 的发行在城中引发一起大丑闻，印刷商甚至还因此被捕（Gabrielle Berthoud，*Antoine Marcourt，réformateur et pamphlétaire*〔Geneva，1973〕，pp. 65-70)。作者是女性这点也于事无补。

关于 16 世纪日内瓦印刷的书籍，参见 Paul Chaix，Alain Dufour，and Gustave Moeckli，*Les livres imprimes à Genève de 1550 à 1600* (Geneva，1966)；J. A. Tedeschi，"Genevan Books of the Sixteenth Century," BHR 31 (1969)：173-180。

据我所知，仅有的两名发行诗集的新教女性是贵族 Georgette de Montaney (1540-1581，其作品 *Emblemes ou Devises Chrestiennes* 于 1571 年在里昂发行)和纳瓦尔女王阿尔布雷的让娜，后者的歌曲"Jesus est mon esperance"于 1564 年出现在里昂的一本歌曲集（*chansonnier*）中，参见 Jacques Pineaux，*La poésie des protestants de langue française*，*1559-1598* (Paris，1971)，pp. 297-298。让娜与重要人士的通信集也于 1568 年在拉罗谢尔面世。与此相反，*Dictionnaire des lettres françaises* 中出现了几名女诗人，她们中有些并非出身贵族：Pernette du Guillet、Helisenne de Crenne、Marie de Romieu、Madeleine、Catherine Des Roches、尼古勒·埃斯蒂安（埃斯蒂安家族的天主教支系成员）和 Anne de Marquets (*Dictionnaire des lettres françaises*，*publié sous la direction de G. Grente*〔Paris，1951〕：*Le seizième siècle*)。

〔48〕N. Z. Davis，"Peletier and Beza Part Company," *Studies in the Renaissance*，11 (1964)：188-222。

第三章 城市妇女和信仰变化

〔49〕E. Gaullieur, *Etudes sur la typographie genevoise du XVe au XIXe siècle* (Geneva, 1855), p. 131, n. 1; AEG, PC, 2d ser., no. 620 (investigation of Antoinette Rosset, wife of barbersurgeon Jean Yvard of Lyon); *Le blason des basquines et vertugalles* (Lyon: Benoît Rigaud, 1563), reprinted in A. de Montaiglon, ed., *Recueil de poésies françoises des XVe et XVIe siècles* (Paris, 1885), 1: 293-303. (新教对箍裙的抨击还可参见 Viret, *Instruction Crestienne*, 1: 562ff.) Paradin, *Memoires*, p. 355. Calvin, *Gratulatio ad ... Dominum Gabrielem de Saconay* (1561) in *Calvini opera*, 9: 428: "*plebeia meretrix.*" V. L. Saulnier, *Maurice Scève* (Paris, 1948), 1: 386.

〔50〕Claude Haton, *Mémoires de Claude Haton*, ed. F. Bourquelot (*Collection des documents inédits sur l'histoire de France*; Paris, 1857), 1: 49-50; Guéraud, *Chronique*(注15中有引用), p. 147; Raemond, *Histoire*(注1中有引用), p. 1010.

〔51〕*Calvini opera*, 10: 12. N. Z. Davis, "The Protestant Printing Workers of Lyons in 1551," *Aspects de la propagande religieuse* (Geneva, 1957), p. 257. Hémardinquer, "Les femmes dans la Réforme," pp. 393-394.

〔52〕*Calvini opera*, 21: 595; Guéraud, *Chronique*, p. 148; Thomas Platter, *Journal of a Younger Brother. The Life of Thomas Platter*, trans. S. Jennett (London, 1940), p. 40.

〔53〕*Hist. eccl.*, 1: 227, 913; Crespin, *Martyrs*, 3: 522.

〔54〕Marie le Jars de Gournay, *Egalité des hommes et des femmes* (1622), reprinted in M. Schiff, *La fille d'alliance de Montaigne, Marie de Gournay* (Paris, 1910), pp. 75-76.

〔55〕Biéler, *L'Homme et la femme*(注8中有引用), pp. 90-91.

〔56〕Ilza Veith, *Hysteria, The History of a Disease* (Chicago, 1965), chaps. 2, 4, 6, 7; Michael Screech, *The Rabelaisian Marriage* (London, 1958), chap. 6.

〔57〕D. B. Miller, "The Nuns of Hesse," 在1971年圣路易斯Concordia University举行的16世纪研究会议上, 作者谈到了这个问题; Jussie, *Le levain du calvinisme*(注27中有引用), pp. 91-93; Miriam Chrisman, "Women and the Reformation in Strasbourg, 1490-1530," *Archive for Reformation History* 63 (1972): 150-151. 有些修女仿照丹蒂埃成为新教徒 (Hemardinquer, "Les femmes dans la Réforme," pp. 388-390, 390 n. 2)，但加尔文教在城市女性中扩展的主要据点并不是女修院。

[58] Chrisman, pp. 155-157. B. Klaus, "Soziale Herkunft und Theologische Bildung lutherischer Pfarrer der reformatorischen Frühzeit," *Zeitschrift für Kirchengeschichte* 80 (1969): 22-49. B. Vogler, "Recrutement et carrière des pasteurs Strasbourgeois au 16e siècle," *Revue d'histoire et de philosophie religieuse* (1968), pp. 151-174. 还可参考 Erikson, *Young Man Luther*, p. 71.

[59] W. and M. Haller, "The Puritan Art of Love," *Huntington Library Quarterly* 5 (1941-1942): 235-272; P. N. Siegel, "Milton and the Humanist Attitude toward Women," *Journal of the History of Ideas* 11 (1950): 42-53; John G. Halkett, *Milton and the Idea of Matrimony* (New Haven, Conn., 1970). E. V. Telle, *Erasme de Rotterdam et le septième sacrement. Etude d'évangelisme matrimoniale* (Geneva, 1954); M. M. de la Garanderie, "Le féminisme de Thomas More et Erasme," *Moreana* 10 (1966).

[60] *Hist. eccl.* 3: 518. *La Polymachie des Marmitons, ou la gendarmerie du Pape* (1563), in Montaiglon, *Recueil* (注 49 中有引用), 7: 51-65. Jean Calvin, *Commentary on the Epistles of Paul the Apostle to the Corinthians*, trans. John Pringle (Edinburgh, 1848), 1: 361 (1 Cor. 11: 12). R. Stauffenegger, "Le mariage à Genève vers 1600," *Mémoires de la société pour l'histoire du droit et des institutions des anciens pays bourguignons* 27 (1966): 319-329. AEG, RCon, 19 (1562), f. 188^v.

[61] Calvin, *Commentary on the Epistles of Paul*, 1: 353, 357-361 (1 Cor. 11: 3, 8-12); Calvin, *Commentaries on Genesis*, trans. John King (Edinburgh, 1847), 1: 171-172 (chap. 3, par. 16). Crespin, *Martyrs*, 1: 438-439, 675, 706-707; 2-232 (尤其 2: 331, 471-473 中饱含感情的通信内容). AEG, PC, 1st ser., no. 1202; 2d ser., no. 1535.

[62] 这里需要提一下 Charlotte d'Arbaleste 的有趣事例：她是 Philippe du Plessis de Mornay 的妻子，在 1584 年因"发式问题"被牧师 Bérault 及蒙托邦长老会剥夺参与圣餐仪式的权利之后，她以妻子屈从于丈夫的理论来捍卫自己的自主权。在争辩过程中她坚持说，在丈夫不在场的情况下，"没有那些她据以应变的指令"（*sans le commandement duquel il ne m'estoit loisible de faire aucun changement*），她不能按照他们的意愿行事。参见 *Mémoires de Madame de Mornay*,

ed. Madame de Witt (Paris, 1869), 2: 283, 297。

〔63〕Jussie, *Le levain du calvinisme*, p. 94. G. Bosquet, *Histoire de M. G. Bosquet sur les troubles Advenus en la ville de Tolose l'an 1562* (Toulouse, 1595), chap. 13, p. 150. Guéraud, *Chronique*, p. 54. De Rubys, *Histoire*, p. 402; Crespin, *Martyrs*, 1: 306, 465, 518-519; 2: 407-415; and *passim*. 1561年12月,里昂战车团(the Chariot at Lyon)女主事 Claudine Dumas 将其旅馆开放给新教徒从事礼拜,此人是人文主义者、校长 Barthélemy Aneau 的遗孀(Guéraud, *Chronique*, p. 146; ADR, 3E5018, June 9, 1562; AML, CC1174, f. 25ʳ)。

〔64〕Crespin, *Martyrs*, 3: 392.

〔65〕Alice S. Rossi, "Sex Equality: The Beginnings of Ideology," reprinted from *The Humanist*, Sept.-Oct. 1969, in *The Radical Teacher*, ed. F. Howe and F. Lauter (Dec. 30, 1969). pp. 24-28.

〔66〕此种关于新教运动的解释框架部分源自韦伯,成型于 Guy E. Swanson 的 *Religion and Regime, A Sociological Account of the Reformation* (Ann Arbor, Mich., 1967),尤其书中第10章和有关"secularization"及"To Live in Concern"的部分(pp. 261-262);还可以参见 S. N. Eisenstadt, *The Protestant Ethic and Modernization*, ed. S. N. Eisenstadt (New York and London, 1968), chap. 21 以及 Robert N. Bellah, *Beyond Belief* (New York, 1970), chap. 2: "Religious Evolution"。Bellah 这篇极其出色且极富影响力的文章首次发表于1964年,他后来对自己的立场作了一些温和调整,可参见注68的内容。社会学家 Janet Zollinger Giele 在研究性别角色时借用了 Bellah 的框架,认为虽然有关新教婚姻的布道强调"合乎体统的女性角色"(the proper role of women),但新教"实质上提高了女性在许多方面的行动自由而使其不需要去顾虑性别问题"("Centuries of Childhood and Centuries of Womanhood, An Evolutionary Perspective on the Feminine Role," *Women's Studies* 1 [1972]: 97-110)。

〔67〕比如在18世纪早期日内瓦的手工业中,女性所起到的作用就非常有限,可参见 Liliane Mottu-Weber, "Apprentissages et économie genevoise au début du XVIIe siècle," *Schweizerische Zeitschrift für Geschichte* 20 (1970): 340-347。感谢 E. W. Monter 的提醒。

〔68〕基斯·托马斯在"Women and the Civil War Sects"中对新教和社会变迁间的关系持相似的保留态度。还可参见 Bellah 的"No Direction Home. Religious Aspects of the American Crisis"(*Search for the Sacred: The New Spiritu-*

al Quest, ed. Myron Bloy, Jr.［New York，1972］)，他在文章中指出，大地、母亲或者宗教可以修正上天、父亲或宗教中的一些律法主义和禁欲性的特征。(他在此极力主张一种超越两者的精神解决方法。)经济学家 Ester Boserup 也表明，在现代经济和政治生活中，同化型的社会模式有时可能比多元型模式更容易导致女性权力的丧失 (*Woman's Role in Economic Development*［London，1970］，esp. pp. 153-154. Boserup 没有使用**同化型**或**多元型**这两个术语，但是她所描述的类型和罗西所指的类型类似)。

第四章　欢诞中的理智

一

法国律师克劳德·德·卢比16世纪末时这样说,"有些时候允许人们胡闹一下、寻欢作乐还是有利的,为免于太过严苛地管着他们,我们让其陷于绝望之中……这些好玩的游戏项目废除了,他们就会跑去酒馆,喝酒大笑,脚在桌下舞着,议论着国王和诸侯们……谈论着邦国、司法,胡乱起草各种诽谤性的小册子"[1]。德·卢比持的是一种传统的观点,但他告诉我们更多的是城市官员的想法,而不是群众娱乐的真实用途。我想表明,节庆生活不只是一种"安全阀",在将人们的注意力从社会现实中转移开的同时,它还有更多意义:一方面使某些社群价值永久化(甚至保证了其生存),另一方面则批判政治秩序。欢诞会(Misrule)有其严肃之处,它也能诠释国王和国家。

德·卢比是土生土长的里昂人,他所喜欢的那些节庆活动遍布中世纪末及16世纪的法国和欧洲:化装会、奇装异服、藏匿游戏;哄闹会(一种吵闹的化装集会,旨在羞辱社群中做错事的人)、滑稽剧、游行、彩车；收集分发钱和糖；跳舞、奏乐、戏火表演；诵诗、赌博和竞技比赛；等等。在布鲁格尔有名的画中可以找出超过81种，拉伯雷的《巨人传》里则有217种，而真实数量也许还不止这个数。这些活动在正常节假日、任何正当时间、日历上的宗教和时节（圣诞节12天、四旬斋前的几天、5月初、圣灵降临节、6月份的圣·让·巴普蒂斯特节庆、8月中的圣母升天节，还有万圣节）或家庭节庆、婚礼和其他家族大事时上演。

在这些城市节庆中，有一项是教会资助的：圣诞期间的"愚人节"。期间将选举一个唱诗男孩或神父作为主教主持一切，而低级教士们则模拟弥撒甚至忏悔仪式，还要拉着一头驴绕教堂转。到15世纪末时，这种乱哄哄的狂欢庆祝（saturnalia）逐渐地从教堂中消失了[2]，除此之外，所有的民众娱乐项目实际上都是平信徒首创的。尽管如此，它们并不是16世纪城市的"官方"事件。也就是说，不同于皇室或要人的进城游行或签署和约时的庆祝巡游，它们并没有得到官方的计划、安排和资助。这些节庆更多地是在一般的朋友圈子和家庭中举行的[3]，有时则是由手艺或职业行会和兄弟会操办的，文艺史家称为"娱乐团体"（société joyeuse 或 fool-societies，play-acting societies）[4]而我称为"修会"（Abbeys）——名字源自他们的自我称呼："欢诞修院"（Abbeys of Misrule）——的组织也经常举办这种活动。

"修士"们给"官员"们种种头衔，但玩闹的特定对象是一致的：权势者、司法裁判权、年青人、苛政、乐事、蠢人，甚至疯子。到1500年左右，"欢诞修院"（Abbés de Maugouvert）遍布里昂、马孔、普瓦提埃、罗德兹、布里安松和阿贝维尔*；阿拉斯有一个"快意修院"（Abbot of Gaiety［Liesse］）和它的"好孩子们"（Good Children）；瓦伦西安有"快乐亲王"（Prince of Pleasure）；苏瓦松有"青年亲王"（Prince of Youth）；亚眠有"蠢蛋亲王"

---

* 阿贝维尔（Abbeville）是索姆省的一个城镇。——译者注

第四章　欢诞中的理智

(Prince of Fools/Prince des Sots)；鲁昂有"呆子修院"（Abbot of Conards/Cornards*）；波尔多有"儿童之母"（Mère d'Enfance）及其孩子们（Children），第戎有"疯女院长"（Mère Folle）和士兵们（Infanterie）（这两处所有的男人都着女装）。[5]一些城市中还有一堆显贵头衔，比如鲁昂的"呆子修士"便在1541年配有"鼠目亲王"（Prince of Improvidence）、"瞎搞主教"（Cardinal of Bad Measures）、"钱袋大主教"（Bishop Flat-Purse）、"踢屁公爵"（Duke Kickass）、"梅毒大主教"（Grand Patriarch of Syphilitics）等头衔，而这些只是其中很小的一部分。[6]

这些"修会"也有"法庭"和"裁判权"。他们发行假币并在游行期间发放给围观者。[7]里昂既有一位"欢诞法官"（Judge of Misrule），也有一位"馊主意法官"（Bench of Bad Advices）。[8]在第戎和鲁昂，蠢事和种种有关"修士"荣誉及"显贵"举止的传闻人尽皆知。[9]公告信不断，比如1536年"呆子修院"的"修士"发布声明说，所有男人都可以在101年内娶两个老婆。有什么理由呢？因为土耳其人已经在海上击败基督徒了，我们应该采用一夫多妻制来安抚

---

* Conard 和 Cornard 都是对鲁昂"欢诞修院"成员的一种称呼，虽然 Conard 更常用一点。对于16世纪的旁人来说，这些词特指蠢事、性、权势者和嘈杂。conard 就是傻子（sot）的意思。这个词还跟女性阴道（con）有关，因为如16世纪的情形所表明的，女性生殖器让男人变成傻瓜，也是男性精力的来源。一个 cornard 就是一名被戴绿帽子的男人，他头戴性器官状的角。按一位17世纪评论者的说法，这两个词是有关系的，因为它们发音相似，因为傻瓜和妻子不忠的男人都头戴角状物，也因为一个男人只有傻得出头才会被戴绿帽子。头戴角状物还使人想起魔鬼、异教徒和犹太人，就像有时一名修士戴上角状法冠（古时代表荣誉和胜利，中世纪时作为主教物品）一样。最后，1530年代一幅木版画表现了这样的情景：一名"呆子修士"吹着喇叭，上面有一面画着角的旗子和一行颠倒的字"O Conardz"。"欢诞修士"发出的嘲弄声也许就是针对这个而来的。参见 E. Picot 和 P. Lacombe（编著）(Querelle de Marot et Sagon [Rouen, 1920], pièce I)、Pierre Borel (Trésor de Recherches et Antiquitez Gauloises et Françoises [Paris, 1655], pp. 101, 110; Grand Larousse de la langue française [Paris, 1972], II, 1847)、Eduard Fuchs (Die Frau in der Karikatur [Munich, 1907], p. 183)、J. A. Pitt-Rivers (The People of the Sierra [London, 1954], p. 116)、William Willeford (The Fool and His Scpter [Evanston, Ill., 1969], p. 184) 和 Ruth Mellinkoff (The Horned Moses in Medieval Art and Thought [Berkeley, Calif., 1970], chaps. 8, 10) 的著作。

他们。[10]

"呆子修院"在五月狂欢会上提到了土耳其舰队的情况，它在海军司令哈拉德-丁·巴巴罗萨*的指挥下威胁着地中海的安全。事无例外。欢诞会深刻反映了真实的生活，这不仅仅是因为其滑稽模仿的那些规矩。日常生活中的真人真事，也是"修士"们熙熙攘攘的哄闹会和游行的嘲弄对象：挨过妻子打的男人们由一支吵闹的、化着装身着奇装异服的队伍领着，背脸骑驴路过城镇，如果不是本人登场则由其邻居代替，然后边走边喊："不关我的事，是我邻居。"[11] 这些怪异的、颠倒本原的活动会经常上演。所以，1566 年时，里昂的节庆便有 7 辆彩车，那些丈夫们被标记上自己所在的街道和从事的职业，人们用脏东西、木棍、刀子、叉子、汤勺、煎锅、木盘和水壶打他们；用石子扔他们；拔掉他们的胡须；还踢他们的命根子——如印刷着的描述说的，每人都扮演着他们街区那些真正被打的"烈士"。(martyr)。[12]

他们也不是哄闹会唯一的嘲弄目标：再婚的寡妇和鳏夫都可能有这种风险，如同妻子不忠或是 5 月份（对于妇女是一个特殊的月份）打妻子的男人一样。[13]

"欢诞修士"可以嘲弄人的机会很多，但读者们肯定会问道（就像我看见面前这些原始材料时一样，它们多数来自 16 世纪印制的游戏情节［scenarios］和其他**城市**资料），这些究竟是什么组织呢？他们究竟在忙些什么？他们从哪里来、又往哪里去？是什么把这些看起来无关的娱乐活动联结起来的？有关中世纪末和近代早期"日常生活"的书籍对我们的帮助有限，因为它们只是描述一下奇怪的哄闹会和狂欢，然后不给出分析便停止了。这样，要寻找欢诞会的意义，我得先找到生活在文艺复兴时代的人们，然后参考现代的文学史家的研究——他们将节庆组织和习俗当作文艺复兴戏剧的来源，最后再看看戏剧和娱乐理论家们的观点。

---

* 哈拉德-丁·巴巴罗萨（Khairad-Din Barbarossa），伯伯尔海盗，随后成为奥斯曼海军司令。——译者注

第四章 欢诞中的理智

不管是在文艺复兴时期还是在今日，人们对大众节庆活动和游戏的形式与内容都有两种解释：一种是历史性的，一种是功能性的。在 1566 年的一篇文章里，博热的修院院长纪晓姆·帕拉丁将面具表演追溯至希腊、罗马的节庆上：当时允许人们自戴面具，模仿官员，公开地指点别人的过错。这位虔诚的教士说，实际上所有圣徒日的舞蹈、游戏和"王国"都只不过是"异族邪说"（ethnicisme et paganisme）。[14] 大约 50 年后，朗格尔法官克劳德·努瓦罗在他的《化装面具舞会和哄闹会的起源》（Origin of Masks, Mumming and ... Charivari）中得出了类似的结论，但他加上了一些有关公开羞辱和背脸骑驴游行的资料，认为这些是古典世界一种法定的惩罚措施，就像罗马法律对待再婚一样（如我们已看到的，再婚正是哄闹会的嘲弄对象）。[15]

现代的学者不仅搜集古代的资料，还研究原始及农民的宗教，这使得反映历史转变的画面更为充实。正如 E. K. 钱伯斯在他对中世纪戏剧的杰出研究里说的，"传统信仰和中世纪或现代农民的习俗，十中有九是从异教神秘主义和异教崇拜的**遗留**中来的……农村节庆……只不过是民间原始崇拜——土地、森林和河流守护神——残存碎片的集合"。这样，"愚人节"便不只可以溯源到罗马的元月朔日（Kalends of January）了，它还带着原始特征，而这些特征从农民社群传播到城市教堂中；像其他节日"显贵"一样，圣诞狂欢的节日主教只是临时国王——他曾被同伴们选为人牲——的遗存物，弗雷泽*在《金枝》（Golden Bough）中就提到过这点。[16]

那么我们应该怎样看待"修士"、"欢诞王国"以及他们的哄闹会和狂欢呢？从钱伯斯和文学学派的角度来看，这些只是 15 世纪正在衰落中的"愚人节"的世俗化版本。[17] 而在其他人看来，它们代表着普通人对显贵的模仿：要么是领主[18] 的裁判角色，要么是某些高贵的中世纪晚期的骑士习俗。[19] 这些说法都不对。这些世俗组织的形象更像修院，而不像主办"愚人节"的教堂。这些世俗团体模仿对

---

* 弗雷泽（Fraser，1854—1941），英国人类学家、民俗学家。——译者注

婚姻和家庭事务的审判。"愚人节"里并没有这种先例，而封建法中也没有其确切的前身。同时，"欢诞修院"从13世纪开始便以某种形式在法国城市出现了，这跟教堂节庆同时，但比中世纪晚期的骑士习俗要早。[20]

最后，后几个说法并没有交代清楚欢诞会的作用。因为其立论的基础，要么是一张描绘城市居民操行那些古老而奇异的习俗的图画，但习俗的意义早就被忘得一干二净了；要么就是一些表现他们模仿社会上层行为的场景，而模仿的原因就是模仿本身。这样，我们只能到第二种（即功能性的）解读方式中去寻找大众娱乐的意义了。15世纪一位"愚人节"的支持者说，"愚蠢……是我们的第二天性，我们必须至少一年自由展现一次。如果我们老是不开酒桶或是不往里面放空气的话，它迟早是要迸发的"[21]。

对我们来说，"游戏人"（homo ludens）* 是一位更复杂的人物（就像他对莎士比亚和拉伯雷来说一样）。现代理论家们曾经试图对他的游戏——它们在不同文化中出现并得到运用——进行分类。依据这种类型学，狂欢、化装面具集会和欢诞会是原初的、或者起码是传统的、前工业社会的功能性特征。罗格·凯鲁瓦在他的《游戏和人》（les jeux et les hommes）里面主张说，这些节庆给原初社会带来凝聚力；在缺乏契约关系的社会中，它们表面的无秩序其实是秩序的一个来源。[22] 基斯·托马斯漂亮地得出了另一种悖论色彩稍淡的结论。他认为，狂欢是等级结构社会中社会成员的一个前政治的安全阀，因为其自发性和无序节奏，狂欢又是"一种前工业时代的时间意识"的表达和强化。[23]

相反，人类学家维克托·特纳和前苏联结构主义者米哈伊尔·巴赫金认为，混乱的戏剧和仪式是**所有**社会中都存在的现象。对于特纳来说，不管是阿散蒂人、某个基督教教派，或是街上的未成年人团伙的仪式，角色颠倒的仪式都可以减低结构化社会的严苛性，而且至少

---

* *homo luden* 是荷兰历史学家赫伊津加的著作名，作品凸显游戏在文化史中的地位。——译者注

第四章 欢诞中的理智

可以短期性地在制度中"注入"一种平等主义的团体价值观。在巴赫金对拉伯雷的杰出研究里,他认为,狂欢总是解放、摧毁和重建的一个基本源泉,但在不同的时期它的活动范围会有所不同。在阶级和国家出现以前,滑稽和严肃的场合是对等的;对于奴隶和封建社会而言——也包括 16 世纪——狂欢变成了人们的第二生活和第二现实,它们依旧是公共和持久的,但人们可以借它们从权力和国家中解脱出来;在资产阶级社会(唉,有人会觉得,巴赫金所在的社会主义社会也一样),它就收缩到家庭和节日中去了。尽管如此,不同于刚才提到的其他功能性理论,狂欢并没有加强严苛的制度和加快社会的节奏;它只是有助于其改变。巴赫金认为,在拉伯雷的时代里,狂欢给人们提供了一种真实的、没有阶级的生活经历,这是对种种固化了的中世纪"官方"文化范畴的反动。[24]

这些历史性的或功能性的阐述为我们提供了一个框架,也提供了一些解释"欢诞修士"的选择。但是它们还是非常宏观的。我们需要更进一步接近 16 世纪准确的历史实际,而不是简简单单地用罗马帝国或"牺牲国王"来加以解释。我们需要了解更多"修院"自身的情况以便考察它们的运用细节,看看娱乐中的他们在什么地方取得传统与创新、前政治与政治之间的平衡。

二

为追溯欢诞会的起源,我离开了鲁昂、第戎、里昂和其他城市的街道,来到了乡村中。因为历史学家们的文学或政治上的偏见,我抛开了他们的著作,而来到了人类学家们,尤其是对法国作过系统研究的阿诺德·范·格耐普*这里。尽管如此,我提到的有关乡村的所有事物,都可以在起自中世纪末的数以百计的皇家赦免状中找到,而法

---

* 阿诺德·范·格耐普(Arnold Van Gennep,1873-1957),法国文化人类学家,以对多种文化的成年礼的研究闻名。——译者注

国档案保管人罗格·沃尔蒂埃已从中萃取了有关民间习俗的所有材料,并将其公布于世。[25]

在 12 世纪(在此之前无疑也存在着)整个法国的农村团社中,我们即可发现未婚男性组织的存在,其成员都达到了生理成熟的年龄。他们具体什么时候加入组织?是否有入会仪式?这些都尚不清楚。这些年轻人被称作"伙伴"或"待婚伙伴"(varlets/varlets à marier or compagnons/compagnon à marier);他们的组织被称作 bachellerie(在普瓦图、贝里、昂古莱姆、旺代和其他地区)、"青年王国"(Kingdom of Youth),在很多地区,比如勃艮第、多菲内、萨瓦和南方,它们还被叫做"青年修院"(Abbeys of Youth/Abbayes de la Jeunesse)。[26] 因为 15 到 17 世纪的农村男子在 20 岁出头或 25、26 岁之前一般不会结婚[27],所以"青年"(jeunesse)期显得很长,而单身男子在农村男性人口中的比例也就相对很高了。每年四旬斋前、圣诞节后或其他时候,他们会从自己周围选出一位"国王"或"修院院长"。[28] "欢诞修院"最初只是一个年轻人群体!

在这个时期,这些年轻"修士"们的"司法"权限和节庆职责大得惊人。他们在肥美节(Mardi Gras)跟其他教区的年轻人进行 soules——一种暴力足球游戏,还在其他时候跟自己村里的已婚男子争斗。[29] 在四旬斋开始时的火把节(Fête des Brandons)上,就是他们举着麦秆火把的牌子,跳着,舞着,确保来年村里在农业和生育上取得丰收;在万灵节时,又是他们为村里逝去的先祖们摇铃。[30]

"修士"们对村里的同龄人有"司法权",其中包括适龄女孩[*]:

---

[*] 未婚少女在乡村节庆生活中也有指定角色:她们和年轻男子一起跳舞;参加 5 月的节日;有时她们会和年轻男子一起出去参加新年的"quête de l'Aquilanneuf"或"l'aguileneuf"(从"au guy l'an neuf"讹传而来,源自德鲁伊教团[Druid]收集槲寄生枝;参见 M. du Tilliot 的作品 [*Mémoires pour servir à l'histoire de la Fête des Foux* {2d ed.;Lausanne and Geneva, 1751}, pp. 67–71])。一年中某些时候,特别是 5 月份,人们会在村里的未婚女子中选出临时"女王"。但女孩们有没有自己的青年组织呢?范·格耐普提到以圣凯瑟琳的名义出现的各式各样的未婚女节庆(reinages)和"姐妹会",但他没有给出其在中世纪末或 16 世纪乡村中的实例(Arnold Van Gennep, *Manuel de folklore français* [Paris, 1943–1949], 1: 207–212)。

第四章　欢诞中的理智

他们会在她们的家门前种上矮五月树（或者一棵有臭味的树，如果他们想暗示这姑娘道德有问题的话）[31]；也包括追求村中女孩的外来人：他们会与其打斗，或者将其逮住罚款。[32]他们在婚礼中有规定的角色，比如在步道上穿链子、以某些借口闯入婚礼堂等等。同美国西部的嘲弄庆祝（shivaree）一样，他们也制造类似麻烦。只有给予花、钱或酒水将其打发走，婚礼才可以圆满完成。[33]

更重要的是，他们对已婚人们的行为也有"司法权"：妻子在结婚那一年里没有怀孕、男人怕老婆等等，都在其职权范围内。有些时候，他们也处理通奸者。在有些村子，相应的惩罚是"鸭子潜水"（即将当事人的头部按入水中），在另一些村子，则是羞辱性的背脸骑驴游行或哄闹会。[34]但"哄闹会"（charivari*）这个词语在法国的最早运用则跟再婚有关。再婚是农村中最常上演这种节目的场合，当结婚双方年龄相差很大时尤其是这样。[35]在此种情况下，除非这对夫妇及时上缴补偿金，否则戴面具的年轻人将会用水壶、手鼓、铃、拨浪鼓和号角在他们的门外吵上一个星期。村中其他人也可以加入哄闹的行列，但带头的还是年轻人。

这些行动也不像 E. K. 钱伯斯或其他人宣称的那样，只是对早已遗忘其意义的原始奇怪习俗的重复。作为乡村的一项重要功能，这些行动起着对现实的狂欢治疗的作用。让我们来考虑再婚的问题。教会法早已不像早期教父那样对再婚那么审慎，虽然没有了祝福，婚礼通常也低调地在夜里进行，但第二次或第三次结婚仍然是完全合法的。教会废弃了罗马法有关再婚间隔的规定（封建法强烈支持对其松绑），对结婚双方的年龄差异也没有任何限制，只要双方都生理成熟即可。[36]

那为什么会有哄闹会呢？首先需要安抚逝去的配偶。再婚者有时是以恶者的形象出现在哄闹会上的。[37]其次，第一次婚姻留下的孩子还需要给予——无论是心理上还是经济上的——照顾。民间关于邪恶的继母或继父的故事便表现了对前一点的忧虑；经济上的忧虑则体

---

* 范·格耐普给出了法国不同地区 charivari 的变形：chalivali、calvali、chanavari、coribari、kériboeéri，甚至 hourvari 和其他的样子（*Manuel*，1：622 and 622，n. 2）。

现在1510年巴黎的《习惯法汇编》(*coutumier*)中：为保障现有孩子的应得费用，再婚妇女受到了法律上的限制。[38] 最后也是最重要的，人们憎恨再婚的老寡妇和鳏夫，因为他们把与其结婚的年轻人不适当地排除出了适龄年轻人群。* 原则上，这将减少村里年轻人找到相仿年龄配偶的机会，而且往往意味着这桩婚姻不会带来很多小孩。[39] 实际上，在期望寿命那么短的情况下，再婚是必须和普遍的。所以，气氛是可以恢复正常的，乡里也会用"老骨头，情疯子"(Vieille Carcasse, folle d'amour) 来嘲笑这种不平衡或者某个老男人，因为人们认定他无法满足其年轻妻子的需要。这对夫妇随后向村里（也要补偿年轻人，因为再婚时，他们得不到正常的白天婚礼上分发的食物和钱）支付三倍于结婚费用的钱（"au triple de tes noces"，如某"哄闹会"所要求的）便可以平安无事。[40]

那么从中世纪末和16世纪法国农村欢诞会的特点中，我们可以得出什么结论呢？狂欢中"王国"特别是"修院"的形象，并不只是对某个遥远国王或某个临近修院——农民可能还要为其服役、向其贡赋——的一种状态颠转，更重要的是，它订立了**规则**，使得年轻人地位高于其他人群，也许还在年轻人中建立了兄弟般的关系；它还给恶作剧和嘲弄留下了很多空间。但放肆不是反叛。它对乡村社会的作用是非常大的，它戏剧化地表现人生不同年龄段生活的差异[41]，它让年轻人明确他们以后成为丈夫或父亲时的责任，它帮助维持婚姻的固有秩序和乡里的生理延续。只是当欢诞会过程中有误会和意外发生时，才出现了全面的暴力和无序（我们知道，那些争斗和杀人案最后都在皇家法庭得到解决）；当狂欢演变成政治性事件时，如我们看到的，它的矛头不是指向富农（laboureurs）或村里的长者，而是指向外部的镇压者。

所以，从功能上看，年轻"修士"们的活动更像是持续很长一段

---

* 当结婚双方年龄差距很大时，哄闹会尤其暴烈。有时，如果双方之前**都**结过婚，则不会出现哄闹会。在我看来，对追求本村女孩的其他村同龄人征收罚款，有时甚至发生打斗，也表明这些行为是对"适龄年轻人群"的一种威胁。

第四章 欢诞中的理智

时间的"成年礼"(rites de passage)。在此期间，社群中长者对年轻人的期望和年轻一代对自己的期望差别不大。此外，他们否定了菲利普·阿里亚斯的断言：他认为，18世纪末以前欧洲人不区分孩童期和青春期，他说，"人们不知道我们所谓的'青春期'是什么东西"，早期"没有青春期存在的空间"[42]。村民们显然没有男性青春期发育的心理动力学理论，乡村社会形成其他认同的可能性也不怎么乐观（除了决定移居城市的年轻人之外），但这些青年团体发挥的**某些**作用正好就是青春期所需要的。它们给予年轻人仪式来帮助他们控制自己的性本能，也在他们结婚前的这段时间里给予一些有限的"司法权"或"自治"空间。他们成为社会良知声嘶力竭的代言人，而就在这个过程中，他们被社会化了。* 而且我们应该注意到，带有类似特征构象的青年"修院"和"王国"遍布瑞士[43]、德国[44]、意大利[45]、匈牙利、罗马尼亚[46]的乡村，也许英格兰、苏格兰[47]和西班牙[48]

---

* 这里我借用了 Elizabeth Douvan 和 Joseph Adelson 对青春期的定义（*The Adolescent Experience* [New York, 1966], pp. 4-21, 346-347）。菲利普·阿里亚斯、Kenneth Keniston 及 John 和 Virginia Demos 的研究有助于我们理解现代意义上的青春期概念的发展（参见 n. 42）。但我们不能就此将适用于西方 19、20 世纪社会的"青春期"概念原样运用到这里来。这点非常重要，因为 Douvan 和 Adelson 以大量美国案例为基础的研究表明，所谓的青春期典型特征——如愤世嫉俗、桀骜不驯（Sturm und Drang）——即便是在当代也没有普遍性（pp. 350-351）。于是我们可以假设，青春期的概念（从生理成熟到完全履行成年人角色之间的这样一个时期）是每个社会都承认的，不管承认得多勉强；我们也可以借此系统研究不同社会对这个时期的各种定义、评价和组织方式。David Hunt 在论及阿里亚斯对婴儿和早期孩童期的看法（*Parents and Children in History. The Psychology of Family Life in Early Modern France* [New York, 1970], ch. 2）时，也提出了类似建议。

在阿里亚斯先生新版 *L'enfant et la vie familiale* 的序言中，他考虑了我文章（Paris, 1973, pp. vii-ix）中提到的几个例子。他询问青年"修士"成员的年龄，指出它是史上一个人们普遍晚婚时期的"单身汉"（célibataires）组织。"那么，对立就存在于已婚者和未婚者之间了。"正如我已提到的，16世纪农村男性的青年期（jeunesse）大体从 14 岁持续到 20 岁出头，但这并不意味着它缺乏独有的青年特征。当代词语"bachelier"的原始意义就有"青年"的意思（"一名年轻的青少年，开始成为成年人的时期。" Pierre Borel, *Dictionnaire des termes du vieux françois* [Paris, 1750], p. 17）；而且，上面提到的仪式和节庆就奠基在参与者年轻和未婚这两个意义之上。最后，相比村中的年轻单身汉，年老单身汉的数目并不大。有一些证据表明，过了一定时期之后，单身汉只成为年轻"修士"攻击的目标，还以若干方式被吸收到已婚或寡居的那种状态中去（A. Varagnac, *Civilisation traditionnelle et genres de vie* [Paris, 1948], pp. 99-100, 117-118, 253）。

的乡村中也有。

最后，这些群体使我们有理由赞同人类学家安德烈·瓦拉涅克和社会学家 S. N. 艾森斯塔德的观点。他们认可传统农村社群中年龄类别或年龄群体的重要性。如艾森斯塔德说："在原初和传统社会，青年群体通常是一个更宽泛的年龄群体的一部分，它覆盖了从孩童到中年、甚至到老年的一个很长的时期。"[49]虽然农民中从富农到无地雇农经济上的差别很大，虽然人口金字塔结构上有变化，但这些都不能妨碍青年群体的存在。[50]如同教区制度一样，它们有助于解释农民社群如何用自己的认同抵御外部世界的介入。

<h2 style="text-align:center">三</h2>

当然，从 13 世纪起，青年"修院"和"王国"也在法国城市中发展起来。农村中的基本组织和习俗甚至到 18 世纪也很少变化（虽然有时它们在不丢失其他角色的情况下，还兼有军事职能）[51]，而在城市中，由于相对高的识字率和城市生活的复杂性，这种节庆形式几经变化，并且通过多种重要途径发展扩散。最显著的要数欢诞会的戏剧、文艺内容的完善和"愚人"（Folly）词汇表的充实。农村"修士"很少自称"欢诞修士"（Abbayes de Maugouvert）；与之形成对比，城市中类似的好玩、搞怪的头衔层出不穷，大概 15 世纪城市中的识字率开始有所上升时尤其是这样。即使是最隆重的时候，农村中的哄闹会戏剧也还相当简朴（通常就是在犯错当事人——或其寡妇、新丈夫或去世的配偶——的头像边绕来绕去）；现在的戏剧就精美得多了（如我们早前看到的在里昂巡游花车上被嘲弄的"烈士"丈夫），上面还附有诗文。农村上演的文艺项目无非就是一首简单的哄闹会歌曲；城市中的诗文就复杂多了，这要归功于"傻剧"（sottie）和"东拉西扯"（coq à l'asne，一种诗歌对话，话题任意改变）的发展。农村的演员大概会在关键时刻化装出场（15 世

第四章 欢诞中的理智

纪一名磨坊主儿子的赦免状极好地向我们展现了这种情形：身为"快乐汉"[homme joyeux]，磨坊主儿子临时准备了一件信使的外衣，这样他便可以快速送信给收获女王了）；城市演员则身着精美甚至奢华的衣服上台。[52]最后，农村"修士"欢诞会之后就剩下记忆了；而城市"修士"通常把欢诞会活动记载付印。[53]

"修院"的组织发生变化，它们的社会和年龄构成也发生变化。对于单个"修院"来讲，即便一个6 000人的小城也显得太大了。到16世纪的时候，里昂的人口已达到了60 000人，它拥有约20个"修院"，头衔从"修士"、"男爵"、"队长"、"司令"、"亲王"到"伯爵"、"公主"、"法官"、"欢诞大主教"，应有尽有。尽管各自组织独立，但在节日时它们会相互召唤并一起游行。它们大多数是按街区或临近街坊组成的，而鲁昂的情况看起来也部分是这样。[54]

某些情况下，当狂欢节的欢诞会、哄闹会、家务或社区内道德的"裁判权"等"修院"特有职能被取消时，它们就变成职业团体。所以，巴索赫（Basoche）——巴黎、里昂、波尔多和其他法国城市的法务文员组织（其成员原本是行业中的年轻人）——便发展出了被称作"修士"、"国王"和"亲王"的"官员"来。他们种五月树，为嘲弄事件辩护，还在肥美节时公演喜剧和滑稽剧，不管是不是在他们的"裁判权"下，真人真事都会被弄上台来加以嘲弄。[55]所以，16世纪里昂的印刷职工节日时便组成一个"欢诞修院"，以"贝壳领主"（Seigneur de la Coquille）为领袖；印刷职工选出了一个"笨蛋法官"（Judge of Fool），而染丝工则选出一个"欢诞队长"（Captain of Misrule）。[56]

此外，非常重要的是，跟其先前在农村的情况不一样，城市"修院"已不再必然是未婚青年的组织了，在大城市尤其是这样。1541年，鲁昂的"呆子修院"里已有足够多的已婚者，以致"修士"们要发表假宣言，允许妻子处在分娩期的成员雇用女仆或女邻居。在这个世纪末的第戎，一位有名的律师被正式选为"疯女院长"，其女婿在他去世后继承了他的职位。[57]只有在像索恩河畔沙隆这样小一点的城镇,"修士"完全等同于一般青年的现象才继续存在着。[58]在其他地方,组织原来具有的青年人意义只有从名字上才可以看出来,如"第戎步兵"(Infanterie Dijonnoise)或"无忧孩子"(Enfants-sans-souci,这个前青年"修院"演变成了一个半职业演员团体,巴黎的例子尤为典型[59]),或者青年群体被限定为:(1)由特定社会级别的人组成,如在里昂或鲁昂,"城市男孩"(Enfants de la Ville)就是指市政官员的儿子们[60],(2)由特定职能者组成,比如日内瓦的"小孩修院"(Abbaye des Enfants,原先负责舞蹈、哑剧和化装表演),其成员便构成15世纪末建立的城市民兵的基础。[61]

为什么会这样呢?为什么传统的节庆组织会在16世纪的大城市中丧失其年龄特性,且自居于学院[62]和城市贵族之外呢?这并不是由于城市人不再承认青春期存在的缘故——这里我又跟菲利普·阿里亚斯[63]持不同意见了——因为医学书籍、宗教手册和大众读物都区分并确认其是一个生理成熟的时期。* 就像艾森斯塔德指出的,"不

---

* 16世纪的医学书籍认为:男性的平均生理成熟年龄为14岁,而且"青春期"(l'age d'adolescence)通常从14岁持续到20、21岁,在这个"自然的精力充沛"期里锻炼身体很重要(Laurent Joubert, *Erreur populaire au fait de la medecine et regime de santé … la premiere partie* [Bordeaux, 1578], Book II, chap. 2; Hierosme de Monteux, *Commentaire de la conservation de santé* [Lyon, 1559], pp. 202-203)。如阿里亚斯先生自己指出的,反映这个时期生活的文书,都表明晚期青少年处于求偶的过程中。虽然针对孩子参加忏悔和忏悔仪式的确切年龄的争论一直无法在塔兰托公会上得到解决,但神学家总是认为,只有到14岁左右性欲上的原罪才可能发生。忏悔手册也认为青少年有性的想法和触碰他人的欲望,而学院裁判将16岁男孩与8、9岁的男孩区分开来也是出于类似的原因。参见H. C. Lea(*A History of Auricular Confession and Indulgences in the Latin Church* [Philadelphia, 1896], 1: 400-404)、让·戈森("Brève manière de confession pour les jeunes," *Opera omnia*, ed. Mr. Glorieux [Paris, 1966], 7: 408-409)和Astrik Gabriel(*Student Life in Ave Maria College, Mediaeval Paris* [Notre Dame, Indiana, 1955], p. 105)的作品。自由新教徒Sébastien Castellion对孩童、青春期和成年期有另一种区分。他在描述人类接受上帝教育的各个阶段时进行了这种区分。在法律时期(Age of Law)或圣父时期,上帝命令人类就像一位圣父对待孩子一样,他需要的只是外在的服从;在福音时期(Age of Gospel)或圣子时期,基督用《福音》带来青春期的人性教育;在圣灵时期,成年人将受到灵魂上的完美启示的指引(F. Buisson, *Sébastien Castellion* [Paris, 1892], 2: 193-197)。有关从生理成熟到结婚之间特有的危险和乐趣的讨论,可参见Charles V. Langlois的著作(*La vie en France au moyen âge* [Paris, 1925], 2: 217-225)。对青春期成长的这些特征的描述也许跟今天的不完全一样,但终归算是一种特性描述吧!

第四章　欢诞中的理智

管社会中的差异有多大，个人生命中总有一个时期是焦点所在，这个时期也在一定程度上为多数已知社会所重视：这便是青年期，一个从孩童转向完全的成人状态和社会成员的时期"。他还认为，社会与社会之间和同一社会里的不同部分之间的区别，只是它们"在一般（特别是青年人）角色分配时年龄这个依据的重要性程度……［和］由同'龄'成员组成的特定年龄群体、特殊共同组织的发展程度"不同的表现。[64] 此时，16世纪的城市继续见证着非正式群体的存在，比如街上的男孩帮：这些十几岁的小孩玩游戏并向邻家敌手扔石子。但经济和社会生活的特点，有可能把男性青少年组织到含有成人成员或者比乡村"修院"更直接受成人控制的群体中。

让我们来考虑工匠们的情况。16世纪，法国城市学徒的中间年龄是12岁（这比14世纪晚，而17世纪会变得更晚）。[65] 有时，在15、16岁或快20岁时，学徒能够成为职工。接着，他可以成为其师傅所在行会的一分子，当然此时他处于完全的依附状态，或者他可能被接纳为秘密职工组织的成员，而这里面就有老老少少的职工。这里的"成年礼"引领人进入的是一种经济状态，而不是一个生活的新阶段。

农村的"待婚伙伴"可以长大，然后结婚；城市里的"印刷伙伴"（compagnon imprimeur）可能只能年复一年地工作，却仍旧是一个依赖别人的工人。[66]

至于穷人和非熟练工人，我们几乎没有关于他们的社会生活的材料，虽然我们知道，他们的孩子很小便得开始干活，乞丐的"王国"里也满是或老或少之类的人。这个时期多数地方的民兵也由各年龄段的人组成。[67]

在继续存在于16世纪大城市的传统青年群体那里，在富有的律师、商人和官员的儿子们中间，欢诞会已基本不见踪影。在里昂，"城市孩子"可能会为了他们的荣誉而争吵报复，但他们在1500年后没几年便抛弃了哄闹会和"修士"的头衔。城市的统治者基本上不会让自己的儿子们在城里散播丑事（mauvais ménage）。而且不管怎样，对于年轻人来说，哄闹会的傻剧形式、里昂方言的韵律、背脸骑驴的粗俗游行,都是无可救药的落伍东西。居住在里昂的富有的意大利银行家教他们玩古罗马的游戏,他们的化装也要学古典的样式。所以,这些"孩子"们出没于官方仪式(这是他们的父亲们为来访贵人设的)中,在团体婚礼上扮演着指定角色,资助兄弟会,为城里最风光的女士举办宴会。这种青年群体的原有特征——为男性的婚后生活方式作准备——已逐渐减退,而其成员的资格,已越来越多地被当作参与一个封闭性社会圈子的确证。[68]

就这样,16世纪大城市典型的"欢诞修院"已演变成职业性(或更像是街坊)团体,其中满是老老少少的男性。* 他们在社会构成范围上也不同于农村中的"修院"。在农村,年轻"修士"包括了富有和无地农民的儿子;而在16世纪的法国城市,即便是同住一街区的各阶层人,也不可以在节庆组织中混在一起。城市精英可能会从"修院"中消失,并拥有他们自己的娱乐项目,就像非熟练日工(gagnedenier)一样;刚来到城市的某个阶层的人和外国居民也可能被排除在外。在尼斯,4名"院长"由4个群体各自独立地选出来:"贵族"、商人、工匠、城市园丁和渔夫。[69]在里昂,"修士"由工匠、中小商人组成。1534年的"笨蛋法官"是一个画工,他去世时名字就在城市济贫册上。[70]虽然鲁昂"呆子修院"的文艺作品表明,其成员中受教育者的比例比里昂高,但"呆子"们的出身仍然不是"上层家庭"。在两名富有影响力的"呆子"里面,其中一人是鲁昂高等法院的诉讼员(process-server),另一人则是磨坊主。[71]16世纪末时,第戎"步兵"里有来自社会上层的成员,其中包括第戎高等法院

---

* 如同在农村一样,"修会"成员也仅限男性。所有带有女性名字的官员都由男性扮演(参见第五章)。当然,女性参与并观看节庆活动。在1541年鲁昂的游行中,"呆子"们拜访女性,与她们跳舞并给她们糖和花。1566年,在里昂的骑驴游行(chevauchée de l'âne)中,一些真正的女人着女装和"修士"们一起游行,她们扮演12名"埃及女人"。节庆组织中,女性最容易接近的是临时"女王"。在每个复活节周二,每个街区都要选出一名"女王"。在阿贝维尔,从14世纪起一直是这样(R. Vaultier, *Le folklore pendant la Guerre de Cent Ans d'après les lettres de rémissions du Trésor des Chartes* [Paris, 1965], pp. 61-62)。15、16世纪时,法国妓院有时被叫做"修院",并拥有一名女"院长",但这是很不相同的另一类娱乐组织。

第四章　欢诞中的理智

的律师；但早前一名朴素的裁缝便可以作为"疯女院长"在她的舞会中出场，同样有证据表明，甚至城市里的葡萄种植工也扮演过这种角色。[72]

城市节庆组织逐渐碎化，"欢诞王国"逐渐受限，这些是城市扩展、职业分化和经济社会结构变迁的一个后果。但正因为有这么多的新事物和混乱，"修院"才在城市中起到一种新作用。街坊群体比街道上的年龄团体更有凝聚力，对成员也更有教益，房子的每一层都充满了各式各样的家庭，上层、中层和下层（haute，moyenne，et basse）都有。一份公证单（我在档案中找到了它[73]；也许是这类文件里迄今唯一被发现的一份）记录着 1517 年里昂莫西埃街"欢诞修院" 42 名成员的一次会议。他们正在选举"队长"和"副官"，设立"议员"来"管理"街道并保持"成员间的和平与友爱"。如果在宣誓时违背了"修院"的规矩，或者出言不逊（一场打斗即将开始的典型迹象），当事人将被罚款；情况严重时，当事人将被开除出"修院"。这种维持和平的功能并不是里昂独有的。15 世纪，都灵"傻瓜修院"（Abbey of Fools）的律令指明，成员应该保持和平与友爱，杜绝任何成员间的纠纷发生。[74]鲁昂"呆子修院"对两位文人口角的干预，不在支持其中哪一方，而在维护他们间的和平：

> 孩子们听话……["修士"说]
> 为免于争吵和打斗
> 防止你们受所有不必要的伤害……
> 我要让你们和平相处……[75]

如我们所看到的，不管是在我们所熟悉的状况下，还是在农村刻意保持沉默的情形中，"修士"们都继续开展哄闹会。我们找到一个事例：里昂莫西埃街"修院"正在计划一次背脸骑驴的游行，以惩罚一位刚被妻子殴打的制革工，他的事迹"证据确凿"。这次"骑行"（chevauchée）"旨在压制那些打丈夫、或准备这样做的鲁莽和放肆的女人；因为根据神的规定和城市法，妻子是从属于丈夫的；而如果他们甘愿屈服于妻子，他们也就滚蛋走人算了"。这份 1517 年的报告接着说，现在是 5 月，是嬉戏和娱乐的时候。[76]

这里我们又听到欢诞会的大声嘲笑了，它就是为维持传统秩序而存在的。很有趣的是，当农村哄闹会以反对再婚为中心任务时，城市的哄闹会却以反对专横的妻子为第一要务。* 新郎和新娘间过分的年龄差距仍然令城市居民反感。（克劳德·德·卢比提醒我们，在里昂"包围"新婚寡妇或鳏夫家的不只有锅瓶罐壶的吵闹声，还有木制的大炮。）[77] 但再婚对城市"适龄年轻人群"的威胁要比农村的情形小，因为人口规模、死亡模式和移民等有利因素，都确保了城市能够有更多的、社会背景对应的人可供组合。不仅如此，寡妇们可能会发现，在城市里，她们更容易维持家计。这跟对 15 世纪托斯卡纳城镇的最新研究结论类似。此外，15、16 世纪男女两性关系也发生着重要却令人费解的变化。这从反对惧内丈夫的哄闹会，从法国法律中妇女地位的下降[78]，从一些城市妇女对新教的自主兴趣中，都可以看出来。

人们也通过城市哄闹会来藐视等级意识和邻里裁判权。按稍后一位第戎作家描述"疯女院长"的说法，"一旦城镇里有任何异常发生，比如偷盗、谋杀、不合规矩的婚事或者唆使人犯错的阴谋，战车（Chariot）和士兵们（Infantry）便会马上上阵；而剧团里的人则模仿闹事者的衣着打扮，像模像样地表演起来"。在亚眠，卖假蜡的杂货店主可能就是被嘲弄的对象。事实上，任何"邪恶事情"都可能招惹鲁昂的"呆子"们。[79]

毫不奇怪，哄闹会和狂欢中嘲弄的特许也可以用来对付政治当局，随着社会和城市"修士"们年龄构成的变化，情况也往往如此。相比那些年轻的农村"修士"们，"欢诞法官"、"亲王团"（company of Princes）、"大主教"和"主教"们更有可能倒捅当权者一刀。他

---

* 在一个反教会的笑话中，拉伯雷对再婚并不在意，但他却不放过打丈夫的女人。"在世界诞生的时候——或者稍后，女人们就试图活剥男人，并对他们作威作福。"巴汝奇《巨人传》中人物）害怕娶到这样的一个女人，他计划先下手为强（*Le Tiers Livre*, chaps. 6, 9, 12, 14, 18）。

第四章 欢诞中的理智

们抨击的不是统治家族的家丑，而是其暴虐无能的施政。这是城市中一条重要的批评表达途径，因为在这些寡头制城市里，即便是殷实的工匠和商人也几乎没有政策决定权。

"修士"们与城镇会议、高等法院和国王的关系，要比那些宫廷弄臣与国王的关系更复杂、更微妙。假如鲁昂和格勒诺布尔的高等法院有时还容忍哄闹会，那么图卢兹和第戎的高等法院就不是这样了，而是出台法规压制哄闹会。里昂执政团和皇家官员曾对莫西埃街"修院"提起诉讼，因为它的"司法权"侵犯了他们的特权；与之形成对比的是，奥朗日市会议允许"修士"们的哄闹会，后者只需将征收的部分罚款交给城市即可。有很多皇家和地方法规禁止化装面具游行，旨在保护城市和国王免受争吵、打斗、阴谋和煽动活动的影响。[80] 简而言之，"修会"在一系列法规的默许中继续存在着。最好的情况下，比如在鲁昂，他们每年都收到高等法院的欢诞会特许，甚至被邀请参加欢迎亨利二世入城的游行；最差的情况下，也是在鲁昂，1541年，有"修士"因为抨击城市统治者太过火而被市警从游行彩车上抓下来。[81]

鲁昂的肥美节狂欢便展现出利用节庆对政治评头论足的可能性。有一年，他们将某些地方法官的贪污事迹搬上舞台，因为后者宣称自己的妻子不喜欢吃野味，拒绝抗诉人不值一文的野兔，却向其索要一大笔钱。[82] 1540年的肥美节游行没有这样指名道姓，其中的政治观察更加全面或者含蓄一些。"修士"们说，我们对这个世界举起"一面苏格拉底之镜"。商业很不景气，所以游行以精心制作的商品葬礼开始，其后是一辆用好笑、好玩的面具装饰的希望彩车。另一辆车上则有国王、教皇和皇帝，一个小丑拿着一个球表演着，球上面写着"拿着这个；给了那个，笑你这个，讽你那个"（Tiens-cy; baille-ça, Ris-t'en, Moque-t'en）。也有《旧约》先知的游行，他念叨着预言谜语，影射当权者要为穷困化和宗教纷争负责。[83]

在巴黎，国王可能就在自己鼻子底下遭人批评。如1516年巴索赫便上演了一出滑稽剧，讽刺"傻女院长"（Mère Sotte）统治宫廷并用重税来劫掠和偷盗一切。在第戎，1576年"疯女院长"的"蠢话"（Anerie）和她的孩子们嘲讽了国王的勃艮第溪流和森林大管事（Grand Master of Streams and Forests in Burgundy），因为他不只在5月打妻子，还为了自己的利益破坏了那片他原本应该保护的森林。[84]在1580年代，里昂的"贝壳领主"和其同伴利用狂欢的特许，抗议宗教战争的荒唐、面包的昂贵和商人仓中的空空如也。像"呆子修院"的诗文一样，这些抗议也在节庆时被印出来，并把这些批评带到那些还未有耳闻的人那里。[85]

在米哈伊尔·巴赫金看来，狂欢中的政治元素和社会批判都是为了破坏并重建政治生活，但它们并没有直接导向进一步的政治行动。不过，无论是城市还是乡村都有很好的例子表明，介于节庆和日常官方领域间的紧张平衡在狂欢中被打破，随之发生了起义和叛乱。有时这是事先计划好的，有时这是自发的。所以，1513年六月狂欢后，300名来自伯尔尼附近乡村的年轻瑞士农民袭击了帝国粮仓（mangeurs de couronnes），还将其洗劫一空。[86]在尼德兰革命期间，康布雷（此地由修院院长德·莱萨施-普罗菲和其他显贵把持）的叛乱者身着奇装异服，举着他们痛恨的统治者格兰维尔*红衣主教的头像，还手拿"傻子"权杖。[87]在16世纪法国的罗纳河畔（Côtes du Rhône）地区，艾曼努艾尔·勒·华·拉杜里指出，"教区青年团体……[是]一个个起义的单元"。事实上，1580年在罗曼的肥美节狂欢便发生了全面起义，随后是可怕的镇压，"一连串的象征性行动"以流血告终。[88]

最后，1630年第戎一场反皇家征税官的起义采取了化装舞会的形式；"疯女院长"和"步兵"们都参与其中，一项严厉的皇家法令一箭双雕，"修院"因此被废除。[89]

大众节庆与政治的关系当然需要进一步的研究，同样，它们与

---

* 格兰维尔（Granvelle，1517—1586），法国政治家、红衣主教，新教诞生时代欧洲最具影响的政治人物之一。——译者注

第四章 欢诞中的理智

宗教机构和宗教运动的关系也需要更深入的考察。这里，我只大致列出一些主要的问题。"修院"与天主教会的关系和其与世俗当局的关系一样，都是复杂和微妙的。从13世纪开始，哄闹会反对再婚的行为便遭到了法国的省宗教会议的禁止。[90]但在17世纪中期废除"欢诞修院"之前，它并没有采取系统的应对措施，这跟巴黎大学神学系反对教士们的"愚人节"的斗争差不多。带有人文主义色彩的天主教改革者（如博热修院院长纪晓姆·帕拉丁）也许会为大众娱乐中的异端和迷信成分而恼火，引用早期教父的著作来反对化装面具游行，因为在他们看来，这些是邪恶和异常的活动。[91]但教会只是禁止在所属建筑和墓地进行这类不端的化装活动，却放任它们在其他地方进行。只是当**他们**中两名成员的头像被"呆子"们在肥美节期间拿来游街羞辱时，鲁昂教堂的教士会显贵才动用了惩罚措施。[92]

新教的反应就不同了。十分有趣的是，萨瓦和瑞士的年轻"修士"、日内瓦的"傻瓜"们、吉恩某些城镇的"无忧孩子"们，正是新教的最早支持者，他们还把新教主题带入节庆中。[93]然而，改革派一旦站稳脚跟，它自身便也成为嘲弄对象：1540年代，洛桑的年轻"修士"们便嘲弄长老会拘禁两名妓女。[94]牧师和执事们立即试图在瑞士和任何宗教战争期间落入他们控制的法国城镇中废除"修院"及其习俗。举个例子，加尔文派《教会史》（*Histoire ecclésiastique*）的作者便自豪地叙述说，1562年，就在新教革命发生前的鲁昂，"呆子"们试图上演传统的"无礼的化装舞会"，但信奉福音的"小人物"们扔石子阻止了他们。[95]

当然，加尔文信徒对"修院"的反感并不**只**是因为他们的无礼和化装游行。这只是加尔文信徒那种更深层的反感的一部分，他们敌视那种相信二元世界、认为生活存在两种标准的心理。[96]按马克斯·韦伯的说法，"此世禁欲"为新教徒提供了很多选择，但所有事务均需安排在同一个严肃的时间表里面。只有在长老会的庄严殿堂内才可以批评道德或婚姻，批评打妻子的男人（是的，这是日内瓦附近的另一种方式，而且不只是在 5 月的时候才这样[97]）。笑声和哄闹会只能用来推翻天主教敌人；即便革命也得彬彬有礼。加尔文说，如同将从罗马教会那里夺得的遗物拿来游行一样，大众的圣像破坏运动是不对的。石碑和圣骨应该被移除并由当局登记在案。[98]如人们可能推测的一样，长老会为清除这种节庆生活煞费工夫：在日内瓦，直到 17 世纪中期，嘲弄挨打丈夫的"欢诞修院"和哄闹会仍要受惩罚，甚至到 19 世纪，信奉新教的农村地区仍然有"修院"存在的迹象。[99]

同时，在 16 世纪的最后几十年里，尽管反改革运动夹带有清教式的敏感，但从自身的动机出发，法国的一些天主教当局还是开始意识到欢诞会的价值。这里，我指的不是巴黎天主教神圣同盟的情况（他们利用狂欢色彩和节庆精神来为宗教游行服务），而是对"修院"本身的利用。毕竟，他们中有些就拥有礼拜堂或有组织的兄弟会[100]，他们的很多狂欢便在新教废除了的节日里进行，而节庆"修院"的存在也表明真正的修院并没有绝迹。1560 年代，里昂哄闹会反对专横妇女的行动看起来不只是要压制暴虐的妻子们，还要压制那些最近开始在街上纠缠并羞辱神父的女人们。[101]律师克劳德·德·卢比是联盟的坚定支持者，也是文本开头引语的作者，他鼓励"修院"的节庆要不遗余力地向她们灌输天主教之道。事实上，"修士"们比他认为的要难以控制（在里昂和鲁昂，他们最后都反对联盟），但"愚人"永远愚蠢。[102]

四

为了抓住欢诞会的本质，我已试图将它和其他几样东西——青年群体的历史、底层阶层的社会形式史，还有戏剧及其功能——联系起来。首先，我研究了 16 世纪城市里的一组全异的节庆习俗和组织，表明它们不只出自罗马或原始时代，更源自农村的一系列节庆角色，

第四章 欢诞中的理智

而这些角色最初在年轻未婚男子的组织中得到运用。虽然传统青年组织在乡村（某种程度上在小城镇）持续了很长的时间，但到16世纪，除了学院和上层阶层以外，大城市生活的种种状况开始将其逐渐消融，以利于基于专业、职业、邻里或阶层之上的正式组织的发展。就我所知，只有到了18世纪末或19世纪初之后，城市中才出现了"现代"意义上的、具备完全衔接功能的各式青年运动和群体，以应对孩童与成人世界之间的感觉断裂。[103]确实，在宗教改革**最初**的几十年里，因为其对教会父权的抨击和反对老神学博士的年轻基督徒形象，新教运动看起来具有青年运动的特征；但它并没有缔造出真正意义的青年组织。

与此同时，节庆"修院"并没有萎缩，而是维持着，并经工匠、商人和律师之手发生了转变。改进后的"修院"规章更能适应新情况：在一个成长着的城市中维持邻里间的和平与秩序的公正。他们的欢诞会被戏剧性地丰富了，在旧有的维持家庭秩序的功能之上，又加入了政治批判的功能。就像早前研究职工工会的构成时一样[104]，我为所谓的模棱两可的社会创造力所震撼，为人们旧瓶装新药的方式所震撼：他们对旧的社会形式加以改造，使之适应新的需要。

至于戏剧理论方面，我已强调了大众节庆的规则和构成机理，强调它们与社区和婚姻的现实保持紧密联系的程度。这是狂欢嘲弄特许的自然后果，也是节庆组织的历史属性。将狂欢和欢诞会仅仅看作一种"安全阀"或一种原始的、前政治形式的娱乐，将有失真实。维克托·特纳和米哈伊尔·巴赫金离事实更近一点，他们认为欢诞会在所有的文化之中都有展现。我认为其起到的不只是展现的作用，狂欢行为的结构是发展的，它不仅仅能巩固秩序，还可以为现有秩序提供新的选择。（在《原始叛乱》[*Primitive Rebels*]里，艾里克·霍布斯鲍姆评估了千禧年运动以类似方式出现转变的可能。）[105]到18世纪时，城市"欢诞修院"已丧失其大部分活力，但它们一直呼吁其下层成员表达自己的政治不满。进入19世纪后，我们又可以确切地在城市和农村中找到政治性质的哄闹会的身影。道米埃始创于1832年的讽刺报纸曾被路易·菲利浦政府指控了20次，这份著名报纸以 Charivari 为名看来并不是偶然的。[106]

最后，对于文艺专家，我也许能为喜剧——或许也有悲剧——提供新的出处。C. L. 巴贝曾将莎士比亚的一些戏剧归为农神节狂欢的节目；《哈姆雷特》是否就是年轻人反对怪异和不体面再婚的节目呢？抑或是去世的配偶复活、邪恶勾当再度发生的哄闹会呢？也许，我们还可以从"欢诞修院"中找到拉伯雷的特莱美*修院的新出处。[107]

但欢诞会的理由够多的了（enough reasons for Misrule）。读者也许得判断我所说的是不是都是蠢话了。如果是这样，我将试图回答这个问题。或者我也可以再次不回答，像伊拉斯谟"欢诞女王"（Queen of Misrule）那样，说我已忘记了"我说过的话，因为我此前滔滔不绝"。不管怎样，我以伊拉斯谟的《愚人颂》来结束："再见。为了表示高兴，请鼓掌吧，大块吃肉，大碗喝酒，你这可靠的仆人，愚蠢而严肃的牧师。"

【注释】

〔1〕Claude de Rubys, *Histoire veritable de la ville de Lyon … par Maistre Claude de Rubys, Conseillier du Roy en la Seneschaussee et siege Presidial de Lyon, et Procureur general de la communauté de ladicte ville*（Lyon：Bonaventure Nugo, 1604）, pp. 499-500, 501, also p. 370. Dedication from de Rubys to Chancellor Pomponne de Bellièvre, dated Dec. 31, 1600（f. * 3ᵛ）. De Rubys（1533-1613）曾两度担任里昂执政，1569年起成为城市的律师。

〔2〕M. Du Tilliot, *Mémoires pour servir à l'histoire de la fêtes des Foux*（Lausanne and Geneva, 1751）, pp. 1-76. L. Petit de Julleville, *Les comédiens en France au Moyen Age*（Paris, 1885）, pp. 29-41；E. K. Chambers, *The Medie-*

---

* 特莱美修院（Abbaye de Thélème）是拉伯雷设想的乌托邦性质的修院，男女修士在其中共同修习。——译者注

val Stage, 1st ed. 1903（Oxford, 1948）, 1: 274 – 335. Enid Welsford, *The Fool, His Social and Literary History*（London, 1935）, pp. 199-202. 在 Arles, "愚蠢主教"（the Evêque Fol）会向围观者表演圣礼仪式——尤其是忏悔礼——并做出一些搞怪的动作, 参见 Paul Adam, *La vie paroissiale en France au XIVe siècle*（Paris, 1964）, p. 274. 里尔"愚人节"的情况可参见 Roger Vaultier, *Le Folklore pendant la guerre de Cent Ans d'après les Lettres de Rémission du Trésor des Chartes*（Paris, 1965）, p. 88; L. Lefebvre, *L'évêque des fous et la fête des Innocents à Lille du XIVe au XVIe siècles*（Lille, 1902）。1526 年到 1531 年的某些时候节日会被迫取消（感谢 Robert DuPlessis 的提醒）。

斯特拉斯堡大教堂"愚人节"的情况参考 L. Dacheux, *Un réformateur catholique à la fin du quinzième siècle. Jean Geiler De Kayserberg*（Paris, 1876）, pp. 58-59. 波尔多"愚人节"及其 1544 年被迫取消的情况参考 *Histoire de Bordeaux*, ed. C. Higounet（Bordeaux, 1962-1966）, 4: 216。在 1608 年的一篇文章（*Traitté contre les masques. Par M. Iean Savaron sieur de Villars, Conseiller du Roy, President et Lieutenant general en la Seneschaulcee d'Auvergne et Siege Presidial de Clairmont, Maistre des Requestes de la Royne Marguerite* [Paris, 1608], p. 12）中律师 Jean Savaron 列出了一些 15 世纪教会用于压制"愚人节"的法令清单。

〔3〕主显节（the Fêtes des Rois, or Twelfth Night）期间的庆典活动则展现了团体性节庆活动的存在可能。菲利普·阿里亚斯主要描述了家庭节庆的情况, 参见 *Centuries of Childhood, A Social History of Family Life*, trans. R. Baldick（New York, 1962）, pp. 73-74。1584 年一本祈祷书的插图描绘了街道上的节庆场景: *Heures de Nostre Dame A l'usage de Rome en latin et francois. Reveues Corrigees et enrichies de devotes Oraisons et belles Figures*（Paris: Abel Langelier, 1584）, f. A ii^v. 沃尔蒂埃在 *Le Folklore*, pp. 97-102 中给出了青年节庆活动和其他非正式庆典的例子。Felix 和托马斯·普拉特（托马斯是 Felix 之父。——译者注）的日志记载了大量正式、非正式的城市节庆活动, 参见 *Beloved Son Felix. The Journal of Felix Platter*, trans. S. Jennett（London, 1961）, pp. 48-49, 52, 80, 85, 112, 128; *Journal of a Younger Brother. The Life of Thomas Platter*, trans. S. Jennett（London, 1963）, pp. 76-79, 94-95, 118-124, 172-173。

〔4〕Petit de Julleville, *Les comédiens*, pp. 192-256; Chambers, *Medieval*

Stage, 1: 373-389; Welsford, The Fool, pp. 203-207; Howard M. Brown, Music in the French Secular Theatre (Cambridge, Mass., 1963), pp. 26-36.

〔5〕相关的名号及其他城市的"官员"名单可参考: *Recueil des chevauchées de l'asne faites à Lyon en 1566 et 1578 augmenté d'une complainte inédite du temps sur les maris battus par leurs femmes, précédé d'un avant-propos sur les fêtes populaires en France* (Lyon, 1862), pp. vii-xiii. Petit de Julleville, *Les comédiens*, pp. 232-256; Arnold Van Gennep, *Manuel de folklore français* (Paris, 1943-1949), 1: 203-206; P. Sadron, "Les associations permanentes d'acteurs en France au Moyen-Age," *Revue d'histoire de théâtre* 4 (1952): 222-231; Brown, *Music*, pp. 26-29. 波尔多的情况可进一步参考 P. Harlé, "Notes sur la Basoche et ses 'farces' au XVIe siècle," *Revue d'histoire de Bordeaux*, 1912, pp. 349-351 (感谢 Robert Wheaton 的提醒)。里昂的情况参考 Jean Tricou, "Les confréries joyeuses de Lyon au XVIe siècle et leur numismatique," *Revue du numismatique*, 5th ser., 1 (1937): 293-317. 亚眠可参考 Vaultier, *Le Folklore*, pp. 90-91. 鲁昂可参考 F. N. Taillepied, *Recueil des Antiquitez et singularitez de la ville de Rouen … par F. N. Taillepied, lecteur en theologie* (Rouen: Martin le Megissier, 1589), pp. 61-62; A. Floquet, "Histoire des Conards de Rouen," *Bibli-othèque de l'Ecole des Chartes* 1 (1839): 105-123; R. Lebègue, "La vie dramatique à Rouen de François Ier à Louis XIII," *Bulletin philologique et historique, 1955-1956* (Paris, 1957), pp. 399-427. 第戎和勃艮第其他"欢诞组织"的情况可参考 Du Tilliot, *Mémoires*, pp. 81ff。

〔6〕Le Prince de Mal-espargne, le Cardinal de Maucomble, l'Evêque de Plattebourse, le Duc de Frappecul, and le Grand Patriarche des Verollez. 参考 *Les triomphes de l'Abbaye des Conards avec une notice sur la fête des fous*, ed. Marc de Montifaud [Mme de Quivogne] (Paris, 1874), pp. 35-38。这里重印了 1587 年鲁昂节庆活动的头衔名单。

〔7〕*Recueil de la chevauchee faicte en la ville de Lyon, le dix septiesme de novembre 1578. Avec tout l'ordre tenu en icelle* (Lyon, 1578), reprinted in *Collection des meilleurs dissertations, notices et traités particuliers relatifs à l'histoire de France*, ed. C. Leber (Paris, 1838), 9: 154. Tricou, "Les confréries joyeuses," pp. 309-313 and plates. 里尔节庆硬币的情况参见 Vaultier, *Le Folklore*, p. 89. 阿贝维尔节庆硬币的情况参见 J. de Wailly et Maurice Crampon,

第四章 欢诞中的理智

Le folklore de Picardie (Amiens, 1968), pp. 255-256。

〔8〕"Les Advocats, Conseillers et Iuges des ··· Abbayes de Malgouvert," in *L'ordre tenu en la chevauchee, faicte en la ville de Lyon*, ed. G. Guigue in *Archives historiques et statistiques du département du Rhône* 9 (1828-1829): 420-421. 在印刷职工的节庆组织中"馊主意法官"(bancq de Malconseil) 的头衔一直存在着,参见 *La chronique lyonnaise de Jean Guéraud, 1536-1562*, ed. Jean Trlcou (Lyon, 1929), p. 61。

〔9〕Du Tilliot, *Mémoires*, pp. 108, 114; Bibliothèque municipale de Dijon, Ms. 911, pp. 42-43; *Les triomphes de l'Abbaye des Conards*, p. 76. 有关巴索赫的"讽刺事业"(*causes grasses*),可参见注55的内容。

〔10〕"Letres [*sic*] Nouvelles contenantes le Privilege et Auctorite davoir deux Femmes: Concede et ottroye iusques a cent et ung ans a tous ceulx qui desirent estre mariez deux fois: datees du penultieme iour dapvril mil cinq centz trente six," in *Les Ioyeusetez Facecies et Folastres Imaginacions de Caresme Prenant, Gauthier Garguille, Guillot Gorice, Roger Bontemps* (Paris: Techener, 1830-1831), 5. 这些公告信是以"呆子院长"及其周围"显贵"的名义签署发布的,署名日期是1536年4月29日。当年2月份弗朗索瓦一世与土耳其人签署了秘密协议。

〔11〕Claude Noirot, *L'Origine des masques, mommeries, bernez, et revennez es iours gras de caresme prenant, menez sur l'asne à rebours et charivary. Le Iugement des anciens Peres et philosophes sur le subiect des masquarades, le tout extrait du livre de la Mommerie de Claude Noirot, Iuge en mairarie de Lengres* (Langres, Jean Chauveau, 1609), reprinted and edited by C. Leber, *Collection des meilleurs dissertations ··· relatifs à l'histoire de France* (Paris, 1838), 9: 50-53. Vaultier, *Le Folklore*, p. 91. Henri Lalou, "Des charivaris et de leur repression dans le midi de la France," *Revue des Pyrénées* 16 (1904): 497.

〔12〕*L'ordre tenu en la chevauchee* (注8中有引用), pp. 406-409, 412. 在里昂人们一般会把揍打丈夫的名字、街区和从事的职业公之于众,但这一次"烈士们"成功说服"修院"对他们的名字保密(p. 405)。

〔13〕De Rubys, *Histoire veritable*, p. 501. Noirot, *Origine des masques*, pp. 53-55, 64-65. P. Saintyves, "Le charivari de l'Adultère et les courses à corps nus," *L'Ethnographie*, new ser., 31 (1935): 7-36. 依据Saintyves的研究,法

155

国北部和比利时盛行针对通奸男女的背脸骑驴游行，此种游行源自古日耳曼传统。而法国南部的惩罚游行甚至必须裸身进行，这种更为严厉的惩罚游行源自希腊和罗马。

"Livre de souvenance ou Journal de M. Pépin, Chanoine musicale de la Sainte Chapelle de Dijon," *Analecta Divionensia* (Dijon, 1866), 1：31 中记载了 1583 年 5 月份一场针对打妻子男人的哄闹会。亦可参见 Chambers, *Medieval Stage*, 1：170。有关妇女在 5 月份的"报复行动"，参见 Van Gennep, *Manuel*, 1：1693—1694 以及本书第五章的内容。

〔14〕Guillaume Paradin (ca. 1510—1590), *Le Blason des Danses* (Beaujeu, 1556), reprinted in *Ioyeusetez*, 15：53, 81。波里多尔·维吉尔在 *De rerum inventoribus Libri Octo* (1502) 中讨论了多种古代节庆和狂欢 (*ludi*) 活动，它们在法国有多个衍生版本。

〔15〕Noirot, *Origine des masques*, pp. 56—84。律师 Savaron（注 2 中有引用）在 *Traitté contre les masques* 中讨论了化装舞会的古代渊源，他还强调说恶魔是哑剧的始作俑者 (p. 3)。研究背脸骑驴惩罚游行的晚近文章可参考 Ruth Mellinkoff, "Riding Backwards: Theme of Humiliation and Symbol of Evil," *Viator* 4：153—176。

〔16〕Chambers, *Medieval Stage*, 1：94ff., 134—144, 323—335。亦可参考 Welsford, *The Fool*, chap. 3。

〔17〕Chambers, *Medieval Stage*, 1：372—374。这个理论由 M. du Tilllot 在 18 世纪首次提出，随后 Petit de Julleville (*Les comédiens*, pp. 37—38, 144—146, 194—195) 对其进行了扩展，最终为钱伯斯所采用。Welsford (pp. 202—203) 和 Brown (*Music*, p. 26) 全面接受了这个理论，虽然 Brown 承认"世俗愚人与其神圣模板间的关系我们也许永远也不能理解"。在最近一部研究"第戎步兵"节目的批评作品中，Luc Verhaeghe 提出了一个更为精致的理论，"在被整合进一般的'愚人节'传统之后，因为她在奇迹般升天之后仍始终庇护着虔诚者，'疯女院长团'有可能就是一个纯粹崇拜圣母的神圣节日的自然产物"("Vers composés pour les enfants de la Mère-Folle de Dijon vers le fin du XVIe siècle," Mémoire de license [dactylographié], Faculty of Letters, University of Ghent, p. 36；我对原文作了翻译)。虽然"女院长"头衔在第戎和其他地方的存在可以归因为圣母形象及其崇拜，但 Verhaeghe 的理论不足以服人。

第四章 欢诞中的理智

〔18〕Vaultier, *Le Folklore*, pp. 29, 31. "修士"们会行使一些地方民间司法权（村舍或邻里范围，如我们将要看到的），法律可能没有涉及这些领域，或者相应领域的法律已经发生了变更。但这不能被视为"代替"或"代表"领主行事。参见边码 117~118 页和注 80 中有关"修院"与当局间关系的部分。

〔19〕Maurice Agulhon, *Pénitents et Francs-Maçons de l'ancienne Provence* (Paris, 1968), pp. 59-60. 这是一部有关 18 世纪法国南方"sociabilité"的重要著作，其中也涉及青年组织。但是，对于早前时期的信息，Agulhon 几乎全部依赖 1879 年 Octave Teissier 的一部小书，此书对 15 世纪晚期和 16 世纪普罗旺斯城镇富家子弟中的节庆活动和"官员"，尤其是马赛的"爱情王子"（Prince of Love）作了描述。这使 Agulhon 在谈到节庆"修士"们时将其形容为"根源是骑士习俗衰落时期的贵族式事件"。但是有关"修士"根源的精确描述必须奠基于对法国各个部分、城市和乡村的研究之上。"爱情王子"反映了宫廷爱情，但这是"修院"中一个相当少有的节庆头衔。

〔20〕比如，里尔从 1220 年起在每年的肥美节上都会选出一名 Roi de l'Epinette (Van Gennep, *Manuel*, 1: 923; Sadron, "Les associations," p. 227)，而里尔教堂的 Evêque des Fous 第一次被提到是在 1301 年（Vaultier, *Le Folklore*, p. 88）。欢诞"修士"起源于 15 世纪的印象在我看来反映了我们在材料上的偏好：仅仅因为有教士的参与，我们便希望此前的几个世纪里能更多地提到"愚人节"。可参见注 35 中内容。

〔21〕援引自 Welsford, *The Fool*, p. 202 和 M. Bakhtin, *Rabelais and His World*, trans. H. Iswolsky (Cambridge, Mass., 1968), p. 75。此说法来自 1444 年巴黎大学神学系的相关讨论："但他们（"愚人节"的辩护者）说，如同这久远的传统一样，我们只是哄闹嬉戏，这样我们天生的愚蠢就能一年迸发一次并消失于无形之中了。酒囊或者酒桶的塞子如果不每隔一段时间拔出来一下，那些囊和桶不也是迟早要迸裂的吗？再说，我们都是老酒囊和破酒桶了。智慧之酒在我们中间发酵，为了上帝的荣光我们终年小心翼翼，但如果我们现在不利用游戏和愚蠢将其缓释出来的话，这酒是迟早要坏掉的。游戏过后酒囊空了，我们保持智慧的能力也就更强了。"（J. P. Migne, *Patrologia Latina*, 207: 1171，我对原文作了翻译。）

〔22〕Roger Caillois, *Les jeux et les hommes*, rev. ed. (Paris, 1967), pp. 171-172. 辉津加 1944 年发表的著作《游戏人》极大推动了类似凯鲁瓦那样的著

作的诞生。但辉津加更关注"上层"文化中的游戏因素，而不是本文所研究的大众形态的游戏和司法权。亦可参见"Games, Play and Literature," *Yale French Studies* 41 (1969)。

[23] Keith Thomas, "Work and Leisure in Pre-Industrial Society," *Past and Present* 29 (Dec. 1964): 53-54.

[24] 巴赫金的 *Rabelais and His World* 写作于 1940 年，1965 年在莫斯科出版，英译本于 1968 年由 M.I.T 出版社发行。参见其中的第 1 章（尤其是 4~12 页）和第 2 章内容。对于巴赫金来说，"资产阶级"时期似乎从 17 世纪时便开始了。但此书诠释的是拉伯雷与"大众"文化形态间的关系，而不是其与资产阶级的特定价值的关系。有关仪式和狂欢节目中符号倒置的多元意义，还可参考 Victor Turner, *The Ritual Process. Structure and Anti-Structure* (Chicago, 1968), chaps. 3-5; William Willeford, *The Fool and His Scepter* (Evanston, Ill., 1969); Laura Makarius, "Ritual Clowns and Symbolical Behaviour," *Diogenes* (1970), pp. 44-73。

[25] 我同时参考范·格耐普的 *Manuel de folklore français*、*Le folklore des Hautes-Alpes* (Paris, 1946) 和安德烈·瓦拉涅克的 *Civilisation traditionnelle et genres de vie* (Paris, 1948)。对 20 世纪法国几个地区的考察和大量的地区及历史文书研究是范·格耐普著作的基础。但是，如果这些习俗没有为始自中世纪晚期或 16 世纪的档案所证实，或者没有为沃尔蒂埃的 15、16 世纪档案馆材料和其他历史证据所确证，我将不会在本文中提到它们。

[26] Vaultier, *Le Folklore*, pp. 9-10, 17, 24, 32, 94, 111. 有关 1540 年或 1541 年 Vanves 村"待婚伙伴"的作用，参见 E. Coyecque, *Recueil d'actes notariés relatifs à l'histoire de Paris et de ses environs au XVIe siècle* (Histoire Générale de Paris, Collection de documents; Paris, 1923), no. 3690; Van Gennep, *Manuel*, 1: 196-205; Varagnac, *Civilisation*, pp. 142-143, 151。这些年轻人的另一个叫法是"村舍男孩"（*garçon du village*: Vaultier, *Le Folklore*, p. 65; *Ioyeusetez*, 1: 68 [注 10 中有引用]）。瓦拉涅克摘录了 1136 年阿尔比地区一份特许状的内容，其中提到了"青年国王"（Roi des Jouvenceaux）及其例行的一些活动（*Civilisation*, p. 172）。还可参考 Claude Gauvard and Altan Gokalp, "Les conduites de bruit et leur signification à la fin du Moyen Age: le Charivari," Annales ESC 29 (1974): 700 and n. 27。

[27] Pierre Goubert, *Beauvais et le Beauvaisis de 1600 à 1730* (Paris,

第四章 欢诞中的理智

1960），p. 32，n. 33；U. M. Cowgill, "The People of York：1538-1815," *Scientific American* 233 (Jan. 1970)：108-109.

〔28〕Van Gennep, *Manuel*, 1：205, 1075；Du Tilliot, *Mémoires*, p. 181（勃艮第 "Enfants de Cuisery" 们的 "王子"、"院长" 和 "队长" 的年度选举被禁止）；R. Mandrou, *Introduction à la France moderne* (Paris, 1961), p. 185；L. Celier, "Les moeurs rurales au XVe siècle d'après les lettres de rémission," *Bulletin philologique et historique*, *1958* (Paris, 1959), p. 416；Lucienne Roubin, *Chambrettes des Provençaux* (Paris, 1970), pp. 169-179.

〔29〕Vaultier, *Le Folklore*, pp. 52-54, 103-105（诺曼底和奥维涅的其他例子）；Ariès, *Centuries*, pp. 76-77（奥维涅的例子）；Van Gennep, *Manuel*, 1：169-170, 202-203. *Le journal du Sire de Gouberville*, ed. l'Abbé Tollemer and E. de Robillard de Beaurepaire (Mémoires de la Société des antiquaires de Normandie, 31 [1892]), p. 72 中描述了 1554 年狂欢节时诺曼底 La Petite-Champagne 地方的一场拳击比赛，比赛在已婚和未婚男人间进行。某些农村体育项目，比如忏悔节的足球比赛，就有可能是在不同年龄组或不同教区间进行的，参见 Dennis Brailsford 研究伊丽莎白时代英格兰的作品（*Sport and Society*, *Elizabeth to Anne* [London, 1969], pp. 54-58）。亦可参考注 41 的内容。

〔30〕Vaultier, *Le Folklore*, pp. 46-48, 80；Varagnac, *Civilisation*, pp. 71-81. 可比较 Varagnac, pp. 241-242, 251 中有关青年男女与祖先关系的内容。范·格耐普对圣让节戏火表演的讨论见 *Manuel*, 1：1727-1928, 其中给出了中世纪晚期或 16 世纪的例子供参考：pp. 1737-1741 (Jumièges 和 Montreuil), p. 1746（阿尔萨斯），p. 1762（法兰西岛和布里），p. 1767（里昂地区的 La Cordelle），p. 1794, pp. 1816-1817, and *passim*。有关中世纪英格兰青年人（pueri）在圣约翰节时制作火把的情形，可参考范·格耐普在 p. 1793 中给出的大段引文。

〔31〕Vaultier, *Le Folklore*, p. 65. 范·格耐普对五月树丛和树枝的讨论参见 *Manuel*, 1：202, 1516-1575, 其中还附有一些相关的历史背景介绍。

〔32〕Vaultier, *Le Folklore*, pp. 10-11, 111-112.

〔33〕Ibid., pp. 17-20；范·格耐普在 *Manuel*, 1：385-613 中对结婚时的情形作了详细描述。

〔34〕参见 Vaultier, pp. 9-10：14 世纪晚期时在靠近拉罗谢尔的 Laleu 村，"单身伙伴"（*compagnons de la bachellerie*）们会对通奸者执行 "鸭子潜水" 的

惩罚。关于此项惩罚可参见 J. W. Spargo, *Juridical Folklore in England Illustrated by the Cucking Stool* (Durham, N. C., 1944), 其中包含有欧洲大陆上的一些例子。有关背脸骑驴游行，参见 Mellinkoff, "Riding Backwards," 注 15 中有引用。在 Vaultier, *Le Folklore*, p. 41 中我们可以看到 Senlis (1376) 和 Sainte Marie des Champs (1393) 的例子。在 Avesnes 附近的一个乡村，"窝囊废节"(the Fête des Durmenés) 正好对应圣劳伦斯节，挨妻子打的男人坐在驴背上被牵着上街，在他前面还有一名年轻人奏着乐，参见 Vaultier, p. 42；Van Gennep, *Manuel*, 1: 202, 602-613; Varagnac, *Civilisation*, pp. 168-175。未婚年轻人与新婚者的关系比较复杂，某些时候后者对前者拥有一些司法权，参见 Varagnac, p. 162。

Ioyeusetez, 1: 64-68（注 10 中有引用）中记述了 16 世纪一场有趣的乡村哄闹会的情形：新郎因未能在新婚三夜之内圆房而招来哄闹会。这是很有意思的，因为在中世纪法国的某些地区，教会法令禁止新婚夫妇在婚后的前三夜（the Nights of Tobias）发生关系，参见 Van Gennep, *Manuel*, 1: 554-555。

〔35〕Vaultier, *Le Folklore*, pp. 23, 30-35; Van Gennep, *Manuel*, 1: 614-628. Lalou 的文章（注 11 中有引用）讨论了这个词的来源。还可参考 Noirot 的语源学分析：pp. 71-84。Du Cange 对 charivari 的定义重心始终放在再婚上面："一种羞辱性的游戏，用铃声和各种吵闹声围攻那些第二次结婚的人"(*Ludus turpis tinnitibus et clamoribus variis quibus illudunt, iis qui ad secundas convolant nuptiis*); "charivari 针对那些第二次结婚的人……除非他们作出补偿并与'青年修院'达成和解"(*Secundo nubentibus fit charavaritum … nisi se redimant et componant cum abbate juvenum*), 参见 *Glossarium*, 2: 284, 290。亦可参考 Charles V. Langlois, *La Vie en France au moyen age* (Paris, 1925), 2: 250, n. 1; P. Fortier-Beaulieu, "Le charivari dans le Roman de Fauvel," *Revue de folklore française et de folklore coloniale* 11 (1940): 1-16, 这篇文章介绍了 Fauvel 写于 1310 年前后的小说中的哄闹会情形。

〔36〕André Rosambert, *La veuve en droit canonique jusqu'au XIVe siècle* (Paris, 1923), pp. 96-145; A. Esmein, *Le mariage en droit canonique*, ed. R. Génestal, 2d ed. (Paris, 1929), pp. 236-239。结婚超过两次的男性不得接受教职。*Dictionnaire de droit canonique* 6: 780-781。在拉伯雷的小说中庞大固埃和巴汝奇便谈及那些反对二次婚姻的布道词（*Le Tiers Livre des Faicts et dicts*

第四章 欢诞中的理智

héroiques du bon Pantagruel, chap. 6, in *Oeuvres complètes*, ed. J. Boulenger and L. Scheler [Paris, 1955], pp. 349-350），但教会本身反复谴责那些针对再婚的哄闹会（参见注 90）。

［37］Lalou, "Des charivaris," pp. 495-498; Van Gennep, *Manuel*, 1: 618, 625-627. Varagnac, *Civilisation*, pp. 199-200, 253. Lalou、瓦拉涅克和 P. Fortier-Beaulieu 都认为哄闹会某种程度上是在为已去世的配偶鸣不平。Fortier-Beaulieu 作品的综述可参见 "Le veuvage et le remariage," *Revue de folklore française et de folklore coloniale* 11 (1940): 67-69。

［38］Rosambert, *La veuve*, p. 145. 还可参考 *Edict de Roy defendant a tous et a tous venans a secondes nopces de n'avancer leur secondes parties ou leurs enfants l'un plus que l'autre* (Lyon: B. Rigaud, 1560)。一名贵族妇女的再婚"丑闻"促成了此项法令的颁布，但类似问题即便在最朴实的农民阶层中也会发生。

［39］Van Gennep, *Manuel*, 1: 247, 614; Varagnac, *Civilisation*, pp. 196-197; Claude Lévi-Strauss, *Mythologiques*, *Le cru et le cuit* (Paris, 1964), pp. 292-295. Edmé de la Poix de Fréminville, *Dictionnaire ou traité de la police générale des villes, bourgs, paroisses et seigneuries de la campagne* (Paris, 1758), pp. 92-93 中记述了"本地青年"（*jeunes gens de village*）对一名娶本地女孩的"外来人"所采取的行动。Gauvard and Gokalp, "Charivari"（注 26 中有引用），pp. 693-699.

［40］在 17 世纪末博韦地区的 Auneuil 村，只有 48.9% 的出生人口可以活到 20 岁，参见 Goubert, *Beauvais*（注 27 中有引用），p. 39。在差不多同期的 Meulan，这个比率甚至还要更低一些（M. Lachiver, *La population de Meulan du 17e au 19e siècle* [Paris, 1969], pp. 202, 206）。16 世纪时在英格兰的约克镇，只有大约 11% 的人可以活到 40 岁以上，这里的死亡率非常高，参见 Cowgill, "People of York," p. 108。在英格兰的 Colyton，1538 年到 1624 年间全部人口的人均期望寿命为 43 岁，参见 E. A. Wrigley, *Population and History* (New York, 1969), p. 87。进入 40 岁以后，男性比女性更倾向于再婚，参见 Goubert, *Beauvais*, p. 38 and p. 38, n. 46。老夫少妻的例子可参见 "Ung esbatement vulgairment nommé Chalivary d'omme viel qui se marie en femme ou fille jeune," Bibl. nat., Mss., nouv. acq. fr. 12646, ff. 508^r-512^r（讽刺说法"他的命根比泥鳅还软"等等）。

哄闹会上的唱词参见 Van Gennep, *Manuel*, 1: 626; *Folklore des Hautes-Alpes*, p. 168. "老情疯子"(Vieille folle d'amour)的形象可参见 J. Nailbé, "Le thème de la vieille femme dans la poésie satirique du 16e et du début du 17e siècles," BHR 26 (1964): 109—110。

[41] 埃森斯塔德认为已婚和未婚男子的游戏及竞争是"成年礼"的典型特征,参见 "the dramatization of the encounter between the several generations": "Archetypal Patterns of Youth," *The Challenge of Youth*, ed. E. Erikson (New York, 1965), p. 33; *From Generation to Generation* (New York, 1964), pp. 31—32。

[42] Ariès, *Centuries*, pp. 25, 29; French editions: *L'enfant et la vie familiale sous l'ancien régime* (Paris, 1960 and 1973), pp. 14, 18—19。这本开创性著作的重要性毋庸置疑,但其中对青年和核心家庭的描述及分析不够清晰,作者的材料有时显得不充分,有时则从材料中得出不正确的推论。虽然没有提到青年组织或者哄闹会,但阿里亚斯少量涉及了本文讨论的节庆活动。他有一个不合适的结论:"人们在这里会发现,我们正在接触一个非常古老的旧结构的**最后痕迹**,此种结构所对应的社会是以年龄类别组织起来的。(范·格耐普的早期著作已经表明年龄类别在农村地区的重要性,这种重要性延续到 19 世纪。)现在那里对这些只剩下**一种记忆**,对于年轻人来说,它们表现出的主要功能就是某些大型集体庆祝活动。不只如此,我们还应注意到,**这种仪式几乎不区分孩童和青年……**"参见 *L'enfant et la vie familiale*, p. 76。

有两部著作可以帮助我们有效理解现代的青春期概念,但它们都赞同阿里亚斯的上述看法,参见 Kenneth Keniston, "Social Change and Youth in America," in *Challenge of Youth*(注 41 中有引用), pp. 191—222; John and Virginia Demos, "Adolescence in Historical Perspective," *Journal of Marriage and the Family* 31 (Nov. 1969): 632—638。

[43] 参见 Eduard Hoffman-Krayer, *Feste und Brauche des Schweizervolkes* (Zurich, 1940),书中描述了诸种 *knabenschaften* 和 *katzenmusiken* 的情形。亦可参见 Louis Junod, "Le charivari au pays de Vaud dans le premier tiers du 19e siècle," *Schweizerisches Archiv fur Volkskunde*, 46 (1950): 114—128。Junod 给出了一些 16 世纪至 17 世纪哄闹会和"青年修院"(Abbayes des Enfants)的例子。还可参见注 45 中内容。

[44] 可参见 E. Hoffman-Krayer and H. Bächtold-Staubli, *Handwörterbuch*

第四章 欢诞中的理智

des Deutschen Aberglaubens（Berlin，1931/1932），4：1125-1131 中有关 "Katzenmusiken" 的文章，尤其 p.1131 中提到 *Burschenverbanden* 和 *Knabenschaften* 的部分。

〔45〕Giuseppe C. Pola Falletti-Villafalletto, *Associazioni Giovanili e Feste Antiche*, *Loro Origini* (Milan, 1939). 此书第一卷给出了很多有关意大利城市和农村青年群体的历史事例。它们被称作 *Badie*、*Abbazie*，或者其他跟法国类似的叫法。第二卷讨论法国和瑞士的情况，其中对后者的探讨比较深入。第三卷和第四卷描述了青年群体在节庆中的角色问题，尤其第四卷的 pp.449ff 还集中讨论了 "Le Scampanate"（即哄闹会）。

亦可参见对佛罗伦萨青年组织的相关讨论：Richard Trexler, "Ritual in Florence: Adolescence and Salvation in the Renaissance," in *The Pursuit of Holiness in Late Medieval and Renaissance Religion*, ed. C. Trinkaus with H. A. Oberman (Leiden, 1974); N. Z. Davis, "Some Tasks and Themes in the Study of Popular Religion," 同上书，pp. 318-326。

〔46〕Tekla Dömötör, "Erscheinungsformen des Charivari im Ungarischen Sprachgebeit," *Acta Ethnographica Academiae Scientiarum Hungaricae* 6 (1958): 73-89. 对年轻男性组织的讨论集中在 pp. 79-80。

〔47〕近期研究英国哄闹会及粗俗音乐的主要新作是 Edward P. Thompson, "'Rough Music': Le Charivari anglais," Annales ESC 27 (1972): 285-312，其中讨论 18、19 世纪的部分尤其包含丰富的信息和分析。较早的研究是 Violet Alford, "Rough Music or Charivari," *Folklore* 70 (1959): 505-518。

有材料提及英格兰的哄闹会及农村青年组织，但我们不能确定 15 世纪到 17 世纪的哄闹会是否就是由青年组织定期操办的。钱伯斯（*Medieval Stage*, 1: 152-154）描述 "骑马"（"riding the stang"）和 "skimmington 骑行"（skimmington riding）伴有吵闹的声音，也提到了中世纪晚期和 16 世纪乡村中用于惩戒性及其他行为上的违规者的办法——"鸭子潜水"（ducking，即将违规者的头部按入水中）。C. Hole 则在 *English Folklore*, 2d ed. (London, 1944-1945) 中指出，哄闹会还被称为 "the staghunt"、"kettling" 和 "low-belling"。Enid Porter 描述 "粗俗音乐"（被称作 "tin kettling"、"tinning" 和 "tin-panning"）在 12 世纪时的剑桥郡被用于惩罚婚姻中的不忠者，参见 *Cambridgeshire, Customs and Folklore* (London, 1969), pp. 8-9。而在此之前，"鸭子潜水"是乡村中普遍的用于驯服放荡妻子的措施。装口钳见于 16 世纪的苏格兰，随后传至英格兰，作为另一项惩罚专横妻子的举措：她会被戴上一个口罩，然后游街示众。

我没有发现有关英国乡村年龄类别组织的讨论。但是"欢诞领主"似乎就是青年组织"官员"的一个例子——这里指的不是圣诞节狂欢时Gray酒馆或宫廷中的"领主"，而是"wildheads of the parish"（1585年Philipp Stubbs在 *Anatomie of Abuse* 中提到），他们选出一个名叫"我的欢诞领主"的坏蛋队长，还带着hobby-horses（有时在"骑马"中会用到hobby-horses）、球管和鼓手到处转。参见Joseph Strutt, *The Sports and Pastimes of the People of England* (London, 1904), pp. 267–268 和 E. Barber, *Shakespeare's Festive Comedy* (Cleveland, 1968), pp. 27–28。最后，有一个针对专横妻子的哄闹会（Andrew Marvel在"The Last Instructions to a Painter"[lines 373–89]有记述）还强调了行动对年轻人的教育功能："From Greenwich…/Comes News of pastime martiall and old：/A Punishment invented first to aw /Masculine Wives, transgressing Natures Law, /Where, when the brawny Female disobeys, /And beats the Husband till for peace he prays, /No concern'd Jury for him damage finds, /Nor partiall Justice ner Behavior binds, /But the just Street does the next House invade, /Mounting the Neighbor Couple of lean Jade；/The Distaffe knocks, the Grains from Kettle fly, /And boys and Girls in Troops run hooting by. /Prudent Antiquity, that knew by Shame, /Better than Law, domestick Crimes to tame, /And taught Youth by Spectacle innocent!"（感谢晚年的罗萨利·科莉向我提供此方面的信息。）

〔48〕J. A. Pitt-Rivers, *The People of the Sierra*, 1st ed. 1954 (Chicago, 1961) 中讨论了安达卢西亚cencerrada和Vito（起羞辱性绰号）的情况，还可参考其作品："Honour and Social Status," in J. G. Peristany（ed.）, *Honour and Shame. The Values of Mediterranean Society* (London, 1965), pp. 46–48。有关18世纪禁绝青年农民进行cencerradas的运动，参见[Gaspar Melchor de Jovellanos], *Informe de la sociedad Economica de Madrid … en el expediente de Ley Agraria* (1795), in *Biblioteca de Autores Espanoles*, 50：134（感谢Richard Herr的提醒）。

〔49〕Eisenstadt, "Archetypal Patterns"（注41中有引用），p. 40。也可参考诺埃尔·法伊对节日期间农民社区的描述，他发现"村里的老老少少多数都出来了，虽然彼此分开，因为（如旧谚语所说）'人以群分'。年轻人练习射箭、

第四章　欢诞中的理智

拳击、体操、赛跑和其他活动"。老年人则看着他们，"勾起自己年轻时的记忆，〔所以〕看着这些反复无常的年轻人吵吵闹闹的时候，心中便有一丝莫名的快意"（rafraichissans la mémoire de leur adolescence, prenans un singulier plaisir à voir foiastrer cette inconstante jeunesse）。参见 *Propos rustiques*（Lyon, 1547-1549），chap. 1, 我对原文作了翻译。

〔50〕富农儿子被选为青年"修士"的机会要大于穷困农民和刚来到村里的人的儿子，这很有可能是事实。但沃尔蒂埃的材料无法证明 Agulhon 的观点（如注19，以对马赛的研究为基础）："修院"源自贵族传统，并且只在18世纪的城市中普及起来。也没有证据显示经济分化导致了早期农村"修院"的分裂。如我们将要见到的，这种现象只在城市中发生。

另一方面，瓦拉涅克低估了经济分化对乡村生活**其他**特征的影响，也夸大了青年作为节庆生活**唯一**看护人的角色（尤其参见其作品第8章内容）。Agulhon 也对瓦拉涅克持类似的保留意见: *Pénitents*, pp. 380-381, n. 59。

〔51〕Agulhon, *Pénitents*, pp. 43-54. 我不认为14、15世纪（对于射击来讲）农村（城市中也一样）中的任何射击或射箭团体的成员只**限于**年轻未婚男子。年度"国王"就是那名赢得射击或射箭比赛的男子。有关18世纪不同教区年轻人（garçons）的持续争斗及仪式化的比赛项目，参见 H. Hours, "Emeutes et émotions populaires dans les campagnes du Lyonnais au XVIIIe siècle," *Cahiers d'histoire* 9 (1964): 144-148。

〔52〕Vaultier, *Le Folklore*, p. 106. 可比较1566年里昂背脸骑驴游行的情况：la Fontaine（城市的一个街区）"伯爵"及其"修士"打扮成"埃及人"，而欢诞"法官"及其手下则身着律师服，"法官"本人身着紫袍站在彩车上，"海军上将"du Griffon 及其"水兵"都在一辆装饰成划桨船的车子上。参见 *L'ordre tenu en la chevauchee*（注8中有引用），pp. 406, 419, 412。

〔53〕Petit de Julleville, *Les comédiens*（注2中有引用），pp. 256-261中列有鲁昂（始于1537年）、里昂（始于1566年）和第戎（始于1604年）"修院"一些印刷版活动记载的名单。

〔54〕*L'ordre tenu en la chevauchee*, pp. 345-353. 1540年或1541年鲁昂肥美节上的许多"官员"似乎就来自不同的街区，参见 *Les triomphes de l'Abbaye de Conards*, p. 35。有关17世纪 Draguignan 各个街区选举"修士"的情况，参见 Roubin, *Chambrettes*, pp. 169-170。

〔55〕Petit de Julleville, *Les comédiens*, pp. 88-142. Adolphe Fabre, *Les*

Clercs du Palais. Recherches historiques sur les Bazoches des Parlements et les Sociétés dramatiques des Bazochiens et des Enfants-sans-souci (Lyon, 1875). H. G. Harvey, *The Theatre of the Basoche* (Cambridge, Mass., 1941). *Journal d'un bourgeois de Paris sous le règne de François Ier* (1515–1536), ed. L. Lalanne (Paris, 1854), pp. 44, 268–269. P. Harlé, "Notes sur la Basoche"（注5中有引用）. Mlle. Huard, "Les clercs de la Basoche à Chateau-Thierry," *Revue de folklore français et de folklore colonial*, 5 (1934): 53–68.

　　巴索赫源于"青年修院"这点不仅可以从其成员的结构上看出,还可以从一些历史联系中得到证明。在勃艮第的某个时期,巴索赫的"国王"(the Roi de la Basoche) 同时也是"青年国王"(the Roi de la Jeunesse),参见 Petit de Julleville, *Les comédiens*, p. 141。在某些地方,巴索赫的庇护圣徒是圣尼古拉,后者同时也是学生和一些青年群体的庇护者,参见 Jean Savaron, *Traitté des confrairies* (Paris: Pierre Chevalier, 1604), ff. 10^v–11^r; Van Gennep, *Manuel*, 1: 207–208。1518年在里昂,巴索赫成员和某些"欢诞修士"一起参加了表演活动,参见 AML, BB37, f. 183^{r-v}。1566年巴索赫甚至被邀请参加针对凶悍妻子的欢诞游行,参见 *L'ordre tenu en la chevauchee*, pp. 346–347。按照 Fabre (*Les Clercs*, p. 34) 的研究,巴索赫成员必须是未婚者,虽然我不能确定16世纪时的情形是否依然如此。

　　尼斯和 Draguignan 的"修院"依据职业类别进行组织和选举,相关情况可参见 Roubin, *Chambrettes*, pp. 170–171。

　　[56] *L'ordre tenu en la chevauchee*, pp. 413–414, 410–411; ACh, E4, f. 103^r; *La chronique lyonnaise de Jean Guéraud*（注8中有引用）, p. 93。

　　[57] *Les triomphes de L'Abbaye des Conards*, p. 23; Du Tilliot, *Mémoires*, p. 116。1566年的背脸骑驴游行也以一名婴儿的洗礼告终,这名婴儿是其中一名"官员"的孩子 (*L'ordre tenu en la chevauchee*, p. 422)。

　　如同文艺史家忽视农村青年"修院"一样,那些知道"修院"存在的社会史家,也没有注意到许多城市节庆组织丧失其年龄特性的过程。都灵重要的 Abbazia degli Stulti 为我们提供了一个例子,这个曾经的青年"修院"在15世纪末时已包含各个年龄段的男子,"修院"的法令可参见 Pola Falletti-Villafalletto, *Associazoni*（注45中有引用）, 1: 35–36。相关讨论可参见 F. Cognasso, *L'Italia nel Rinascimento* (Turin, 1960), 1: 601ff。15、16世纪纽伦堡的狂欢组织也由各个年龄段的人组成,参见 S. L. Sumberg, *The Nuremberg Schembart*

第四章　欢诞中的理智

Carnival（New York，1941），pp. 54-60。

〔58〕Du Tilliot，*Mémoires*，pp. 179-180.

〔59〕我对16世纪巴黎这方面情况的研究很有限。巴黎大学（参见注62）、高等法院，以及城市作为首都和宫廷居住地的逐渐上升的角色，都导致了其节庆生活的诸种特点。所以巴索赫和学生节庆活动主导了更多的街坊组织和活动。由"傻女院长"领导的"无忧孩子"到1500年时已是一个演员和诗人的半职业群体。Pierre Gringoire出版了很多自己的诗集，他在这个世纪的最初几十年里一直是"傻女院长"。由于文学品味的变化，这个组织在那个世纪的下半叶丧失了其重要性。1548年一个"傻瓜兄弟会"（Confrérie des Sots，在16世纪中叶的巴黎专门出演戏剧）的成员中包括两名泥瓦匠师傅、一名铺路师傅、一名制革匠，也有商人。参见Marcel Poete，*Une vie de cité. Paris de sa naissance à nos jours*（Paris，1927），p. 269。

这里可以摘录16世纪早期诗歌中对哄闹会的描述："du bruit seigneurial / que dames ont par leurs charivaris /En tous quartiers"（"L'advocat des dames de Paris," *Mémoires de la société de l'histoire de Paris et de l' Ile-de-France* 44〔1917〕：115）。

〔60〕鲁昂的情况参见F. N. Taillepied，*Recueil des Antiquitez et singularitez de la ville de Rouen*（Rouen，1589），p. 59。"城市男孩"不同于"呆子"，他们在另一个教堂拥有自己的兄弟会。其他城市也有类似的例子，这些青年组织到16世纪时均演变成"上层"家庭青年的封闭性组织：马赛有"爱情王子"（Prince of Love），参选者是"来自贵族、中产阶级家庭的年轻人和其他青少年"（Agulhon，*Pénitents*，pp. 59-60，文本源自Teissier）；洛桑有"显贵青年修院"（H. Meylan and M. Guex，"Viret et MM. de Lausanne, La Procédure de 1557," *Revue historique vaudoise* 3〔1961〕：p. 114）；威尼斯有Compagnie della Calza（Pola Falletti-Villafalletto，*Associazioni*，1，chapter on Venice；Cognasso，*L'Italia*，1：604ff.）。

〔61〕16世纪热那亚的François Bonivard有此种说法。参见Pola Falletti-Villafalletto，*Associazioni*，2：47-48以及H. Naef，*Les origines de la Réforme à Genève*（Geneva，1936），pp. 113-115。但在民兵成立之后，热那亚仍有"呆子"和一名"疯女院长"存在。

〔62〕这些学生群体的组织、仪式和行为不在本章的研究范围之内。阿里亚斯的相关作品极富参考价值：*Centuries*，pp. 242-246。M. Crévier，*Histoire de l'Université de Paris depuis son origine jusqu'en l'année 1600* (Paris, 1761), pp. 147-148, 191 中提到说 16 世纪时学生被禁止进行表演，因为（如我们可以猜到的）他们抨击了现实中的人和事。

〔63〕阿里亚斯用于指涉年龄类别的词汇不够精确，此点导致其判断存在缺陷。他不加区分地使用 adolescens 和 puer，而且用 jeune 形容一段相当长的时期，等等，参见 *Centuries*，pp. 25-26；*L'enfant et la vie familiale*，pp. 13-16。这些都是有趣的事实，但在没有进一步确证和分析的情况下，我们不能就此断定当时的人们不承认青春期的存在，如同我们不能从当代北美的不精确用法中得出类似推论一样（"kids"常被用于指 5 到 35 岁的人；40 岁的人会说"我要去和 boys 打保龄球"；"Hey, boys"被用于问候成年黑人）。阿里亚斯非常倚重 Jean Corbichon，这名 13 世纪百科全书（作者是英国人 Bartholomew）的"1556 年译者"（*le traducteur de 1556*，p. 13）认为法语中只定义 3 个年龄段：孩童、青年和老年。实际上，Corbichon 只是查理五世（1364-1380）的随从神父。

我们要注意到，虽然罗伯特·埃斯蒂安在使用 adolescent、jeune 和 garçon 时意义含糊，但他明确意识到有一个不同于孩童的时期存在："*Un Ieune garson, Iuvenis*：*Ung ieune filz depuis douze ans iusques a vingt et ung. Adolescens*"（*Dictionaire Francoislatin*〔Paris：Robert I Estienne, 1549〕，p. 320，可参见 pp. 15 和 214 中有关 *adolescence* 和 *enfant* 的部分）。

〔64〕Eisenstadt, "Archetypal Patterns," pp. 32, 34-35.

〔65〕B. Geremek, *Le salariat dans l'artisanat parisien aux XIIIe-XVe siècles* (Paris, 1968), pp. 31, 54; Henri Hauser, *Les ouvriers du temps passé*, 5th ed. (Paris, 1927), p. 22; R. Mousnier, *Paris au XVIIe siècle* (Paris, 1962), p. 235. 还可参考本书第六章的第四部分内容。

〔66〕参见 N. Z. Davis, "A Trade Union in Sixteenth-Century France," *Economic History Review*, 2d ser., 19 (1966): pp. 46-68.

Steven R. Smith 发现 17 世纪伦敦学徒中不仅有明确区分的身份意识和一种"亚文化"，还提到他们的"非正式集会"（比如礼拜日早餐）以及"较为正式的学徒聚会，比如宗教仪式"（"The London Apprentices as Seventeenth-Century Adolescents," *Past and Present* 61〔Nov. 1973〕: 149-61, especially p. 156）。在后一种情况下，他们当然必须听从成年人的安排，而不像在同龄伙伴**自己的**组织中一样。英国学徒组织的自主性要大于 17 世纪法国城市中的类似组织，这可

第四章　欢诞中的理智

能跟法国职工组织的势力有关系。

〔67〕我查阅了里昂市政档案馆中有关的 16 世纪的 EE 序列。在 1536 年的名单中就有时年 42 岁的弗朗索瓦·拉伯雷和时年 30 岁的印刷商 Thibaud Payen，还有老老少少的印刷职工，参见 EE21, ff. 7^v, 12^r, 42^r。里昂的地理位置使其需要一支能够动员所有人力的民兵部队。巴黎的情况参见 G. Picot, "Recherches sur les quartiniers, cinquanteniers et dixainiers de la ville de Paris," *Mémoires de la société de l'histoire de Paris et de l'Ile-de-France* 1 (1875): 132-166。

〔68〕Jean Tricou, *Les Enfants de la Ville* (Lyon, 1938); Tricou calls them "cette jeunesse dorée" (this golden youth). *La chronique lyonnaise de Jean Guéraud*, ed. Tricou（注 8 中有引用），pp. 31, 43-44, 51, 63, 93-94, 97-98, 117-118. *La magnificence de la ... triumphante entree de la noble et antique Cité de Lyon faicte au Treschrestien Roy ... Henry deuxiesme ... MDLXVIII*, ed. G. Guigue (Lyon, 1927), pp. 149-150.

〔69〕Roubin, *Chambrettes*, p. 170.

〔70〕在 1529 年，Jean Neyron 成为了 Saint Vincent 区的"欢诞院长"，但这名商人并不来自执政官家族，参见 *Inventaire sommaire des archives communales antérieures à 1790. Ville de Lyon*, ed. F. Rolle (Paris, 1865), CC139; ACh, E4, f. 103^r, "Jean Rameau paintre... apelle le Juge des Sotz." 在 1517 年莫西埃街"修院"会议（AML, EE9, pièce 1）与会的 42 名成员中，我能够辨别出其中 21 人的职业：2 名商人、3 名药剂师、1 名制陶匠、4 名书贩、1 名制镜匠、1 名制鞋匠、2 名皮毛工人、1 名金箔匠、2 名皮毛商、1 名油漆工、2 名金属制造工和 1 名织工。这些人里面没有一人出身显贵，虽然其中有些人家资富足。

〔71〕参见 *Les triomphes de l'Abbaye des Conards*, p. 14: Jacques Syreulde 是鲁昂高等法院的前执达员（huissier）; Baron de Moulineaux 则实际上是一名磨坊主（pp. 6-11）。

〔72〕"En mai 1583, l'Infanterie s'est remuée par l'avis de Pocard, le tailleur...," "Livre de souvenance ou Journal de M. Pépin," p. 31. 在 1579 年 5 月一场针对 Du Tillet 的哄闹会上两名葡萄种植工有一番谈话，中间提及"我们的孩子们"（*notre infanterie*）(Petit de Julleville, *Les comédiens*, p. 210)。可比较 G. Roupnel, *La ville et la campagne au 17e siècle. Etude sur les populations du Pays Dijonnais* (Paris, 1922), pp. 153-154 中的情形。

〔73〕 AML, EE9, pièce 1, May 16, 1517.

〔74〕 Cognasso, *L'Italia*, 1: 601ff.

〔75〕 "Thus children…/To avoid quarrels and fights,/I forbid you to curse each other… /Put yourselves in peace…": *Querelles de Marot et Sagon*, pièce no. 1."呆子修院"1541 年的"法令"还宣布："为保持我们成员间的和平、友谊及安宁"，所有久拖不决的案子和过失都被一笔勾销。参见 *Les triomphes*, pp. 20-21。

〔76〕 M. Carrand 在 *Archives historiques et statistiques du département du Rhône*, 11 (1830): 189-191 中重印了这部分材料。

〔77〕 De Rubys, *Histoire veritable*, p. 501. 1598 年托马斯·普拉特记述了 Uzès 地方的一种"臭弹"(stinkbomb)：当鳏夫或寡妇与年轻人结婚时，当地青年就会在针对他们的哄闹会上使用这种臭弹。参见 *Journal*, p. 172。

〔78〕 Rosambert, *La veuve*, p. 145. P. C. Timbal, "L'ésprit du droit privé," *XVIIe siècle* 58-59 (1963): 38. 有趣的是，女性法律地位下降的一个重要特征便是对寡妇再婚的限制，尤其是对其财产处理权的限制。这些妇女"疯狂地"进行再婚(Rosambert, p. 145)。所以有一个社区提到，传统上针对再婚的哄闹会现在只将矛头对准城市中的"蛮横"女性。这使通过哄闹会向她们施压的趋势逐渐增强。

相反地，15 世纪时托斯卡纳城乡的寡妇们仍保有独立地位，参见 C. Klapisch, Fiscalité et démographie en Toscane (1427-1430), *Annales ESC* 24 (1969): 1333。

〔79〕 Du Tilliot, *Mémoires*, pp. 112-113；Vaultier, *Le Folklore*, p. 91；F N. Taillepied, *Recueil des Antiquitez…de la ville de Rouen*, pp. 61-62。

〔80〕 法学家 Guy Pape (ca. 1402-ca. 1487) 任职格勒诺布尔高等法院期间认可了哄闹会的地位，参见 De Rubys, *Histoire veritable*, p. 501。1671 年枢密院(Conseil d'Etat) 在多菲内禁止"青年修院"的情况参见 A. Van Gennep, *Le folklore du Dauphiné* (Paris, 1932), 1: 67。图卢兹高等法院 1537 年、1542 年、1545 年、1549 年和 1551 年禁止哄闹会的情况参见 Lalou, "Des charivaris," pp. 502-504；1606 年第戎高等法院的禁令参见 Vaultier, *Le Folklore*, p. 35 和 Bibl. nat., Mss. Coll. Dupuy 630, f. 83。1483 年和 1484 年里昂主教区世俗法庭禁止"修院"及哄闹会的情况参见 Claude Bellièvre, *Souvenirs…Notes historiques*

第四章 欢诞中的理智

(Geneva，1956)，*pp.* 108-109。对莫西埃街"修院"的司法抨击参见 *AML*，BB37，*ff.* 8^v，80^r，111^v；*Archives historiques et statistiques du Rhône* 11. 189-191。Gap 镇在 1601 年禁止哄闹会及"欢诞修院"的"不端行为"的情况，参见 Van Gennep, *Folklore des Hautes-Alpes*, p. 70，n. 3。这座奥兰治城镇 1511 年至 1512 年的许可状参见 Vaultier, *Le Folklore*, p. 243。针对巴黎巴索赫政治讽刺剧的官方行动参见 *Journal d'un bourgeois de Paris* … (1515-1536)，pp. 44，268-269。1539 年、1561 年和 1578 年至 1589 年针对化装舞会的皇家法令，以及巴黎高等法院 1509 年和 1514 年禁售面具的法令，参见 Savaron, p. 13 和 Noirot, pp. 126-127。

在意大利，"修院"和政府间也有类似的复杂关系：一些哄闹会或 scampanate 遭到禁止，人们也会在街道上设置障碍以迫使再婚的鳏夫或寡妇上缴罚款，但在某些地方，比如都灵，哄闹会也得到了官方的许可。参见 Cognasso, *L'Italia*, 1: 45，601ff。

[81] *Les triomphes de l'Abbaye des Conards*, pp. 11-15；Floquet, "Histoire des Conards"（注 5 中有引用），p. 107；René Herval, *Histoire de Rouen*（Rouen, 1947），2: 45。

[82] Herval, *Histoire de Rouen*, 2: 45.

[83] *Les triomphes de l'Abbaye des Conards*, pp. 11-13, 30-74.

[84] *Journal d'un bourgeois de Paris* … (1515-1536)，p. 44。在某些情况下，国王也有利用职业团体"无忧孩子"为自己作宣传的企图：1512 年时他就让"傻女院长"（Pierre Gringoire）创作一部针对第五次拉特兰宗会的讽刺剧，此次宗会是由教皇朱利叶斯二世召集的（Brown, *Music*, pp. 8-9）。有关第戎的 *Anerie*，可参见 Verhaege, "Vers composés pour les enfants de la Mère-Folle," pp. 52-53。

[85] *Recueil des plaisants devis recites par les supposts du Seigneur de la Coquille* (Lyon, 1857), pp. 8, 27-31, 57-62。16 世纪版本的《消遣嘲弄》(*Plaisans devi*) 可参见 J. Baudrier, *Bibliographie lyonnaise*（Lyon, 1895-1921），6: 2 ff。

[86] C. A. Beerli, "Quelques aspects des jeux, fêtes et danses à Berne pendant la première moitié du XVIe siècle," *Les fêtes de la Renaissance*, ed. Jean Jacquot (Paris, 1956), p. 351。B. Bax 研究发现，德国农民战争最初的一个事件，就是 Waldshut 地方的农民利用 1524 年 8 月教堂啤酒节（church ale）的时机成

群聚集起来，参见 B. Bax, *The Peasants War in Germany* (London, 1899), p. 36。亦可参见 Peter Weidkuhnd 对德国和瑞士德语区 Knabenschaften 的讨论：化装狂欢节和农民起事间存在紧密关联 ("Fastnacht, Revolte, Revolution," *Zeitschrift für Religions-und Geistegeschichte* 21 [1969]：289-305)。感谢 Gerald Strauss 提醒我注意这篇文章。

[87] 康布雷的"修院"名单可参见 Sadron, "Les associations," p. 224 和 Petit de Julleville, *Les comédiens*, p. 236。Du Tilliot, *Mémoires*, p. 108 and n. 当然，对于密谋起事者来说，面具是一种实用的工具；1575 年新教徒试图夺取贝桑松的时候就用到了面具 (*Histoire de Besançon. Des Origines à la fin du XVIe siècle*, ed. C. Fohlen [Paris, 1964], p. 631)。但在康布雷的起事中，狂欢节的所有物件都被派上了用场。

[88] E. Le Roy Ladurie, *Les paysans de Languedoc* (Paris, 1966), 1：395-399。L. Scott Van Doren, "Revolt and Reaction in the City of Romans, Dauphiné, 1579-1580," *The Sixteenth Century Journal* 5 (1974)：91-100. 有关由男扮女装者发起的暴动，可参见本书第五章内容。

[89] Du Tilliot, *Mémoires*, pp. 181-183；Petit de Julleville, *Les comédiens*, pp. 218-222. 皇家法令在 mère（女院长）一词上玩弄文字游戏。如同往常一样，禁令颁布之后"修院"依旧继续存在着。有关这次起事，参见 B. Porchnev, *Les soulèvements populaires en France de 1623 à 1648* (Paris, 1963), pp. 135-142。

[90] H. Lalou, "Des charivaris", pp. 499-501 中提到昂热 (1269)、阿维昂 (1337) 和图尔 (1445) 宗会的禁令。Adam, *La vie paroissiale*, p. 272 中列出了 14 世纪教会在阿维昂、莫城、布尔日、Tréguier、兰斯和特鲁瓦的法令名单。Noirot, *Origine des masques*, p. 84 中有 1404 年及 1481 年朗格尔主教的禁令。1466 年里昂大主教 Charles de Bourbon 发布了针对哄闹会的禁令，1577 年大主教 Pierre d'Epinac 在宗会上重申了此项禁令，参见 A. Pericaud, *Notes et documents pour servir à l'histoire de Lyon, 1574-1589* (Lyon, 1843), p. 39。Nevers 地方教会的法令对参与哄闹会者处以绝罚，并处 100 苏的罚金，参见 G. D. Mansi (ed.), *Sacrorum conciliorum ... collectio* (Paris, 1903-1927), Vol. 32, col. 340。

[91] Paradin, *Blason*（注 14 中有引用）；他不只抨击狂欢节嘲弄当局的举动，还批评教会节日期间的所有舞蹈、"王国"和其他娱乐项目。参见 Savaron,

第四章 欢诞中的理智

Traitté（注 2 中有引用），pp. 8-9。

〔92〕Floquet, "Histoire des Conards," pp. 111-112 and 112, n. 1.

〔93〕Mandrou, *Introduction*, p. 187; A. L. Herminjard, *Correspondance des réformateurs dans les pays de langue française* (Geneva, 1878-1898), 4: 31-34, and 34, n. 10; H. Hauser, "Lettres closes de François Ier sur les protestants de Savoie (1538)," BSHPF 42 (1894): pp. 594-597. 有关 1523 年伯尔尼狂欢节中的新教节目，参见 Beerli, p. 361。日内瓦的情况参见 H. Naef, pp. 441-462。H. Patry, "La réforme et le théâtre en Guyenne au XVIe siècle," BSHPF 50 (1901): 523-528; 51 (1902): 141-151.

〔94〕H. Meylan, "Viret et MM. de Lausanne," p. 114. 类似地，纽伦堡的 Schembart 狂欢节便被用来嘲讽路德教传教士 Andreas Osiander，参见 Sumberg, pp. 178-179。

〔95〕*Histoire ecclésiastique des églises Réformées au Royaume de France* (Antwerp, 1580), 2: 610-611. P. F. Geisendorf, *La vie quotidienne au temps de l'Escalade* (Geneva, 1952), p. 79 中提及新教反对日内瓦农村的一些节庆活动，包括圣让节的戏火表演、婚礼上的障碍游戏和哄闹会。蒙彼利埃胡格诺教徒反对化装舞会和天主教农民节庆的例子，参见 Le Roy Ladurie, p. 344。A. Péricaud, *Notes et documents pour servir à l'histoire de Lyon, 1560-1574* (Lyon, 1842), p. 46 中记述了一名新教牧师和教会长老攻击一群正在教区教堂前跳舞的天主教徒的事例。1592 年尼姆长老会禁止一名教会成员参与巴索赫的节庆活动，参见 A. Borrel, "Recueil de pièces," BSHPF 6 (1858): 13-14。Ann Guggenheim 研究过 16 世纪尼姆的宗教改革，而她找到的大量事例则表明，1580 年代此地长老会是号召人们参与化装舞会的。

1566 年在日内瓦出现了一本反教皇的小册子 *The Histoire de la Mappemonde papistique*，书中提到 "Caresme-Prenant 老爷正和宗教裁判官一起参加"（Seigneur Caresme-Prenant avec des Inquisiteurs ses compagnons）节庆活动。

"*compagnacci*, voyous de bonne famille" 们对萨沃那罗拉的强烈敌意，可能是前宗教改革时代矛盾的一个典型，相关研究可参见 R. Klein, "La dernière méditation de Savonarola," BHR 23 (1961): 442。

〔96〕加尔文信徒对此种 "二元" 生活标准的反感还有一个例子，就是清教徒对体育和非精神娱乐的敌视，相关讨论参见 Brailsford, *Sport and Society*, pp. 127-133。如 Baxter 的说法，日常工作就是身体锻炼的最佳方法。

〔97〕R. Stauffenegger, "Le mariage à Genève vers 1600," *Mémoires de la société pour l'histoire du droit* 27 (1966); AEG, RCon, 19 (1562), f. 188ᵛ.

〔98〕*Calvini opera*, 19: 409–411; R. Kingdon, *Geneva and the Coming of the Wars of Religion in France, 1555–1563* (Geneva, 1956), p. 110. 在1562年新教夺占里昂的前几天内，民众夺得了一些圣徒遗物并在游行中将其拿出来炫耀。随后长老会和胡格诺执政团花了很大力气才将这些遗物收集起来，而其余的查抄工作也在"有序"中完成。参见 L. Niepce, *Monuments d'art de la Primatiale de Lyon détruits ou aliénés pendant l'occupation protestante en 1562* (Lyon, 1881)。

〔99〕Geisendorf, p. 79（尽管遭到压制，但哄闹会和其他习俗在16世纪末时仍存在于日内瓦）。Felix和托马斯·普拉特尽管都是巴塞尔的虔诚新教徒，但在法国读书期间仍参加了化装舞会，虽然托马斯不喜欢他在Uzès所听所闻的哄闹会。参见 *Journal*, p. 172。

1626年、1632年和1669年日内瓦的哄闹会、"欢诞修院"和背脸骑驴游行都和男人挨妻子的打有关，参见 AEG, PC, 1st ser., 2704, 2883; 2d ser., 2712（感谢 E. W. Monter 的提醒）。Junod, pp. 117ff.（注43中有引用）中提及19世纪时哄闹会在沃州的存在，尽管其遭到压制已有三个世纪。在信奉新教的Montbéliard，范·格耐普发现了"青年修院"的踪迹，参见 *Manuel*, 1: 199。

〔100〕鲁昂的"呆子"们在Notre Dame de Bonnes Nouvelles设立了一个兄弟会，他们常在那商讨"修院"事务（Taillepied, *Recueil*, p. 61）。神学家Taillepied对各种仍存在于法国的古高卢"大众习俗"——包括新年庆典——相当容忍，认为其并不影响"灵魂的得救"（*Histoire de l'Estat et Republicque des Druides* [Paris, 1585], f. 120ʳ）。巴黎的"呆子兄弟会"（Confrérie des Sots, 见注59）也拥有一个小教堂。

〔101〕Gabriel de Saconay, *Genealogie et la Fin des Huguenaux* (Lyon: Benoît Rigaud, 1573), p. 602; Gabriel de Saconay, *Discours catholique, sur les causes et remedes des Malheurs intentés au Roy … par les rebelles Calvinistes* (Lyon: M. Jove, 1568), p. 66.

〔102〕比如在1566年里昂的背脸骑驴游行中，"贝壳领主"便手持一把剑，上面写着"国王将轰走不信教者"，意指查理四世此前访问城市时新教仪式无法进行的情形。"贝壳领主"及其队伍身带船锚，用以指代那些既没有离开里昂

第四章 欢诞中的理智

（即逃往日内瓦）、也没有皈依天主教的"善良印刷职工"。游行当天晚上，"修士"妻子生下一名男婴，第二天整个游行重复进行，但少了彩车，结束时还在天主教堂举行洗礼。这样"精神消遣和娱乐"得以"平静地"结束，还"为一名可爱的婴儿举行了洗礼"（L'ordre tenu en la chevauchee, pp.417－422）。游行的最后时刻内穆尔公爵和夫人恰好驾临，后者明显支持天主教，这是有意安排的。德·卢比尤其欣赏这件事及其策划者，参见 Histoire veritable, p.409。虽然对于他们来说"骑马游行"（chevauchées）带有天主教色彩，但1580年代和1590年代"贝壳领主"及其队伍还是反对天主教联盟并持一种"圆滑的"（Politique）立场的。

在鲁昂，"呆子"们在1569年便恢复了他们的活动，此时新教对城市的控制已经告终。虽然"呆子修院"是一个天主教团体，1587年版的介绍他们"光荣"历史的书《胜利》（Triomphes）中还是包含了1540年时的一篇诗文，此文既抨击天主教的"伪善"（papelardise），也批评新教造成的"分裂"（schisme）。而就在天主教联盟控制巴黎之前，"呆子"们还推出一辆彩车，车上的"吉斯派"正在争抢"国王"的权杖。售卖这本书的商人被处罚金并被没收所有书籍。参见 Floquet, pp.118－119；Herval, p.47；Ch. Ouin-Lacroix, *Histoire des anciennes corporations d'arts et métiers et des confréries religieuses de la capitale de la Normandie* (Rouen, 1850), p.338。

相反地，第戎"步兵"们则可能支持联盟。1579年他们以Mayenne公爵和整个吉斯家族的名义举行了游行，参见 "Livre de souvenance … de M. Pépin," p.26。

[103] Eisenstadt, "Archetypal Patterns," pp.38－48. 有关"青年"这一概念在随后时期的变化和青年组织的情况，参见John R. Gillis极富参考价值的新作 *Youth and History* (New York, 1974), chaps.2-3。

[104] Davis, "A Trade Union in Sixteenth-Century France."

[105] Eric Hobsbawm, *Primitive Rebels* (Norton Library ed., 1965), pp.6, 57－65. 千禧年运动的旧结构还可与新的历史形势相互渗透，相关方面的精彩讨论可参见 Nathan Wachtel, "Structuralisme et histoire: à propos de l'organisation sociale de Cuzco," Annales ESC 21 (1966): 92－93。

[106] 鲁昂"修院"在17世纪早期衰没，在第戎是17世纪末。在皮卡第，城市"修院"没落了而乡村"修院"仍持续存在着，参见 Wailly and Crampon, p.258。18世纪和19世纪早期的政治性哄闹会可参见 Junod, p.127；Charles

Tilly, "Collective Violence in Nineteenth-Century French Cities" (Public lecture, Reed College, Feb. 1968); P. Larousse, *Grand dictionnaire universel du XIXe siècle* (Paris, 1865), 3: 995-996 以及 Agulhon, *Pénitents*, pp. 62-63。1837年至1838年间加拿大法语区的类似哄闹会可参见 R.-L. Séguin, *Les Divertissements en Nouvelle-France* (Ottawa, 1968), pp. 73-74。

〔107〕曼德卢也有类似的猜测，参见 *Introduction*（注28中有引用），p. 186, n. 1。

第五章 女性支配

一

女性被认为是任性的，在近代早期欧洲尤其是这样。有格言说道，"一种不完善的动物"（Une beste imparfaicte），"没有信用、目无法纪、不知敬畏、朝秦暮楚"（sans foy, sans loy, sans craincte, sans constance）。女性的无法无天早已见于伊甸园中，夏娃首先屈从于恶蛇的诱惑，又教唆亚当不遵从上帝。固然，底层的男性也被认为尤其有暴动和颠覆的倾向。但男性的缺陷更多地被归因于教养而不是天性：他们在无知中长大，粗贱的生活水准、农民茅屋或工匠作坊里的对话，还有导致他们嫉妒的贫困。[1]

女人的任性则被归因到生理上。就像 16 世纪每个医师都知道的，女性由冷、湿体液组成（男性是热、干体液），冷和湿意味着多变、善骗和狡猾的性情。她的子宫就像一只饥饿的动物一样；当它没有被性交或繁殖喂饱时，它就会在她体内游荡，控制她的话语和意识。如果说圣母玛丽亚没有这种缺点，那是因为她是神佑的化身。但除此之外，没有任何其他女性是生来完美的，即便是出身优越的女性，只要子宫呼唤，她便会成为"母性"冲动的牺牲品。男性体内也有强烈的性欲，但（如弗朗索瓦·拉伯雷医生指出的）他有智慧和意志，可以通过工作、酒或学习来控制自己的欲望。而女性就只有歇斯底里了。* 在 17 世纪末，当一些先驱性的医师放弃人性的体液理论，改用机械式的"动物精神"理论，并开始注意到男性犯情绪毛病时也会歇斯底里的时候，他们仍然坚持说，因为女性脆弱和多变的脾性，她们的心志更容易陷入混乱。在欧洲人毫无理由地宣称非洲黑人天生"劣等"之前很久，他们便将女性的"劣等"归结于本性，而不是气候之类的原因了。[2]

既然女性体内是低等统治高等的，那么如果任其发展，她就会对高于她的体外事物进行统治。教会当局宣称，女人的无法无天导致她掌握邪恶的巫术；当女人在某些领域（比如神学思辨或传教）表现出色，而此前其智力被断言不足此道时，人们还是指责她无法无天。在法国，《萨利克法典》禁止出现女王统治，且有谚语讽刺说"将治国变为女工"（tomber en quenouille）。对于牧师约翰·诺克斯而言，那将是"可怕的政权"、"是对优良秩序……所有平等、公正的颠覆"；而温和一点的加尔文尽管要求人们应该像对待暴君一样保持耐心，也"认为那将遭受天谴"。即便是与他们同时代的女王制的赞成者约翰·埃尔梅**也坦承，当他一想到女人的任性的时候，就希望有一个强有力的国会存在。直到 1742 年昆虫学提出相反证据时，才有一些蜜蜂学家宣称，自然需要的是一个蜂王式的领导。[3]

人们为女性的任性提出了什么补救措施呢？宗教操习有利于谦卑和恭敬；有选择的教育将表明她们的道德责任，但要避免因此而激发她们无拘束的想象力，也要防止她们在公共场合胡乱说话；朴实的工

---

* 女医务从业者也同意所谓的"游荡子宫"理论，她们还为女性克服歇斯底里提供建议（参见 A Choice Manuel of … Select Secrets in Physick … Collected and Practised by … the Countess of Kent [London, 1653], pp. 114, 145; Recueil des Remedes … Recueillis par les Ordres Charitables de … Madame Fouquet [4th ed.; Dijon, 1690], pp. 168–189; Jean de Rostagny, Traité de Primerose sur les erreurs vulgaires de la medecine [Lyon, 1689], p. 774; Angélique Du Coudray, Abrégé de l'art des Accouchemens [Paris, 1759], p. 173）。

** 约翰·埃尔梅（John Aylmer, 1521—1594），伊丽莎白一世时的安立甘教会主教，因极力巩固《一致法》（Act of Uniformity）而出名。——译者注

第五章　女性支配

作让她们手不闲着；法律和限制将使她屈从于自己的丈夫。[4]

从某种角度讲，女性的从属关系是从 16 到 18 世纪逐步加深的，因为父权式家庭为了更有效地获得财产，进行社会流动并维持血统延续，必须加强自身，而民族国家的建设、商业资本主义的扩展，也是以牺牲人的自主性为代价的。到 18 世纪，英法已婚女性已基本丧失她们之前拥有的独立法律人格，对于嫁妆和财产，她们能做主的机会也比以前少。在地方和地区的集会上，富有女性的影响越来越小。有钱家庭的妇女开始逐渐从生产性劳动中退出；而穷人家的女性则越来越多地涌入那些低报酬的工作中去。这并不是说在这些世纪里女性没有任何可以介入权力的非正式途径，也不是说她们在经济生活中没有持续性的重要地位；而是说，这些关系的特征是矛盾的。[5]

女性的任性加剧了矛盾的哪个方面呢？因为这种形象常被作为妇女从属地位的理由，所以毫不奇怪，我们可以在早期女权主义者那里找到相反的说法。她们争辩道，女性**并非**天生比男性更任性、不驯和多变。即使任性、不驯和多变，也是因为她们受其他方面的影响造成的。诗人克里斯蒂娜·德·皮冉便说："女人天生谨慎，如果不是这样的话，那是因为本性改变了。"* 一位男性女权主义者称，女性生来比男性谦逊、害羞，这可以由事实来证明：女性的阴部完全由阴毛遮盖，她们小便的时候也不像男性那样。那么，为什么一些男性坚持说女性天生更任性呢？因为他们是厌女者、嫉妒、怀恨在心，或者他们自己就生活放纵。[6]

这些关于两性性情的主张和反诉不只涉及前工业时代欧洲男女行为的实质特征，还关系到性别符号的不同运用。当然，性别符号总是可以描述社会经历，反映（或掩盖）其中的矛盾。在中世纪末和近代早期欧洲，妻子——一个潜在的任性女人——与其丈夫间的关系，是屈从者与其支配者间关系的一个非常好的体现，这有两个原因。首

---

* 16 到 18 世纪有些女作家不同意这个观点，比如纳瓦尔的玛格丽特、Madame de Lafayette、阿法拉·贝恩、Mary de la Rivière Manley 等。虽然她们没有说女性欲望必然比男性强，但她们给出了一个范围，认为女性的欲望至少和男性一样强烈。

先，其经济关系仍然像中世纪那样，被视为一种服务关系。其次，有关政治规则的性质和新的主权问题的争论正进行得不可开交。在家庭这个小世界里，介于亲密和权势之间的紧张关系，就是外部世界政治和社会秩序的现成象征。*

所以，本身是教会等级制推翻者的让·加尔文便认为，妻子从属于丈夫是双方都从属于上帝权威的一个保证。国王和政治理论家们，将法律中越来越严重的妻子从属状况（还有孩子服从父母）视为男女共同服从渐渐集权化的民族国家的一个保障：对于17世纪的法国，这就是培养国王忠臣的机会；对于17世纪的英格兰，这就是培养有责任公民的舞台。"婚姻是民族国家的学堂"，法国法令的导言便是这样开头的，它加强了家庭中的家长权力。共同体和婚姻中专制统治的反对者约翰·洛克，也认为妻子将决定权交给"天生的……能者和强者"的丈夫是正确的。他打比方说，这就像个人将其天赋的决定和行动的自由交给政府的立法机构一样。[7]

确实，只要有不同性别存在，人们怎么能够将其与从属的观念分开呢？加布里埃尔·德·弗瓦尼非凡的假想南方大陆（1676）——一个由两性同体人组成的乌托邦——便表明了这两者间关系的紧密程

---

* 英国将妻子杀害丈夫归为轻度叛国而不是谋杀，可能就是这里描述的一个早期例子。14世纪时轻度叛国和重度叛国不同，这种区分一直持续到19世纪初。它包括仆人杀死主人、妻子杀死丈夫和世俗僧侣或教士杀害高级教士等。按照Blackstone对法律的研究，这似乎跟早期日耳曼惯例不同，后者将夫妇**双方**的任何谋杀行为都平等地归为重罪。叛国的概念和法律发展应该跟主权观念的发展有关。参见 J. G. Bellamy（*The Law of Treason in England in the Later Middle Ages* [Cambridge, Eng., 1970], pp. 1-14, 225-231）和 William Blackstone（*Commentaries on the Laws of England* [Oxford, 1770], Book IV, chap. 14, including note t）的作品。

将男/女关系作为社会关系（主/仆、国王/臣下，诸如此类）的一个代表虽然是本文讨论的基础，但它并不是近代早期欧洲性别符号的唯一应用。艾理克·沃尔夫将男/女关系视为公共/家庭关系以及工具分类（instrumental-ordering）/表意分类（expressive-ordering）关系的一种体现（"Society and Symbols in Latin Europe and in the Islamic Near East," *Anthropological Quarterly* 42 [July 1968]: 287-301）。另外，Sherry B. Ortner 的文章（"Is Female to Male as Nature Is to Culture?" in Michelle Zimbalist Rosaldo and Louise Lamphere, eds., *Woman, Culture, and Society* [Stanford, Calif., 1974], pp. 67-87）也是广义性别符号理论的一种尝试。

第五章 女性支配

度。男女同体的"南方人"无法理解在"互相拥有"的欧洲婚姻中如何避免意愿的冲突。法国旅行者回答说,这很简单,母亲和小孩都服从父亲就行了。"南方人"听了毛骨悚然,于是将欧洲方式视为兽行:因为这样就侵犯了个人自主,而个人自主是真正的"人"的标志。[8]

女性不仅被用来象征等级里的从属者,还象征暴力和混乱。布鲁格尔在西班牙占领尼德兰期间创作的吓人画作《疯狂的玛格丽特》(*Dulle Griet*),便描绘了一个巨大的、携带武器的、史无前例的女人玛格丽特,她是狂怒破坏、野蛮镇压和混乱的象征。不管怎样,布鲁格尔的画不仅用多种手段来表现女性是如何任性和不守妇道,还赋予她其他意义。玛格丽特旁边是一个穿白色衣服的小个子妇女,她站在一个男性怪物之上;正是安条克的圣玛格丽特勾结了恶魔。周围的其他妇女则用武器打那些地狱来的怪物。[9]

布鲁格尔的《疯狂的玛格丽特》决不是前工业时代欧洲的特例。在充满矛盾的等级社会中,人们喜欢在颠倒了的世界中表达不满,而以女性支配为主题(topos)的文学便是人们最喜欢的题材之一。事实上,性别反串(即互换性别角色)在文学、艺术和节庆中广泛存在。反串有时包括穿异性衣服、戴异性面具这样的内容,而这是《申命记》第22章、圣保罗、圣哲罗姆、教会法和让·加尔文所不能容忍的。[10]有时,它只是扮演异性角色或以典型异性方式行动。女人扮男人;男人扮女人;男人也扮那些正扮男人的女人。

本文的余下部分将以性别反串的运用为主题,而文学、大众节庆和日常生活中带有任性女性形象的戏剧则是研究的重点。显然,近代早期欧洲这种反串的根本动机并不是同性恋或者不正常的性别认同。虽然1570年代亨利三世在他和"小可爱"们扮演亚马逊时表达了自己的特别愿望,虽然17世纪修士施瓦西直到33岁之前还用女名、着女装(他的特殊原因是:其母亲在他青春期期间一直把他打扮成女孩子)[11],但这个时期的多数文学和易装节庆还有更广泛的性别心理和文化意义。

人类学家对神秘易装和节庆性别反串的功能提出了几种解释。第一种认为,性别隐藏可以避开危险的魔鬼、恶灵和其他力量,它们用阉割或强暴来威胁人们。第二种认为，易装和性别反串可能是青少年成年礼的一部分，要么提醒他们已经到了转变的边缘（男性成年被拿来和女性出现月经相提并论），要么就是允许男女性互相取得另一性的力量（如在古希腊成年和婚礼中的某种习俗）。第三种认为，性别反串是维克托·特纳所谓的"身份倒转仪式"（rituals of status reversal）的一部分，如在非洲某些地方，女性篡用男支配者的衣服、武器和面具，行为放荡，这样便可以增加获得好收成的机会，或者避开即将来临的灾难。最后一种认为，易装演员、祭司或萨满巫师能够表现宇宙或社会组织的类别，詹姆斯·皮科克*就持这种观点。比如，爪哇的易装演员就可以通过不正常行为来提升高/低、男/女类别的重要性。

不管这些性别反串的用途如何多样，人类学家普遍相信，如其他的反串仪式和礼拜一样，它们最终都是等级社会中秩序和稳定的根源。他们在反串的过程中明晰社会结构。它们可以为制度内的矛盾提供表达的途径，也构成了制度的安全阀。当制度变得专制独裁的时候，它们可以对其作出调整和缓释。但是这种看法坚持认为，它们并没有触及社会基本秩序本身。它们可以更新制度，但不能改变它。[12]

相比正式仪式，研究近代早期欧洲的史学家更喜欢在狂欢和节庆中寻找倒置和反串的例子。他们找到的丑角似乎超越了仪式的界限[13]，他们找到的有关反串的文学材料，不只包括了传统的描述神秘性别转变的传说，还有各式各样的讲述男女**选择**改变自己性别状况的故事。此外还有喜剧式习俗和体裁，这两类都允许带有性别角色的内容大量存在，流浪汉小说就是一个例子。这些新形式为利用颠倒直率地批评社会秩序提供了更多的场合和方式。尽管如此，研究这类节庆和文学形式的学者在有关符号反转的限度问题上，通常都得出了跟人类学家一样的结论：颠倒了的世界可以被纠正，但你无法改变它。伊恩·唐那尔森在其最近的作品《从约森到费尔丁的喜剧》（*Comedy*

---

* 詹姆斯·皮科克（James Peacock），美国社会人类学家。——译者注

第五章　女性支配

from Johson to Fielding）中说："愚蠢透顶的统治者……无能的法官、假医生、谈吐不清的神父、'窝囊废'丈夫：这是喜剧中经常出现的熟悉面孔。在这个社会里，对权力掌握在统治者、法官、医生、神父和丈夫们手中的必要性，人们还是普遍默认的。"[14]

与他们相反，我想说的是，在狂欢和舞台表演的特例时刻之外，喜剧和节庆反串通过其与日常生活环境的联系，不仅能够加强这种默认，还能**削弱**它。在同克里斯蒂娜·德·皮冉和勇敢的女权主义学派的某种对比中，我想说，任性女性的形象并不总能让女性安分守己。正相反，这种形象具有多重意义：借助它，首先可以拓展女性在婚姻内甚至婚姻外的行动选择范围；其次，在一个几乎没有为社会底层提供正式的不满表达途径的社会里，它可以鼓励男性和女性参与暴动和反抗。含有任性女性角色的戏剧，一定程度上是从传统和稳定的等级中获得暂时解脱的一个机会；但它也是冲突的一部分，试图改变社会内基本权力分配的种种努力正是这种冲突的根源。女性支配甚至可能有助于历史理论和政治行为理论的创新。

二

让我们从对性别反串主要形式的回顾开始，无论是严肃的还是滑稽的，精深的还是大众的，我们都可以在文学材料中找到它们。我们将接着考虑任性妇女的更多细节。通过反串可以做什么呢？首先，我们找到一些故事：有些男人扮作女人以便逃避敌人或死刑，有人以此混进敌军阵营中，也有人以此进入女修院或女性街区中进行诱导活动。在所有的这些例子中，隐藏性别不仅实际可行，而且利用了女性的生理弱点，达到了避免男性受伤或麻痹对手的目的。在悉尼的《阿卡迪亚》（*Arcadia*）中，皮洛克利斯*便玩弄了一个更有名的把戏。

---

* 皮洛克利斯（Pyrocles），《阿卡迪亚》中人物，梅瑟顿王国王储，伪装成亚马逊武士泽尔曼，以追求阿卡迪亚公主菲洛克利亚。——译者注

类似的例子还有马斯顿著作中的安东尼奥和乌尔菲著作中的塞拉顿*，他们扮成勇敢的亚马逊或德鲁伊修女的样子，以便接近他们想追求的女性。和第一个例子一样，这些反串都没有被用来批评社会等级制。相反，皮洛克利斯还为"他对一个女人的颓废的爱"而受到朋友的责难，因为他让自己的"欲望弱点"背叛了他的男性理智。

只有在有关男性弄臣或小丑的文学作品中，我们才发现了利用易装反串挑战秩序的例子。在17世纪即兴喜剧（commedia dell'arte）中，一个黑脸的小丑（阿尔勒金）就将自己打扮成一位可笑的狩猎女神，身上有盈月状皱领、漂亮衣服和一把小弓。结果非常荒唐，以致不仅高低界限不复存在，而且如威廉·维尔福德所说，连事实本身也好像消融了。[15]

前工业时代欧洲的故事、戏剧和图示为我们提供了大量女扮男装的例子，这种例子比男扮女装的要多得多，而且更多时候性别反串带来了对现存秩序的批判。一系列的反串事例都描述女性做了很多正常情况下只有男性才可以做的事情；也就是说，女性可以控制自己体内的动物因素，因此她们应该得到跟男性一样的地位。我们有很多这样的例子，比如早期教会有一些女圣徒就像男僧侣一样终身保持贞操，勇敢挑战养育孩子的责任，抵御其他的各种诱惑。沃拉金的《黄金传说》（Golden Legend）记载了5名这样的易装女性，这本书以拉丁语、方言、手抄本和复印本的形式得到广泛传播。[16]

有些非凡的女性则为了捍卫已有的规则或与之相关的价值而颠倒性别。她们扮男人向希望嫁予的爱人证明自己的忠诚，或者向怀疑自己的丈夫表明贞洁。薄伽丘故事里的吉内瓦夫人就是一个例子。女扮男装，她们就可以离开犹太教父而追随信奉基督教的丈夫，就可以恳求基督徒原谅犹太律法主义者的卑鄙错误。女扮男装，她们就可以将丈夫从监狱中救出来，可以洗刷家族的耻辱。比如在《法国女勇士》

---

* 马斯顿（Marston，1576—1634），英国剧作家，莎士比亚时代英国最活跃的讽刺作家之一。安东尼奥（Antonio）是他的情节剧《安东尼奥的报复》中的主人公。塞拉顿（Céladon）则是乌尔菲的田园爱情故事 L'Astrée 中的男主人公。——译者注

(*The French Amazon*，埃里蒂埃夫人改编自民间故事的作品)中，女英雄便在她无能的双胞胎兄弟被杀害的地方战斗着，最终保住了父亲与宫廷的联系。当然，她最终嫁给了王子。在斯潘塞的布里托马特、塔索的克罗琳达和其他著作那里*，法国女勇士显示出了一系列贵族女武士所拥有的特征：刚烈、善良、大度、勇敢和朴实。[17]

在多大程度上，这些秩序的化身能够挑战既定等级呢？她们可以用自己的例子谴责普通男女的懦弱和不负责任。但她们只是用自己的力量支持一项正统的事业，却并没有揭示社会关系的实质。"不守妇道"的女人的善举可以激励少数女性参加特殊活动，也可以促使女权主义者对女性的能力进行反思（我们稍后会看到这种潜力是否得到了实现），但她们并不是推动大众反抗的象征。

只有在带有任性女人角色的喜剧演出（即性别反串）中，人们才可以看到既让动物性控制自身，又试图统治其支配者的女性。有些女性形象非常凶恶（如斯潘塞著作中残酷的拉德贡德和其他恶毒悍妇），以致她们排除了空想的摆脱或批判等级制的可能性。同样，有些故事也描述野人驯服泼妇的场面。这在当时被看作幽默，就像在讽刺寓言诗《阉妇》(*La Dame escoillée*) 里一样：专横的女人正被自己的女婿施行痛苦的假"阉割"。而在 16 世纪的德意志漫画集《泼妇的九层皮》(*The Ninefold Skins of a Shrewish Woman*) 里，各式各样的惩罚则将人皮一层层地剥下来。中世纪教皇琼的传说也可以用来嘲讽既有秩序。如薄伽丘的说法，琼是易装圣徒和被驯服的泼妇的产儿，她用智慧和良好举止赢得了教皇的宝座，但非法的权力缠绕着她的头，或者应该是进入她的子宫。她怀孕了，在一次游行时她生下了孩子，最终可怜地死在红衣主教的地牢里。[18]

当然，在很多情况下，任性女人被赋予了更含糊不清的意义。从

---

* 布里托马特（Britomart）是斯潘塞名著《仙后》中人物，美德与贞洁的化身，扮成骑士以寻找爱人阿特加尔（Artegal），持有一支魔矛，战无不胜，直到遇到阿特加尔。克罗琳达（Clorinda）则是 1575 年意大利人塔索（Tasso）的史诗 *Gerusalemme liberata* 中一萨拉森女性。

分析的需要出发，我们可以将这些多面的形象归为三类。第一种针对那些放纵肉欲或使尽种种手段控制男性的女人。这里面当然不能少了巴斯的妻子，她的"性工具"和经历过的五个丈夫众所周知。拉伯雷的女巨人加尔加梅也不能少，她活得很痛快，经常滥交，大块吃肉，大碗喝酒，笑声淫荡，她的儿子高康大* 伴随着排泄物从她肚子里翻着跟头出来，叫嚷着"喝，喝"。接着就是《婚姻十五喜》(*Quinze joies de mariage*)里面聪明而厉害的妻子，她给丈夫戴绿帽子而不让他发现，从他那骗取奇异的衣服，痛打他，最终还把他锁在自己的屋子里。还有格里梅尔豪森的丽布施卡**，别名"无畏"，一系列流浪汉小说中的女英雄之一：她穿着士兵的衣服在军队里作战；她慑服了众多丈夫和情人；如果他们报复或背叛，她会百倍奉还；她靠卖淫、行骗和贸易维生并致富。在民间文学中，家庭母老虎（husband-dominators）比比皆是，她们的德意志绰号是"棍棒圣妇"(St. Cudgelman [Sankt Kolbmann] /Doktor Siemann [she-man])。这些形象的关键在于，她们是有趣的和超道德的：女性是充满生气和活力的，而她们多数情况下也能得胜；她们掌控自己的命运，在马基雅维里的政治学小册子中，他对大公所能指望的也不过如此。[19]

在第二种喜剧形象里，"越轨"女人会获得暂时的支配权，而只有当她说的话或做的事削弱了权威，或是使其改过陋行之后，她们的支配才告结束。在本·琼森的《埃比科恩》(*Epicoene*)里，当哑妻（Silent Wife）开始说话并指使丈夫时，她指出，女人不能只是活雕塑或玩偶；她丈夫所谓的"亚马逊式"的无礼，在她看来只不过是适当的礼貌。*** 在莎德维尔的喜剧里，"女队长"（Woman-Captain）只

---

* 高康大（Gargantua）是拉伯雷小说《巨人传》中人物，庞大固埃之父。——译者注
** 丽布施卡（Libuschka）是格里梅尔豪森作品《无畏的一生》中的主人公。——译者注
*** 《埃比科恩》里的含糊不清还混杂了这个事实：哑妻是由一个男人扮演的，也就是说，一个男人扮演着一个男扮女装的角色。在复辟之前的英格兰和亨利四世之前的法国，专业戏团经常让男性扮演女性角色。参见 J. H. Wilson（*All the King's Ladies. Actresses of the Restoration* [Chicago, 1958]）和 Léopold Lacour（*Les premières actrices françaises* [Paris, 1921]）的作品。

第五章 女性支配

是在获得了独立的生活费用和 400 磅的年金后,才穿起男装拿起剑恐吓她爱猜忌而又小气的老丈夫。戏剧的寓意无非是说,丈夫不能逾越法律而变成暴君。在《皆大欢喜》(As You Like It)里,坠入爱河的罗萨琳因为身着男装和她的"假日玩笑"(holiday humor)而言语放松,她告诉奥兰多,他对妻子的占有是有界限的,这界限取决于她的愿望、智慧和话语。虽然后来嫁给了奥兰多,但她充满灵气的劝告还是不能从真实的求婚史中抹去。

尽管如此,最滑稽有名的女性临时支配权的例子,还要数菲丽斯骑在亚里士多德背上这个主题。它从 13 到 17 世纪在故事、绘画和家庭物品中反复出现。在这个故事中,亚里士多德警告他的学生亚历山大不要为其印度新臣属菲丽斯着迷。漂亮的菲丽斯当着亚历山大的面向老哲学家卖弄风情,要他四脚着地,放上马鞍和马笼头,驮着自己满花园走。在这里,年轻人战胜了老人,性欲望战胜了枯燥的哲学;天性战胜了理智,女性战胜了男性。[20]

菲丽斯暧昧的骑行引领我们来到了女性支配的第三种形象。在这里,她们获得了直接批评社会的特许。埃哈德·施奥恩的木版画(16 世纪早期)就描绘了身材庞大的女人给男人发傻瓜帽的场景。这些情况往往是在女性占优势时发生的;而某种程度上,男人们也是活该。伊拉斯谟的女愚人(female Folly)就是这类文学主题(topos)的最好例子。愚笨夫人(Stultitia)道出了所有阶层自负的实质。她为基督教义中那些伟大愚人辩护,而荒谬的是,她自己只不过是一个喋喋不休的笨女人。[21]

这些各式各样的性别反串的形象——从逃避责任和危险的男易装者,到易装小丑和揭露实情的任性女人——是那些去戏院和能够买得起书、读得起书的人可以接触到的。这些形象更为下层民众所熟悉,他们是从城镇和乡村中的高声朗读及故事、诗歌、谚语、海报中得知的。[22]

在此之外,大众节庆和习俗也展现了大量性别反串的内容,虽然不容易加以证明,但它们都表现出对女性支配的极大关注。在解读这些材料的时候，我们会注意到，大众节庆和文学中的性别反串在两个方面有所不同。当性别反串的纯粹仪式性或（和）神秘性因素只是少量出现在文学中时，它们在大众节庆中却占有重要得多的地位，这与狂欢的嘲弄及揭露现实的功能分不开。当文学和图示剧中更多涉及女扮男装时，节庆反串表现更多的却是男扮女装（也就是扮任性女人）的形象，虽然也许几百年前并没有这种不对称。

性别反串的仪式性和（或）神秘性功能几乎都通过男人扮演怪异放荡的女人来实现。在德国和奥地利的街区，男性参与者在狂欢时要一半着女装一半着男装，蹦蹦跳跳地穿过街道。在圣史蒂芬日*或新年时的法国，男人要扮野兽或女人，在公共场合跳着，舞着（或者这至少是中世纪时的事例）。在农神节期间的"愚人节"，会有一些年轻教士和平信徒扮成女人，做出放肆和淫荡的姿态，而正经的神学博士和高级教士在 15、16 世纪一直试图将这个节目从法国教堂中清除。在比利牛斯山区一些地方，圣烛节（2 月 2 日）期间追熊节目就会上演**，其中包括一只淫荡的熊、盛装的猎手和着女装的年轻男子，它们常被称作罗塞塔。在跟罗塞塔厮混一段时间后，熊被杀了，接着就是复活、被削成碎片，然后再度被杀。[23]

英格兰的情况也一样。亨利八世时，在圣诞节后的"男孩主教"主宰下，人们会挨家挨户地带走一些男孩，这些男孩要扮的不是牧师或主教，而是女人。但是英格兰最重要的男扮女装的例子要数贝西和

---

* 圣史蒂芬（St. Stephen）是一名耶路撒冷基督教执事，生前为穷人服务，是基督教第一位殉教烈士。圣史蒂芬日为 12 月 26 日。——译者注

** 虽然有关圣烛节期间追熊的证据在法国和西班牙的比利牛斯地区最为确凿，但有证据表明，这种中世纪习俗在更多地方存在过。19 世纪时，Hincmar of Reims 就猛烈抨击跟熊和女舞者厮混的"丢人表演"。Richard Bernheimer 认为猎熊和猎野人（在欧洲很多地方出现过）之间有关联，这点为 Claude Gaignebet 所赞成，他将其跟更早的"瓦伦丁和奥尔森"（Valentin and Ourson）中的大众节目联系起来。布鲁格尔在雕版画和一幅绘画（描述狂欢节和四旬斋时的争斗）中展现过这个游戏：一个男人戴面具着女装，用一个环圈住野人。参见 R. Bernheimer（*Wild Men in the Middle Ages* [Cambridge, Mass., 1952], pp. 52—56）和 C. Gaignebet（"Le combat de Carnaval et de Carême de P. Bruegel [1559]," *Annales. Economies, Sociétés, Civilisations* 27 [1972]: 329—331）的作品。

第五章　女性支配

玛丽安。在主显节后第一个星期一的北英格兰，人们会拖着"笨犁"（Fool-Plough）到处跑，它们通常由身着白色上衣的村夫扮演。他们中有些人要带剑起舞，而老贝西和她的皮衣傻瓜（fur-clad Fool）则跳跃着，试图从围观者那里收取财物。在5月份，玛丽安要主持罗宾汉游戏。这里她有时是一个真正的女人，有时是男人扮的。在莫里斯舞时如果玛丽安与罗宾、旋转木马和龙跳舞，她就是一个男人扮的。这里玛丽安的行为和装束大概也是放荡的。[24]

如同先前提到的非洲例子一样，所有易装行为的解释者，都将其视为一种嵌入节庆活动中的丰产——生物上或农业上[25]——仪式，这些活动可能还有其他意义。在欧洲的背景下，男扮女装尤其适合这样解释，因为它不仅使人将女性和繁殖自然联系起来，还隐指当时的那种观点：女性的欲望更为强烈。它是否还跟近代早期欧洲性别符号的其他特征有关系呢，比如从属者和支配者的关系？它（如即兴喜剧里的易装者阿尔勒金一样）是否向农村或城里人展现了社会界限模糊或倒转时的样子呢？也许吧。至少，当我们看到女性支配者后来所起的作用时，我们将很难相信，这些作用会不受这类仪式的影响。但不管如何，城市"愚人节"中对独身教士等级制的嘲弄，已经使得易装行为的丰产功能大大失色了。

在这些节庆男性易装的例子之外，我们还有少量资料可以展现一种更对等的性别反串。在北英格兰、苏格兰低地、法国北部的主显节前夕或主显节期间，男女演员和易装者都会身着异性衣服。在15世纪纽伦堡的狂欢节（Fastnacht）* 期间，男人要扮女人，女人要扮男人。16世纪英格兰的忏悔节（Shrovetide），也许还有近代早期法国的肥美节期间，情况都类似。这里的活动也许还跟过去的丰产仪式有关系，但易装行为可能获得了更大程度的颠转狂欢的特许。至少我们知道，在18世纪中期西西里岛复活节的"鹅舞"（goose-dancing）中，这种特许被用来讲述实情："少女扮成少男，少男扮成

---

* Fastnacht是瑞士德语区、南德、阿尔萨斯、西奥地利四旬斋前的一种狂欢节日。——译者注

少女：他们就这样成群地寻访邻里，跳着舞，嘲笑岛上发生的事；他们每个人都幽默地说出自己的故事，不会因此而冒犯谁。"[26]

欧洲男性节庆团体的实情讲述可就没有西西里的鹅那么平和了。这些组织就是前一章所讨论的"王国"和"欢诞修院"。[27]（在英格兰和苏格兰，有"欢诞领主"［Lords of Misrule］和"无理院长"［Abbots of Unreason］，它们的组织特点仍有待研究。）借用乡村和城镇中的其他角色，"修士"们在婚姻事务上代表着社群的利益，而其结果也比嬉闹的贝西和罗塞塔更直观。在吵闹的化装表演中——charivaris、scampanete、katzenmusik、cencerrada、rough music *，等等，他们嘲笑婚后很长一段时间内还没有小孩的新婚夫妇，嘲弄第二次结婚的人，尤其是年龄相差很多的夫妇。事实上，地方上的任何丑闻都可能是他们的罐、手鼓、铃和号角的打击对象。

任性女人以两种形式出现在"修院"的节目当中。首先是作为"欢诞官员"（officers of Misrule）。在农村，通常叫做"领主"或"院长"；而在法国城市里，则有各种各样的堂皇冠冕。"显贵"中有"公主"、"夫人"，尤其是"女院长"（Mothers）：在第戎、朗格尔和索恩河畔沙隆有"疯女院长"（Mère Folle）；在巴黎和贡比涅有"傻女院长"（Mère Sotte）；在波尔多有"儿童之母"（Mère d'Enfance）。在威尔士，虽然我知道那里没有女性的节庆头衔，但上演"木马"（ceffyl pren，当地对哄闹会［rough music］的叫法）：男人都要把脸抹黑并身穿女人衣服。[28] 所有这些都有两层讽刺意味：成为"修士"的年轻村民和成为"亲王"的工匠都因欢诞会而直接借用了合法的权力象征；而由变身"疯女院长"的男人行使的权力，则已经具有藐视自然秩序的意义：一项危险而至关重要的权力，就这样被假冒者安然无恙地篡夺了。

任性女人不只在男性节庆组织中起领导作用；有时候，她还会成

---

* 这个几个词（组）是哄闹会在法语、意大利语、德语、西班牙语和英语中的对应词汇。——译者注

第五章　女性支配

为他们的笑柄。村里的骂街妇或蛮横妻子将被罚"鸭子潜水"，要不然就是被封住嘴巴或关在笼里游街示众。[29] 15 到 18 世纪的城市人甚至更关注丈夫被打这种丑事。挨打的**男人**（或是扮演他角色的邻居）被吵闹的狂欢者拉到街上，背脸骑驴游行。在英格兰内地，这种骑行被称作 Skimmington 或 Skimmety；这种叫法大概源自有时妻子打丈夫用的那只撇取勺（skimming ladle）吧。在英格兰北部和苏格兰，被嘲弄对象或他的替身要"坐上马"（rode the stang，一种长旋转木马）。在威尔士的"木马"中也有类似的"战马"。在某些城镇，不受欢迎的夫妇的头像会被拿上街展示。在其他地方，节庆组织会在游行彩车上表演可怕的打人场景：妻子的扮演者用纺纱杆、脏东西、棍棒、木盘和水罐打丈夫；往他们身上扔石子；拔他们的胡子；或者踢他们的命根子。[30]

如同在喜剧文学中一样，在上面的戏剧化场景中，"欢诞修士"们对女性支配者的态度是模糊的。彩车上的任性女人都是可耻、残暴的；她精力充沛，事事做主。嘲弄的对象就是她的"烈士"丈夫。城市狂欢的寓意则是两方面的：它一方面要"窝囊废"丈夫掌握主动，另一方面却让任性女人继续这场斗争。

在近代早期欧洲，女性发起或参与她们**自己**的节庆反串的机会要比男性少。当然，一个叫马图里娜的傻女人曾在亨利四世和路易十三的宫廷中呼风唤雨，她装扮成亚马逊，对政治和宗教事务评头论足；但我们并没有发现年轻妇女节庆组织存在的迹象。至于年轻未婚女性的"姐妹会"，它们充其量也不过类似宗教虔诚组织。某些场合下会选出"女王"：比如主显节前夜或收获的时候，但她们的统治都是温和、平缓的。年轻的五月"女王"鲜花簇拥，身披白丝带，祈求嫁妆或为圣母祭坛筹钱，而许诺的报答只是一个吻。有些至今仍存在的近代早期欧洲的五月习俗，则反映出女性原本被赋予的更粗暴的角色。在 5 月的弗郎什孔泰农村，妻子可以报复丈夫们，可以罚他们"鸭子潜水"，或者让他们骑驴游行；她们可以自由地、不经丈夫允许地就跳舞、雀跃和赴宴；女性法庭也发布搞怪法令。（非常有趣的是，到 16 世纪，第戎附近地区的"疯女院长"和她的"步兵"们从女性那里篡夺了这种报复手段；在年中的 5 月份，"欢诞修士"可以哄闹一个打妻子的男人。）总的来说，5 月——罗马时代的花神之月——是一个女性最有力量、最随心所欲的月份。如老谚语说的，一个 5 月的新娘可以整年拘束自己的丈夫。而事实上，5 月也不经常举行婚礼。[31]

在 16、17 世纪的纽伦堡，狂欢的女性可以有某些特殊的自由。带有图画的公告以搞笑、夸张的语气，宣称给予每位妇女一个"行为恶劣的放荡丈夫"，允许她们不给其自由并责打他们，直到其"屁股嚷嚷"。另一项由"争吵谷的世袭管家"（Hereditary Steward of Quarrel and Dispute Valley）费奥米那里乌斯（Foeminarius）签署的法令，给予"妻子团"（Company of Wives）3 年的特权，这期间丈夫必须听从妻子：她们可以携带武器，选举市长，随心所欲地外出玩乐，而她们的丈夫则没有许可就不能买任何东西，不能喝葡萄酒或啤酒。当然，丈夫们必须料理所有的家务，还必须欢迎妻子可能怀上的任何杂种。[32]

三

现实婚姻与五月特许、真实操守与狂欢嘲弄（real pregnancy and Fastnacht games）之间的关系，把我们带回了之前提出的问题中。节庆和文学中的这些性别反串行为的总体功能是什么？显然，它们部分充实了人类学家和文艺史家对这些角色的定义：它们为制度内的权力矛盾提供了表达和缓泄的通道；也为家庭、作坊和政治生活中的专断趋势提供了一些解压机会：借杂乱的笑声和荒谬的表演，人们可以从这种趋势中得到舒缓。也就是说，它们有利于巩固等级结构。

确实，在近代早期欧洲，父权制家庭一直到 18 世纪末都未受挑

第五章 女性支配

战,即便是对两性关系的最深刻批评也未能动摇它。17世纪末的女权主义者弗朗索瓦·普兰·德·拉巴尔和玛丽·阿斯泰尔认为,尽管没有任何天生劣性可以证明女性需要屈从于丈夫,但她们的从属却是必要的。如阿斯泰尔所说:"不管是大是小、是帝国还是私人家庭,[没有]任何一个团体能够在不诉诸最后手段的情况下,以不可违抗的执行力来决定这个团体的事务……某个环节上必须存在最高权威。"她们所能想象的,最多就是一个不可能的异性同体的乌托邦,或者一个两性平等的、现在已不可挽回的原始状态(正如维克托·特纳在另一个场合下说的,也许节庆里性别反串的体验起码可以帮助这种平等的梦想存续下去)。她们所能希望和建议的——如莎德维尔的"女队长"——无非是种种防止丈夫暴政的法子:女性接受更多的教育,或者选择更好的婚姻伴侣。她们到18世纪中期时所认可的仅有的家庭反模式,就是同样等级制的女家长制。[33]

这样,本研究并没有推翻有关仪式和节庆性别反串的传统理论;但我确实希望能为其拓展新的视角。颠转节目的意义并没有随着笑话、故事、喜剧或狂欢特许期的结束而消失,它还渗透到日常的"严肃"生活中去,有时它能够产生扰动性的、甚至是创造性的作用。因为在前工业时代的欧洲,文学和节庆中的性别反串并不只是稳定等级制的产物,它还是权力及财产领域变迁的产物,所以性别反串可以为我们考虑制度和对制度的反应提供新思路。

让我们从对家庭的历史反思开始。15到18世纪的欧洲人发现,要把家庭制度当作一种"历史"并把握其穿越时间的变化,确是一件异常困难的事情。它的父权制要么溯源到伊甸园——其中女性的从属至少是温和的,要么溯源到人类史上最初的那种状态——那时一夫一妻制的婚姻使人类从杂婚部群中解脱出来。在一个可预测的循环模式中,各种政治模式可能相继登场;经济、宗教和文化制度也会随之发生变化(如维柯认为的)。但家庭依旧如故。固然,新大陆有一些奇特的性习俗,但它们要么被用来讽刺欧洲人的弊端,要么被作为野蛮或退化的产物加以拒斥。含有各种女性支配形象的节目则不同,它总能提供另一种方式让我们理解家庭结构。* 最后，当耶稣会士拉菲陶在奇怪的家庭模式（他观察到的易洛魁人、听到的加勒比人的模式：母系家庭，且男性婚后居住女方）中找到一种秩序的时候，他可能会回想有关亚马逊和利西亚人**的传说，后者在希罗多德的书中有记载。在拉菲陶的新理论里，他将母系阶段称作"女权政治"。这些出现在他于1724年出版的《美洲野人的习俗，跟原始阶段习俗的对比》(*Moeurs des sauvages ameriquains, comparées aux moeurs des premiers temps*) 里。这本书里的某些东西得归功于任性女性。[34]

有关杰出女性支配者和善良悍妇的戏剧，也是女权主义者反思妇女能力的一个源泉。虽然没有坚称男女应该互换上帝早已各自指定给他们的角色，但克里斯蒂娜·德·皮冉还是乐于举例——古代女征服者，亚马逊传说以及故事和谚语中反映女性统治的人物——证明"在许多女性身上……有伟大的勇气、力量和耐性去承担各种各样的艰巨事务，她们可以取得像……伟大的男性和神圣的征服者一样的成就"。随后的"女伟人"传的作者们将一些坚毅者包括在内，而他们的名单中自然就有圣女贞德。到18世纪早期，对善良亚马逊的推论不仅赞颂当时合法女王的开明统治（就像在伊丽莎白一世统治下的时代一样），还暗示扩大女性公民权的可能性。[35]

不只如此，杰出的"不守妇道"的女性还丰富了小部分真实女性的形象，并鼓励她们做出非凡的举动。玛丽·德尔库尔令人信服地主张说，贞德一直坚持的男性装扮并不只是出于实际的军事考虑，她还

---

* 比如，在托马斯·霍布斯有关家内统治权的卓越理论讨论中，亚马逊就扮演了一个角色。如他那个时代的惯例，他坚持说决定权只能归属一个人；不过"尽管有些人只将决定归属男性——理由是男性更优秀；但他们错了。因为男女间在力量、预见方面的差别并不是不变的，正确者应该不经论争地作出决断"。在共同体中，法律解决争端，很多情况下将决定权给予父亲。但在自然状态下，决定权掌握在生孩子的人手里。这可以由契约来解决。"我们发现，历史上亚马逊人跟邻国的男性缔结契约共同生育后代，男后代会被送回，但女后代应该跟她们在一起：所以女后代的决定权在母亲一方。"在没有契约的地方，决定权属于母亲，也就是说，在没有婚姻法的情况下，决定权属于那个唯一知道谁是父母且有能力养育孩子的人（参见 *The Leviathan*, Second Part, chap. 20)。

** 利西亚人（Lycians）是公元前1千纪安那托利亚西南一部族。——译者注

第五章　女性支配

受到了《黄金传说》中易装圣徒榜样的影响。17世纪非凡而神秘的安特华耐特·布里尼翁，便从打扮成男隐士、逃离即将举行的婚礼开始她的事业。她后来的形象源自最初人为想象的阴阳人，在这种完美状态下人可以死而复生。非国教徒玛丽·沃德（她创立了开放的女性讲道修会，其中除了教皇外没有男性上级）把耶稣会士作为模仿对象，但她可能也从性别反串的传统中受到了鼓舞。她奔走于各地农村，徒劳地试图让英格兰人重新皈依到天主教会之下。她和她团体中的成员让旁观者震惊，她们被称为"使徒式的亚马逊"[36]。

这些妇女中有两位最终被捕；第三位侥幸逃脱。毕竟纯洁而坚毅的女性可能对秩序构成威胁。但大多数呆在家里的一般女性又怎么样呢？女性支配者对于她们来说可能意味着什么呢？

女孩们从小即被教导说她们得遵从自己的丈夫；而男孩们则从小被教导说他们有纠正妻子的权力。在实际的婚姻中，因为经济支持（他们都有所贡献）、性需要、养育孩子或者分享宗教关怀的原因，这种屈从可能会温和一些。也许在分娩期时情况会暂时倒转，此时新妈妈可以堂而皇之地指挥丈夫。而在丈夫屡次殴打妻子的情况下，屈从就会加剧。有些妇女接受这种角色安排。有些则绕过这些、巧妙操控，使其丈夫以为自己是最终的主宰者。还有一些则进行反抗，让她们的丈夫见鬼去，缠扰他们，殴打他们。很多情况会产生一位第三种类型的妻子。这里我只是猜想，受戏剧世界里模糊不清的女性支配者的影响，可能有更多的妇女选择抗争而不是屈从。[37]

一般女性在公共场合中也可能会无法无天。原则上讲，只有在她是女王、掌握非凡知识或处于疯癫状态的情况下，女性才可以宣布法令和律条。表面上，她们从未掌握法律。实际上，女性会出来责骂神父和牧师。她们是城镇、农村谷物和面包暴动的中心人物，她们还参加了反税暴动和其他的农村骚动。在17世纪早期的英格兰（所以托马斯·巴恩斯*已经发现了），在反对圈地运动、支持公地权利的暴

---

* 托马斯·巴恩斯（Thomas Barnes，1785—1841），英国记者，奠定新闻业独立报道原则。——译者注

动者中，就有相当大比例的参与者是女性。1637年，在信奉加尔文教的爱丁堡，反对查理一世强加国教祈祷书的运动就是由圣吉尔教堂的一群"无赖侍女"开启的，她们扔掉院长的书本，往爱丁堡主教身上扔椅子，被赶出来时还往门窗上扔石子。1645年蒙比利埃的抗税暴动就是由女性带头的，一名叫拉·布兰莱尔的悍妇带着队伍穿过街道，叫喊着要处死收税官，因为他夺走了她们孩子口中的面包。[38]

有几个女性参与运动的原因我们在这里无法考虑，但这种参与的部分背景在于，社会给予了任性女性多种特许。一方面，她不必为自己的所作所为负责。由于受低级冲动的控制，她不必为自己的行动负责；而她的丈夫要负责，因为她是听从于他的。实际上，这种"无资格"在英国和某些法国习惯法中都有不同程度的体现。在英格兰，如果已婚妇女犯下最严重罪行而其丈夫被私下告知或者就在案发现场，则妻子不能负有全部责任。如果被起诉，她可能被判为无罪，或者得到比犯同样罪行的男性案犯更轻的判罚。在诺曼底和布列塔尼，丈夫必须在法庭上替妻子回答有关她罪行的问题，而"低能的一性"（sexus imbecillus）总能得到较轻的惩罚。占支配地位的男性却得不到法律的照顾。难怪丈夫们有时为了安全起见会让自己的妻子单独参加暴动。也难怪星室法庭1605年要发出抱怨：法庭认为有些毁掉圈地栅栏的女性是"男扮女装"（hiding behind their sex）者。[39]

另一方面，性别反串还给了任性女性一项更正面的特许：她有权以从属者和母亲的身份起义或讲述实情。当一位伟大的怀孕妇女在众人面前咒骂囤积居奇者或行骗的当局时，不虔诚的加尔加梅就是她行动渊源的一部分。斯特拉斯堡的凯瑟琳·泽勒敢于在1520年代写东西抨击教士独身制，声称"我不需要成为指责法立赛人的施洗约翰。我也不需要成为指责大卫的内森。我只需要成为巴兰*的屁股，这样就可以惩罚它的主人了"。这时，愚笨夫人（Dame Folly）就是她的一个先行者。[40]

---

* 巴兰（Balaam），《旧约》中一名先知，其屁股认出天使，天使让他祝福而不是诅咒以色列人。巴兰是变节者的代表。——译者注

第五章　女性支配

但是，愚笨夫人也可以让男性的反抗或暴动变得合法。他们也可以男扮女装（hide behind that sex）。历史学家们已经从理想、传统、符号和团体利益方面找出很多理由，以证明近代早期欧洲无数乡村和城市起义的正当性。传统习俗中的狂欢有批评和嘲弄的特许，它们往往演变成反叛。比如在1630年的第戎，"疯女院长"和她的"步兵"们就参加了化装游行，随后游行变成反抗皇家收税官的暴动。事实上令人惊奇的是，从17世纪开始（我们有限的资料这样显示），男扮女装、男借女名的现象在暴动中十分常见。在很多这样的骚动中，男人们试图坚守传统权利，反对变化；在另一些情况下，则是暴动者推动变化。但所有的情况都表明，他们对仪式和节庆性别反串作了新的应用。

所以，在1770年代的博热地区，男性农民们便抹着黑脸、身着女装，袭击那些为新地主量土地的测量员。稍后警务赶到时，农民妻子们什么都不知道，她们说打人者是那些不时从山里出来的"精灵"。* 1789年10月，那些行进到凡尔赛的集市妇女中很可能就有男扮女装者。1829年到1830年，"少妇之战"（War of Demoiselles）在比利牛斯地区的阿列日省发生。农民们穿着长白衬衣——让人以为是女人的衣服，戴着女帽，捍卫他们迫切需要的森林拾柴和放牧权，而这些权利正受到新森林法的威胁。[41]

我们在英格兰也找到了同样的例子。1451年，在凯德反叛**末期，黑脸的"精灵女王的仆人"闯进了位于肯特郡的白金汉公爵的庄园里，抢走他的雌雄鹿。1629年，阿莱斯·克拉克"队长"（她本身就是女的）带领一群人在埃塞克斯的马尔顿附近发起谷物暴动，这群

---

* 这种将化装人物和"精灵"联系起来的例子还可以在少量其他暴动中找到，它为政治性易装提供了新的视角。在18世纪的欧洲农村，精灵信仰还相当浓重，它以许多惯例作为源头，其中就包括将精灵与亡灵联系起来的传统。精灵能以男人或女人的样子出现，可大可小，样子各异，穿着多样；但他们都拥有超自然的力量，可以对人施加或善或恶的影响。在这些暴动中，农民受到了女性和精灵力量的共同帮助。参见 K. M. Briggs（*The Fairies in Tradition and Literature* [London，1967]）和基斯·托马斯（*Religion and the Decline of Magic* [London，1971]，pp. 606—614）的作品。

** 凯德反叛（Cade's rebellion）于1451年在东南英格兰爆发，参与者中有许多乡绅，地方管治不佳是反叛的主要原因。——译者注

人由女性和男扮女装的织布工组成。1641年，在威尔特郡的牛奶场和牧场，数队男人发起暴动毁掉了国王用来圈围他们森林的栅栏。带头者就是一些男扮女装的人，他们自称"Skimmington女士"。1718年5月，剑桥的学生们跟着"一个悍妇，或男扮女装者，头戴桂冠"攻击了一个非国教徒的会议厅。两年后，萨里郡的劳工身着女装发起暴动。在这个世纪的中叶，男扮女装者还在格洛斯特郡边界捣毁了人人憎恨的收费亭和收费公路大门。在1812年4月的斯托克港，"卢德将军之妻"——两名着女装的男织布工——带着数百人毁掉了蒸汽纺机，还烧毁了一个工厂。[42]

在威尔士和苏格兰同样也有男扮女装者发起的暴动。1830年代到1840年代，在西威尔士，很多黑脸男易装者用"木马"发动了里贝卡暴动，以反对他们痛恨的过路费和招致农民抱怨的其他种种恶行。领头者就是"里贝卡"和一些身着女装的吵闹男人。1736年，爱丁堡的波特斯暴动就是由一些男扮女装者发起的。这场暴动的导火索是可憎的英格兰官员、压制性的关税法和不受欢迎的英苏联合，其领导者是马吉·威尔费尔。[43]

最后，我们在爱尔兰发现了最为多样的由男扮女装者领导骚动的例子：在当地传说中，萨曼节*时男人要扮成动物和女人在仪式上刺杀国王；而葬礼守灵时则会由女扮男装者上演丰产仪式。从1760年到1770年大约10年的时间里，"白色男孩"（the Whiteboys）们身着白色长上衣、抹着黑脸，自己组织群众武装为穷人伸张正义，"恢复古代的公有地，洗清其他冤情"。他们破坏圈地，惩罚提高地租的地主，迫使雇主释放被迫工作的学徒，还和贪婪的什一税包税人（tithe-farmer）作无情斗争。他们惩罚和奚落那些反对他们规定的人。有时，他们自称受"精灵支持"。他们最喜欢在公告上署的名就

---

* 萨曼（Samhain）在凯尔特语中意为"夏末"。每年11月1日为萨曼节，凯尔特人年中最重要的节日。此时人神两界相通，天神会玩弄人，到处充满危险、恐惧和超自然事件。凯尔特人认为只有经历这样的过程，他们才能战胜季中的危险。萨曼节是万圣节的重要源头。——译者注

第五章　女性支配

是 Sieve Outlagh（或者 Sadhbh Amhaltach），即"可怖萨丽"。他们最终被一支可能由绅士和地方官组成的武装力量所镇压。但在此之前，他们已经为 19 世纪的莫利·马奎尔会和绿带会* 留下了遗产。[44]

在 17、18 世纪，女性角色只是民间伪装中的一种，男人们利用它发动暴乱，人所周知，流传甚广。对性别符号和各式各样性别反串的分析，可以帮助我们理解这个现象。部分原因在于，黑脸和女装是很方便的伪装手段，而一般家庭里很少有奇怪衣服可用。然而更重要的是，女性的角色可以为反抗提供多种混合手段。一方面，反串可以让男人免于对自己的作为负全责，也许还能让他们不惧怕男性会受到的残酷报复。毕竟，只有女人做事会这样无法无天。另一方面，男性利用了任性妇女的性力量和精神，利用她们拥有的特许（他们早就在狂欢和游戏中利用了），去促进丰产，捍卫社群的利益和规范，揭露不公平的统治。

上述例子的共同特点是：一方面，性别符号跟秩序和从属的问题有密切联系，其中从属的女性被认为是无法无天和淫荡的一方；另一方面，反串表演存在双重诱发因素——在传统等级结构延续的**同时**，家庭与政治生活的权力分配出现了引发矛盾的种种变化。实际上，只要存在这两方面条件，女性支配就是私人和公共生活方式（我们已描述过这些方式）的一个源泉。当我们进入工业时代之后，伴随现代民族国家、阶级、私有产权制度及其对种族、民族群体的利用，上述性别符号和诱发因素都发生了转变。新秩序的一个反映就是家庭哄闹会目标的变化：到 19 世纪时，英格兰的哄闹会（rough music）已被更多地用来反对打妻子的男人，而不是那些"窝囊废"丈夫了，在美国

---

* 莫利·马奎尔会（Molly Maguires）是宾夕法尼亚和西弗吉尼亚煤矿工人实施恐怖行动的秘密组织。莫利·马奎尔（1862—1876）是 1840 年代爱尔兰的一名寡妇，她领导反对地主的起事。绿带会（Ribbon Societies）是 19 世纪初爱尔兰北部的天主教秘密组织，反抗新教势力，维护小佃农利益。——译者注

甚至法国都发生了类似变化。[45]

于是，在前工业时代的欧洲和走向工业社会的转型期里，女性支配者便表现活跃了。虽然这篇文章出现了很多细节，但我们能够给出的只是其盛行时期的概要。为了描述一个随时光而逝去的大体类型，我们忽略了存在于国家与国家之间、新教与天主教之间的性别反串上的差别。为了集中考察等级和无序，我们忽略了一类文化节目，其性别角色旨在突出性别特征本身（某一性别的结束点恰好是另一性别的开启点，这样的分界点在哪呢？）。我们需要研究易装暴动的时间选择和分布，需要研究14世纪前带有性别角色的戏剧的性质。（当一个地区的耕锄工作很重要时就不太有可能出现女性易装仪式吗？当权威更加巩固时，任性妇女能有这样大的影响吗？）15到18世纪节庆生活中男女角色的不对称还需要进一步考察，同样需要研究的还有存在于文学和狂欢中的两类反串的对比。我们能够确定的，是近代早期欧洲符号性性别反串的各种样式，以及它们与思想和行为秩序的多种联系。节日期间，女性支配者的统治巩固了社会中的从属关系，但它也促进了对这种关系的反抗。玛丽安为一个丰饶的乡村而舞；罗塞塔跟冬天里注定一死的老熊厮混；圣吉尔教堂的侍女为捍卫苏格兰教会而扔凳子；"可怖萨丽"带着她的"白色男孩"确立了新的群体正义。女性支配更新了旧制度，但也有助于它的转变。

【注释】

[1] Pierre Grosnet, *Les motz dorez De Cathon en francoys et en latin … Proverbes, Adages, Auctoritez et ditz moraulx des Saiges* (Paris, 1530/1531), f. F. vii^r. Claude de Rubys, *Les privileges franchises et immunitez octroyees par les roys … aux consuls … et habitans de la ville de Lyon* (Lyon, 1574), p. 74. Christopher Hill, "The Many-Headed Monster in Late Tudor and Early Stuart Political Thinking," in C. H. Carter, ed., *From the Renaissance to the Counter-Reformation, Essays in Honour of Garrett Mattingly* (London, 1966), pp. 296–324.

[2] Laurent Joubert, *Erreurs populaires au fait de la medecine* (Bordeaux, 1578), pp. 161ff. François Poullain de La Barre, *De l'excellence des hommes con-*

第五章　女性支配

tre l'egalité des sexes（Paris，1675），pp. 136ff.，156ff. Ilza Veith，*Hysteria, The History of a Disease*（Chicago，1965）. Michael Screech，*The Rabelaisian Marriage*（London，1958），chap. 6. Thomas Sydenham 在其重要作品 *Epistolary Dissertation to Dr. Cole*（1681）中将女性的孱弱体质与由"动物精神"所致的反复无常的情感联系起来，并将她们的敏感归结为歇斯底里。Winthrop Jordan，*White over Black. American Attitudes toward the Negro，1550－1812*（Chapel Hill，N. C.，1968），pp. 11－20，187－190.

〔3〕Heinrich Institoris and Jacob Sprenger，*Malleus Maleficarum*（ca. 1487），trans. M. Summers（London，1928），Part Ⅰ，question 6："Why it is that Women are chiefly addicted to Evil Superstitions." Florimond de Raemond，*L'histoire de la naissance，progrez et decadence de l'hérésie de ce siècle*（Rouen，1623），pp. 847－848，874－877. Fleury de Bellingen，*L'Etymologie ou Explication des Proverbes françois*（La Haye，1656），pp. 311ff. James E. Phillips，Jr.，"The Background of Spenser's Attitude toward Women Rulers，" *Huntington Library Quarterly* 5（1941－42）：9－10. 〔John Aylmer〕，*An Harborowe for Faithfull and Trewe Subiectes，agaynst the late blowne Blaste，concerninge the Government of Wemen*（London，1559）. J. Simon，*Le gouvernement admirable ou la République des Abeilles*（Paris，1742），pp. 23ff. 即便在 *The Female Monarchy. Being an Enquiry into the Nature，Order and Government of Bees*（London，1744）中，John Thorley 仍然发现自己需要向那些不相信蜂王角色的人作出解释（pp. 75－86）。

〔4〕可参见 Juan Luis Vives，*The Instruction of a Christian Woman*（London，1524）；François de Salignac de la Mothe Fénelon，*Fénelon on Education*，trans. H. C. Barnard（Cambridge，1966）。

〔5〕P. C. Timbal，"L'esprit du droit privé，" *XVIIe siècle* 58－59（1963）：38－39. P. Ourliac and J. de Malafosse，*Histoire du droit privé*（Paris，1968），3：145－152，264－268. L. Abensour，*La femme et le féminisme avant la Révolution*（Paris，1923），Part 1，chap. 9. Alice Clark，*The Working Life of Women in the Seventeenth Century*（London，1919；reprint 1968）. E. Le Roy Ladurie，*Les paysans de Languedoc*（Paris，1966），pp. 271－280 and *Annexe* 32，p. 859.

〔6〕Christine de Pisan，*The Boke of the Cyte of Ladyes*（1405 年版 *Le Tresor de la Cité des Dames* 的一个译本，伦敦版于 1521 出现），f. Ee i^v. Henry

Cornelius Agrippa of Nettesheim, *Of the Nobilitie and Excellencie of Womankynde*（翻译自 1509 年的拉丁文版，伦敦版出现于 1542 年），f. B iv^{r-v}.

［7］Jean Calvin, *Commentaries on the Epistles of Paul The Apostle to the Corinthians*, trans. J. Pringle (Edinburgh, 1848), 1: 353-61 (1 Cor. 11: 3-12). William Gouge, *Domesticall Duties*, quoted in W. and M. Haller, "The Puritan Art of Love," *Huntington Library Quarterly* 5 (1941-1942): 246. John G. Halkett, *Milton and the Idea of Matrimony* (New Haven, 1970), pp. 20-24. Gordon J. Schochet, "Patriarchalism, Politics and Mass Attitudes in Stuart England," *Historical Journal* 12 (1969): 413-441. Catherine E. Holmes, *L'éloquence judiciaire de 1620 à 1660* (Paris, 1967), p. 76. Ourliac and de Malafosse, *Droit privé*, 3: 66（"绝对君主的时代也是绝对父权的时代"［*L'époque des rois absolus est aussi celle des pères absolus*］）. John Locke, *The Second Treatise of Government*, ed. T. P. Peardon (Indianapolis, Ind., 1952), chap. 7, par. 82; chap. 9, pars. 128-131.

［8］［Gabriel de Foigny］, *Les avantures de Jacques Sadeur dans la découverte et le voyage de la terre australe* (Amsterdam, 1732), chap. 5, especially pp. 128-139.

［9］Robert Delevoy, *Bruegel* (Lausanne, 1959), pp. 70-75.

［10］Deut. 22: 5; 1 Cor. 11: 14-15. Saint Jerome, *The Letters of Saint Jerome*, trans. C. C. Mierow (London, 1963), 1: 161-162 (Letter 22 to Eustochium). Robert of Flamborough, *Liber Penitentialis*, ed. J. F. Firth (Toronto, 1971), Book 5, p. 264.（感谢 Carolly Erickson 和 Stephen Horowitz 提醒我注意后两本著作。）Jean Calvin, "Sermons sur le Deutéronome," in *Ioannis Calvini opera quae supersunt omnia*, ed. G. Baum, E. Cunitz, and E. Reuss (Brunswick, 1863-1880), 28: 17-19, 234（以下引为 *Calvini opera*）. Vern Bullough, "Transvestites in the Middle Ages," *American Journal of Sociology* 79 (1974): 1381-1394.

［11］Pierre de l'Estoile, *Mémoires-journaux*, ed. Brunet et al. (Paris, 1888-1896), 1: 142-143, 157, 180. François-Timoléon de Choisy, *Mémoires*, ed. G. Mon-grédien (Paris, 1966), pp. 286-360. 当本文付印时我读到了 Bullough 的文章 "Transvestites in the Middle Ages"，作者从社会而不是心理变态的角度讨论了男性着女装的问题，他认为，此一问题取决于社会指定给男性与女性的或高或低的属

第五章 女性支配

性：着女装的男性有暂时或永久性的降低地位的欲求（p. 1393）。作为一种初步的系统描述，我认为这是准确的。本文表明了角色倒转和反串的**各种**功能，也表明了其带来的权力和给男性提供的选择余地。

〔12〕Max Gluckman, *Order and Rebellion in Tribal Africa*（New York, 1963）, Introduction and chap. 3. Victor Turner, *The Forest of Symbols*, *Aspects of Ndembu Ritual*（Ithaca, N. Y., 1967）, chap. 4. *Idem*, *The Ritual Process. Structure and Anti-Structure*（Chicago, 1968）, chaps. 3－5. Gregory Bateson, "Culture Contact and Schismogenesia," *Man* 35（Dec. 1935）: 199. J. C. Flügel, *The Psychology of Clothes*（London, 1930）, pp. 120－121. Marie Delcourt, *Hermaphrodite. Myths and Rites of the Bisexual Figure in Classical Antiquity*（London, 1956）, chap. 1. James Peacock, "Symbolic Reversal and Social History: Transvestites and Clowns of Java," in Barbara Babcock-Abrahams, ed., *Forms of Symbolic Inversion*（forthcoming）. 在 Rodney Needham 为涂尔干和毛斯的著作译本所作的导论中，他讨论了象征性反转及其与分类的关系，参见 E. Durkheim and M. Mauss, *Primitive Classifications*, trans. R. Needham（Chicago, 1972）, pp. xxxviii-xl。

〔13〕William Willeford, *The Fool and His Scepter*（Evanston, Ill., 1969）, especially pp. 97－98。

〔14〕Ian Donaldson, *The World Upside-Down*, *Comedy from Jonson to Fielding*（Oxford, 1970）, p. 14.

〔15〕Stith Thompson, *Motif-Index of Folk Literature*（rev. ed.; Bloomington, Ind., 1955－1958）, K310, K514, K1321, K1836, K2357. 8. Sir Philip Sidney, *The New Arcadia*, Book I, chap. 12. Honore d'Urfé, *Astrée*（1609－1619）. John Marston, *The History of Antonio and Mellida*（1602）. Willeford, *The Fool*, pp. 58－62.

〔16〕Delcourt, *Hermaphrodite*, pp. 84－102. John Anson, "Female Monks: The Transvestite Motif in Early Christian Literature," forthcoming in *Viator*（I am grateful to Mr. Anson for several bibliographic suggestions）。沃拉金《黄金传说》中的易装圣徒有：圣玛格丽特，别名 Pelagius 修士（10 月 8 日）; Saint Pelagia, 别名 Pelagius（10 月 8 日）; Saint Theodora, 别名 Theodore 修士（9 月 11 日）; Saint Eugenia（9 月 11 日），以及 Saint Marina, 别名 Marinus 修士（6 月 18 日）。亦可参见 Bullough, "Transvestites," pp. 1385－1387。

[17] Thompson, *Motif-Index*, K3.3, K1837. A. Aarne and Stith Thompson, *The Types of the Folktale* (2d rev. ed.; Helsinki, 1964), 88A, 890, 891A. Giovanni Boccaccio, *Decameron*, Second Day, Story 9. William Shakespeare, *The Merchant of Venice*, Act II, scenes 4-6; Act IV, scene 1. M. J. L'Héritier de Villandon, *Les caprices du destin ou Recueil d'histoires singulieres et amusantes. Arrivées de nos jours* (Paris, 1718), *Avertissement* and tale "L'Amazone Françoise." Celeste T. Wright, "The Amazons in Elizabethan Literature," *Studies in Philology* 37 (1940): 433-445. Edmund Spenser, *The Faerie Queen*, Book III, Canto 1.

[18] Spenser, *Faerie Queene*, Book V, Cantos 4-5; Wright, "Amazons," pp. 449-454. "The Lady Who Was Castrated," in Paul Brians, ed. and trans., *Bawdy Tales from the Courts of Medieval France* (New York, 1972), pp. 24-36. David Kunzle, *The Early Comic Strip. Narrative Strips and Picture Stories in the European Broadsheet from 1450 to 1825* (Berkeley and Los Angeles, 1973), pp. 224-225. Giovanni Boccaccio, *Concerning Famous Women*, trans. G. G. Guarino (New Brunswick, N. J., 1963), pp. 231-234.

[19] Chaucer, *The Canterbury Tales*, "The Wife of Bath's Prologue." François Rabelais, *La vie très horrifique du Grand Gargantua, père de Pantagruel*, chaps. 3-6. Mikhail Bakhtin, *Rabelais and His World* (Cambridge, Mass., 1968), pp. 240-241. *Les quinze joies de mariage*, ed. J. Rychner (Geneva, 1963). Harry Baxter, "The Waning of Misogyny: Changing Attitudes Reflected in *Les Quize Joyes de Mariage*," Lecture given to the Sixth Conference on Medieval Studies, Western Michigan University, Kalamazoo, Michigan, 1971. H. J. C. von Grimmelshausen, *Courage, The Adventuress and the False Messiah*, trans. Hans Speier (Princeton, 1964). Johannes Janssen, *History of the German People at the Close of the Middle Ages*, trans. A. M. Christie (London, 1896-1925), 12: 206, n. 1. Kunzle, *Early Comic Strip*, p. 225. *Mari et femme dans la France rurale* (catalogue of the exhibition at the Musée national des arts et traditions populaires, Paris, September 22-November 19, 1973), pp. 68-69.

[20] Ben Jonson, *Epicoene*, Act IV. 参见 Donaldson, *World Upside-Down*, chap. 2 和 Edward B. Partridge, *The Broken Compass* (New York, 1958), chap. 7. Thomas Shadwell, *The Woman-Captain* (London, 1680). William Shakespeare, *As You Like It*, Act III, scenes 2, 4, Act IV, scene 1。有关莎士比亚在

第五章　女性支配

The Taming of the Shrew 中对 Katharina 的处理手法，参见 Hugh Richmond, *Shakespeare's Sexual Comedy* (Indianapolis, Ind., 1971), pp. 83 – 101. Henri d'Andeli, *Le Lai d'Aristote de Henri d'Andeli*, ed. M. Delboville (Bibliothèque de la Faculté de Philosophie et Lettres de l'Université de Liège, 123; Paris, 1951). Hermann Schmitz, *Hans Baldung gen. Grien* (Bielefeld and Leipzig, 1922), Plate 66. K. Oettinger and K.-A. Knappe, *Hans Baldung Gren und Albrecht Dürer in Nürnberg* (Nuremberg, 1963), Plate 66. Kunzle, *Early Comic Strip*, p. 224.

[21] *Erasmus en zijn tijd* (Catalogue of the exhibition at the Museum Boymans-van Beuningen, Rotterdam, October-November 1969), nos. 151–152. 亦可参见由奥格斯堡的 "Petrarch-Master" 创作的 no. 150, *The Fools' Tree* (ca. 1526)。还可参考 Willeford, *The Fool* 中由 Urs Graf 创作的 Plate 30。Erasmus, *The Praise of Folly*. 愚笨夫人带领笨蛋和傻瓜的场景可参见 H. W. Janson, *Apes and Ape Lore in the Middle Ages and Renaissance* (London, 1952), pp. 204–208 and Plate 36。

[22] 可参见 John Ashton, ed., *Humour, Wit and Satire in the Seventeenth Century* (New York, 1968; republication of the 1883 ed.), pp. 82ff。John Wardroper, ed., *Jest upon Jest* (London, 1970), chap. 1. Aarne and Thompson, *Folktale*, 1375, 1366A. Kunzle, *Early Comic Strip*, pp. 222–223.

[23] S. L. Sumberg, *The Nuremberg Schembart Carnival* (New York, 1941), especially pp. 83–84, 104–105. Maria Leach, ed., *Funk and Wagnalls Standard Dictionary of Folklore, Mythology and Legend* (New York, 1949–1950), "Schemen." Jean Savaron, *Traitté contre les masques* (Paris, 1608), p. 10. M. du Tilliot, *Mémoires pour servir à l'histoire de la Fête des Foux* (Lausanne and Geneva, 1751), pp. 8, 11–12. Arnold Van Gennep, *Manuel du folklore français* (Paris, 1943–1949), 1. 3: 908–918. Violet Alford, *Pyrenean Festivals* (London, 1937), pp. 16–25. 可将比利牛斯地区的熊和罗塞塔与苏格兰 Orkney Islands 的 Gyro（怪异女巨人）作对比，后者在圣烛节期间是由年轻男子来扮演的 (F. M. McNeill, *The Silver Bough* [Glasgow, 1961], 3: 28–29)。Curt Sachs, *World History of the Dance* (New York, 1963), pp. 335–339.

[24] Joseph Strutt, *The Sports and Pastimes of the People of England* (new ed.; London, 1878), pp. 449–451, 310–311, 456. C. L. Barber, *Shakespeare's Festive Comedy* (Princeton, 1951), p. 28. Leach, *Dictionary of Folklore*, "Fool

Plough," "Morris."

[25] Leach, *Dictionary of Folklore*, "Transvestism." Willeford, *The Fool*, p. 86. Van Gennep, *Manuel*, 1. 8：910. Alford, *Festivals*, pp. 19 – 22. Sachs, *Dance*, pp. 335–339.

[26] Henry Bourne, *Antiquitates Vulgares；or the Antiquities of the Common People* (Newcastle, 1725), pp. 147–148. McNeill, *Silver Bough*, 4：82. Roger Vaultier, *Le Folklore pendant la guerre de Cent Ans* (Paris, 1965), pp. 93–100. J. Lefebvre, *Les fols et la folie* (Paris, 1968), p. 46, n. 66. A. Holtmont, *Die Hosenrolle* (Munich, 1925), pp. 54–55. Donaldson, *World Upside-Down*, p. 15. Van Gennep, *Manuel*, 1. 3：884. Strutt, *Sports*, p. 125.

[27] 相关档案和书目可参见本书第四章以及 E. P. Thompson, "'Rough Music'：Le Charivari anglais," Annales ESC 27 (1972)：285–312。

[28] P. Sadron, "Les associations permanentes d'acteurs en France au moyen-age," *Revue d'histoire de théâtre* 4 (1952)：222–231. Du Tillot, *Mémoires*, pp. 179–182. David Williams, *The Rebecca Riots* (Cardiff, 1955), pp. 53–54. Willeford, *The Fool*, pp. 175–179.

[29] 参见本书第四章注 34 中内容。J. W. Spargo, *Juridical Folklore in England Illustrated by the Cucking-Stool* (Durham, N. C., 1944). McNeill, *Silver Bough*, 4：67.

[30] 除注 28 中给出的材料之外，可参见 Hogarth 于 1726 年前后为 Samuel Butler 的 *Hudibras* ("Hudibras encounters the Skimmington") 所作的图示。

[31] Enid Welsford, *The Fool, His Social and Literary History* (London, 1935), pp. 153–154. Van Gennep, *Manuel*, 1. 4：1452–1472, 1693–1694. Lucienne A. Roubin, *Chambrettes des Provençaux* (Paris, 1970), pp. 178–179. 另参见本书第四章注 13 中内容。Jean Vostet, *Almanach ou Prognostication des Laboureurs* (Paris, 1588), f. 12ʳᵛ. Erasmus, *Adagiorum Chiliades* (Geneva, 1558), col. 135, "Mense Maio nubunt malae." Gabriel Le Bras, *Etudes de sociologie religieuse* (Paris, 1955), 1：44. 有关萨瓦妇女在 Saint Agatha 日的报复行动，参见 A. Van Gennep, "Le culte populaire de Sainte Agathe en Savoie," *Revue d'ethnographie* 17 (1924)：32。

[32] Kunzle, *Early Comic Strip*, pp. 225, 236.

[33] Poullain de La Barre, *De l'excellence des hommes*, Preface, 尤其是讨

第五章 女性支配

论圣保罗的部分。*Idem*，*De l'égalité des deux sexes*（Paris，1676），pp. 16 - 22. Mary Astell，*Some Reflections upon Marriage*（4th ed.；London，1730），pp. 99-107. 原始黄金时代及男性篡位理论的一个早期例子可参见 Agrippa，*Nobilitie and Excellencie*，f. G i[r-v]。Turner，*Ritual Process*，chap. 5（注12 中有引用）。

〔34〕Jean Calvin，*Commentaries on Genesis*，trans. J. King（Edinburgh，1847），1：172（Gen. 3：16）. Giambattista Vico，*The New Science*，trans. T. G. Bergin and M. H. Fisch（Ithaca，New York，1968），nos. 369，504 - 507，582-584，671，985-994. 维柯描述了父亲对儿子权威的变化以及妻子嫁妆性质的变迁，但一夫一妻制和父家长权依旧居统治地位。J. F. Lafitau，S. J.，*Moeurs des sauvages ameriquains，comparées aux moeurs des premiers temps*（Paris，1724），1：49-90. 拉菲陶关于 "ginécocratie" 的理论为一个世纪后 Bachofen 关于母权制的著作埋下了伏笔，尽管拉菲陶认为所有社会都要经历母权阶段，但他的母权制概念并没有完全成型。他猜测易洛魁人可能来自希腊或地中海岛屿。借用旧世界理论观察新世界的相关例子可参见 Margaret Hodgen，*Early Anthropology in the Sixteenth and Seventeenth Centuries*（Philadelphia，Pa.，1964）；J. H. Elliott，*The Old World and the New*（Cambridge，1970），chaps. 1-2。

〔35〕Christine de Pisan，*Cyte of Ladyes*，ff. Ff v[r] - Hh ii[r]. Thomas Heywood，*Gynaikeion，or Nine Bookes of Various History，concerninge Women*（London，1624）. Pierre Petit（*De Amazonibus Dissertatio*〔2d ed.；Amsterdam，1687〕）和 Claude Guyon（*Histoire des Amazones anciennes et modernes*〔Paris，1740〕）在讨论亚马逊时都试图为她们勇敢而成功的统治寻找有利证据，两人都坚信这种证据的存在。笛卡尔主义者普兰·德·拉巴尔在论证女性担任行政官职位的可行性时并没有用到这些证据（*De l'égalité*，pp. 166 ff.）。当孔多塞和奥林普·德·古热在大革命早期吁请妇女的完全公民权时，他们已经是从权利的角度在进行论证了。

〔36〕Delcourt，*Hermaphrodite*，pp. 93 - 96. Salomon Reinach，*Cultes，mythes et religions*（Paris，1905），1：430，453 - 456. M. C. E. Chambers，*The Life of Mary Ward，1585-1645*（London，1882）. De Montpensier 夫人是投石党及其成功破解奥尔良之围的行动的领导人之一，她可能从贞德的先例中得到了某种启发。

〔37〕关于丈夫对妻子的纠错权，参见 William Blackstone，*Commentaries on*

207

the Laws of England（Oxford，1770），Book I，chap. 15；Ourliac and de Malafosse，Droit privé，3：133，140（注5中有引用）。这里证据的来源是日记、刑事档案和日内瓦长老会的记录。比如，Nicolas Pasquier 就在写给女儿的信中提到了自己在婚姻中的策略，参见 Charles de Ribbe，*Les families et la société en France avant la Révolution*（Paris，1874），2：85-87。关于妻子被打，参见 *Journal de Gilles de Gouberville pour les années 1549-1552*，ed. A. de Blangy（Rouen，1892），32：195（酒店主的妻子让两名妇女到 Sire de Gouberville 那寻求帮助，因为其丈夫几乎将自己毒打致死）。关于妻子责骂丈夫，参见 AEG，PC，1st ser.，no. 1202；2d ser.，no. 1535。关于妻子打丈夫（以及随后的哄闹会）可参考1712年的一个案例：一名金箔商人的妻子辱骂并责打其丈夫，此案最终被上诉到巴黎高等法院（E. de la Poix de Férminville，*Traité de la police generate des villes，bourgs，paroisses et seigneuries de la campagne*［Paris，1758］）。

加州大学的 Alison Klairmont 在一篇未发表的讨论课论文中描述了妻子在分娩时的权力。15世纪晚期和16世纪意大利的临盆托盘（即在女性临盆时为其提供饮水的盘）的装饰画都描绘有某些经典或《圣经》的场景，其中的女性正指使着自己的丈夫（Victoria and Albert Museum；the Louvre）。（感谢 Elizabeth S. Cohen 和 Susan Smith 提供这方面的信息。）

［38］有关妇女在各类暴动中的角色，参见本书第二章内容。E. P. Thompson，"The Moral Economy of the English Crowd in the Eighteenth Century," *Past and Present* 50（Feb. 1971）：115-117。Olwen Hufton，"Women in Revolution，1789-1796，" *Past and Present* 53（Nov. 1971）：95 ff. 我的同事 Thomas Barnes 向我提起过他研究星室法庭时遇到的几个案件，其中的妇女都参与到破坏圈地农场围栏的行动中。还可参考 Patricia Higgins 的出色研究："The Reactions of Women，" in Brian Manning，ed.，*Politics，Religion and the English Civil War*（London，1973），pp. 179-222。John Spalding，*The History of the Troubles and Memorable Transactions in Scotland and England from 1624 to 1648*（Edinburgh，1828），2：47-48。S. R. Gardiner，*The Fall of the Monarchy of Charles I，1637-1649*（London，1882）；1：105-112。Le Roy Ladurie，*Les paysans*，p. 497。J. Beauroy 在 "The Pre-Revolutionary Crises in Bergerac，1770-1789"（paper presented to the Western Society for the Study of French History，Flagstaff，Arizona，March 14-15，1974）中描述了妇女在1773年5月 Bergerac 的谷物

第五章　女性支配

暴动中所起到的重要作用。

〔39〕Margaret Ruth Kittel, "Married Women in Thirteenth-Century England: A Study of Common Law" (unpublished Ph. D. dissertation, University of California at Berkeley, 1973), pp. 226-233. Blackstone, *Commentaries* (1770), Book IV, chap. 2; Book I, chap. 15; Ourliac and de Malafosse, *Droit privé*, 3: 135-136. 感谢多伦多大学的 John M. Beattie 在这方面的建议,他的文章 "The Criminality of Women in Eighteenth-Century England" 即将发表在 *Journal of Social History* 上。在 "Is a Spinster an Unmarried Woman?"(即将发表在 *American Journal of Legal History* 上)这篇有趣的文章中,Carol Z. Wiener 讨论了 16 世纪末和 17 世纪初英格兰已婚妇女在某些重罪或侵害行为上的责任,她认为此种责任存在模糊之处。她猜测,Hertfordshire 地方法庭将一些被控参与暴乱及其他罪行的已婚妇女描述为"未婚妇女"的做法,有可能是一种法律虚构,以迫使这些妇女为自己的行为负责。

关于夫妇联合操控不同角色并以此共同获利的行为,参见 N. Castan, "La criminalité familiale dans le ressort de Parlement de Toulouse, 1690-1730," in A. Abbiateci *et al.*, *Crimes et criminalité en France, 17e-18e siècles* (Cahier des Annales, 33; Paris, 1971), pp. 91-107。Harvard Law School, Ms. 1128, no. 334, *Page vs. Page*, Nov. 13, 1605(此条材料由 Thomas Barnes 提供)。

〔40〕Roland Bainton, "Katherine Zell," *Medievalia et Humanistica*, n. s., 1 (1970): 3.

〔41〕Henri Hours, "Les fayettes de Saint Just d'Avray. Puissance et limites de solidarité dans une communauté rural en 1774," 文章即将发表在新一期的 *Bulletin de l'Académie de Villefranche*(Hours 友善地将稿件供给我参考)中。

有关阿列日地区农民的贫困状况及其与森林使用权的关系,参见 Michel Chevalier, *La vie humaine dans les pyrénées ariégeoises* (Paris, 1956), pp. 500-517. 有关此次暴动的材料参见 *Gazette des Tribunaux* 5, nos. 1432-1433, March 14-16, 1830, pp. 446-447, 450-451; M. Dubédat, "Le procès des Demoiselles: Resistance à l'application du code forestier dans les montagnes de l'Ariège, 1828-1830," *Bulletin périodique de la société ariégeoise des sciences, lettres et arts* 7, no. 6 (1900); L. Clarenc, "Le code de 1827 et les troubles forestiers dans les Pyrénées centrales au milieu du XIXe siècle," *Annales du Midi* 77 (1965): 293-317. John Merriman 对此次暴动的新研究即将出现在 "The Demoiselles of the Ariège, 1829 – 1830," in John M. Merriman, ed., *1830 in France* 中。

〔42〕F. R. H. Boulay, *Docutmeuts Illustrative of Medieval Kentish Society* (Ashford, Eng., 1964), pp. 254 – 255. William A. Hunt, "The Godly and the Vulgar: Religion, Rebellion and Social Change in Essex, England, 1570 – 1688" (Harvard University, 1974). Eric Kerridge, "The Revolts in Wiltshire Against Charles I," *The Wiltshire Archaeological and Natural History Magazine* 57 (1958 – 1960): 68 – 71. Historical Manuscripts Commission, *Report on the Manuscripts of …the Duke of Portland* (London, 1901), 7: 237 – 238（此条材料由劳伦斯·斯通提供）。Surrey Quarter Sessions, sessions roll 241, Oct. 1721（此条材料由多伦多大学的 John M. Beattie 提供）。*Ipswich Journal*, Aug. 5, 1749（此条材料由安大略 Queen's University 的 Robert Malcolmson 提供）。A. W. Smith, "Some Folklore Elements in Movements of Social Protest," *Folklore* 77 (1967), 244 – 245. "Memorial of the Inhabitants of Stockport and Vicinity" (Public Record Office, HO 42/128). 感谢 Robert Glen 的提醒，他在其正在完成的博士论文 "The Working Classes of Stockport During the Industrial Revolution" (University of California, Berkeley) 中讨论了这个问题。

在许多年前的一篇文章中 Ellen A. MacArthur 提到，1643 年的时候有一支规模很大的妇女示威队伍聚集在议会大门前并向其递交了请愿书，书中要求与苏格兰达成和解并妥善解决改革派新教的问题，而队伍中间就存在着男扮女装者（"Women Petitioners and the Long Parliament," *English Historical Review* 24 [1909]: 702-703）。Patricia Higgins 近期的相关研究尽管利用了很多当时的材料，但她并没有对时人所说的"闹事者中混杂的男扮女装者"给予足够的重视。参见 "The Reactions of Women"（注 38 中有引用），pp. 190-197。

〔43〕Williams, *Rebecca Riots*. Thompson, " 'Rough Music,' " pp. 306-307. Daniel Wilson, *Memorials of Edinburgh in the Olden Time* (2d ed.; Edinburgh and London, 1891), 1: 143-145. Sir Walter Scott, *The Heart of Midlothian*, chap. 7.

〔44〕G. F. Dalton, "The Ritual Killing of the Irish Kings," *Folklore* 81 (1970): 15-19. Vivian Mercier, *The Irish Comic Tradition* (Oxford, 1962), pp. 49-53. Arthur Young, *Arthur Young's Tour in Ireland, 1776-1779*, ed. A. W. Hutton (London, 1892), 1: 81-84; 2: 55-56. W. E. H. Lecky, *A History of Ireland in the Eighteenth Century* (New York，1893)，2：12-44. 布朗大学的 L. P. Curtis 和加州大学伯克利分校的 Robert Tracy 在爱尔兰的事例上给予我很大帮助。这里还要感谢伯克利分校的 Brendon Ohehir 教授，他向我介绍了 Lecky 对"白色男孩"签名的解释，还作了相关翻译。在这里给出的爱尔兰人名里，"Sieve/Sadhbh"（即"Sally"［萨丽］）之后的"Outlagh/Amhaltach"可理解为"仁慈"或者"幸福"。

〔45〕Thompson，"'Rough Music'"，especially pp. 296-304. 有关 19 世纪早期法国针对打妻子者的哄闹会的情况，参见 Cl. Xavier Girault，"Etymologie des usages des principales époques de l'année et de la vie," *Mémoires de l'Académie Celtique* 2（1808）：104-106（其中提到哄闹会只针对 5 月份打骂妻子的男人；Girault 居住在离第戎——此地在 16 世纪时施行五月禁例——不远的 Auxonne）；J. A. Du Laure，"Archeographe au lieu de La Tombe et de ses environs," *Mémoires de l'Académie Celtique* 2（1808）：449（其中提到哄闹会只针对责打妻子的男人及其邻居，如果后者不向挨打妻子提供支援的话；La Tombe 在塞纳-马恩省）；Van Gennep，*Manuel*，1.3：1073（范·格耐普也给出了传统的针对挨打丈夫的哄闹会的例子，p. 1072）。

美洲殖民地的例子可见 J. E. Culter，*Lynch-Law*（London，1905），pp. 46-47：1750 年代新泽西 Elizabethtown 的一群男人称自己为 Regulars，他们在夜间游走各处，身着女装，脸涂异色，专门惩处那些据称责打了妻子的男人。感谢 Herbert Gutman 提供的参考。

第六章　暴力仪式

1562年，一位加尔文教牧师这样对信众说[1]：

> 你们存活于世的日子，在耶和华你们列祖的神所赐你们为业的地上，要谨守遵行的律例，典章，乃是这些。你们要将所赶出的国民事奉神的各地方，无论是在高山，在小山，在各青翠树下，都毁坏了。也要拆毁他们的祭坛，打碎他们的柱像，用火焚烧他们的木偶，砍下他们雕刻的神像，并将其名从那地方除灭 [《申命记》12：1-3]。

1568年，在向教区居民说明一个邪恶的偶像崇拜者的下场时，巴黎传教士这样说[2]：

> 你的同胞弟兄，或是你的儿女，或是你怀中的妻，或是如同你性命的朋友，若暗中引诱你，说，我们不如去事奉你和你列祖素来所不认识的别神……你不可依从他，也不可听从他，眼不可顾惜他，你不可怜恤他，也不可遮庇他，总要杀他，你先下手，然后众民也下手，将他治死……
>
> 在耶和华你神所赐你居住的各城中，你若听人说，有些匪类

第六章 暴力仪式

从你们中间的一座城出来勾引本城的居民,说,我们不如去事奉你们素来所不认识的别神……你必要用刀杀那城里的居民,把城里所有的,连牲畜,都用刀杀尽[《申命记》13:6,8—9,12—13,15]。

耶户抬头向窗户观看,说,谁顺从我。有两三个太监从窗户往外看他。耶户说,把他扔下来。他们就把他扔下来。他的血溅在墙上,和马上。于是把他践踏了……他们就去葬埋他,只寻得他的头骨,和脚,并手掌……他们回去告诉耶户。耶户说,这正应验耶和华借他仆人提斯比人以利亚所说的话,说,在耶斯列田间,狗必吃耶洗别的肉,耶洗别的尸首必在耶斯列田间如同粪土,甚至人不能说这是耶洗别[《列王记》下9:32—33,35—37]。

不管牧师和神父的意图是什么,这些话语是16世纪法国宗教暴动升级的诸多促成因素之一。这里的宗教暴动,指的是不经**官方和正式**许可即以武器或言语对宗教目标施行的任何暴力行动,而且其施行者既不是政治当局的代表,也不是教会当局的代理人。如同粮食暴动者将他们的怒火发泄到谷物市场的现状上一样,宗教暴动者也将他们的热情施加到人与圣物的关系现状上。宗教暴动至少在原则上是不同于政治当局的行动的:当局能够合法地压制、羞辱、废除、惩罚、折磨和执行死刑。它也不同于士兵的行动:士兵可以在特定时间、特定地点合法地杀人或摧毁东西。在16世纪中期的法国,所有这些暴力的缘由都在不停地产生着。有时候,你很难把一位民兵军官和一个谋杀者、一名士兵和一个法律践踏者分开。尽管如此,我们还是可以在某些场合里区分出以宗教为目标的暴动人群。

16世纪时,人们已对群体暴力有所概述。它有的时候看起来是一种有组织或有理智的行为。在圣体日戏剧中,一系列的正式竞赛"游戏"即被用来重现那些针对基督的暴力行为,而耶稣迫害者行为的来龙去脉就这样隐藏其间。[3] 在丢勒的《一万烈士》(*Martyrdom of Ten Thousand*)中,耶稣的波斯行刑者与他人间隔开,有条不紊地干着他那罪恶勾当。[4] 然而在多数情况下,如布鲁格尔的《死亡的胜利》(The Triumph of Death)一样，人群是混乱无序的。博学的作家这样提及里昂的谷物暴动者："人类的糟粕、无秩序、无拘束、无领导……多头兽……一群疯狂的乌合之众。"谈到巴黎的暴民则是"一群无知者，从四处汇集而来……受野心家领导。他们鼓动人群，伺机施展暴行"[5]。

现在，由于乔治·鲁德、艾里克·霍布斯鲍姆、E. P. 汤普森、查尔斯·蒂利、艾曼努艾尔·勒·华·拉杜里和其他人的工作[6]，这九头怪的形态变得有序多了。我们可以认为，民众受到政治和道德传统的鼓动，而这些传统为暴力行动正名，甚至为其制定规则。我们可以把城市暴民看成在社群中有切身利益的男男女女，而不是无家可归、居无定所的可怜人群；他们可能是工匠或者地位更高的人；即便穷困、无一技之长，他们也可以每天堂堂正正地出现在邻居面前。最后，不管他们的行为多么残酷，我们可能会看到，他们的暴力行为并不是随便和无限度的，而是有特定目标、特定手段的，这些手段属于传统形式的惩罚和破坏行动的范畴。

这幅描述前工业时代群体暴力的图画，主要源自对谷物和粮食暴动、抗税暴动、工匠暴力行动和某些农民革命的研究。相形之下，除了具有明显现时重要性和非宗教特性的反犹与千禧年运动之外[7]，宗教暴动的广阔图景并没有受到系统的关注。对于今日的教会史家来说，他们的加尔文教和天主教祖先的群体暴力也许会让人困窘（如在贝尔法斯特的例子一样），这在我们所处的普世教会时代更是如此。对于社会史家来说，正是16世纪多数貌似非理性的宗教暴动让人备感困惑。以千禧年梦想为名挥刀舞剑还可以理解，但为什么人们为了区区圣餐或圣物就能如此疯狂呢？很难解释这种事情的社会缘由。

毫不奇怪，C. 维尔林登和他的同事对大众圣像破坏运动的开创性研究，同贾尼·埃斯泰布对天主教群体暴力的研究一样，都坚持认为宗教纷争与经济原因有密切联系。他们的观点是，粮价上升触发了骚动，而圣巴托罗缪节大屠杀也是一场"阶级犯罪"，"富有的胡格诺

第六章 暴力仪式

信徒是首选的攻击和掠夺对象"。不只如此,埃斯泰布还将大屠杀中的群体行为视作人类原始心智的一种体现,而事态更使其发展到病态仇恨的地步。与之类似,菲利普·沃尔夫对巴伦西亚和巴塞罗那1391年的反犹运动的研究,以及乔治·鲁德对18世纪里昂反天主教暴动的分析,都倾向于将骚动的"真正"原因归结为社会因素。这里的社会特指存在于穷人和富人、匠人和富有市民或工匠、打工者和制造商、商人之间的矛盾。[8] 无疑,有些宗教暴力是有这种特性的。沃尔夫有关巴塞罗那的例子确实非常贴切,但一场宗教暴动是不是就只有这种社会内涵呢?如果这样的阶级冲突不存在,群体宗教暴力又会怎样呢?

在这篇文章里,我将试图以16世纪的法国为背景来回答这个问题。我将首先描述法国城市和城镇中宗教暴动的形态和结构,特别是1560年代和1570年代早期的例子。我们将考察暴动的目标、正当化过程和诱因;还有群体的行动及其暴力的实施对象;还将简要分析暴动参与者和组织的情况。我们将会考虑新教和天主教群体行动样式的不同,但也会指出它们的相似之处。我们的资料来源是当时的天主教和新教对宗教骚动的记录,我们必须将其中确定的捏造记录同大体真实的记录区分开来。* 我希望这能给关于圣巴托罗缪节大屠杀的研究提供新视角,同时加深对作为一种群体骚动形式的宗教暴动的理解。

---

* 在可能的情况下,我将试图同时考察天主教和新教对同一事件的记述。比如在1562年图卢兹事件的很多记录中,我就运用了天主教徒 G. Bosquet 的资料(*Histoire de M. G. Bosquet, sur les troubles Advenus en la ville de Tolose l'an* 1562 [Toulouse, 1595])和改革派的《教会史》。无论是天主教作者对自己教派暴力行为的描述(如牧师克劳德·哈顿的 *Mémoires*),还是《教会史》中有关新教暴力行为的记载,我都作了极其谨慎的挑选。这些资料并不必然一五一十地描述自己教派的暴力行为,但我们至少可以从他们的正面描述中推测到事情确实发生了。我也很细致地处理省略问题,因为当一派要控诉另一派的暴力行为时,作者几乎不会给他们的对手说好话。如果某类暴力活动通常不归结为对方所为,我们可以推测它们实际上并不经常发生。在诸如亵渎圣体、酷刑和不洁的事例上,鉴于我们无法找到"公正"的亲眼所见的记录,我只好运用自己的判断来取舍了:判断依据是我对16世纪行为可能性范围的总体理解。这里,我的向导是法国法律实践与刑罚案例、拉伯雷和 Pierre de L'Estoile 对16世纪晚期巴黎人行为的描述,以及蒙田对他那个时代酷刑的评论("On Cruelty," "Of Cannibals")。

法国近代早期的社会与文化

一

那么我们又能从群体宗教暴力的目标中发现什么呢？这些人群想要干什么？为什么他们一定要这样做呢？他们的行为首先反映其准传教的目的：用激烈的挑战和检验来捍卫正确的信条，拒斥错误的信条。"你亵渎上帝"，1558年一位妇女对着一名天主教传道士这样喊着；在毁掉圣礼仪式之后，她带领部分会众离开了教堂。一名制鞘匠在里昂方济各会的复活节讲道上喊，"你说谎"，随后，胡格诺信徒的枪声更加强了他话语的分量。[9]"看，"当一名图尔内织布工从神父那拿到崇高的圣饼时，他喊着，"受骗的人们，你们相信这是我们的上帝、耶稣基督、真正的神和救世主吗？看！"他将面包弄碎，然后跑了。"看，"1561年阿尔比亚一群圣像破坏者这样向人们说，他们还展示了从加默罗修会那里夺得的圣物，"看，它们只不过是动物骨头而已。"[10]在巴黎、图卢兹、拉罗歇尔和昂古莱姆，改革派信众冲到街上，他们的口号是"福音！福音！福音万岁！"[11]

为回应对方"说出实情"的要求，昂热的天主教人群将一本法语《圣经》放在一把戟的末端游街示众，这本书是在一个富有商人那里夺得的，装订细致而且还镶金。"这就是背后的隐情。这就是胡格诺信徒的实情，有关所有魔鬼的实情。"人群接着把它扔进河里，"有关魔鬼的实情被扔掉了"[12]。如果胡格诺信条是真的，为什么上帝不拯救他们呢？1572年，奥尔良一群天主教徒这样奚落被害者："你的主哪去了？你的祈祷和圣歌呢？让他来救你吧，如果他能的话。"在诺曼底和普罗旺斯，甚至死者也被拿来说明问题，人们把新教《圣经》的书页塞进死者的嘴里和尸体的伤口中。"他们为自己的主传道。让他们找他来帮忙吧。"[13]

当然，新教徒也这样拒斥对方。1561年，在巴黎的圣梅达尔教堂里，一群新教信众将一个守卫圣饼的面包匠逼到角落里。"先生们，"他恳求说，"不要碰它，神圣的上帝就在里面。""你的面糊上帝能保佑你免除死亡的痛苦吗？"这就是新教徒们在杀死他之前的回答。[14]真正的信条能在布道和讲话中得到捍卫，能从地方官员反对异端的利剑那里得到支持。这里，激烈的示威捍卫了它，群体的暴力支持了它。

然而，这些暴动的一个更常见的目的是清除社群中受到的可怕污染。"污染"（pollution）一词经常被暴动者提到，这个概念很好地概括了他们肮脏而残忍的敌人的危险。一名神父将唱弥撒的用品和物件带进波尔多的一座监狱。新教犯人将它们全部毁掉。"你想到处亵渎上帝的名誉吗？教堂被污染也就算了，难道你还一定要玷污监狱，不留一块净土吗？"[15]"加尔文信徒用尽人们能够想到的种种手段亵渎他们的手"，1562年一名神学家这样写道。不久之后，在圣沙佩尔教堂，一个男人便用他"被污染的手"夺取圣饼，然后将它扔到脚下踩碎。礼拜者将他痛打一顿，然后将其送交高等法院。[16]人们把新教徒看作污染的载体。这种看法可以从众所周知的绰号"胡格诺"（Huguenots）的起源中反映出来。在图尔城，"胡格王"（le roi Huguet）一般被用来指那些不在炼狱好好呆着，却在夜里串门入户、四处游荡、为害人间的幽灵。新教徒夜里出门参加他们淫荡的秘密集会，所以图尔的神父和人们就开始用"胡格诺"来称呼他们，随后，这个叫法传播到其他地方。这样，新教徒就跟死者的幽灵一样险恶了，人们希望能在万灵节的墓地消灭他们。[17]

我们不必花太多时间在16世纪双方宣称的有关不洁与亵渎的事例上面。天主教徒认为，新教徒跟早期的异端一样，在夜里秘密集会，唱完圣歌之后，他们就会吹灭蜡烛做奸淫勾当。当他们的宗教活动公开之后，情况也没有好转，因为他们的圣餐被认为是（用一个里昂布料商的话来说）无序而酒气冲天的，"一个酒神节"[18]。但他们的不洁并不只是因为放纵肉欲，还因为他们的所说——如他们"瘟疫般"书里的说法——和所为——仇视弥撒、圣礼和整个天主教。奥尔良三级会议一位教士代表的说法最有代表性，他说，这些异端试图逃离"无处不献身于上帝的神圣、庄严的王国"不成，结果"只能亵渎教堂、摧毁圣坛、破坏圣像"[19]。

在新教徒看来，天主教的污浊也源自他们的性不洁，尤其是教士们。新教争辩者不厌其烦地强调教士与"姘妇们"的勾当。有传言说在神父和教士的建议下，里昂教会设立了一个由几百个女人组成的类似教堂妓院的组织；一名观察者则指出第一次宗教战争后弥撒和妓院一起重返鲁昂的恶心情形。一位牧师甚至声称多数教士是鸡奸者。[20] 但比教士的性丑事更可恶的是天主教仪式生活对圣物的玷污，从弥撒的邪恶戏法到对圣像的崇拜，无一不是这样。弥撒是"可恶的污物"；"没有人比教士更玷污上帝的殿堂了"。在谈到他们过去的生活时，新教皈依者将其形容为一段肮脏和可怕的时光：他们得忍受天主教教堂和仪式中的"不洁"。[21]

不论从新教徒还是从天主教徒的观点来看，污物都有使社群受难的危险，因为这必定会惹怒上帝。可怕的风暴和洪水被看成上帝不满的信号。[22] 天主教徒还要担心那些冒犯圣母和圣徒的事情；在新教徒亵渎他们之后，虽然他们会焦虑不安地组织游行作临时性弥补，但异端们一定会有新的行动。[23] 所以毫不奇怪，由天主教和新教信徒上演的这么多暴力事件，都有净化礼或是荒谬的亵渎行动的特点，它们都试图将污物——如圣油——放回它所属的肮脏世界，从而去除不洁。

天主教和新教信徒清除被污染成分的行动让人回想起千禧年运动。运动坚持认为，恶者将被清除，信上帝者将统治一切。它们确实很像，但这是有限的。相比内心的虔诚，我们的天主教和新教徒们更相信自己的判断；相比一个圣徒的社会，他们宁愿设想一个更圣洁的罪人的社会。对于天主教狂热者而言，清除异端"害虫"预示着恢复信徒社会（body social）* 的团结，巩固某些传统的边界：

---

* 在这里，我试图总结一下贾尼·埃斯泰布的观察结论：在圣巴托罗缪节大屠杀中，她认为新教徒被人们视为"亵渎者"（*Tocsin pour un massacre. La saison des Saint-Barthélemy* [Paris, 1968], *pp.* 194-195）。但是在我看来，认为天主教杀人者试图清除"异族"（p. 197）的看法缺乏根据。这是对杀害孕妇、阉割男性的证据的夸大和误读（见下文，边码 175、179 页）。人们仇恨异端是因为他们肮脏、闹分裂和搞无序的活动，而不是因为他们是一个"种族"；人群有时会迫使他们参加弥撒，而不是杀死他们。

对污物恐惧和社会界限顾虑之间关系的讨论，可参见 Mary Douglas 的作品（*Purity and Danger. An Analysis of Concepts of Pollution and Taboo* [London, 1966], chap. 7）。

第六章　暴力仪式

让我们一起说：
天主教万岁
国王和善良教区居民万岁，
虔诚的巴黎人万岁，
它将永远来到
人人参加弥撒，
一个上帝，一个信仰，一个国王。[24]

对于新教狂热者来说，清除教士式的"害虫"，预示着信徒社会新团结的诞生。大家聚集在一起，因为错误的神灵和僧侣的派别再也不能分割他们了。社会等级内的关系也将变得更纯洁，因为淫荡和贪欲将被限制。如同里昂在1562年"解放"后一样：

里昂确实变了……
商业的利润，女人的歌舞
和放肆，每个人都从中解脱出来。

还有：

当这城镇空虚的时候
它充满着
偶像崇拜、高利贷和色情交易，
教士和商人都很富有
但当它由《圣经》得到清洁、转变了之后
那些恶人们
再也不指望
在这样圣洁的地方居住了。[25]

群体可以捍卫真理，群体也可以清洁社会，但宗教暴动还有第三种可能：政治行动。在研究18世纪英格兰的粮食暴动时，E.P.汤普森即表明了群体行为是怎样被正当化的，因为这种行为被普遍认为是代替政府行事。如果治安法官无法履行他们的法定职责——保证粮食供应，那么群众将自己执行巡回法庭的规定。[26] 在1529年里昂的谷物大暴动（rebeine）中，我们发现这种看法是正确的，至少在"小人物"（menu peuple）出现的地方都是这样。在"社区起来反对囤积居奇者"的口号下，人群在以往市政会议开会的地方聚集，然后开赴市政粮仓，还从供应充足的有钱人家那里抢粮食——市会议过去采取过这种行动，只是在现时危机下他们无法迅速行动。在1573年普罗万的谷物暴动中，因为市政当局不能以公正的价格供应城镇粮食，工匠们夺走了原本被高价卖给非城市居民的粮食。[27]

现在，我们可以从16世纪中期宗教群体的行动中得出某些类似猜想了。如果地方官没能用武力捍卫信仰和正确的教会，又没能惩罚偶像崇拜者，人群就要替他们行事。很多宗教骚动就是这样从城市的警钟响起开始的，就像市民集会和紧急事件时一样。有些暴动以宗教"谬误者"列队步入监狱而告终。比如在1561年，因为害怕圣梅达尔教堂的神父和信徒攻击他们在隔壁族长花园的仪式，巴黎的加尔文信徒便预先在这个教堂发起暴动，他们抓到15名天主教"反叛者"，"像锁划桨奴隶一样"地将其投入夏特莱*监狱。[28]

假如说天主教徒屠杀胡格诺信徒还有某种净化仪式的形式，那么它同时也有效仿地方官员的成分。1540年代梅林多尔、加布里埃尔（这两处都在普罗旺斯）和莫城对新教徒的大规模行刑，就是按照埃克斯和巴黎高等法院处决宗教异端及最高叛国犯的命令进行的。从中我们可以看到几十年后群体大屠杀的影子。新教徒们自己已经感觉到了：那些恶魔无法通过法律审判来消灭《福音》之光，所以现在就试图用狂怒的战争和群体杀戮来实行灭绝。在此之前，他们还被单个刽子手杀害而成为烈士，现在，他们要死在"无数的人"刀下，而这些刀"已经成为最罕见暴行的诉讼人、见证者、法官、律令和执行人"[29]。

类似的，**官方**的酷刑及虐尸（针对某些犯人）也给一些暴动人群

---

* 夏特莱（Châtelet）监狱从中世纪起到大革命止一直是法国习惯法裁判中枢，位于塞纳河右岸，原为一小型城堡。——译者注

的行动作了示范。即便是在 16 世纪，公开行刑也是一种充满戏剧性的、围观者众多的事件，而木版和雕版画则记录了这些经常出现的场景。人们可以看到，亵渎者的舌头被刺穿或被撕成几片，罪恶的手被砍下来。人们可以看到，叛国者被斩首，肠脏横流，尸体四碎，每一部分都被拿到城镇的各个地区公示。一个十恶不赦的犯人的尸体被一匹马拉着，拖遍各个街道。钦定惩戒性行刑的印迹会存续几个星期甚至数年，谋杀者的尸体会被放在吊架或车轮上展示，而叛乱者的首级则被吊在柱子上。[30]这样，在 1572 年人群进攻之前数小时，当克里尼海军上将的尸体被国王手下扔出窗外，又被吉斯公爵用石头猛砸时，我们就不会感到奇怪了。不只如此，人群还常将受害者拉到官方行刑的地方去。如 1562 年在巴黎，新教印刷商罗克·勒·弗雷尔就被拖到肉市（Marché aux Pourceaux）那里施行火刑。同年，在图卢兹，一个在教堂被杀的商人也被拖到城镇会堂施行火刑。"国王问候你"，一群奥尔良天主教徒这样对一名新教商人说，然后像官方行刑人一样，用绳子绕着他的脖子，吊死了他。[31]

　　暴动也和司法案件有关联，当审判过慢或者宗教案件的判决被认为太重或太轻时，民众就要"发出声音"[32]。所以在 1569 年，蒙比利埃的一群天主教徒迫使法官在快速"审判"中将一名重要的胡格诺囚犯判处死刑，随后抓住他，并在其家门口将他吊死。1551 年，一名金饰职工在里昂被判为异端并被移交到巴黎，一群化装的新教徒绑架了他，然后将其释放。1561 年，在马西亚格，当一些异端囚犯被皇家法令释放时，一群天主教徒又将他们抓起来，处决他们并在街上焚烧其尸体。[33]最明显的人群代行地方官角色的例子是 1572 年普罗万的模拟审判。一名胡格诺信徒因为在宗教骚动期间杀人、偷盗而被吊死。一群男孩在将他的脖子和脚用绳子绑上之后，便在怎么拖拽尸体的问题上争执不下。男孩们从他们中间选出了律师和法官举行审判。在数百名围观者面前，他们争论着该使用什么刑罚，他们还借用真实法官的判罚：作为异端的胡格诺信徒应该被吊死，而不是被活活烧死。[34]判决结束后，尸体被捆着脚拖上街，接着被付之一炬。

那些占领宗教建筑、摧毁偶像的加尔文信徒们，也自认为是在行使当局的责任。1561 年，蒙比利埃的新教徒占领一个教堂时，他们争辩说这座建筑已经为他们所有，因为教区委员会的商人和市民曾经维持过其运转，它也应该公正地归属于城镇。同年，在阿让，因为改革派牧师传道说唯有地方官才负有清除偶像标志的职责，所以一天晚上，新教徒们决定"如果等长老会行动，那将一事无成"，于是闯进城镇的教堂中，将所有的圣坛和偶像悉数摧毁。[35]

固然，相比天主教徒，法国加尔文教人群会以不同的方式去处理与官方行为模式的关系。国王并没有按新教徒们自 1530 年代以来就敦促他的那样惩罚神父们，"将所有偶像胡乱摧毁"[36]。加尔文教人群挥舞着国王的剑，就像他**应该**用、而国外某些王公和城市会议已经用了的方式一样。1560 年前，在王国之内，城市会议只是**指明**了"正确道路"：设立市立学校和平信徒控制的救济制度，或者是限制神父的行动。[37]在随后的年份里，伴随着革命和皈依，法国有了改革派的城市会议、总督和统治者（如纳瓦尔女王）。法国的加尔文教人群终于有了自己的地方官，他们可以推动或效仿这些地方官的行动。

这样，总体看来，16 世纪法国宗教暴动中的人群有时扮演着教会的角色：捍卫正确信条，或将神父和先知的说教暴力化，清除那些受污染的社群；有时则扮演地方官的角色。当然一些暴动行为——比如新教徒或天主教徒的大规模劫掠——不能归结为这两条；但是，正如战争中普遍的掠夺现象不能阻止我们将其归为圣战一样，暴动中普遍的掠夺也不能阻止我们将其定性为宗教行为。

二

究竟是什么东西能让人们认为自己是在公正地行使神父、牧师和地方官的职责呢？像其他天主教作家一样，耶稣会士埃蒙·奥热

第六章 暴力仪式

1568 年用他的《战争教说》（*Pedagogue d'Armes*）鼓吹发动圣战消灭异端，但他只把这些说教献给查理九世。[38] 如其他的改革派传道者一样，牧师皮埃尔·维雷告诉信众说，个人不应该以"特殊天命"的名义去阻止公众的丑行。没有人能够从《圣经》中找到证据说他们有这种使命，事情最好还是留给掌权人去处理。[39] 即便到了新教的反抗理论发展完善的时候，它也从未明确承认个人有暴力反抗的权利。[40] 16 世纪的政治当局也没有告诉"小人物"说他们有权在乐意的时候发动暴乱。

但人群还是暴动了，也只有极少数宗教骚动的参与者为此感到自责。在克雷斯平的《殉道者书》（*Book of Martyrs*）中提到的天主教谋杀者中，只有 3 个人据说因自己的行为而生病，或因为招惹魔鬼、反对上帝而疯癫或死亡。1572 年，里昂晚祈祷的主要屠杀者不仅在街上展示他们血迹斑斑的马甲，还吹嘘他们杀人的数目；随后，教皇使节以正式政治事务的规格赦免了他们。在新教徒回到天主教会的例子中，他们可能会为摧毁偶像、攻击神父而略感悔过，但这只是整个"异端"行为模式的一部分。只要暴动者沉溺于无法自拔的宗教献身之中，他们就很少会为自己的暴力行为感到悔恨或羞耻。所有迹象都表明，他们认为自己的行为是正当的。[41]

他们确信的一个原因是，在某些（当然不是全部）宗教暴动中，教士和官员自己就是人群里的积极分子，虽然他们并不确定以正式身份出现。1562 年在里昂，牧师让·鲁菲手持利剑参加了洗劫圣让大教堂的行动。[42] 看起来神父也出现在一些骚动之中，如 1560 年鲁昂圣体节游行时，神父和教区居民们闯进了新教徒的家中，因为新教徒不肯参加光荣的游行。[43]（在其他事例中，教士们据说就在幕后忙于组织人群。[44]）在埃克斯，一群天主教暴动者就是由一名城市的第一执政领头的。1562 年在里昂，印刷商、执政让·德·拉波特带领一群新教徒攻击了圣茹斯特修院。[45] 1561 年在圣梅达尔教堂，打斗并"逮捕"天主教徒的人群中就有巴黎"夜间巡逻兵"（royal watch）的长官。同年，阿让的圣像破坏者中则有城镇的行刑人。

"我的职责就是放火",他边说边把肖像扔进火中。[46]最后,在巴黎的圣巴托罗缪节和里昂的晚祷大屠杀中,某些民兵军官的参与便众所周知。如贾尼·埃斯泰布所说,他们杀人和劫掠的劲头比此前国王给予的任何口头鼓励都要管用,也明显超过了城市当局正式命令所要求的那种程度。[47]

另一方面,并不是所有暴动都可以因为官员或教士的参与而自称合法,而人们也寻求其他正当化的根据。这里,我们必须认识到神父和牧师布道词中所含有的关于异端或偶像崇拜者的提示。如果我们不知道天主教神父克劳德·哈顿的说法——他宣称桑城的一名胡格诺传教者告诉会众说,"清除教皇派'害虫'就是对上帝的伟大献祭"——是否属实,那么在1562年5月3日于吉安和鲁昂同时爆发的圣像破坏暴动中,说教的作用就很明显了,因为暴动就是在布道之后爆发,而布道词便是文章开头所引用的《申命记》第12章的内容。[48]不管加尔文和其他牧师如何反对这些骚动(他们更希望所有的偶像和圣坛都由当局来严肃清除),他们仍然时刻准备理解这些行动并为其开脱责任,而他们谅解其他暴力活动——比如说,农民革命或职工游行——时可就没这情愿了。毕竟,群体的圣像破坏行为大概是"上帝的非凡力量(vertu)"的结果吧。如1566年让·克雷斯平针对尼德兰的圣像破坏运动所说的,对于一小群手无寸铁、条件简朴的男人、女人和小孩来说,有什么其他力量能让他们在4天里毁掉许多泥瓦匠们花费8天才能建成的东西呢?鲁昂的工匠、女人、小孩们在24小时里就清洗了50座教堂,怎样解释这个事实呢?[49]当1561年12月人群占领尼姆的大教堂时,牧师皮埃尔·维雷大概也会怀疑上帝在其中的角色吧。虽然他反对这样的行动,但3天后,他还是愿意在那个教堂向加尔文信徒们讲道。[50]

天主教传教士在正当化群体暴力方面的角色甚至更为直接。如果我们不知道新教徒的说法——他们宣称天主教传道士1557年在巴黎告诉信众说,新教徒吃婴儿——是否属实,那么在人们攻击圣雅克街秘密集会的那一年,天主教传道士说教——他们将圣康坦战役的失败

第六章 暴力仪式

归结为上帝的怒火,因为法国出现了异端——的作用就很明显了。[51]接下来的几年里,他们强调了亚哈和妻子杰泽贝尔、贝沙撒等的事例,以训诫邪恶、容忍偶像崇拜的人。在一场发生于无邪者公墓*的天主教暴动之前,修士让·德·汉在教堂里告诉听众说,他们不能指望皇家法官去惩罚路德信徒,他们应该自己动手。[52]1572年圣米歇尔日**,在大屠杀前几天的波尔多,耶稣会士埃蒙·奥热告诉人们巴黎、奥尔良和其他地方的上帝使者如何执行其判罚,他还说,波尔多也将效仿他们。[53]倘若新教牧师还有点怀疑圣像破坏者背后是否有非凡的神力支持***,那么神父们对天主教暴动中的奇异现象就深信不疑了。那就是上帝赞同的信号:1561年,即天主教徒在暴动中击败新教徒的那一年,特鲁瓦的一个铜十字架变了色,还能治愈病人;而从圣巴托罗缪节大屠杀开始,无邪者公墓那久不结果的山楂树居然开了花。[54]

不过,大众宗教暴动的正当性依据十有八九还是直接源自地方群体的经历,这些群体——在危险时代里参与夜间秘密集会的男女,兄弟会、节庆群体、青年帮派以及民兵分队中的男人们——通常构成了暴动人群的核心。我们必须记住,16世纪的城市是多么经常地需要"小人物"自己执行法律。皇家法令本身要求任何人在看见谋杀犯、小偷和其他坏人时要敲警铃并追捕犯人。[55]教会法允许平信徒在紧急情况下承担某些教士的责任;其中一个例子就是接生婆要为有生命危险的婴儿施洗。[56]同样,在改革派教会确立几十年之前,新教徒

---

* 无邪者公墓(Cimetière des Innocents),旧巴黎一墓地,名字源自《圣经》中被希律屠杀的无邪者。——译者注

** 圣米歇尔(St. Michael)日在9月29日。——译者注

*** 新教作者也强调了上帝的干预,以表明上帝对天主教暴动者的不满。比如在德拉古尼昂,一群人将两名新教徒杀死,三个月后人们发现(如书中声称的)尸体完好无损,伤口像是新的一样。一名看守尸体的天主教徒在被新教士兵杀死后,尸体马上就腐烂了,乌鸦和狗还啃食他的尸体。在马昂纳(滨海-夏郎德省),一名富有商人试图阻止新教仪式并殴打了一位新教徒,他在中风之后很快死去。这被认为是"上帝之手"的作用,而他的孩子们也转皈新教了(参见 Histoire ecclésiastique des Eglises Réformées au Royaume de France, ed. G. Baum and E. Cunitz [Paris, 1883–1889], 1:428, 357)。

便经常承担传教的任务。在一些加尔文教城市的民间，人们常谈论《圣经》，规定个人捍卫宗教时必须独立于地方官行事。为此，他们甚至以《旧约》中的先例为证发行了一本小册子：《对无邪者和基督徒教会的法律及武力捍卫》（*The Civil and Military Defense of the Innocents and the Church of Christ*）。[57]

最后，大量武装人群用法语齐唱圣歌的经历，就有挑战周围世界的宗教操守的意图；当圣体本身面临威胁时，作为圣体节游行一部分的经历则让人群确信：在某些情形下，他们有权以宗教理由用暴力解决问题。

三

那么，发动宗教暴动的背景又是什么呢？这里的"背景"，我并不是指那些触发了数起特殊宗教暴动的特定事物，比如圣巴托罗缪节时阴谋杀害国王的谣言等等。我指的也不是如这些理论——结构紧张、民众的相对剥削或是决定暴动时机的精英危机——般宏大的东西。事实上，在本文中，我几乎没有考虑时机的年代排序问题，也就是说，我并没有问为什么在里昂（比如说 1550 年代）会集中一连串宗教骚动[58]；为什么在 1560 年代法国各地会出现那么多宗教动乱；等等。我还没有这么广泛的资料能够支持这种分析。就群体行为本身来说，我只是强调这个事实：宗教暴动倾向于在人们确信宗教和（或）政治当局无力或需要他们帮助履行职责时发生。

至于宗教暴动的时机和导火索，我想说明的只是，谷物价格的上涨看起来并不是一个明显的变量。比如 1562 年头五个月图卢兹爆发宗教动乱时，其粮价是持平、甚至还低于之前两年的价格的。粮食供应肯定要比 1557 年春天和初夏情况困难时要充足，但那时却没有发生骚乱。[59]天主教徒攻击位于圣雅克街的秘密集会时，巴黎的粮食供应充足，粮价跌到了一个相当低的水平。1561 年末发生圣梅达尔

第六章 暴力仪式

暴动时，虽然粮价正在上涨，但这个价格远远不到饥荒时的水平。[60]至于1572年大屠杀发生时的情况，粮价正在缓慢上升，但没有严重缺粮，巴黎8、9月份的粮价还比1571年10月的价格要稍低一点，而图卢兹的价格则比之前夏季月份的价格还低。[61]简而言之，只有在总体和间接的意义上——即16世纪最后40年的通胀（如同宗教战争本身一样）对生活的很多方面有影响，粮价才跟法国的宗教暴动有关系。* 也许只有在这么宽广的意义上，它们才是1566年佛兰德斯圣像破坏运动的部分背景（这里我怀疑维尔林登和他的同事们的解释），而急促的公开新教传道的高潮则更像是暴动的特定导火索，这也是克雷斯平的看法。[62]那么在法国，谷物价格的**非正常**（specific）上涨跟什么因素相互关联呢？为什么他们要发动谷物暴乱？为什么他们要通过白衣赎罪游行来求雨呢？[63]

抛开年代排序的时机问题不谈，宗教暴力通常于礼拜或仪式时在特定地方发生，这个地方对于宗教群体的一方或双方来说具有神圣意义。当然，也有例外情况。亵渎宗教肖像和绘画的行动可能发生在晚间，当早期新教徒潜入教堂还成问题时尤其是这样。[64]大规模的杀戮（如1572年的大屠杀）可以在任何地方发生：在街上，在卧室。但多数宗教暴动是在仪式时发生的，而且看起来就像是仪式的一个奇怪的延续。

几乎每种形式的公共宗教活动都有与之相关联的骚动。一旦看见十字路口或墙缝里的圣母像，一群新教徒就便会过来嘲弄那些崇拜她的人。接着就会发生打斗。因为新教徒不肯向四周的圣母像脱帽致敬，天主教徒会藏在一间房子里，等着新教徒进入包围圈，然后跑出来痛打异教徒。[65]洗礼：在内穆尔，一个新教家庭在万灵节那天根据改革派仪式为婴儿举行洗礼。在一位姑妈的帮助下，一群天主教徒

---

* 对15世纪西班牙的最新研究表明，粮价上涨跟反犹运动有十分复杂的关系。Augus MacKay认为诱发群众暴动的**总体**背景因素很多，粮价上涨只是其中的一部分。粮价上涨得越迅猛，骚动就越**不**倾向于"唯有反犹的特点"（参见"Popular Movements and Pogroms in Fifteenth-Century Castile," *Past and Present* 55 [May 1972]: 58-59）。

将他偷走重新施洗。一个醉汉看见牧师、教父和其他新教徒在街上商量事情,便蹬着他的木鞋叫喊着:"这就是那些来屠杀我们的胡格诺信徒。"人群马上聚集,警钟长鸣,接着发生了3个小时的战斗。[66]

葬礼:在复活节时的图卢兹,一名新教木匠试图用改革派仪式埋葬他的天主教妻子。一群天主教徒将尸体夺走另行掩埋。新教徒们把尸体又挖了出来,试图重新埋葬。警钟响了,在吵闹中一群带着石头和棍棒的天主教徒聚集起来。接着就是打斗和抢夺。[67]

宗教仪式:天主教弥撒是攻击圣体、打断布道的好时机,随后就会有一场暴动。[68]在家中传道的新教徒会引来大群天主教徒,后者会用石头砸房子,要不就是威胁礼拜者。[69]当新教仪式公开的时候,仪式的对抗就更加直接了。在圣梅达尔教堂,晚祷的钟声盖过了附近新教牧师的布道声;在普罗万,胡格诺信徒用圣歌的声音盖过弥撒。[70]

但这些遭遇都不能跟游行时的情形相比。圣体节期间有大量的人群、彩旗和大十字架,这是新教徒**不**在门前挂毯子的好时候;女新教徒要大大方方地坐在门口纺纱;勇敢者如里昂油漆工德尼斯·德·瓦罗瓦就把自己投进"面糊的上帝"里面,以"让他在各个教区消失"。圣体节有可能从一场游行演变成一场攻袭和屠杀,那些攻击天主教信仰的人就成为受害者,像在1561年的里昂一样,参与者喊着:"为了上帝的肉身,我们必须杀掉所有的胡格诺信徒。"[71]在一场新教武装游行中,身着黑衣的武装男女走在街上,直赴教堂或城市门外,他们唱的圣歌和宗教歌曲在天主教徒听来简直是对自己教会和圣礼的侮辱。这是小孩子扔石子的时候,也是交流脏话的时候,"偶像崇拜者","教皇炼狱中的魔鬼","胡格诺异端,像狗一样活着",最后就是打斗了。[72]像1562年的桑城一样,有时两支游行队伍碰到了一起。加尔文信徒不肯让路,坚持要从天主教队伍的中间通过。仪式结束后双方又碰到一起,而因为有农民游行的帮助,天主教徒在一场血战中占了上风。[73]

但是,最鲜明表现两个宗教群体差别的要数天主教节庆的情形:街道上布满了天主教徒的舞蹈、面具、旗帜、服装和音乐,按新教徒

第六章 暴力仪式

的说法，这些都是"淫荡可憎的东西"。在里昂，当天主教徒1565年于圣彼得日*跳传统的夏季舞时，胡格诺信徒发起暴动攻击他们，这场暴动最终导致皮埃尔·维雷和另一名牧师被驱逐出城。在1561年夏天的蒙比利埃，兄弟会组织了周日游行，数百名男人、女人和小孩带着"赐福面包"（pains benits），跳着，舞着，喊着，"虽然有胡格诺信徒，但我们照样跳舞"。[74]

但节庆带来的不只是敌意和恐吓。1562年，在肥美节的伊苏顿，一群天主教徒盛装跳舞，扮演13名朝圣者、13名收割者、13名摘葡萄者和13名什一税征收人，他们都全副武装。新教徒掌握了相关情报，成功地将参与者拘捕起来。[75]但1566年在帕米埃，节庆青年团体则伴着"教皇"、"皇帝"、"大主教"和"修士"们将五旬节舞跳完。往早前舞蹈中扔石头的加尔文信徒们试图阻挠，但天主教徒们仍旧坚持进行。"如果［异端］可以秘密传教，那么我们就可以跳舞，不然500个异端将命丧黄泉。"在带着圣物和圣安东尼**银像的游行之后，舞蹈开始了，每三人一组，手鼓及游吟歌手在旁助兴。当他们路过牧师莫兰正在传教的那个社区时，歌词变成了"杀，杀"。随后，激烈的打斗开始了，它在城里持续了三天。"很久之前我就想用手肘把胡格诺信徒打出血"，一名舞者这样说。他会失望的，因为最终得胜的不是他们。[76]

这些宗教暴动的场景向我们表明，巴黎圣巴托罗缪节大屠杀的情节是多么典型。一场婚礼——最隆重的典礼之一，但就在这里，类似内穆尔的洗礼和图卢兹的葬礼，人们开始为仪式该是天主教式的还是新教式的发生争执——接着就是各式人的化装舞会。随后发生的事情已被视作一体而成为讽刺故事了：国王和他的兄弟阻止游侠们进入天堂，所以被魔鬼拖入了地狱。[77]然后，像帕米埃一样，节庆演变成了暴力仪式。

---

* 圣彼得（St. Peter）日在6月29日。——译者注
** 圣安东尼（St. Anthony, 251—356），隐修士，被认为是修院制度的创立者。——译者注

四

　　和礼拜仪式一样，天主教徒和新教徒的暴力仪式也有所不同。《教会史》(*Histoire ecclésiastique*)的加尔文教作者十分虔诚，他声称，除了在阿让地区人们"不是出于宗教原因，而是出于反对暴政的目的"杀死弗梅尔封主之外，"改革派只向偶像和圣坛开战，而且行为是不流血的，而罗马教会却用尽种种残酷手段"[78]。这种区分某种程度上属实，但新教暴动者事实上还是伤人害命的，而且也不完全出于自卫；天主教徒也曾经摧毁教会财物。在巴黎的族长花园，在瓦西，在森里，天主教徒摧毁了改革派用以举行仪式的讲道坛和凳子；在亚眠，他们甚至将其烧毁。[79] 在莫城和巴黎，高等法院的法令要求将所有新教徒曾用来做礼拜的房子全部拆毁。1568年，在里昂，一群天主教徒将新教徒的天堂会堂（Temple de Paradis）夷为平地，而这会堂是数百名唱圣歌的男人、女人和小孩几年前刚建立的。[80] 天主教徒和新教徒都毁书。天主教徒的特别目标是法语版《圣经》。在1540年代和1550年代，当局经常将其公开烧毁。[81] 加尔文信徒针对的特别目标则是牧师的手册、弥撒书和祈祷书。新教作者如维雷早已将这些书归为亵渎物品，还嘲弄它们。[82]

　　尽管如此，毁坏宗教物品更严重的还是破坏圣像的加尔文信徒（一名神父说，"比土耳其人还残酷"）。这不只是因为天主教徒的仪式有更多的附属物品，更因为新教徒比其对手更认识到"**错误运用物品**"的危险和亵渎。在帕米埃，神父如果不能用富瓦的黑色圣母像*招来好天气，她就会被摔掉；然而，随后他会再用根铁针修复她受损的脖子。如果新教徒发现了她，他们会马上在帕米埃烧掉其头部，而

---

* 富瓦的黑色圣母像（Black Virgin of Foix），一黑色陨石，被视作圣母肖像。它可能还与罗马女神开伯尔（Kybele）、埃及母神伊西斯（Isis）有渊源上的关联。富瓦（Foix）是法国旧郡，大致相当于今天的阿列日省。——译者注

第六章　暴力仪式

在富瓦烧掉其身体。[83]

但在血腥方面，天主教徒则更为严重（请记住，我们谈论的是天主教徒和新教徒的群体行动，而不是他们的军队）。我想这不只是因为长期来看他们在多数城市中数量占优，还因为他们比对方更认为**异端的身体**就是危险和亵渎之源。这样，伤害和杀戮就是最好的净化信徒社会的方式。

不只如此，新教徒和天主教徒具体攻击的目标也不一样。为配合一场推翻千年以来教会"暴政"和"污染"的运动，新教徒的首要目标是神父、僧侣和男修士。在新教徒眼中，这些受害者并不因为其通常不带武器而危害更少，或者因此就可以免受上帝怒火的责罚。[84] 新教徒有时也攻击平信徒，在帕米埃和里昂被石头砸的节庆舞者，圣梅达尔教堂被杀的礼拜者，都是例子。[85] 但他们没有什么行动可以和1572年大屠杀的方式与程度相提并论。天主教人群当然很乐意尽其所能地抓捕新教牧师[86]，但任何异端的死，都有助于清除这些导致法国混乱和分裂的煽动者。新教人群看起来很少杀死女人，而观察者的报告[87]显示，1572年，天主教徒在外省每杀死10个人中就有1个是女人（其中有一名就是我们在第三章中所讲的"专横"妇女），在巴黎这个比例则更高。*

＊ 让·克雷斯平在《殉道者书》中估计了1572年大屠杀中被害的人数：在鲁昂有550名男人和50名女人被杀；在奥尔良有1800名成年男人和150名成年女人被杀。里昂晚祷的遇害者名单中没有女人。在巴黎有大量的女性被杀，以致有消息说从8月28、29日起再没有女人（尤其是孕妇）可以杀了。即便是这里，清单也表明被杀的男性要远多于女性。之前天主教徒群体行动的情况也大体如此，如1562年的普罗旺斯（见注87）。从这些估计中可以明显地看到，孕妇不是**主要**目标，虽然他们显然不能置身事外。至于她们是不是如埃斯泰布所说的（*Tocsin*, p. 197）"候选被杀者"（choice victims/victims de choix），我不清楚。如阉割男尸一样，她认为这些是人们有意消灭"一个异族，一个可恨的、受诅咒的种族"的证据。就以上所知的情况，我没有找到将胡格诺信徒视为一个种族的例子。作为异端，杀死他们的人将其视为异类和（最终是）非人类，但并没有将其视作**种族**。可参见后面有关阉割尸体的进一步分析。

至于新教徒杀死女人的情况，天主教资料（见注87）显示，在巴黎圣梅达尔屠杀、1562年5月图卢兹事件和昂古莱姆教区中，胡格诺信徒都杀死女人。据说，1562年在蒙托邦有修女强奸。总体上看，有关新教徒行动的记录很少提及攻击女性的事件。至于圣母和女圣徒**塑像**，那是另外一回事。

既然天主教人群攻击非武装牧师和女性,其目标就显然不只在于消灭身体上的有势力者。但贾尼·埃斯泰布认为的——1572年大屠杀是阶级仇恨的表达(她指人们起来反对富有的胡格诺信徒)——是不是就对呢?[88] 我们甚至可以将问题放大来问:其他的天主教徒骚动和新教徒暴动的原因也是这样吗?如查尔斯·蒂利和詹姆斯·卢尔*在《度量政治剧变》(Measuring Political Upheaval)中所提出的问题,这些骚动中是否有"同构性"(他们的意思是,"一场……骚动中分隔敌我的界限和骚动发生所在社会制度中的普遍界限之间,是否有或高或低的关联度呢?")?[89]

虽然只有经过大量的定量研究才能给出答案,但在我看来,埃斯泰布的观点在**城市**骚动中是站不住脚的。当然,劫掠在所有的暴动中都扮演了它的角色。1557年,当新教贵妇们被从圣雅克街的秘密集会中带走时,那些边往她们身上扔泥巴边骂着"荡妇"(putains)的天主教徒,确实是宗教仇恨和社会愤怨兼具的。1572年,巴黎一名刺绣职工杀死一名重要的珠宝商,奥尔良一名刀匠杀死一位律师的情况,也大概相似。[90] 对于1562年在瓦朗斯杀死多菲内副总督贡德林老爷的新教徒来说,政治上的冤屈则更加剧了已有的宗教和社会不满。[91]

尽管这些个案是"高度同构"的,但城市宗教暴动的总体情形却不是这样,它反映的并不是"民众"杀害富人的局面。[92] 在新教徒面前,有势力的高级教士和一般神父是一样的。至于天主教人群,对1572年屠杀的现时记录表明,遇害者中有很大比重是工匠和"小人物"。比如在里昂,在一张记录141名晚祷遇害者的名单中,有88名工匠,34名商人,6名律师。[93] 如表7所表明的,其他城市的情况也类似。奥尔良的报告显示遇害者中商人多于工匠,但是在鲁昂和莫城,"小人物"人数则远多于富有的商人。这里的人数构成显得更为重要,因为有钱有势的遇害者总是更容易被记录下来。假如我们有关

---

* 詹姆斯·卢尔(James Rule),美国社会学家,研究高级社团社会学(Sociology of Advanced Societies)、技术、隐私等。——译者注

第六章　暴力仪式

于屠杀的更完整的资料，下层背景遇害者的人数将会毫无疑问地增加数倍。

表7　1572年大屠杀现时记录中男遇害者的社会—职业构成△

城市	贵族	律师、官员	商人	教师、牧师	工匠	非熟练工、仆人	职业不清楚	总和
布尔日	—	7	6	—	8	—	2	23
莫城	—	5	13	—	10[a]	1	—	29
特鲁瓦	—	1	11	—	22	2	—	36
奥尔良	2	15	50	2	47	11	15	142
鲁昂	3	9	18	3	119	3	31	186
里昂	—	6	34	3	88	5	5	141
巴黎	36	14	13	5	40	2	11	121

资料来源：里昂见注93；其他城市资料来自 Jean Crespin, *Histoire des Martyrs*, ed. D. Benoît (Toulouse, 1885—1889), Ⅲ.

△ 这里的贵族指克雷斯平定义的那些带有"先生"（Sieur de）头衔的人。某些被杀的律师和高官也可能被追封为贵族。

a. 莫城的名单中有10名工匠的名字，作者在其后说"其他200名或者更多的工匠"。这个数字精度可疑，但它确实反映了时人对屠杀涉及人数规模的印象。

　　如同我在其他地方所给出的材料，到1572年为止，法国城市的天主教和新教运动是垂直切入社会结构中的，但它们有各自不同的职业分布。* 基于有限的资料，这种分布看起来跟群体行动受害者和群

---

* 在即将推出的有关里昂改革运动的新书中，我分析了1572年前一个时期内数千名男性新教徒的社会和职业分布情况，结果表明，他们当中执政精英、显贵和"小人物"的数目跟其在总体人口构成中的比例大体对应；但分析还表明，他们主要从事新兴的、有一定技术要求、识字率较高或因16世纪早期城市发展而转型（如旅馆经营）的职业。在城市社会上层，新精英而不是老精英更有可能成为新教徒（所以在里昂的执政家族中，富有商人就比律师更有可能成为新教徒）。当然，这种职业区分并不能完全反映大屠杀遇害者的构成，因为任何一个人要成为遇害者都跟很多因素相关。比如在里昂晚祷中，印刷业中就很少有人遇害（书商 Jean Honoré、Mathieu Penin、Jean Vassin、装订商 Mathurin de Cler 和校对人 Jean de Saint Clément），虽然在1560年代这个行业的从业者中有很大比例的新教徒，虽然到1572年雇主和出版商的情况依然如故。这给我的印象就是：虽然其他城市中的印刷业也有人遇害并被列入被杀者名单中，但相对其在改革派教会中的比例，他们的被害人数较少。这大概能用此行业中人与人之间的特殊关系或者他们逃离法国来解释吧。

体本身的构成（稍后我们可以看得更全面一些）十分对应。只有那些最弱势的城市穷人——即日工、非熟练者、日工和失业者——才不在杀人者或遇害者之中。他们既不认可加尔文教的目标，也不融入城市天主教教区当中，这些"无赖"（bélîtres）只在暴力行动结束后才出现，不慌不忙地在尸体上剥衣服。[94]

178 那么，16世纪法国的群众宗教暴力与经济社会矛盾是不是绝然没有**系统**的关联呢？在城市民间（大多数骚动的发生地点），情况不是这样；但在农村，当农民为了信仰拿起武器时，这种关联更有可能存在。不然，我们又该如何解释农民朝圣者对桑城的胡格诺信徒的突袭呢（这种动机可是连城市天主教徒都感到吃惊的）？当阿让地区的新教农民追着压迫他们的地主富梅尔老爷喊"谋杀犯！暴君！"时，即便天主教农民也会跟着去占领他的城堡。[95]

在分析城市群体的构成之前，让我们先来看看我所谓的暴力仪式有些什么内容。有没有办法来系统整理这些污秽、耻辱和酷刑的可怕而实在的细节呢？我想，它们可以归结到一个行动范畴下面，这种行动范畴可以追溯到《圣经》、礼拜仪式、政治当局的行动或者民间的审判传统中去，这些行为都旨在净化宗教社群并羞辱敌人，减少其害处。

179 使用水火进行破坏的宗教意义是十分清楚的。那些漂浮大量新教徒尸体的河流不只是方便的集体坟墓，还会临时成为圣水，这是天主教驱邪仪式一个不可缺少的部分。蒙比利埃的一场大火将新教药剂师的房子夷为平地，它所留下的不是被人群吊死的异端尸体的气味，而是像焚香般持续数天散发出来的香味。如果说新教徒拒绝圣水和焚香，那么他们仍然认同《申命记》，将火视为一种神圣的净化手段。[96]

让我们来观察更复杂、更麻烦的事例：虐尸。这主要是16世纪天主教徒的行为。新教人群可能会非常残酷地折磨活着的神父，但死了的神父不会引起他们的注意。[97]（这也许跟新教徒拒绝炼狱、拒绝为死者祈祷有关吧：死者灵魂会马上体验到耶稣的存在，或是

第六章 暴力仪式

被诅咒的痛苦,所以死者就不再对活着的人有威胁了,也不再成为重要目标了。新教民间诗人将神父视为盗尸者,他们偷出尸体并将其送到炼狱烘烤。[98]) 让新教徒感兴趣的是挖出那些被天主教徒视为圣物的骨头,也许再将它们烧掉,《圣经·列王记》中约书亚便开了这样的先例。[99] 但仅仅将异端尸体烧掉或扔进河里的行为可不能让天主教徒满足。这样不够洁净。对尸体还要进一步加以削弱和羞辱。在一个怪异唱诗班"怪笛和喇叭"那里,尸体将像耶洗别一样被扔去喂狗,被拖过街道,其性器官和内脏将被挖出,然后卖给盗尸者。[100]

让我们也来考虑这些使人困窘的例子:用亵渎和令人作呕的手段侮辱宗教物品。如我们所看到的,正是新教徒才关心物品,他们试图向天主教徒证明其崇拜的器物没有神力。迅速有效的清除还不够,大规模公开烧毁偶像也不够清洁:阿尔比亚的小孩在仪式的火堆边上背诵《十诫》,这是不够的。[101] 把圣饼喂狗,往受难十字架上吐口水,用圣油涂某人的靴子,在圣水盆和其他宗教器物上大小便*,这些都是重划神圣和亵渎界限的好办法。[102]

活着的受害者怎么办?天主教徒和新教徒借用民间审判的手段来羞辱他们。天主教徒用口罩封住新教妇女的嘴巴(欧洲一些地方流行的一种惩罚法)或者给她们戴上带刺的冠顶,然后带她们游街[103]。哄闹会在此派上用场,喧闹的人群让受害者背脸骑驴前进。1562年在布罗瓦,天主教徒就用这种办法羞辱一名新教马鞍匠,他们用矛刺他,喊着,"噢,别碰他,他信奉圣母女皇(Queen Mother)"。在蒙托邦,一名神父背脸骑驴,一手拿圣杯,一手拿圣饼,弥撒书被吊在一把戟的末端。在骑行的最后,他必须毁掉圣饼,烧掉法衣。还有,像节庆游行中的"窝囊废"丈夫有时要由一名邻居来扮演一样,有时也需要一名新教徒来扮演神父。他穿着法衣被带到街上,假装讲着弥

---

* 在几个地方,天主教徒也往新教徒身上扔粪便(Crespin, *Martyrs*, 2: 545; 3: 203-204, 672)。在图卢兹一种极端的情形下,天主教徒往沿河下水道里灌大量的水,躲在那里的新教徒被水冲出来,身上满是粪便,随后便被淹死(*Hist. eccl.*, 3: 19)。

撒时的话，而围着他的人群则唱着感恩赞美词（*Te Deum Laudamus*）或安眠弥撒曲加以嘲弄。[104]

　　在这些行为中，人群似乎徘徊于暴力仪式和喜剧之间。肥美节时，我们是不是处在一个充满滑稽剧和颠倒嘲弄的游戏中呢？在里昂，一名新教徒参与劫掠了圣伊雷内教堂，他穿得像圣徒一样，脖子周围还有主教戒指。在鲁昂，圣饼被置于一把祈祷日长矛末端，上面有一条龙："龙吃掉圣体了！"[105] 1562年，在马孔，当新教徒被杀时，我们可以听见模仿熟悉的《民数记》6：24—26中的滑稽祝福："胡格诺信徒的主会保护你们的，大恶鬼祝福你们，你们赴命的时候主会用他的脸庞照耀你们的。"在马孔，杀手最终被称作"滑稽剧"（farce）*，副总督被称作"圣普瓦恩的滑稽剧"（farce of Saint Point）。游戏还包括这样的内容：一些女人在宴会后从监狱里带走一两名新教囚犯，她们很有兴致地与其边走边聊天，当走到索恩河桥上时，便将他们推进河里任其淹死。[106]

　　这些事情向我们展示了暴力仪式的基本功能。基督迫害者"游戏"隐藏着他们所作所为的来龙去脉，同样，16世纪暴动者的仪式和游戏也隐藏着有关他们行为的所有细节。如本文早前讨论的暴力仪式的正当性问题一样，借用今日一份暴力研究中的说法，他们是"免责屠杀的情况"的一部分。[107]至关重要的事实是，杀人者必须不把被害者当作人来看。在人群眼里，这些社群的害群之马——邪恶的神父或可恨的异端——早已变为"害虫"或"恶魔"。而暴力仪式则完成了他们非人化的过程。所以在莫城，当天主教徒用屠夫的切肉刀屠杀对手时，另一个人则被绑在独轮车车轮上活活翻滚而死，而人群还喊着："拿醋和芥末来。"昂古莱姆富格布吕纳的教区神父被跟牛一起绑在犁上，当他拖动时，新教徒们就把他打死。[108]

---

　　* 在其他例子中，这些暴力行动或物件也被赋予新名。贝齐埃和蒙比利埃的新教徒将他们攻击神父、教士和其他天主教敌人的棍棒叫做"掸子"（épousettes 或 feather-dusters）。蒙德马桑的天主教徒及其地区也这样称呼他们击打新教徒的棍棒。在阿让，吊死新教徒的绞刑架被叫做"长老会"（Consistory）。在鲁昂，天主教人群将杀死胡格诺信徒称作"帮助"（accommodating）他们（参见注106）。

第六章　暴力仪式

五

什么人组成了本文所讨论行为的执行人群呢？首先，他们总体上并不是被疏远的、无所寄托的穷人，并非诺曼·科恩在《追寻千禧年》（*Pursuit of the Millennium*）中描述的那样。[109]在新教徒的圣像破坏暴动和1572年的天主教杀人者中，有很大比例的参与者是工匠。有时人群中会包含一些来自更低阶层的人，如1562年在加亚，来自蒙托邦的天主教船工参与了五月屠杀；在迪耶普，新教水手夜里闯进教堂毁掉圣像。更多的情况下，人群的社会构成可以向上包括商人、显贵和律师，就像前面提到的教士一样。[110]规模*、范围和骚动的场合不同，人群的领导者就可能不同，有时就是工匠本身，但这个团体经常是由不同的人组成的。除非由新教贵族及其士兵施行，否则破坏圣像的骚动一般都由"小人物"带领，但贵族领导了1561年圣梅达尔教堂的新教暴动。在奥尔良，1572年屠杀的20名领导者中，3人是律师，8人是商人，还有各式各样的匠人：制革匠、屠夫和蜡烛工匠。[111]

此外，还有另外两个非常重要的参与群体。他们虽然不是无所寄托或被疏离者，但比律师、商人甚至男工匠离政治权力更远，他们就是城市妇女和未成年男孩。工匠妻子们与其丈夫一起游行唱圣歌，她们自然也经常参与新教的圣像破坏暴动。有时，她们的活跃会通过另一种方式表现出来，如在帕米埃，一名书商的妻子朝当地胡格诺信徒的首要敌人家里放火，而在图卢兹，一名律师的妻子拉·布罗基耶甚至用火枪跟天主教徒进行战斗。[112]天主教手艺人的妻子们与其丈夫

---

* 人群的规模从几人到几百人都有（Crespin, *Martyrs*, 3：726）。大骚动可能会在城市中持续一段时间，双方都会有数千人，但不可能整个城市人口都参与进去。很多人只是观望；还有一些呆在家里。在其即将面世的研究（"Reformed Preaching and Iconoclasm in the Netherlands in 1566"）中，Phyllis Mack Crew 就对其政治和宗教情况作了有趣的分析，那里只有小规模人群参与了圣像破坏行动。

一起参加圣体节游行,她们自然也参与天主教的宗教骚动。她们在蒙托邦一个新教葬礼上大声辱骂对手,在瓦西往一名牧师身上扔泥巴,还喊着,"杀死他,杀死这导致这么多人死去的作恶者";但她们面对新教女性时情况似乎最极端。1572年,在普罗旺斯-埃克斯,一群女屠夫折磨一名女新教徒(一名书商的妻子),最终将她吊死在一棵松树上,而这里曾是新教徒做礼拜的地方。[113]

在天主教和新教人群中,青春期男子和10~12岁的男孩扮演着令人震惊的重要角色。1562年,在里昂和卡斯泰尔诺达里,孩子们往赶去参加礼拜的新教徒身上扔石子。在普罗旺斯的几个城镇——马赛、土伦和其他地方,天主教青年将新教徒用乱石砸死,然后焚烧其尸体。在桑城和普罗万,未成年人非常有名,以致一个著名新教家庭中的某个成员不敢上街,他怕被"普罗万孩子"(enfants de Provins)杀死。[114]在图卢兹,天主教学生参与了1572年大屠杀;而在此之前10年,新教大学生已让学校陷入混乱:当教会法或"旧教"在课上被提及时,新教学生就会吹口哨,呼呼作响。1559年,在普瓦提埃,10~12岁的新教徒首先将圣像和圣坛摧毁,而1562年,他们又重蹈覆辙。实际上,年轻人几乎在所有大型的圣像破坏骚动中出现:在尼德兰、鲁昂和其他地方,都是这样。[115]

青年参与宗教暴乱的特许,以及乡村和小城镇中未成年人"青年修士"——在不和谐的家庭事务上——担当社群意识的特许,这两者的相似程度让我吃惊。既然未成年人和孩子们参加了鲁昂的游行(一名鲁昂神父说,"在上帝面前他们的祈祷意义重大,这尤其是因为他们的内心纯真、无邪而没有恶念"),甚至在1589年巴黎天主教联盟的一些忏悔游行中领头,他们自然可以在不受长辈太多责骂的情况下从事暴力宗教活动。[116]在新教方面,既然儿子们有时可以不同意父亲的宗教观点,既然新教暴动也部分地含有反对教士家长式权威的意图,青年暴力自然看起来更多地含有代际冲突的特点。但加尔文教归根到底也是一场跨越代际界限的运动,而界限之中的未成年人或工匠有时会带头展开战斗。所以,1551年里昂的第一场唱圣歌游行便是

第六章　暴力仪式

由印刷职工组织的，而 1560 年至 1561 年，在蒙比利埃，正是"年轻人"首先邀请一名牧师进城，也是他们最先在城市会堂前用法语唱起了圣歌。[117]

最后，如本文已说明的，天主教和新教人群（包括那些喜欢极端行动的人群）并不是简单的聚集，有很多证据表明他们是有组织的。即便暴动前他们全然不知或毫无计划，礼拜或游行的形势也已经给了他们安排，而礼拜和游行也正是许多骚动爆发的场合。在其他情况下，事先的安排确定了目标名单和辨认敌友的方法（1562 年在马孔是白十字架；1572 年在波尔多，"主教团"［Bande Cardinale］中的杀手就戴着小红帽；暗语和口号有"十字架万岁"、"狼"、"福音万岁"等）。[118] 现有的组织可为随后的宗教骚动提供基础；这些组织有可能是兄弟会或者天主教青年的节庆团社；而新教徒和天主教徒中都有民兵分队和行会团体。[119]

暴力净化的激情也导致了新组织的产生。它们有时是以军事组织的方式出现的：比如奥坦、欧赛尔和勒芒的天主教工匠团，每当军旗举起时，他们都要行动；在贝齐埃，新教徒和天主教徒都组织了"行军团"；1561 年，在蒙托邦，改革派设立了"分区"（dizaines）。[120] 有时它们以青年组织的方式出现*，如香槟一群未婚下层贵族，就四处恐吓天主教徒。[121] 但是，最好地表现了宗教暴动精神的还要数普罗旺斯-埃克斯的弗拉桑封主团。这名贵族是埃克斯的第一执政，于 1562 年组织了一支由"小人物"组成的军团，其中包括屠夫和僧侣。他们在本地搜寻新教徒，用石头砸他们的房子、辱骂他们，杀死或拘禁他们。他们戴着念珠，头戴特制皮帽，上面都有白色十字架；

---

* 这个时期出现的最有意思的青年团体是普瓦提埃的"吹哨者"（Sifflars），其成员都在脖子周围系着一个口哨。这个组织于 1561 年在学生们中间设立，最初，新旧教双方都是它的嘲弄对象。入会者必须用肉欲、子宫、死亡、"珍贵的双头，塞满圣物"（the worthy double head, stuffed with Relics）和葡萄酒中的上帝来宣誓，以表明他们将成为坚定的"吹哨者"，成员不参加新教仪式、弥撒和晚祷，而是每天进两次妓院，等等。组织成员逐渐发展到 64 名，尤其与改革派对立，也许是因为后者反对它吧。随后，其成员开始在外出时携带武器（参见 *Hist. eccl.*, 1: 844-845）。

他们手持画有教皇钥匙的旗子；一名持有大型木制十字架的方济各修士带着他们游走各地。[122]

事实相当纷扰，以致壮丽、有序也被用到了暴力中去。宗教暴力的主题也是纷扰。一位历史学家该如何讲述圣巴托罗缪节大屠杀的宏大呢？一种方法是将极端的宗教暴力视为一起非同寻常的事件，视为疯狂、失落和偏执的原初心智的产物。如埃斯泰布所说："圣巴托罗缪节中杀人者的行事手法源自人类的黎明时期；群体的无意识埋葬了他们自己，而他们在1572年的8月又活跃了起来。"[123]虽然原始部落的净化仪式跟16世纪宗教暴动的净化仪式有明显的相似点，但本文认为，要解释事实没有必要追溯到"群体无意识"那么远，也没有必要将1572年的屠杀视为一起孤立事件。

第二种方法将这种暴力视为社会行动的一个更常见的部分，但将其解释为某些现象的病态产物：诸如养育孩子、经济剥夺或者地位丧失等等。本文认为，虽然伴随暴力的形式和力度是变化的，但社会生活中的矛盾却是永恒的。本文还认为，宗教暴力是剧烈的，因为它跟一个社群的基本价值和自我认同密切相关。暴力不应该用人群的疯狂、饥饿或性压抑来解释（虽然有时他们呈现出这种特点），而应该根据他们的行动目标、其文化所允许的角色和行动方式来解释。这里，宗教暴力牵涉更多的是正常因素，而不是病态因素。

由此，在16世纪的法国，我们看到：人们扮演神父、牧师和地方官员的角色以捍卫教条或清洁宗教社群，这样做要么是为了保持天主教的边界和结构，要么是为了重塑其中的关系。我们看到，群众宗教暴力可以从政治和宗教生活的不同局部中获得正当性，如同他们从群体人（people in the crowds）的集体认同中获取正当性一样。天主教和新教群体暴力的目标和特点有所不同，这取决于他们对危险来源的认知和他们的宗教敏感性。但双方的例子都表明，宗教暴力跟时间、地点和崇拜生活的方式有关，暴力行动本身就源自16世纪当时法国的惩罚或净化传统。

第六章 暴力仪式

从这种背景出发，1572 年屠杀中群体行动的残酷性并不出人意料。圣巴托罗缪节大屠杀当然是比（比如）圣梅达尔暴动更大的事件；它从政治当局得到了明确的许可，它跟全法国的上层有更好的交流网络，而它的死亡名单也更恐怖。跟此前的攻势相比，也许它最不寻常的地方在于，这一次没有见到新教徒的反击。[124] 但总体而言，它仍然契合 16 世纪宗教骚动的模式。

这里的探索也使我们得出了一个更一般的结论。即便是在宗教暴力这样的极端事件中，人群也不是毫无理智的。某种程度上，他们知道自己的什么做法是正当的，而事件的发生场合某种程度上也能为他们的动机提供辩护，他们的暴力行为就是奠基在这些动机上的某种建筑：在这里是戏剧和仪式。但在任何**绝对**意义上，暴力仪式都不是暴力许可（rites of violence are not the rights of violence）。它们只是提醒我们，如果我们想要增进社群的安全和信任，试图减少暴力行为的破坏力和残酷程度，那我们应该少去想清除"异类"，而多去想如何改变中心价值。

【注释】

[1] *Hist eccl.*, 2: 537.

[2] Claude Haton, *Mémoires de Claude Haton contenant le récit des événements accomplis de 1553 à 1592, principalement dans la Champagne et la Brie*, ed. Félix Bourquelot (Collection de documents inédits sur l'histoire de France; Paris, 1857), pp. 527-528.

[3] V. A. Kolve, *The Play Called Corpus Christi* (Stanford, 1966), chap. 8. 还可参考 L. Petit de Julleville, *Histoire du théâtre en France. Les mystères* (Paris, 1880), 2: 391, 408, 444-445。布鲁格尔的 *Procession to Calvary* 也带有一些相同的气息："有序地"游戏着。

[4] Philipp Fehl, "Mass Murder, or Humanity in Death," *Theology Today* 28 (1971): 67-68; E. Panofsky, *The Life and Art of Albrecht Dürer* (Princeton, N. J., 1955), pp. 121-122. 16 世纪时人对人类暴力的各种解释可参见 J. R. Hale, "Sixteenth-Century Explanations of War and Violence," *Past and Pre-*

sent 51 (May 1971): 3—26。

〔5〕Guillaume Paradin, *Mémoires de l'Histoire de Lyon* (Lyon, 1573), p. 238; *Hist. eccl.*, 1: 192—193. 还可参考 Christopher Hill, "The Many-Headed Monster in Late Tudor and Early Stuart Political Thinking," in C. H. Carter, ed., *From the Renaissance to the Counter-Reformation. Essays in Honour of Garrett Mattingly* (London, 1966), pp. 296—324。

〔6〕对群体暴力的相关研究有很多，这里我只列出那些对本文写作尤有启发的作品：George Rudé, *The Crowd in History. A Study of Popular Disturbances in France and England, 1730—1848* (New York, 1964); E. J. Hobsbawm, *Primitive Rebels, Studies in Archaic Forms of Social Movement in the 19th and 20th Centuries* (Manchester, Eng., 1959); E. P. Thompson, "The Moral Economy of the English Crowd in the Eighteenth Century," *Past and Present* 50 (Feb. 1971): 76—136; Charles Tilly, "Collective Violence in Nineteenth-Century Fre-nch Cities" (Public Lecture, Reed College, Feb. 1968); *idem*, "The Chaos of the Living City," in Charles Tilly, ed., *An Urban World* (Boston, 1974), pp. 86—107; Charles Tilly and James Rule, *Measuring Political Upheaval* (Princeton, N. J., 1965)(感谢查尔斯·蒂利对本文提出的建议); Emmanuel Le Roy Ladurie, *Les paysans de Languedoc* (Paris, 1966), 1: 391—414, 495—508, 607—629; Roland Mousnier, *Fureurs paysannes* (Paris, 1967); M. Mollat and Philippe Wolff, *Ongles bleus*, Jacques et Ciompi, *Les révolutions populaires en Europe aux XIVe et XVe siècles* (Paris, 1970); J. R. Hale, "Violence in the Late Middle Ages: A Background," in Lauro Martines, ed., *Violence and Civil Disorder in Italian Cities, 1200—1500* (Berkeley, Calif., 1972), pp. 19—37; Neil J. Smelser, *Theory of Collective Behavior* (New York, 1971)。此外，Elias Canetti 在 *Crowds and Power*, trans. Carol Stewart (German ed. 1960; New York, 1966), pp. 48—73 中提出的群体分类方法也很有启发性。

〔7〕可参见 Philippe Wolff, "The 1391 Pogrom in Spain. Social Crisis or Not?," *Past and Present* 50 (Feb. 1971): 4—18; Norman Cohn, *The Pursuit of the Millennium* (2d ed., New York, 1961); Sylvia L. Thrupp, ed., *Millennial Dreams in Action. Studies in Revolutionary Religious Movements* (New York, 1970)。

〔8〕C. Verlinden, J. Craeybeckx, E. Scholliers, "Mouvements des prix et

第六章 暴力仪式

des salaires en Belgique au XVIe siècle," Annales ESC 10 (1955): 185-187. Janine Estèbe, *Tocsin pour un massacre. La saison des Saint-Barthélemy* (Paris, 1968), pp. 97-98, 196, 135-136, 189-198. 虽然我与埃斯泰布在有关大屠杀的几个问题上的看法不一, 但她著作的地位是无可置疑的, 那是迄今为止研究大屠杀的最具想象力的社会心理学作品。(埃斯泰布对我之前文章的评论以及我的回复, 将出现在新一期的 *Past and Present* 中。) Wolff, "The 1391 Pogrom," p. 16; Rudé, *The Crowd in History*, pp. 62, 138. 沃尔夫将巴伦西亚的反犹屠杀定性为"假宗教"(pseudo-religious, p. 16) 的事件, 因为"虽然针对犹太人的暴力行为盛行, 但这些行为的施行者的社会背景却是极其多样化的"(violence directed against the Jews predominates, committed moreover by persons from the most diverse social backgrounds)。

〔9〕 *Hist. eccl.*, 1: 248. Jean Guéraud, *La chronique lyonnaise de Jean Guéraud*, ed. Jean Tricou (Lyon, 1929), p. 151. 其他例子有: 1533 年降临节在日内瓦, 一名年轻人打断了天主教神学家 Guy Furbity 的布道, 说:"先生们, 听着……我会跳入火海之中, 以证明他所说的所有东西都是谎言, 都是反基督的言论"; 而部分会众便回应:"跳进去吧"(Jeanne de Jussie, *Le levain du Calvinisme ou commencement de l'hérésie de Genève* [Geneva, 1865], p. 74)。在鲁昂, 一名理发师在一名方济各会修士的布道临终前插话, 坚持说圣礼只有两项而不是七项: *Hist. eccl.*, 1: 335. 鲁昂 1562 年 3 月的情形可参见 *Hist. eccl.*, 3: 713, n. 1. 1562 年 5 月 4 日图卢兹的情形可参见 Bosquet, *Histoire*, p. 38. 1560 年在普罗万, 新教徒打断了天主教的布道: Haton, *Mémoires*, pp. 136-137。

〔10〕 Crespin, *Martyrs*, 2: 307-308; 佛兰德斯的类似情形可参见 *Hist. eccl.*, 1: 931, 3: 515。

〔11〕 Haton, *Mémoires*, p. 182. "Relations de l'émeute arrivée à Toulouse en 1562," in L. Cimber and F. Danjou, eds., *Archives curieuses de l'histoire de France* (以下引为 *Arch. cur.*) (Paris and Beauvais, 1834-1840), 4: 347. *Hist. eccl.*, 3: 989. [Richard Verstegen], *Théâtre des cruautés des hérétiques au seizième siècle, contenant les cruautés des Schismatiques d'Angleterre … les cruautés des Huguenots en France, et les barbaries cruelles des Calvinistes Gueux aux Pays-Bas. Reproduction du texte … de 1588* (Lille, 1883), p. 38.

〔12〕 *Hist. eccl.*, 2: 650-651.

〔13〕"Massacres de ceux de la Religion à Orléans," *Arch. cur.*, 7: 295. *Hist. eccl.*, 2: 839 (Valognes), 3: 315 (Orange).

〔14〕From the memoirs of Canon Bruslart of Paris, quoted in *Arch. cur.*, 4: 57, n. 1.

〔15〕Crespin, *Martyrs*, 2: 470.

〔16〕Claude de Sainctes, *Discours sur le saccagement des Eglises Catholiques, par les Hérétique anciens et nouveaux Calvinistes en l'an 1562* (1563), in *Arch. cur.*, 4: 368; Haton, *Mémoires*, p. 375.

〔17〕*Hist. eccl.*, 1: 308. 天主教语言学家吉尔·梅纳日发现"胡格诺"一词的语源还可以这样解释：17世纪时人们把仍游荡人间的幽灵称作"胡格诺"(*Les origines de la langue françoise* [Paris, 1650], pp. 391—394)。

有关民众对幽灵和死人鬼魂的看法，可参考 Arnold Van Gennep, *Manuel de Folklore Français* (Paris, 1943—1958), 2: 791—803; André Varagnac, *Civilisation traditionnelle et genres de vie* (Paris, 1948), chap. 7; Roger Vaultier, *Le Folklore pendant la guerre de Cent Ans d'après les Lettres de Rémission du Trésor des Chartes* (Paris, 1965), p. 80; Keith Thomas, *Religion and the Decline of Magic* (London, 1971), pp. 587—606。

〔18〕参见 Haton, *Mémoires*, pp. 49—50, 以及 p. 511 有关读法语版《圣经》导致胡格诺信徒"乱伦"的记载。Crespin, *Martyrs*, 2: 546. 另参见 Gabriel de Saconay, *Genealogie et la Fin des Huguenaux, et descouverte du Calvinisme* (Lyon, 1573), f. 68ᵛ, 作者在书中提到了 Antoine Mochi (别名 De Mochares) 于1558年在巴黎出版的作品 *Apologie contre la Cene Calvinique*. Guéraud, *Chronique*, p. 147. 还可参见天主教徒弗罗里蒙·德·雷蒙和克劳德·德·卢比对男女合声同唱圣歌的看法：Florimond de Raemond, *L'histoire de la naissance, progrez et decadence de l'hérésie de ce siècle* (Rouen, 1623), p. 1010; Claude de Rubys, *Histoire veritable de la ville de Lyon* (Lyon, 1604), pp. 390—391 ("Leurs chansons Androgynes," etc.)。

〔19〕参见 Gentian Hervet, *Discours sur ce que les pilleurs, voleurs et brusleurs d'Eglises disent qu'ils n'en veulent qu'auz Prestres. Au Peuple de Rheims, et des environs* (Paris, 1563): "那些恶魔般的牧师的可咒言论" (The execrable words of diabolic ministers)、"那些充满毒素的瘟疫般的小书" (pestilential little books full of poison)。Haton, *Mémoires*, p. 150. 1560年12月奥尔良教士会成

第六章 暴力仪式

员 Jean Quintin 的长篇抨击见 Hist. eccl., 1: 476。表达类似态度和恐慌的引语有:"教堂内空空如也。这些不信神的家伙把所有东西都抢走了。他破坏、摧毁、污染一切神圣的地方"(Nothing remains in the churches. The impious takes away everything. He destroys, he overturns, he pollutes all holy places. 引自名为"De tristibus Francorum"的手稿,其中的插图描绘新教徒戴着动物头骨进行圣像破坏的场景; Léopold Niepce, *Monuments d'art de la Primatiale de Lyon, détruits ou aliénés pendant l'occupation protestante en 1562* [Lyon, 1881], pp. 16-17)。

〔20〕 *Le Cabinet du Roi de France*, described in Jean-Jacques Servais and Jean-Pierre Laurend, *Histoire et dossier de la prostitution* (Paris, 1965), p. 170. Crespin, *Martyrs*, 3: 324; 1: 385-390. [Pierre Viret], *Le Manuel ou Instruction des Curez et Vicaires de l'Eglise Romaine* (Lyon, 1564), p. 137; 此书作者身份的辨别过程参见 R. Linder, *The Political Ideas of Pierre Viret* (Geneva, 1964), p. 189。其他抨击天主教教士性不洁的论点可参见 Jacques Pineaux, *La poésie des protestants de langue française (1559-1598)* (Paris, 1971), pp. 70-71。

〔21〕 *Hist. eccl.*, 1: 486;"Récit de l'oeuvre du Seigneur en la ville de Lyon pour action de grace" and "Epigramme du Dieu des papistes," in Anatole de Montaiglon, ed., *Recueil de poésies françoises des XVe et XVIe siècles* (Paris, 1867), 7: 36-39, 42-45. 有关弥撒中那些令人作呕的奇迹戏法,参见 Antoine de Marcourt, *Declaration de la messe* (Neuchatel, 1534)。*Les cautèles, canon et ceremonies de la messe* (Lyon, 1564)(参见注 82 中内容)。Pineaux, *Poésie*, pp. 91-99. Thomas, *Religion*, pp. 33-35. Jean Calvin, *Institution de la religion chrétienne*, Book IV, para. 18, in *Calvini opera*, 4: col. 1077 ("这些肮脏的混蛋"[*ces villaines ordures*])。

加尔文对自己早年身陷"泥潭"的评论可参见 *Commentaire sur le livre des Pseaumes in Calvini opera*, 31: col. 22。有关天主教宗教生活的"不洁"和"污染",参见 Crespin, *Martyrs*, 1: 563 和 Haton, *Mémoires*, pp. 407-408。

〔22〕 Haton, *Mémoires*, pp. 427-428;[Jean Ricaud], *Discours du massacre de ceux de la Religion Reformée, fait à Lyon par les catholiques romains, le vingthuictieme de mois de août et jours ensuivant de l'an 1572* (1574) (Lyon, 1847), pp. 110-111; *De l'effroyable et merveilleux desbord de la rivière du Rhosne en 1570* (first published Lyon, 1576; Lyon, 1848 ed.), p. 6.

〔23〕1528 年、1547 年、1551 年、1554 年和 1562 年在针对宗教塑像的"可憎罪行"后巴黎都出现了弥补性游行，参见 Le Journal d'un bourgeois de Paris sous le règne de François Ier (1515 – 1536), ed. V. L. Bourrilly (Paris, 1910), pp. 290 – 294; M. Félibien and G. A. Lobineau, Histoire de la ville de Paris (Paris, 1725), 4: 676 – 679, 728, 748, 755, 765, 804 – 805; Arch. cur., 4: 99 – 102。1553 年里昂也出现了类似情况，一场弥补性游行紧接着圣像破坏骚动而起，参见 Guéraud, Chronique, pp. 65 – 66。

〔24〕"Et dirons tous d'une bonne unyon: /Vive la catholicque religion/Vive le Roy et les bons parroyssiens, /Vive fidelles Parisiens, /Et jusques à tant n'ayons cesse/Que chascun aille à la messe/Un Dieu, une Foy, un Roy": "Déluge des Huguenotz faict à Paris," in Arch. cur., 7: 259. 还可参见巴黎天主教徒的"Chanson de Marcel, prévôt des marchands"，以及 M. Csécsy, "Poésie populaire de Paris avant la Saint-Barthélemy," BSHPF 118 (1972): 700 – 708 (文章中记录的歌曲都表现出对破坏团结的胡格诺信徒的仇视情绪)。将新教徒视为"害虫"的言论可参见 Guéraud, Chronique, p. 141; Saconay, Genealogie, p. 64a; Claude de Rubys, Histoire veritable, p. 404。

〔25〕"Lyon est bien changé ... /De Mercure le gain, & de Venus la dance/Tout homme a delaissé, & toute outrecuidance": Eglogue de deux Bergers, Demonstrant comme la ville de Lyon a esté reduite à la Religion vrayement Chrestienne, par la pure predication de l'Evangile (Lyon, 1564), f. A 4^r. "Quand ceste ville tant vaine/Estoit pleine/D'idolatrie et procès/D'usure et de paillardise/Clercs et marchans eut assès. /Mais si tost qu'en fut purgee/Et changee/Par la Parolle de Dieu /Cette engence de vipere/Plus n'espere/D'habiter en si sainct lieu": Antoine Du Plain, "De l'assistance que Dieu a Faite à son Eglise de Lyon" in H. L. Bordier, ed., Le chansonnier huguenot au XVIe siècle (Paris, 1870), p. 221. 将天主教徒视为"害虫"的观点可参见 Discours de la vermine et prestraille de Lyon, dechassé par le bras fort du Seigneur avec la retraicte des moines ... Par E. P. C. (1562) in Montalglon, Recueil, 8: 24 – 45。

〔26〕Thompson, "Moral Economy," pp. 91 – 115。

〔27〕M. C. 和 G. Guigue 在其 Bibliothèque historique du lyonnais (Lyon, 1886) 中重印了有关此次大暴动的关键档案。普罗万的暴动可参见 Haton, Mémoires, pp. 714 – 725。有关 17 世纪末和 18 世纪法国粮食暴动与政府行动间

第六章 暴力仪式

的关系，可参见 Louise Tilly, "The Food Riot as a Form of Political Conflict in France," *Journal of Interdisciplinary History* 2 (1971)：23-57。

〔28〕 *Histoire veritable de la mutinerie, tumulte et sedition, faite par les Prestres Sainct Medard, contre les Fideles, le Samedy XXVII iour de December 1562* [sic for 1561] in *Arch. cur.*, 4：55; memoirs of Canon Bruslart, *Arch. cur.*, 4：57, n. 1; Haton, *Mémoires*, p. 181. 有关图卢兹天主教人群将新教徒引入监狱的细节可参见 *Hist. eccl.*, 3：17-18。

〔29〕 Crespin, *Martyrs*, 1：381-418, 494-500; 3：640.

〔30〕 Samuel Y. Edgerton, Jr., "*Maniera and the Mannaia*: Decorum and Decapitation in the Sixteenth Century," in F. W. Robinson and S. G. Nichols, Jr., eds., *The Meaning of Mannerism* (Hanover, N. H., 1972), pp. 67-103. *Journal d'un bourgeois*, pp. 229, 373, 384-385. Claude Bellièvre, *Souvenirs de voyages en Italie et en Orient. Notes historiques*, ed. C. Perrat (Geneva, 1956), p. 26, n. 27. Haton, *Mémoires*, p. 375. Guéraud, *Chronique*, pp. 28-29. Pierre de L'Estoile, *Mémoires-journaux*, ed. Brunet et al. (Paris, 1888-1896), 2：323-324. F. A. Isambert et al., eds., *Recueil général des anciennes lois françaises* (Paris, 1822), 12：nos. 115, 210; 13：nos. 18, 90. Edmé de la Poix de Fréminville, *Dictionnaire ou traité de la police générale des villes, bourgs, paroisses et seigneuries de la campagne* (Paris, 1758), pp. 56, 171. Le Roy Ladurie, *Paysans*, p. 506; Roland Mousnier, *L'assassinat d'Henri IV* (Paris, 1964), pp. 32-34. A. Allard, *Histoire de la justice criminelle au seizième siècle* (Ghent, 1868), pp. 333-334.

〔31〕 *Hist. eccl.*, 2：175. 肉市作为异端行刑场所的相关情况参见 *Journal d'un bourgeois*, pp. 384-385。Bosquet, *Histoire*, p. 38。

〔32〕 L'Estoile, *Mémoires-journaux*, 2：85（其中描述了巴黎人群释放一名被判死刑的男人的情形，此人的过错只不过是使一名年轻妇女怀上了身孕）。

〔33〕 Jean Philippi, *Mémoires*, in *Nouvelle Collection des Mémoires pour servir à l'histoire de France*, ed. Michaud and Poujoulat (Paris, 1838), 8：634. Crespin, *Martyrs*, 2：37; *Hist. eccl.*, 1：983. 1563 年在鲁昂，一群天主教徒迫使高等法院将一些新教徒判处死刑；1571 年一群天主教徒闯入监狱并释放了所有因杀害新教徒而被捕的同伴，参见 *Hist. eccl.*, 2：792, n. 1; Crespin, *Martyrs*, 3：662-663。天主教人群还曾从绞刑架上把被判绞刑的女异端绑走，

随后私自将其烧死，相关事例可参见 Hist. eccl., 3: 43-44 和 L'Estoile, Mémoires-journaux, 3: 166。

〔34〕Haton, Mémoires, pp. 704-706. 依据作者的说法，这些男孩只有（甚至不足）十二岁。

〔35〕Hist. eccl., 1: 970, 889.

〔36〕Antoine de Marcourt, The booke of Marchauntes (London, 1547), ff. C i^v-ii^r. 《商人书》(Livre des Marchands) 于 1533 年首次在 Neuchatel 出版。Antoine de Marcourt, A declaration of the masse, the fruyte thereof, the cause and the meane, wherefore and howe it oughte to be maynteyned (Wittenberg: Hans Luft [sic for London, John Day], 1547), f. D iv^v, 此书的结语是由皮埃尔·维雷写的。法语版于 1534 年在 Neuchatel 首次发行。

〔37〕图卢兹、里昂、尼姆等城市出现了市立学校，巴黎、鲁昂、里昂、特鲁瓦、图卢兹等城市出现了城市救济体系。Irene Brown 在哈佛大学的博士论文正是以图卢兹的市立学校为研究对象的。

〔38〕Emond Auger, Le Pedagogue d'Armes. Pour instruire un Prince Chrestien à bien entreprendre et heureusement achever une bonne guerre, pour estre victorieux de tous les ennemis de son Estat, et de L'Eglise Catholique. Dedie au Roy. Par M. Emond, de la Compagnie de Iesus (Paris, 1568), especially ff. 18^r-24^v.

〔39〕Letter from Pierre Viret to the Colloque de Montpellier, Jan. 15, 1562, in Hist. eccl., 1: 975-977. Pierre Viret, L'Interim, Fait par Dialogues (Lyon, 1565), pp. 396-397. Linder, Political Ideas, pp. 137-138. Robert Kingdon, Geneva and the Consolidation of the French Protestant Movement (Madison, Wis., 1967), pp. 153-155.

〔40〕相关问题的讨论可参见 Vindiciae contra Tyrannos (trans. by J. H. Franklin) in J. H. Franklin, ed., Constitutionalism and Resistance in the Sixteenth Century (New York, 1969), pp. 154-156.

〔41〕Crespin, Martyrs, 3: 694, 701, 711-712, and 717. 为数不多的悔恨故事的意义会被人们加以夸大，因为新教徒会欣然以其表明上帝的公正惩罚：可比较 Hist. eccl., 1: 357 中的例子。尽管加尔文曾对牧师让·鲁菲在 1562 年里昂圣像破坏骚乱 (Robert Kingdon, Geneva and the Coming of the Wars of Religion in France, 1555-1563 [Geneva, 1956], p. 110) 中所扮演的

第六章 暴力仪式

角色加以谴责,他还是在 1565 年带领一群新教徒袭击了正在跳舞的天主教徒(De Rubys, *Histoire veritable*, p. 406)。至于暴动参与者在抗命施暴时内心深处可能存有的犹豫和不安,我没有发现任何证据可以表明他们对此的明确姿态。

〔42〕Guéraud, *Chronique*, p. 155;Charles Du Moulin, *Omnia…Opera*(Paris, 1681), 5:618;Kingdon, *Geneva*, p. 110.

〔43〕*Hist. eccl.*, 1:352. 有其他说法证明教士参与了 1562 年图卢兹(*Hist. eccl.*, 3:4-5)、1561 年 Lavaur(1:938-939)和 1568 年奥维涅 Clermont 地方(Crespin, *Martyrs*, 3:651)的天主教暴动。教士克劳德·哈顿对口喊冲杀、手持利剑的同行作出了评论,参见 *Mémoires*, pp. 17-18。

〔44〕比如,据称在 1561 年的内穆尔,神父便帮助策划了一场攻击新教徒的行动,而同年在 Revel,有人声称多明我会修士组织了一场针对唱圣诗者的行动,参见 *Hist. eccl.*, 1:833-834,959。1562 年,奥坦主教被指控组织工匠清除城市中的新教徒,阿尔比主教 Strozzi 红衣主教据说帮助谋划了 1562 年 5 月加亚的一场屠杀,参见 *Hist. eccl.*, 3:487-488,80-81。

〔45〕Crespin, *Martyrs*, 3:390-391;Léopold Niepce, "Les trésors des Eglises de Lyon," *Revue lyonnaise* 8(1884):40, n. 1.

〔46〕Haton, *Mémoires*, p. 182;*Histoire veritable de la mutinerie … faite par les Prestres Sainct Medard*, in *Arch. cur.*, 4:56. 巴黎夜间巡逻兵长官(*chevalier du guet*)的立场可参见 Isambert, *Recueil*, 12:no. 296。*Hist. eccl.*, 1:889。

〔47〕Estèbe, *Tocsin*, pp. 137-140. 1572 年 8 月 22 日至 30 日对巴黎民兵部队长官的所有指令均重印在 *Histoire Générale de Paris. Régistres des délibera-tions du Bureau de la ville de Paris*, ed. F. Bonnardot(Paris, 1883-1958), 7:9-20 中。1568 年在巴黎,神学博士和民兵队长还领导一群天主教徒私自烧毁了新教书籍,参见 Félibien and Lobineau, *Histoire*, 4:828(感谢 Alfred Soman 的提醒)。

〔48〕Haton, *Mémoires*, p. 191. *Hist. eccl.*, 2:537-538, 719-720.

〔49〕Crespin, *Martyrs*, 3:519-522;*Hist. eccl.*, 2:719-720. 还可参考 1562 年 5 月孔代给国王的信,他在信中争辩说,虽然"人民"(le peuple)不应该不等来自地方官员的命令就私自破坏圣像,但他们的行动可以归结为"上帝的一场秘密运动,旨在引导人们去憎恶和仇视偶像崇拜者,使其远离上帝的敌

249

人"。Hist. eccl., 2: 74。

〔50〕Ann H. Guggenheim, "Beza, Viret and the Church of Nîmes: National Leadership and Local Initiative in the Outbreak of the Wars of Religion," forthcoming in BHR.

〔51〕Crespin, *Martyrs*, 2: 538, 546. Hist. eccl., 1: 268-269.

〔52〕Haton, *Mémoires*, pp. 527-529; Hist. eccl., 1: 192-193, 481.

〔53〕Crespin, *Martyrs*, 3: 727; Henri Hauser, "Le père Emond Auger et le massacre de Bordeaux, 1572," *Bulletin de la société d'histoire du protestantisme française*, 5th ser., 8 (1911): 289-306.

〔54〕Haton, *Mémoires*, pp. 195-197, 681-682.

〔55〕Fréminville, *Dictionnaire*, p. 400, 其中引用了1536年和1550年法令的内容。Isambert, *Recueil*, 12: no. 115 (1523年9月法令), p. 531 (1536年1月25日法令), pp. 557-558 (1539年5月9日法令)。

〔56〕Jacques Toussaert, *Le sentiment religieux en Flandres à la fin du Moyen Age* (Paris, 1963), p. 90; T. J. Schmitt, *L'organisation ecclésiastique et la pratique religieuse dans la diocèse d'Autun de 1650 à 1750* (Autun, 1957), p. 166. 直到塔兰托宗会前，教会法一直承认圆房过的婚姻的圣礼性质，即便此一婚姻是双方私定的，即便没有神父出席确认。甚至在1564年宗会规定神父必须在场之后，此一立法也是经过一段时间才被广为知晓和遵从。亦可参见Gabriel Le Bras, "L'excommunication des clercs par les laïques," in *Eventail de l'histoire vivante. Hommage à Lucien Febvre* (Paris, 1953), 1: 227-232。

〔57〕*La Deffense civile et Militaire des Innocens et de l'Eglise de Christ* 于1563年在里昂出版，随后遭到了里昂的牧师们和总督Soubise的共同声讨，并于当年6月12日被集中销毁，参见Du Moulin, *Opera*, 5: 17-22。利用《旧约》先例鼓动个人谋杀行动的事例可参见Mousnier, *Assassinat*, p. 28。

〔58〕里昂的这些骚动包括：1551年春数百名唱圣歌的工匠及其妻子们的武装游行；1551年8月在St. Lawrence医院紧随一名佛罗伦萨人的异端传教而起的"集会和暴动"；1551年10月针对Fourvière教堂的装饰物及圣餐礼的盗窃行动；1553年1月对十字架和Saint Anne肖像的亵渎行为；等等。参见Guéraud, *Chronique*, pp. 54-55, 58, 65-66; ADR, B, *Sénéchaussée*, Sentences, 1551-1552, Dec. 1551。

第六章　暴力仪式

〔59〕Georges and Geneviève Frêche, *Les prix des grains, des vins et des légumes à Toulouse*（*1485-1868*）(Paris, 1967), pp. 44-45. 1557年的饥荒和瘟疫在图卢兹被解释为上帝对城市中出现的邪恶的惩罚。地方政府于是试图清除城市中的"无所事事的游民"，同时为城市及其周边供应粮食，并去除街道上的垃圾和"传染性有害气体"。参见 Antoine Noguier, *Histoire Tolosaine* (Toulouse, n. d., royal privilege, 1559), pp. 126-133。

〔60〕Micheline Baulant and Jean Meuvret, *Prix des céréales extraits de la Mercuriale de Paris*（*1520-1698*）(Paris, 1960), 1：47, 49, 152-153. 1561年12月小麦的最高价格略高于每塞蒂尔（sétier，古谷物计量单位，约合150至300升。——译者注）5里弗，但是在巴黎，饥荒时的小麦价格会接近每塞蒂尔9.5里弗，这正是1546年夏天时的情况。

〔61〕G. and G. Frêche, *Prix*, p. 46; Baulant and Meuvret, *Prix*, 1：56-57。

〔62〕参见注8中内容。Crespin, *Martyrs*, 3：518-519. Phyllis Mack Crew 正在对尼德兰新教传播与圣像破坏运动间的关系作一番新的探索。艺术史家、伦敦 Westfield College 的 David Freedberg 也在研究尼德兰的圣像破坏运动。

〔63〕有关1504年春天里昂的白衣赎罪游行和1529年里昂的大暴动（grande rebeine），可参见 Paradin, *Mémoires*, p. 281 和本书第二章内容。在粮仓被洗劫了之后，医师辛弗里安·尚比埃宣称，人群摧毁他家中的宗教雕像的行为肯定是错误的，但他的说法并不为时人所重视，参见本书第二章注43中内容，以及 H. Hours, "Procès d'hérésie contre Aimé Meigret," BHR19 (1957)：20-21。在1556年里昂地区的旱灾期间，除了行进到里昂市区的农村白衣赎罪游行之外，人群还攻击那些从城市中往马耳他修院运粮的船只，参见 Paradin, *Mémoires*, p. 357; Guéraud, *Chronique*, p. 95。

有关1573年普罗万饥荒时的价格及谷物暴动，参见 Haton, *Mémoires*, pp. 714ff.；关于1521年巴黎饥荒时的价格及白衣赎罪游行，参见 Baulant and Meuvret, *Prix*, 1：94 和 *Journal d'un bourgeois*, pp. 82-83；关于1587年7月巴黎谷物的异常价格及面包暴动，参见 Baulant and Meuvret, *Prix*, 1：223 和 L'Estoile, *Mémoires-journaux*, 3：58。

〔64〕如同1528年圣灵降临节第二天的巴黎一样，一些异端在晚上砍断了壁龛里的圣母像，参见 *Journal d'un bourgeois*, p. 291. 1553年1月里昂的圣像破坏行动可能也发生在夜里，参见 Guéraud, *Chronique*, p. 65。有关1561年 Annonay 发生在夜间的圣像破坏骚动，参见 Achille Gamon, *Mémoires*, in *Nouvelle Collection des Mémoires pour servir à l'histoire de la France*, ed. Michaud and Poujoulat (Paris, 1838), 8：611。迪耶普水手 1562 年在 Foran 掀起的圣像破坏暴动同样发生在夜间，参见 *Hist. eccl.*, 2：796。

〔65〕Haton, *Mémoires*, pp. 340-341；*Hist. eccl.*, 1：284。

〔66〕*Hist. eccl.*, 1：833-834；Crespin, *Martyrs*, 3：210。

〔67〕*Hist, eccl.*, 3：4-5；Bosquet, *Histoire*, pp. 67-69. 1561 年万灵节期间波尔多改革派墓地所发生的事件可参见 *Hist. eccl.*, 1：870-871。

〔68〕比如：1562 年 3 月 18 日鲁昂的晚祷仪式（*Hist. eccl.*, 2：713, n. 1）；1563 年巴黎的圣沙佩尔教堂（Haton, *Mémoires*, p. 375）；1561 年 5 月 4 日图卢兹的 Saint Sernin 教堂，宗教裁判官 della Lana 当时正在讲道（Bosquet, *Histoire*, pp. 38-39）。Bosquet 称一群狂热的"小人物"杀死了一名异端商人，这名商人此前还在发表亵渎言论并叫嚷着"你说谎，虚伪的僧侣"。新教方面的说法是，这名商人实际上是天主教徒，但他对讲道者的煽动性言论不满（*Hist. eccl.*, 1：905）。新教的材料也报告了其他场合下的类似事件：过度紧张的天主教徒将同道者误认为异端并将其杀害。这些被误杀的天主教徒通常只是在寻求更多的自主空间，或者只是嘲笑了邻居的说辞（比如 1561 年在昂热：*Hist. eccl.*, 1：837；1558 年在巴黎的 Saint Eustache 教堂，以及 1559 年的无邪者公墓：*Hist. eccl.*, 1：193-194）。

〔69〕除了著名的圣雅克街攻击事件之外，1561 年 4 月到 5 月间巴黎还有其他四起攻击事件，参见 Félibien and Lobineau, *Histoire*, 4：797-798；R. N. Sauvage, "Lettre de Jean Fernaga, procureur syndic de la ville de Caen, touchant les troubles survenus à Paris en avril 1561," BSHPF, 5th ser., 8 (1911)：809-812。1561 年 9 月在里昂，天主教人群到处寻觅"有人聚集"的房子，一旦发现便立即摧毁，此举还威胁到了新教商人 Jérome Pellissari 的屋子，参见 ADR, B, Sénéchaussée, Audience, Sept.-Dec. 1561。1561 年 10 月 9 日在欧塞尔针对秘密集会的攻击行动参见 *Hist. eccl.*, 1：852；同年 11 月 16 日在 Cahors 的攻击事件参见 Crespin, *Martyrs*, 3：211。

〔70〕*Histoire veritable* …, in *Arch. cur.*, 4：52；Haton, *Mémoires*, pp. 179-182, 147, 177-178；Félibien and Lobineau, *Histoire*, 4：800. 还可参考 1562 年卡斯泰尔诺达里的一场冲突：新教仪式正在一个染料磨坊中进行，而外面的天主教徒正在进行复活节（*Pâques fleuries*）游行，参见 *Hist. eccl.*, 3：157。

第六章 暴力仪式

〔71〕日内瓦圣体节（*Fête-Dieu*）时的情形参见 Jeanne de Jussie, *Le levain du calvinism*, p. 94. 1558 年在布列塔尼的 Le Croisic 和 1560 年在鲁昂的情形，参见 *Hist. eccl.*, 1：179－180, 352。里昂 1560 年圣体节的情形参见 Guéraud, *Chronique*, pp. 133－134 及 ADR, B, *Sénéchaussée*, Sentences, 1561－1562, sentence of Sept. 12, 1561。1568 年克莱蒙费朗的情形参见 Crespin, *Martyrs*, 3：651。

〔72〕里昂第一场大型唱圣歌游行似乎发生在 1551 年，工匠们、尤其印刷职工是此次游行的带头组织者，参见 Guéraud, *Chronique*, pp. 54－55 和 letters of Claude Baduel to Calvin in 1551, in Jean Calvin, *Calvini opera*, 14：16ff. 1561 年 12 月里昂的情况参见 Guéraud, *Chronique*, p. 145。1562 年图卢兹的情况可参见 Haton, *Mémoires*, pp. 177－178, 190; Bosquet, *Histoire*, p. 60 和 *Hist. eccl.*, 3：2。1576 年 9 月"大群胡格诺信徒"在参加完仪式后返回巴黎的路上遭到了乱石围攻，随后发生了一场混战，参见 L'Estoile, *Mémoires-journaux*, 1：157。

〔73〕Haton, *Mémoires*, pp. 189－194.

〔74〕De Rubys, *Histoire veritable*, p. 406; *Hist. eccl.*, 1：969－970 and 970, n. 1. 1562 年当鲁昂"呆子修院"的成员们正在准备开始其肥美节庆祝活动时，一群新教"小人物"用石头袭击了他们，参见 *Hist. eccl.*, 2：713。

〔75〕*Hist. eccl.*, 1：844.

〔76〕*Discours des troubles advenus en la Ville de Pamies le 5 Iuin* 1566. *Avec un brief recit des calamitez souffertes l'Annee precedente* (1567), in *Arch. cur.*, 6：309－343. 有关狂欢节、化装舞会等节庆活动与干扰这些活动的行动间的关系，可参见 Le Roy Ladurie, *Paysans*, 1：395－399；本书第四章和第五章；A. W. Smith, "Some Folklore Elements in Movements of Social Protest," *Folklore* 77 (1966)：241－251; Peter Weidkuhn, "Fastnacht, Revolte, Revolution," *Zeitschrift für Religions-und Geistesgeschichte 21* (1969)：289－305。

〔77〕*Relation du massacre de la Saint-Barthélemy*, in *Arch. cur.*, 7：88－89. Frances Yates, *The French Academies of the Sixteenth Century* (London, 1947), pp. 254－259。纳瓦尔的亨利（Henri de Navarre）对婚礼可能演变成屠杀事件这点仍然心有余悸。1588 年当一名阿马涅克贵族为其女儿举办婚礼时，他便怀疑这是一个谋害自己的计划。为防止这一幕发生，亨利的一名支持者——也是这名贵族的邻居——在婚礼期间带着一群人闯进了此人家里并杀死了大约 35 名贵族，参见 L'Estoile, *Mémoireis-journaux*, 3：121。

〔78〕 Hist. eccl., 1: 887.

〔79〕 Histoire veritable de la mutinerie … faite par les Prestres Sainct Medard…, p. 62; Crespin, Martyrs, 3: 205; Hist. eccl., 2: 425, 433–435.

〔80〕 Crespin, Martyrs, 1: 495–498. Discours de ce qui avint touchant la Croix de Gastines l'an 1571, vers Noel, extracted from Mémoires … de Charles IX, in Arch. cur., 6: 475–478. De Rubys, Histoire veritable, pp. 402, 412. [Jean Ricaud], Discours du massacre de ceux de la Religion Reformée, fait à Lyon par les catholiques romains, le vingthuictieme du mois de août et jours ensuivant de l'an 1572 (1574) (Lyon, 1847), pp. 9–13.

〔81〕 Crespin, Martyrs, 3: 204. Hist. eccl., 2: 650–651, 839, 883, 932–933; 3: 15, 315. Félibien and Lobinaux, Histoire, 4: 828. 当局另一种略为不同的毁书方式发生在1559年8月的巴黎，新教书贩Marin Marie被公开烧死。此人所售卖的《圣经》和《旧约》则被吊上了绞刑架，然后被焚毁。

〔82〕 Bosquet, Histoire, pp. 22, 143–144. Haton, Mémoires, p. 181. De Sainctes, Discours sur le saccagement…, in Arch. cur., 4: 384. Hist. eccl., 1: 935, 2: 720, n. 1, and 925; 3: 515. 图卢兹一本天主教辩论册子认为，新教徒在该城中犯下的第一桩"罪行"便是贩卖Canon de la Messe，但事实却是，加尔文信徒认为此书不端。以下极有可能是一个新教的弥撒书版本，其中满是嘲弄和讽刺注解，在其众多的印行本中就包括有1564年的里昂版：Les cautelles, canon et ceremonies de la messe. Ensemble la messe intitulé, Du corps de Iesuchrist. Le tout en Latin et en François: Le Latin fidelement extraict du Messel à l'usage de Rome imprimé à Lyon par Iean de Cambray l'an mil cinq cens vingt (Lyon: Claude Ravot, 1564). 此书继承了马尔库尔《商人书》的嘲讽风格，但在组织结构上却与维雷的讽刺性作品Manuel, ou Instruction des Curez et Vicaires (Lyon: Claude Ravot, 1564) 相似。亦可参见Pineaux, Poésie, pp. 95–98。

如同对圣像破坏问题的态度一样，新教牧师倾向于由当局来没收和归编教会图书馆（比如ADR, 3E566, Inventory of May 10, 1562），而不是任由人群肆意摧毁。因为认为克吕尼修院的大量图书都是弥撒书，粗鲁的胡格诺士兵便将其悉数摧毁，作者为此感到遗憾，参见Histoire ecclésiastique, 3: 515。

〔83〕 Hervet, Discours sur … les pilleurs; Hist. eccl., 1: 957. 有关天主教对塑像的复杂态度，参见Richard C. Trexler, "Florentine Religious Experience: The Sacred Image," Studies in the Renaissance 19 (1972): 25–29.

第六章 暴力仪式

〔84〕新教人群偏好攻击神父和教士（虽然不是唯一目标）这个事实不只可以从很多群体行动中分析出来，而且也出现在天主教的文书当中。*Théâtre des Cruautés des hérétiques* 中只给出很少的平信徒被害的例子，却给出了大量神父和教士遇害的例子。Claude de Sainctes 的 *Discours sur le saccagement*（1563）强调了新教徒对神父的攻击。Gentian Hervet 的 *Discours sur … les pilleurs* 含着惧意谈到了新教徒对非武装神父的攻击和新教方面对此的说法（强调他们只憎恨神父）。他警告说，一旦所有的教堂都被摧毁，普通人便会成为新教徒的新目标。

〔85〕*Discours des troubles advenus en la Ville de Pamies …*，p. 318；de Rubys，*Histoire veritable*，p. 406；Haton，*Mémoires*，p. 181.

〔86〕被天主教人群攻击的牧师有：1561年瓦西的 Léonard More；1562年普瓦提埃的 Richer 和 Marcil；1562年卡斯泰尔诺达里的 Giscart；1562年加亚的一名牧师；1562年马孔的 Bonnet。Val d'Angrogne 和蒙托邦的前牧师 Martin Tachard 便被迫在富瓦1567年的嘲弄仪式中登场。1572年大屠杀遇害的牧师有：巴黎的 Bugnette、Le More 和 Des Gorris；里昂的 Jacques Langlois 和 N. Dives；鲁昂的 Pierre Loiseleur dit de Villiers 和 Louis Le Coq；此外还有波尔多的一名牧师。

〔87〕Crespin，*Martyrs*，3：695，721，710ff.，678，371—388. Haton，*Mémoires*，p. 181. *Relations de l'émeute de Toulouse*，p. 351. *Théâtre des cruautés*，p. 44. Bosquet，*Histoire*，chap. 2.

〔88〕Estèbe，*Tocsin*，p. 196.

〔89〕Tilly and Rule，*Political Upheaval*，pp. 59—60.

〔90〕Crespin，*Martyrs*，2：545，3：676，696.

〔91〕*Hist. eccl.*，3：301—305. 特鲁瓦也有类似情况，一名制袜工杀死了城镇的商事主管，后者曾是改革派的成员，于是有人猜测政治上的冤屈激化了宗教愤恨，参见 Crespin，*Martyrs*，3：685。在莫城，克雷斯平提到 Gilles Le Conte 在1572年的屠杀中丧生，他认为与其说此人因新教被杀，还不如说是因为他是美第奇的凯瑟琳的包税人，他此前曾残酷地对待过天主教徒，参见 *Martyrs*，3：682。

〔92〕虽然我们可以发现很多的"高度同构"的例子，克雷斯平的描述中还是充满了工匠、商人谋杀同行（3：675）和亲属相互杀害的例子（3：676，697）。也有某些"高度同构"的个例反映了"上层杀害下层"——即富有的天

255

主教徒杀害穷困的新教徒——的事件。确实，*Tocsain contre les massacreurs*（in *Arch. cur.*, 7: 58-59）的作者发出了这样的疑问：在富人被那样对待之后，对于信奉改革派的小人物来说，他们还能指望前者有怎样的仁慈？

〔93〕这些数据是从 *Première liste des chrétiens mis à mort et égorgés à Lyon par les catholiques romains à l'époque de la S. Barthélemi août 1572*, ed. P. M. Gonon (Lyon, 1847) 和 Crespin, *Martyrs*, 3: 707-718 中整理出来的。9月初的时候有从里昂寄往巴黎的信件提到有六百到七百人集体被杀害：A. Puyroche, "Le Saint-Barthélemy à Lyon et le gouverneur Mandelot," BSHPF 18 (1869): 365; Jacques Pannier, *L'Eglise Réformée de Paris sous Henri IV* (Paris, 1911), p. 369, n. 1. 依据遗嘱和墓地中所反映的情况来看，这些估计有可能夸大了实际的数目。

〔94〕*Rélation du massacre de la Saint-Barthélemy*, reprinted from *Mémoires de l'Etat de France sous Charles IX*, in *Arch. cur.*, 7: 151; Crespin, *Martyrs*, 3: 703.

〔95〕Haton, *Mémoires*, pp. 190-193; *Hist. eccl.*, 1: 885-886. 亦可参考 Beaune 的一起"高度同构"的宗教暴动，居住在这个城镇城墙范围内的葡萄种植工的比例很高（也就是说，**农村**成分很大）。1561年这些种植工和其他"小人物"攻击了礼拜归来的新教徒，此次行动受到一名城市会议成员的支持。被攻击者包括城镇中一些富有家族的成员，参见 *Hist. eccl.*, 1: 864-865。

〔96〕有关天主教驱邪仪式，可参见 Thomas, *Religion and the Decline of Magic*, chaps. 2 and 15。蒙彼利埃的情形可参见 Philippi, *Mémoires*, p. 634。可比较埃斯泰布对圣巴托罗缪节大屠杀的看法，她将屠杀视为"仪式犯罪"（ritual crime）和净化仪式：*Tocsin*, p. 197。还可参见一篇有趣的评论文章 Jacques Pineaux, "Poésie de cour et Poésie de combat," BSHPF 118 (1972): 46。

〔97〕虽然天主教作者如神父克劳德·哈顿承认了若干起**天主教**人群的虐尸事件（比如 *Mémoires*, pp. 704-706 中的例子），他们却极少指责**新教徒**的这种行为。尽管抨击胡格诺信徒的其他恶毒行径，哈顿却只给出一个他们虐尸的例子：圣梅达德屠杀中遇害的一名神学博士遭到了肢解（ibid., p. 181）。Bosquet 的书中虽然给出了图卢兹的一个例子：一名神父被挖出内脏并示众（*Histoire*, pp. 9-10，发生在蒙托邦），但作者更强调新教徒对活人的羞辱和折磨。如果新教徒虐尸的事例很普遍，那么 *Théâtre des cruautés des hérétique* 中肯定会提及，

第六章　暴力仪式

但此书只提到新教徒对活人的摧残。与此形成对比,新教著作中则充满了对天主教徒虐尸的描述,而其对手的记录也确认了这些行为。

〔98〕有关加尔文对炼狱的看法,以及他对灵魂在死亡和最终审判期间的着落问题的讨论,参见 *Institutes*,Book III,chap. 5,sections 6—10;Book III,chap. 25,section 6。还可参见基斯·托马斯对新教徒对待死亡的态度的讨论:*Religion*,pp. 588—595,602—606;以及 Claude de Sainctes,*Discours sur le saccagement*,p. 381(其中提及在奥尔良的"圣骸"[holy bones]焚烧事件)。Pineaux,*Poésie des protestants*,p. 91。

〔99〕有关里昂所发生的掘出圣徒遗骨并将其随意弃置的事件,可参见 Guéraud,*Chronique*,p. 156 和 Niepce,*Monuments*,pp. 42—43。

〔100〕有关巴黎圣巴托罗缪节大屠杀期间的怪异声音,参见 Crespin,*Martyrs*,3:681。1560 年在 Draguignan 和 Fréjus 地方发生的用尸体喂狗的事件参见 *Hist. eccl.*,1:421,429;奥尔良的类似事件参见 Crespin,*Martyrs*,3:693。1561 年在 Villeneuve d'Avignon("一个胡格诺信徒的肝 5 分钱!")、1562 年在 Vire("谁要买胡格诺信徒的内脏?")、1572 年在巴黎和里昂(一名药剂师将从新教徒尸体上扒下的脂肪以每磅 3 blanc 的价格[3 blancs the pound]售出),都发生了售卖尸体器官的事件:*Hist. eccl.*,1:978;2:852。*Le Tocsain contre les autheurs de Massacre de France*,in *Arch. Cur.*,7:51。Crespin,*Martyrs*,3:713。

在天主教群体屠杀之后还可能发生吃人事件(蒙田 *Essais* 里的"Cannibals"说,"不是因为饥饿,而是想表达一种极度的仇恨"):1561 年在卡尔卡松、1562 年在特鲁瓦和桑城,参见 *Hist. eccl.*,1:94;2:478,3:419—420。拉杜里提到过 1573 年 Lodève 一起离奇的新教徒吃人事件:Saint Fulcran 的遗体奇迹般地得以保存多年,而胡格诺信徒则在一场暴动后开始往遗体上射击,最后将其吃掉(*Les paysans*,1:398,n. 5)。

〔101〕*Hist. eccl.*,1:931。

〔102〕Haton,*Mémoires*,pp. 181—182;Guéraud,*Chronique*,p. 156;Bosquet,*Histoire*,p. 148;de Sainctes,*Discours*,p. 372。按照一名天主教徒的说法,Le Puy 地方的胡格诺信徒诋毁黑色圣母像,说印有她图像的纸与厕纸无异,还认为应该将其扔到城市的下水道和沼泽中擦洗(Pineaux,*Poésie des protestants*,p. 89,n. 9)。

〔103〕有关 1562 年图卢兹的口罩以及 St. Martin de Castillan 和 Brignolles 的

带刺冠顶，参见 Hist. eccl., 3：43; Crespin, Martyrs, 3：386-387。有关嘲弄者，可参见本书第四章注 34 和注 47 中内容。有时罪犯在走向刑场的路上也会被戴上口罩：L'Estoile, Mémoires-journaux, 3：166。

〔104〕Crespin, Martyrs, 3：311-312; Hist. eccl., 1：935; Bosquet, Histoire, pp. 9-10; de Sainctes, Discours, p. 384。宗教暴动中还有其他哄闹会式的行动。1562 年图尔的女新教徒被迫在嘲笑声中骑马回教堂参加弥撒（可能是背脸骑马），参见 Hist. eccl., 2：695。1562 年在马孔，牧师 Bonnet 便在"嘲弄、羞辱和拳打"中过过城镇，"谁想听这个虔诚而神圣的人传教，请到 Place de L'Escorcherie"，参见 Hist. eccl., 3：522。1567 年牧师 Martin Tachart 则被领着走过富瓦街道，"头戴白色毡帽，玫瑰绕着他的脖子"，参见 Discours des troubles advenus en la Ville de Pamies, p. 342。伯纳德·帕里西描述了圣特对赴刑的新教传道者的羞辱，羞辱者可能是"司法人员"（gens de justice），也有可能是围观人群：这些传道者身着疯子或傻子的绿衣，像马一样被套上缰绳领着路过街上（Recepte véritable, in Oeuvres complètes [Paris, 1961], p. 101）。关于哄闹会，参见本书第四章内容。

〔105〕Claude de Rubys, Oraison prononcee a Lyon a la Creation des Conseillers et eschevins... le iour de la feste S. Thomas... 1567 (Lyon, 1568), f. Bb 2^v；另参见 journal of Canon Bruslart, 中间提到了鲁昂的情况，援引自 Hist. eccl., 2：720, n. 1。在圣特城，天主教徒在杀害新教徒的时候也有讽刺性的祈祷词（Palissy, Recepte, in Oeuvres, p. 112）。

〔106〕Hist. eccl., 3：518, 524, 158-159; 2：963-964, 941-942; 3：158-159. Philippi, Mémoires, p. 624. Crespin, Martyrs, 3：721。

〔107〕Troy Duster, "Conditions for Guilt-Free Massacre," in Nevitt Sanford and Craig Comstock, eds., Sanctions for Evil (San Francisco, 1971), chap. 3. Duster 尤其强调对受害者的非人化看待，此书中还有其他几篇有趣的文章也在讨论这个问题。

〔108〕Crespin, Martyrs, 3：684; Théâtres des cruautés des hérétique, p. 44。

〔109〕Cohn, Pursuit, pp. 32, 137, 281。

〔110〕圣像破坏骚动中的工匠参见 Hist. eccl., 1：889, 702, 719。天主教人群的数据整理自 Martyrs, 3：663-733。加亚的天主教船夫参见 Martyrs, 3：82; 迪耶普的新教水手参见 Martyrs, 2：796。1561 年在里昂紧随圣体节发生的骚动中，被逮捕的天主教徒包括三一学院院长 Barthélemy Aneau, 被害者有一名

第六章　暴力仪式

船夫、一名磨坊主、一名酒店主、一名修剪工和一名抛丝工（ADR，B，*Sénéchaussée*，Sentences，1561—1562，sentence of Aug. 14，1561）。1562年5月天主教暴动人群中的图卢兹高等法院成员参见 *Hist. eccl.*，3：15。

在1972年5月的一篇有趣文章（发表于 Newberry Library Conference on the Massacre of Saint Bartholomew's Day 上，即将在 Alfred Soman 主编的一本论文集中出版）中，John Tedeschi 展示了 Tomasso Sassetti 的一份迄今尚未公开的手稿（Newberry Lib.，Castelvetro Mss. Cod. 78/2），其中描述了在里昂、尤其是巴黎的屠杀情形："Brieve Raccontamento del Gran Macello fatto nella città di Parigi"。Sassetti 称在里昂的杀人者中印刷业者很活跃；但他的说法既不是出自其他里昂居民，也不是出自对死亡记录的分析结果（参见注94中内容）。我们已知的情况是，只有两名印刷商跟大屠杀有关系：Guillaume Rouillé，作为执政，他对屠杀负有一些责任；Alexandre Marsigli，在卢卡杀害 Paolo Minutoli 的逃难者，他希望卢卡能赦免并允许自己返回那座城市。晚祷大屠杀发生的时候 Sassetti 刚到里昂。

〔111〕Crespin，*Martyrs*，3：692。

〔112〕*Hist. eccl.*，1：227，719；Crespin，*Martyrs*，3.522；*Discours des troubles advenus en la Ville de Pamies*，p. 325；Bosquet，*Histoire*，pp. 148-150. 还可参见本书第三章内容。

〔113〕*Hist. eccl.*，1：913；Crespin，*Martyrs*，3：203-204，392. 1561年里昂有一名妇女因为自己在圣体节暴动中的行为而被捕：ADR，B，*Sénéchaussée*，Sentences，1561—1562，sentence of Aug. 14，1561。天主教妇女在诺曼底的 Vire 地方用石头砸绸布商的事件可参见 *Hist. eccl.*，2：846。

〔114〕里昂的情况参见 Guéraud，*Chronique*，p. 145。卡斯泰尔诺德里：*Hist. eccl.*，3：157。马赛、土伦、Poignans 和 Forcalquier：*Hist. eccl.*，3：412-415。普罗万和桑城：Haton，*Mémoires*，pp. 194，315。此外，1561年欧塞尔有"小孩"（petits enfans）往秘密集会的房门上扔石头；在 Draguignan，受教士和埃克斯高等法院成员的怂恿，"小孩"们杀害了城中的显赫新教徒 Antoine de Richier（Sieur de Mouvans）：*Hist. eccl.*，1：852，421。前面我们已经提到过普罗万一群10到12岁男孩在处理尸体问题上的争执，如同帕米埃的类似事件一样，其怂恿者是青年群体中的"年轻人"（jeunes hommes）。而早在1533年我们已经可以发现，一些12到15岁的"小孩"（enfants）正跟随着他们的母亲一起往异端妇女身上扔石头，参见 Jeanne de Jussie，*Levain*，p. 47。

〔115〕图卢兹：Bosquet, *Histoire*, p. 46；Crespin, *Martyrs*, 3：726。（学生亦参与了1572年奥尔良的大屠杀，参见 ibid., 3：695。）普瓦蒂埃：*Hist. eccl.*, 1：227-228；2：703。鲁昂：*Hist. eccl.*, 2：719。佛兰德斯：Crespin, *Martyrs*, 3：519, n. 1；522。

〔116〕F. N. Taillepied, *Recueil des Antiquitez et Singularitez de la Ville de Rouen* (Rouen, 1587), pp. 195-197；L'Estoile, *Mémoires-journaux*, 3：243-244, 247。Peter Ascoli 也在 "The Sixteen and the Paris League, 1589-1591" (University of California at Berkeley, Ph. D. thesis, 1971) 中对儿童在1589年联盟游行中所扮演的角色作了描述。在最近一篇有关15世纪佛罗伦萨的文章中，Richard Trexler 着重提到了男性青少年在城市游行生活中的作用，还特别强调他们对萨沃那罗拉那场反对虚荣的斗争的狂热支持，参见 "Ritual in Florence: Adolescence and Salvation in the Renaissance," in *The Pursuit of Holiness in Late Medieval and Renaissance Religion*, ed. C. Trinkaus with H. A. Oberman (Leiden, 1974)。可比较拙文：N. Z. Davis, "Some Tasks and Themes in the Study of Popular Religion," ibid., pp. 318-326。

〔117〕参见注 72 中内容。Philippi, *Mémoires*, p. 623。

〔118〕内穆尔事件中新教徒目标名单所起到的作用可参见 *Hist. eccl.*, 1：834。马孔的白十字架参见 ibid., 3：518；波尔多的小红帽参见 Crespin, *Martyrs*, 3：729。图卢兹的"十字架万岁"、拉罗谢尔的"狼"（在诺曼底的 Vire 地方被当作暗语）、"福音万岁"可参见 *Hist. eccl.*, 3：33；2：845, 989。

〔119〕*Hist. eccl.*, 1：355, 844；*Discours des troubles advenus en la Ville de Pamies*, pp. 319-320.

〔120〕*Hist. eccl.*, 3：487；Crespin, *Martyrs*, 3：287, 641；*Hist. eccl.*, 3：158-159；1：913。类似例子还有莫城布商 Cosset 的"骑士团"——这个团在1572年大屠杀后成立，专门杀害那些避难于临近乡村的胡格诺信徒（Crespin, *Martyrs*, 3：684）；以及1562年成立于 Mont-de-Marsan 的"圣像破坏团"（*Hist. eccl.*, 2：963-964）。

〔121〕Haton, *Mémoires*, p. 334。1573年在 Annonay，一名前 Vismes 巴索赫——法务文员的节庆组织——领导人便带领80名"同道"活跃在乡村之中。这明显是一个年青新教徒的团体。Achille Gamon, *Mémoires*, p. 615。

〔122〕*Hist. eccl.*, 1：983-986；Crespin, *Martyrs*, 3：390-391.

〔123〕Estèbe, *Tocsin*, pp. 194, 197.

第六章 暴力仪式

〔124〕新教徒的不抵抗是一个非同寻常的事实,这不仅可以从所有有关1572年屠杀的记述中看出来,也跟他们(比如)1561年至1562年时激进狂热的情绪形成对比。克雷斯平所描述的1572年的新教遇害者要么试图逃跑(男人身着妻子的衣服[*Martyrs*,3:698]),要么坚守信念勇敢地死去。如果确有个人试图抵抗(比如奥尔良的教师和制剑师傅Maistre Mamert),那也只是克雷斯平记述中偶有的情形,参见*Martyrs*,3:697。

第七章　印刷和民众

189　　这是一些来自 16 世纪的声音。当自己的诗集于 1556 年在里昂出版时，制绳匠的女儿路易斯·拉贝这样对女同胞们说："……女性自己从事科学和智力训练的时代到来了。如果我们中有人历尽艰辛将自己的想法写成书，就不要不乐意接受这种光荣。"十年后，在康布雷，一名新教亚麻织布工这样向法官解释书在他生活中的地位："《福音》引导着我。我的邻居有一本里昂出版的《圣经》，他教我用心理解圣诗……我们两个常于周日或节日在田野里走着，谈论着《圣经》和神父们对它的滥用。"让我们听听 1572 年巴黎和里昂印刷职工的话吧。他们自己印刷辩护状向高等法院和大众表明，他们需要雇主更好的对待："印刷术［是］如此绝妙的一项发明……如此高贵荣耀，它给法国带来的好处多于其他行业。巴黎和里昂为全体基督教徒提供了各种语言的书籍。"还有，"印刷商和印刷雇主……用尽手段压迫……职工，而印刷工作最繁重、最重要的部分就是由他们完成的"。最后，医学博士皮埃尔·托莱把希腊文书译为法语并印发给外科职工。在这

190　本教科书中，他说："如果想让仆人听你的命令，你不能使用他们不懂的语言。"[1]

第七章 印刷和民众

上述这些摘录表明,印刷以复杂多样的方式进入了16世纪的大众生活。它建立了新的交流网络,为人们提供了新选择,同时也为控制民众提供了新手段。这是真的吗?在识字率那么低的情况下,印刷能对**人民**产生那么大的影响吗?我们该如何估测其影响?无论如何,我所说的"大众"(popular)和"人民"(the people)的含义又是什么呢?

确实,如同今天一样,16世纪时,这些词语的用法也是含糊不清的。一方面,"人民"可以指王国中的所有本国人(le peuple françoys)或者是知晓本国法律的市民和居民。另一方面,这个词还可以指范围有限但数量仍然很大的人口:那些普通人,非贵族的人;没什么财产或贫穷、不富有的人;没接受过教育的、不识字的人。如克劳德·德·塞萨尔1519年在他的《伟大的君主制》(Grand' Monarchie)中的说法,"小人物"(little people)居住在城镇或农村,还包括那些耕地和做手艺活、从事地位更低下职业的人。[2]研究17、18世纪文化的学者近来即采用了德·塞萨尔对"小人物"的看法,虽然他们更强调农民而不是城市居民。热内维埃·伯莱姆谈论过"小人"(petites gens);罗伯特·曼德卢也关心过"大众背景"(popular milieus),尤其是农村中的情况。[3]

人们已用几种方式讨论过这些背景和印刷图书的关系。首先,有很多研究将"大众文学"视为他们的材料来源和系统分析对象。路易斯·B·怀特的《伊丽莎白时代英格兰的中产阶级文化》(Middle Class Culture in Elizabethan England,1935)就是这种研究的经典例子,其研究对象是包括商人、手艺人和技术工匠等在内的城市识字群体。罗伯特·曼德卢的研究对象则是17、18世纪在特鲁瓦沿街叫卖、在广大农村地区传播的一些蓝皮书,而热内维埃·伯莱姆则研究了大量的法式历书样本。他们的目的并不是要发现多么新颖或多么具有传统的交流方式,而是要探究"普通城市居民的眼界"(怀特),或者大众"眼里的世界"(曼德卢)。为什么他们相信从书中就可以感知读者的眼界呢?因为(所以这还存在争议)伊丽莎白时代的文学是

"为普通城市人"或本身就是"由普通城市人"写的;因为《蓝皮丛书》(Bibliothèque bleue)的印刷者跟熟悉乡村需要和喜好的书贩有密切联系。[4]

在确定印刷文书的特性时,这些研究是无价、甚至令人惊奇的。但在揭示特定社会群体的视界方面,它们还存在方法上的缺陷。大众图书并不必然是由"小人物"写的。教师安德烈·勒·富尼埃在1530年为妇女们编了一本关于家庭处方和化妆的书籍,作者当时是巴黎一个医学系的校务委员[5],并且他也绝不是唯一一名参与这种事情的大学毕业生。也不只是"小人物"才购买和阅读大众图书。比如法国经典历书《大历书和牧羊人点滴》(Grand Calendrier et compost des bergers),农村人不一定会看,但国王肯定要看。弗朗索瓦一世的御设藏书中就有一本,而一本16世纪中叶版的历书,则属于桑城的国王律师,现在它保存在霍顿图书馆里。[6] 16世纪,巴黎一名市会议成员的妻子和一名图书装订商,则拥有《穷人的财富》(Tresor des povres),这是一本传统的疗法汇编。[7]

最后,很重要的是,我们要想到,人们并不一定同意他们所读书籍中的价值观和思想。比如曼德卢先生就从《蓝皮丛书》的精灵故事和圣徒传记中得出结论说,这些故事给农民提供了文学上的逃避空间,阻碍了他们对社会政治现实的理解。也许吧。但在没有一一对证的情况下,特别是在那个人们会扮成鬼怪来教训小孩,或者以不时出现的"精灵"来保护叛乱农民的时代,我们又怎么能确定一名农村读者阅读神奇故事的方式呢?[8] 一名农民读到或听到的,不只是印在白纸上的字面信息;而是"神奇陀螺"(a strange top,借用让-保罗·萨特对文学对象的比喻)变化多端的旋转,这只有作者和读者合力抽打才能达到。[9]

这样,假如能够保证以下两点,我们就可以最大程度地理解印刷和民众之间的关系:第一,在对文本自身进行主题分析的同时补充来自读者方面的证据,以提供有关书的意义和作用的相关背景;第二,不仅将印刷图书视为意识和象征的来源,还将其视为关系的载体。能够支持这种尝试的资料散落在原始版本的书页当中;散落在对识字

第七章 印刷和民众

率、方言、书的所有权情况、书价、作者和出版政策的研究当中；还散落在农民和工匠的习俗和集体生活当中。可供借鉴的理论可在杰克·古迪及其合作者有关传统社会识字率含义的研究（特别是他们对半文盲和知识精英之间关系的讨论）中找到。伊丽莎白·L·埃森斯坦有关印刷对近代早期欧洲知识精英和城市人口影响的大量论文，特别是她对先前"区隔化系统"（compartmentalized systems）间的"跨文化交替"（cross-cultural interchange）的看法，也可以提供理论支持。古迪和埃森斯坦面对批评都坚称自己无意于技术决定论，而我甚至比他们更强调社会结构与价值在引领识字和印刷应用方面的作用。[10]

进而，在16世纪法国的特定大众环境中，本文将考虑运用印刷图书的社会背景，也将考虑印刷在民众和文化传统中所推动建立的新关系，这种传统直到当时还是孤立的。是否有新群体加入了著名作者的行列？"读者"（那些实实在在地读了书的人）和"大众"（作者和印书商书本的发行对象）的构成又如何？*

在16世纪追溯这些关系是特别有趣的。这项基础性发明至少在城市中扩展相当迅速。到这个世纪中叶的时候，法国的主要印刷中心已经建立起来了：巴黎、里昂、鲁昂、图卢兹、普瓦提埃、波尔多、特鲁瓦。到1550年时，大概有40座城市拥有印刷机；到1600年起码增加到60座。此外，与宗教战争之后的情况不同，此时印刷商和书商对行业的经济控制还不稳固。"产业资本家"和工匠（比如里昂的老让·德·图内和普瓦提埃的马尔内兄弟这样的出版—印刷商）还可以决定印刷某种书籍的可盈利和（或）有利程度；有时，甚至一般的印刷师傅就可以决断自己版本书籍的印行工作。这种多样性有助于解释图书**种类**的宽广范围，这在这个世纪中叶之前即已出现。在数十年的时间里，1700年时存在于法国的绝大多数出版样式即已诞生并迅速传播开来。而书的所有权模式也有类似的发展。比如，在1500

---

* 这种区分是必要的，但在日常话语中并没有体现出来。我是按照 T. J. Clark 的术语学来分析的（参见 *Image of the People. Gustave Courbet and the Second French Republic, 1848-1851*［New York，1973］，p. 12）。

年左右去世的那一代巴黎工匠里，除了印刷职工外，实际上没有人拥有哪怕一本印刷图书；到 1560 年时，在巴黎工匠和手艺人去世后的财产记录里，书的拥有率固然不是很高，但已经达到亨利-让·马丁对 17 世纪中期巴黎所作记录里的水平。[11]

这自然联系到有关方法的最后一个问题。与其去宽泛地考虑"人民"的概念，我宁愿竭尽所能地在更仔细界定过的圈子——也就是有部分成员识字的凝聚性社会团体——中探寻印刷的影响方式。在农村，这意味着只要一个村的定居人口中有人识字，全村的人都将成为考察对象。在城市，这包括小商人、匠人（师傅和职工），甚至是跟城市组织——比如兄弟会和行会——有所联系的半熟练工人（比如城市园丁和渔夫）。也包括他们的妻子——她们通常就在行业中工作，甚至包括富有商人家庭中的妇女。还包括家中的男女仆，他们可能就住在主人家中。但不包括非熟练日工、日工（gagnedenier）和散工（manouvriers）、脚夫（portefaix/crocheteur）、游民和职业乞丐。这些居无定所者是不识字的；不管他们的亚文化有多丰富的内涵，城镇的官员是他们能够有序地去听其说话的唯一的读书者，他要么是向他们指明清理下水道的工作，要么就是以鞭刑威胁他们离开。

我也没将下层教士和偏僻地区的贵族及其妻子包括在内，虽然在 16 世纪他们可能整体上介于识字与文盲之间，虽然他们作为个人在乡村生活中也扮演了一个角色。将他们与农民和城市"小人物"区分开来的不是识字水平，而是他们的等级，及他们与精神—情感权力、裁判权和财产的关系。

一

让我们先来看看农民的情况。印刷对他们生活的渗透不只影响了识字率，还影响了其他东西：他们所懂语言图书的价格和获得难度；可以大声读书的社会场所的出现；在印刷图书中寻找信息——当他们

第七章 印刷和民众

认为这是更方便的渠道时——的需要或愿望；某种情况下利用印刷向别人表达某些东西的愿望；等等。

不管是手写还是印刷出来的，我们研究的农村是一个很少见到文字的世界。在前印刷时代，1450年左右托尔西的一次农村节庆就可以表明这点，一个"信使"（磨坊主的儿子）带着"印章"，看着一张空白羊皮纸假装向收获女王作"汇报"，而实际上他是在讲即兴的笑话。当法庭、领主或收租人对处理结果作了记录之后，羊皮纸或纸张才进入农民的生活当中，不过农民可能也同样期望这些纸能用来做成头饰羞辱当地违规者。（在15世纪的法兰西岛，不老实的养鸡人将被罚戴上一个顶冠，上面画有鸡、其他家禽和"大量的文字"；1511年，一名散漫的巡林人就被罚戴着顶冠游行，上面画有横七竖八的树。）[12]

整个16世纪，农村的识字率仍然很低。女性几乎没有人懂得字母表，甚至接生婆也不例外。至于男性，勒·华·拉杜里对1570年到1590年朗格多克一些地区的系统研究表明，只有3%的农业职工和10%的富有农民（富农[laboureurs]和农场主[fermiers]）可以完整地写出自己的名字。* 在北方和巴黎西南这些讲法语的地方，识字率可能高一点，一些地方也有记录表明农村学校的存在。但那些花费数年在这种地方学读写唱的通常是来自特殊家庭（比如外科理发师弗雷便送他的儿子上学，还于1557年奖励校长一座礼拜堂）或志在从事非农业事务的小孩（比如索罗涅农奴的儿子就去学校"学习科学知识"，因为这个小孩"身体虚弱不能务农"）。[13]

当然，在16世纪中期，一名有志成为农场主的年轻人是需要学会算账的，但并不是所有的经济压力都会推动农民去识字。查理·埃

---

* 从签名能力来估计阅读能力当然只是一种大致准确的处理方法。人们可以只学读而不学写，也可以反其道行之。尽管如此，在16世纪绝大多数情况下，这两种技能都是同时教的。所以我们可以从能签名者的数量估计能阅读者的数量。有关现代早期识字率衡量技术的讨论，参见 R. S. Schofield（"The Measurement of Literacy in Pre-Industrial England," In J. R. Goody, ed., *Literacy in Traditional Societies* [Cambridge, Eng., 1968], pp. 311–325）和 F. Furet and W. Sachs（"La croissance de l'alphabétisation en France, XVIIIe-XIXe siècle," *Annales. Economies, Sociétés, Civilisations* 29 [1974]: 714–737）的文章。

斯蒂安的农业手册建议地主说，他们的佃农不需要学会读写（文字也可以行骗），只要他经验丰富、务农精明就可以了。1601年，上普瓦图的一名农民就试图以不识字为由，推掉指定给他的本村估税员的职责。至于卖地、签婚约和立遗嘱，随时都有一帮巡回抄写员和公证员乐意效劳，他们可以借此增加收入。[14]

这样，那些真正在学习的农村男孩，便几乎都是那些想要去城市当手艺学徒、神父或少部分幸运的富农的孩子了，后者在穷人奖学金由富人负责的情况下，仍可以进入巴黎大学。一个这样的例子就是布里一名农村铁匠的儿子，他读完大学后在里昂当校对人，1560年去世时拥有一本珍贵的手抄本《提奥多西法典》*。[15]

但这些人回乡访问时也不留下书籍。16世纪早期，托马斯·普拉特求学路过他位于瑞士山区的老家时，他的亲戚们说，"我们的小托马斯说话非常深奥，几乎没人知道他在说什么"。我们可以想象法国农民的类似情景，他们相互谈论着儿子：他看的书满是奇怪语言，他用另一种方言学手艺。15世纪，农民去世后的财产清册上几乎没有手抄本书籍**，16世纪时，他们也几乎不拥有任何印刷图书。[16]

为什么会这样呢？固然，一名在1520年代能够花很多里弗买亚麻制品和保险箱的富农，是大可以花三苏买一本《牧羊人历书》（Calen-

---

* 《提奥多西法典》（*Theodosian Code*）是438年问世的罗马帝国法律汇编，由帝国皇帝提奥多西二世于428年下令整编。——译者注

** 对法国乡村神父图书拥有情况的研究现在还没有出现。Albert Labarre考察了1522年到1561年亚眠23名乡村教区神父的财产清册（15人有书，8人没有），但如他自己所说的，这些人都居住在亚眠。除非常驻神父操办学校，否则我们几乎不能指望他拥有除祈祷书和弥撒书（或许还有一本圣徒传记）以外的任何图书。在诺埃尔·法伊1547年出版的 *Propos rustiques* 里，作者给出了一张画，表现数十年前节日宴会上的神父形象，他不是大声朗读，而是和教区居民聊当天的《圣经》引文，和老接生婆谈论药草。当然，乡村教士的受教育程度是参差不齐的，这种情况即便在17世纪后很长一段时间内也没有改观。更多情况下，法国主教们确实要求神父必须拥有指定的图书（参见 A. Labarre, *Le livre dans la vie amiénoise du seizième siècle*[Paris, 1971], pp. 107–111; Noel du Fail, *Les propos rustiques*, ed. A. de la Borderie [Paris, 1878], p. 21; T.-J. Schmitt, *L'organisation ecclésiastique et la pratique religieuse dans l'archidiaconé d'Autun de 1650 à 1750* [Autun, 1957], pp. 132–133; J. Ferté, *La vie religieuse dans les campagnes parisiennes, 1622-1695* [Paris, 1962], pp. 186–194）.

第七章　印刷和民众

drier des bergers），花两苏买一本医学手册《穷人的财富》，甚至两个半里弗买一本装订过的图示版祈祷书（Book of Hours）的，后者可以让家族好几代引以为荣。[17]

但是，一个人能买得起书并不意味着他就准备看书，也不意味着他需要书或想要书。16世纪，法国某些地方的识字富农也许一辈子都没见过卖书人，他最近的市场所在的城镇也许是一个小地方，那里也许没有印刷机，而游走书贩也还只到过少数农村地方。[18] 即便他偶遇书贩，书贩卖的书里也许满是他几乎不懂的语言，因为除了法语之外，很少有印刷品是用方言出版的。18世纪的研究布列塔尼语的学者只能找到5本用这种语言出版的16世纪图书，第一本巴斯克语图书于1545年出版，但很少有后例模仿。[19] 普罗旺斯语图书有几种，主要是诗集，而其他的地区方言如皮卡第语和普瓦图语则几乎没有相关出版物。[20]

无论如何，16世纪乡村到底有多需要印刷图书呢？《牧羊人历书》虽然不是必需品，但它是口头传统的有益补充。（实际上，有时当我阅读16世纪不同版本的《牧羊人历书》时，我就想，当时编者和出版商眼里的农民大众究竟是怎样的？他们的看法是两种角度——民俗学家的记录，乡村绅士和城市人对农村世界的田园牧歌般的既定视界——的交错，他们用"山里的伟大牧羊人"的简单常识来为这些绅士和城市人提供自我界定的办法。1499年出现于巴黎的《牧羊女历书》［Shepherdesses' Calendar］似乎能够支持这个观点，这本书创造性地模仿了早前的版本，也是由同一工坊出版[21]。）《牧羊人历书》告诉人们月相和盈亏，告诉人们固定和非固定节日的日期，还有日食和月食的时间。至于对历书印行当年种种最重要事物的预测，还配有图案帮助这些几乎都是文盲的人理解。如果要全面运用各种表格，还需要实实在在的识字能力。*

---

* 《牧羊人历书》并不是每年都出版。里面的新月出现日期可用38年；日月食则可用一个世纪或更长时间。出版后的任一年里，星期几的对应日期、新月的确切日期、月亮在十二天宫里的位置，都可以从表格里算出来。

在诺埃尔·法伊的 Propos rustiques 中，作者就记述说前乡村教师 Huguet 拥有农村版《牧羊人历书》，他不时大声读给大家听（p. 15）。

除了日月食之外，现在农民们有自己的办法来算出这些结果，他们"画图将其记录在木牌上"。1655年，朗格多克的农民还在制作这种"象形历书"，一名来自阿尔比地区的旁观者说："在不比扑克牌大的小木块上，他们用一种非凡的技艺标示出年中的每个月、每一天，包括节日和重大事件的日子。"[22]那么，为什么那个时候他们还会觉得少了一本《牧羊人历书》呢？

历书的其他部分对农民来讲可能就是有趣的了，比如养生建议或者用面相来辨别好坏人的秘诀等等。这里的农村社群也流行着谚语和格言，它们可以用来应付很多偶发事件，有时甚至比历书的统一说法更有用。（普罗旺斯和皮卡第人是不是都相信黑鬈发就意味着这人忧郁、淫荡、满脑子坏主意呢？是不是布列塔尼人和加斯科尼人都同意红发就意味着愚蠢、傻、不忠诚呢？[23]）有些历书中有关女性分娩的部分（如1541年的特鲁瓦版本，1551年的里昂版本）便不如乡村接生婆的丰富见识有用。让我们祈祷外科理发师们不要按照历书里反复出现的粗劣血管图示来放血吧。[24]

类似的，《牧羊人历书》里的农业建议也只是在某些情况下才有用。虽然木版画看起来很漂亮，但农民并不真的需要它来教他们说3月份时要修剪葡萄藤。如谚语讲的：

葡萄农修剪

葡萄农捆绑

葡萄农施肥

三月就是我生命的全部。[25]

最后，虽然我还没有遇到1630年前神父拥有《牧羊人历书》的情况，但我们可以想象较早前一名教士大声朗读它的情形，书中含有大量的宗教内容，他甚至可能向村民们展示道德和恶行的关联系谱，展示地狱惩罚的样子。[26]这是可能的，但这些木版画能和末日审判、死亡之舞、圣徒的生活以及《圣经》场景相比吗？后者在中世纪末可是遍布乡村教堂的墙壁和窗户的。而认识上帝及自身

第七章 印刷和民众

的七种方法，完成洗礼的六种方式，是否就能够使农民少些依赖仪式而多些依赖阅读宗教图书呢？简而言之，即便《牧羊人大历书》(Le Grand Calendrier des bergers) 的任一版本能够在农村传播，它最多也就稍微唤醒了农民的记忆，丰富（也许规范）了他们的视觉阅历。但它几乎不能给他们带来太多新的信息，无法有效地改变他们对口头传播的依赖，也不能改变他们与非农民群体的关系。

地方传统和经历，从游走歌手那学来的东西，集市时在临近区域中心的所见所闻，都丰富了农民的节庆和音乐生活。比如，村里的未婚年轻人便组织"青年修院"(Abbayes de Jeunesse)，写歌曲和短剧嘲讽村民家丑及年长村民的性嗜好。16世纪时的"哄闹会"就会在紧要时刻弄出这样一首歌，讽刺那些新婚三晚都没完成洞房的新郎。下面就是流传到今天的一个版本：

> 当村里的人们知道
> 这名丈夫
> 连老鼠般大的勇气都没有
> 人们用"哄闹会"
> 来嘲弄这件事……
> 一名来自乡村的
> 勇敢男孩
> 以极认真的态度
> 欢快地唱出了这首歌

在奥维涅部分地区，人们每年都会组织节庆（reinages），奉献最多蜡给教区教堂或地方修院的村民将竞拍一项权利，拍中者有权扮成"国王"、"王后"、"王太子"、"治安官"和类似的人物。[28] 这个无文字环境里也出现了宗教戏剧：15世纪末期，有4名特里尔（法兰西岛）的居民表演圣维克托*的生活，还为了表演从教堂里拿圣像做道

---

* 圣维克托（Saint Victor），189年至199年间为罗马主教，极力扩大罗马主教在早期教会中的权威。——译者注

具，结果惹上麻烦；1547 年，有 3 名不会签名的富农让村里画家创作一幅殉道儿童圣西尔*的"肖像"，他们每个周日在朱利塔城（Villejuive）里表演这个人物。[29]

在 16 世纪上半叶，巴黎和里昂的印刷作坊源源不断地出版了反映乡村滑稽剧、道德剧和神秘剧的图书，但这些农村表演项目本身却不需要用到印刷图书，其背后甚至可能连剧本都没有。所以，也是在这个世纪中叶，尽管人们盛行出版所谓的"乡村歌词"（chansons rustiques，它是歌词总集里的一部分），但没有证据显示它们是专门面向农村发行的，乡村里也见不到它们的身影。[30]

不过，16 世纪印刷真正进入乡村生活的渠道还是存在的，这为农民提供了新选择。这里的一个重要社会机制就是"夜会"（veillée），这是一种村社的夜间聚会，尤其在从万灵节到圣灰星期三的冬夜举行。[31] 在这里，人们在烛光下修理工具、纺线，未婚者互相卖俏，人们唱着歌，有些男女则讲故事：讲述梅吕西娜的故事，关于奇异的女蛇和她凶暴的丈夫和儿子；讲述女孩逃避乱伦，扮成雌驴进入王宫的故事；讲述狐狸和其他爱冒险的动物的故事。[32] 如果某个男子识字又手上有书，他便会大声朗读出来。

理论上讲，印刷能显著扩大"夜会"中书的种类范围。但实际上，鉴于 16 世纪有限的传播途径和传统讲故事者的鉴赏力，即便是一名乡村教师也不会有几本书。诺埃尔·法伊是一名来自上布列塔尼领主家庭的年轻律师，他于 1547 年写了一部农村小说，我们从书中看到，农村的图书是"陈旧的"：《伊索寓言》和《玫瑰传奇》（Le Roman de la Rose）。15、16 世纪之交，这两本书都有了印刷版，也有了城市读者。到 1540 年代，知识分子们正在享受新的拉丁语、希腊语或押韵法语版《伊索寓言》；虽然他们还很欣赏 13 世纪的《传

---

* 圣西尔（Saint Cyr）是一名死时年仅 3 岁的小男孩，于 304 年与其母圣朱利特一同殉道。内维斯教堂守护者之一，与其母同是朱利塔城（Villejuif/Villa Julittae）的守护者。——译者注

第七章 印刷和民众

奇》,但他们与书的意境和样式的距离是前所未有的,即便是克莱门·马罗修订过的版本也是这样。跟这种现象形成对比的是,农民们没有任何理由可以丢下马罗及其出版商所鄙视的那些早期版本,后两者认为其中充满印刷错误和"太古老的语言"(trop ancien langaige)。[33]

这种大声朗读是否很大地改变了农村的情况呢?大声**朗读**?我们也许应该说成"转译"好一点,因为朗读者必然要将他的法语文本转成听者懂的方言讲出来。也许我们还应该加上"整理",假如说《伊索寓言》——农民已熟悉其样式和情节——不需要这个过程,那么长达 22 000 行、满是哲学谈话的《传奇》就肯定需要。在社群中听过一次《传奇》之后,人们也许就建立了与旧骑士和经院式经验分类法的新关系;他们会学到一些新的比喻,各种女人和情人的形象则会丰富他们的大脑。[34]你想要成为谁呢,或者你喜欢谁?梅吕西娜还是玫瑰?好问题,但这很难跟"印刷文化"的独特之处产生关联。*

然而,早在 1530 年代,一本开创性的、跟传统样式(如《伊索寓言》、《玫瑰传奇》或《历书》)截然不同的图书即已进入"夜会"中:方言《圣经》。在皮卡第,直到被临近修院发现前,一名补鞋匠一直在"夜会"上给村民们读《圣经》。现在文本的字面意义变得重

---

* 对于他那些流行于农村的书籍,诺埃尔·法伊的态度近乎苛求。在 1548 年 *Propos* 和他的其他作品在巴黎出现盗版之后,他随即于 1549 年在里昂发行新版本对其加以排斥。虽然如此,1573 年巴黎出版商 Jean II Ruelle 还是发行了 5 本新书,它们可能多少在农村有一定的流传:一本史诗(反映查理七世的统治);两本中世纪浪漫故事(包括《瓦伦丁和奥尔森》[*Valentin et Orson*],其主题素材跟旧农村的猎野人和猎熊习俗有关);一本记述好骑士 Bayard 事迹的图书,由辛普里西安·尚比埃写作;还有一本 Miracles of Our Lady。这些书中有些被收入 17 世纪的《蓝皮丛书》里(du Fail, *Propos*, pp. iv—xii, 138, 187)。

1554 年 2 月的一个雨夜,诺曼底绅士 Gilles de Gouberville 读书给他的家人(包括男女仆人)听,这本西班牙语图书刚被译成法语出版:*Amadis de Gaule*(参见 A. Tollemer, *Un Sire de Gouberville, gentilhomme campagnard au cotentin de 1553 à 1562*, with introduction by E. Le Roy Ladurie [reprint of the 1873 ed., Paris, 1972], p. 285)。

我认为这些书能够以某种方式到达农民那里,就像《玫瑰传奇》和《伊索寓言》一样。

要了。《圣经》不能被"整理",也不能被精简成民俗。人们需要理解它,而且大概是没有图片帮助理解的。1550年代,在圣东日和其他地方,菲利伯·阿姆林便带着一个袋子来到田野里,里面满是他在日内瓦印刷的《圣经》和祈祷书,趁着农民午歇的时候,他跟他们谈论《福音》和新的祈祷方式。有些农民很高兴地获知这些;其他的则很愤怒,还打骂他。他相信有一天他们都能更好地理解他所说的东西。[35]

在奥尔良,一名护林员从集市上一个卖书人那里买到了一本方言《新约》、一本法语《圣诗集》和日内瓦教义问答,他一个人跑进马谢努瓦的森林中读这些书。在多菲内山区,一名农民以某种方法自学法语,而读《新约》便占用了他除耕地外的所有时间。故事继续着,当神父批评他不懂拉丁文版《圣经》时,他就费力地拼读出来,直到能用拉丁文引语反驳他们为止。[36]

最后,图书兜售者开始系统地进入乡村传播《福音》。一名普瓦提埃本地马车夫就去日内瓦装载《圣经》、《圣诗集》和诺曼底的劳伦出版的加尔文教文本,然后在皮埃蒙特和多菲内农村寻找买家。1559年,在里昂地区一个乡村有5名来自巴黎不同地区的工匠被捕,因为他们的篮子里有日内瓦出版的书籍。甚至宗教裁判官也奇怪,为什么要卖书给"乡巴佬"(gens rustiques)呢?[37]

当然,结果是,加尔文教的信条从未赢得大量法国农民的支持。新教运动在农村的主要参与者,要么是领主和大贵族家族——其佃农和下属自然尾随皈依新教;要么就是像塞弗诺尔那样的特殊地区(如勒·华·拉杜里所展现的一样),那里相对集中了大量的农村工匠,而皮毛业尤其是这样。[38]对于大多数农民来说,信奉《圣经》、《圣诗集》和长老会的宗教,并没有给传统的农村口头及仪式文化留下多少回旋余地,也没有给农村正在出现的社会生活和社会控制样式多少空间。

加尔文教缺乏灵活性,这点可以从1550年代末一本由日内瓦始创的《历书》中看出来,这本书于1560年代在日内瓦、里昂和其他

第七章　印刷和民众

地方大量印行。每个月的雕版画仍然描绘农村场景，有时很吸引人。但有关月亮天宫位置的信息不是放在表格里，而是以**文字**的方式被表述出来，或者更多情况下，这些信息被压缩到一起（大概是怕被用来占星吧）；而传统《历书》里很多圣徒的名字和图画则因为"迷信和偶像崇拜"的缘故消失了。取而代之的是那些展现人类通往上帝的道路的"历史性"日子。所以，诺亚用方舟前行和基督一生中的大事都被记录上去。815 年 1 月 26 日或 27 日，查理曼去世了。2 月 18 日，"罗马庆祝'愚人节'，这跟教皇信徒的肥美节是对应的……他们是异教徒的继承者"。3 月是马丁·布塞*去世的月份，7 月是爱德华六世去世的月份。1453 年 3 月 29 日穆罕默德二世攻占了君士坦丁堡，8 月 27 号"根据真理进行的改革"在日内瓦发生。10 月份记述了马丁·路德对赎罪说的抨击。[39]

这本薄薄的《历史历书》（*Calendrier historial*）是一项有趣的创造，它常常夹杂在改革派的《圣诗集》或《新约》中（它甚至有巴斯克语版本，如同后两本书一样）被连带出售。[40]但农民是怎样反应的呢？首先，对于这些半文盲来说，天主教的历书要更容易解读一点，里面也有更多的占星信息。不过最重要的是，不管这些新的历史条目有多新奇，农民不认识一年中的日子了，甚至圣徒也不见了，而节日就是以他们的名字命名的。新教出版商想要"乡巴佬"买这些书，但他们的东西并不是为农民大众量身定做的。**

再者，尽管《圣经》最终没有成为多数农村家庭的必备品，但仅就向其大规模售卖书籍这个想法本身而言，便是史无前例的。17 世

---

* 马丁·布塞（Martin Bucer，1491—1551），新教改革者、礼拜学者。他试图调和新教派别间的争端，对加尔文教、安立甘教会的礼拜仪式有不小影响。——译者注

** 《历史历书》是匿名出版的，印刷者负责样式和内容。这种历书的首创者是康拉德·巴德，他是巴黎一名印刷商的儿子。有 16 名书商和印刷商参与了 1560 年代日内瓦和里昂各个版本的印行工作，这 16 人中有 9 人是土生土长的城市人，这是关键所在。书中图画表现出对农业细节一定程度的关注：有些书中是朗格多克样式的牛拉轻犁（araires），其他的则是北方的马拉重犁（charrues）。一些历书将牲畜和工具放在一起介绍，这有点不合适；在 1566 年的里昂版本中，割草工作被放在收割之前一个月进行，书中也没有提供庄稼种植方面的建议。

纪谁首先用小贩的书来打开农村市场？不是一名拥有农村背景的朴实印刷者；他记得家乡的文盲程度。不是一名印行大众文学的普通出版商；他会担心那浅薄的利润。但狂热的新教徒可以忽视这些，为了"抚慰可怜的基督徒，教导他们上帝的令条"，他们能够坦然面对商品毁坏甚至自身丧命的可能。[41]

倘若说印刷和新教为书本进入乡村开辟了新道路，那么印刷也便利了少量面向农民大众的图书的**创作**。我想这个过程的关键在于，"农民知识"——如《牧羊人历书》和一些谚语书的说法——经由印刷这种新方式得到了知识分子的关注。知识分子正在探求的不是他们当地佃农或在市场上卖给他们粮食的男女的想法，而是乡下人（The Peasant）的想法。而且，因为致力于民族语言的"说解"和致用的人文主义理想，他们决定要纠正农村知识中的错误并教导乡下人。所以，医学博士、数学家、巴黎的大学教授安特华·米佐，便写了一本《乡村占星术》（*Astrologie des Rustiques*）来告诉村民们如何通过地面上的现象来准确预估天气，而这并不需要事先有相关的知识储备。（水手、军事指挥官和医师也应该会觉得有用。）[42]所以稍后御用外科医生雅克·吉勒莫*就写了一本有关怀孕和分娩的书，它是专门给"非博学者……那些几乎全然不懂相关知识、分布各地、远离城市的年轻外科医师"用的。[43]

现在开始发行一些每年一版的新式历书了，它们是由医学博士和"数学家"写的，其中可能包括一些最新的**农业**信息，比如何时种水果，何时上市出售蔬菜等。（一个版本写道，"由尼姆的老园丁佩隆佐和让·里隆德先生试用过"，这本书接着介绍了卷心菜、洋蓟、西瓜和其他植物，这些都使得17世纪朗格多克的菜园不同于它们15世纪的朴实原型。）[44]这些历书是面向各式人写作的，作者大概希望一些农民读者能够拿到它们，这种愿望当然要比查理·埃斯蒂安、让·里柏尔和其他著名作品的作者要强烈。后一类作品主要面向地主、绅士

---

* 雅克·吉勒莫（Jacques Guillemeau, 1550—1613），法国外科医师，以对产科学和眼科学的贡献著称。——译者注

第七章　印刷和民众

农民和领主，这些人可以再去教租户、佃农和雇工操作。*

但是，这种新历书里最有趣的要数让·沃斯泰 1588 年写的一本，而在此 6 年之前刚好发生了格里高利历改革。他的庇护者、香槟弗兰雷库特修院院长就说，十旬节（ten cut days）"把农民的陈旧说法变成废物……毁掉了他们的诗韵和地方记忆［leurs vers et mémoires locale］"。所以沃斯泰查阅了年中的诗歌和谚语，从习语、旧手稿、印刷本**历书**和**预言**中作精选，如果他觉得建议不好或是"迷信"就修改内容，然后将其重写以补上缺失的日子。比如，圣烛日时的大小熊星座位置不再决定冬季的长度了，应该改在 2 月 12 日；应该在圣詹姆斯日而不是圣让古尔日占卜猪吃的橡果。现在不应该在 3 月 17 日圣热特鲁德日给右臂放血了，应该在报喜节后两天做这件事。** 所有这些能让你整年眼光犀利。这些都跟加尔文教的《历史历书》不太一样，而其原因也不只是新教徒拒绝历法改革——他们直到 18 世纪才接受——这么简单。（沃斯泰的新说法流行吗？至少在印刷文书里是这样的。我们在 17、18 世纪的历书中找到了它们，不过，唉，它

---

* 正如 Corinne Beutler 考察 16 世纪农业书籍时所指出的一样，这些手册是面向贵族和土地拥有者写的，作者希望这些人学完再去教他们不识字的农民（"Un chapitre de la sensibilité colletive：la littérature agricole en Europe continentale au XVIe siècle," *Annales. Ecomomies，Sociétés，Civilisations* 28［1973］：1282，1292－1294）。这不仅反映在手册的序言里，还体现在某些章节的假定读者群体中。查理·埃斯蒂安花了一大段文字告诉农场主（fermier/fermière），业主应该在建好农庄后再雇人。如我们所看到的，识字并不是佃农的必备条件，所以埃斯蒂安并不把他们作为他作品的**读者**看待（*L'agriculture et la maison rustique de M. Charles Estienne Docteur en Medecine*［Paris：Jacques Du Puys，1564］，chaps. 7－8）。

奥里维·德·塞尔在序言里讨论了文盲农民对农业理解的限度（只靠经验来理解），然后再写出一章讨论各式的安排：家长可以出租土地，也可以自己经营。他以讽刺的口吻写道，我们早已过了那个家长需要弄脏双手亲自干活的时代。他认为他的一些读者可能不在土地上，因为他们要为国王效劳，从事司法和金融事务或经营产业（*Theatre d'Agriculture et Mesnage des Champs d'Olivier de Serres，Seigneur de Pradel*［Paris：Jamet Mettayer，1600］，Preface and Book I，chap. 8. Signature at the end of Table in copy at the Bancroft Library："de Menisson. " Marginalia in French, German, and Latin, by different hands, in the chapter on medicinal plants）。

** 圣詹姆斯（Saint James）日在 3 月 3 日，圣让古尔（Saint Gengoul）日在 5 月 11 日，圣热特鲁德（Saint Gertrude）日在 3 月 17 日。——译者注

们跟其试图取代的说法混在了一起。[45]）

让·沃斯泰是一个文化水平有限的人，另一本想要在农民大众中流传的书（虽然实际上在16世纪它只发行了拉丁文版）是由杰出的法学家赫内·肖邦写的。这本书名为《论乡村人的权力》（*On the Privileges of Rustic Persons*），是1574年肖邦离开巴黎高等法院，前往位于卡尚的庄园休假时写的，他在那成了"半个农民"。[46]看着田地和畜群，他觉得法学家们为这些他们赖以生存的人作的补偿太少了。为什么没人告诉农民他们的合法权力和权利呢？这样他们就不用为了法庭里的无聊事而分散了干农活的精力了。他想用一本书来解救农民的无知，他引用了罗马法、习惯法、皇家法令和高等法院的裁决来回答有关农民的很多问题，从个人地位到牧权争端应有尽有。

肖邦是不是真的试图让农民熟知法律呢？虽然他的说法有点"半异端"：希望"勤奋的农夫"读他的法律，发行法语版的承诺却直到他去世几年后才兑现。谈论村民们时，对于他们的真诚，他有一种田园式的眷恋；对于他们的懒惰，他则有一种雇主式的怀疑。但尤其突出的是，他将农民设想为诉讼当事方或被诉讼方，这本书就这样给那些律师们作了引导，后者要么在法庭上为他们请命，要么反对他们。这本书确实对迟缓的法国法律一体化进程有所贡献，虽然肖邦自己对此不以为然。一边是有关王室领地的著作，另一边是有关乡村事物的著作，如谚语的说法，这种跨越也许会被认为是从马到驴（from horses to asses）。[47]即便是"驴"，农民们看起来也不像是在了解自己的权力。实际上，我们没有**确切**证据表明这些为农民大众写作的书曾经到过农民读者的手里。某些历书倒可能真的在农村得到流传，因为它们出现在了17世纪书贩的包裹里面。

那么，针对印刷对16世纪农村社群产生的影响，我们又能得出什么结论呢？当然，影响是有限的。教授和农民之间——或者不如说是各种文化材料之间——有了一些沟通渠道，如同印刷业将传统知识规范化（它们也许得到了来自上层的修正）再将其传播开来一样。到1600年的时候，人们对印刷图书进入乡村并在"夜会"上被大声朗读的期望更高了，即便是那些新教星火熄灭的地方也是如此。但口头文化仍然占统治地位，以致它会改变与其发生接触的一切事物；而它自身也按照忘记和记忆、观看和讨论的规律变化着。有些印制的中世纪浪漫故事可能已经从城市来到农民中间了，但它们在 17 世纪无法扮演曼德卢赋予的那种角色：它们无法为人们提供逃避现实的空间。里昂地区、法兰西岛、朗格多克农民的反什一税起义还是照样进行；勃艮第农民还是照样迫使其领主解放半数农奴；布列塔尼、吉恩、勃艮第、多菲内的农民一有紧急情况还是照样自发组织社团（communes），相互联系，打着传统标语和旗帜，以节庆头衔发动叛乱，印刷品中的内容对这些既没有影响，也没有帮助。[48] 实际上，不管是主教、领主还是国王，那些指望通过非强力方式控制农村并使其安定的人会向那里派遣传话人，而不是运送书本，因为相比后者他们的印信没法被嘲弄，他们的话语能够反映隐藏在其所宣读的纸张背后的权威。

二

在城市中，印刷给"小人物"生活所带来或推动的变化要大一些。长久以来，城市工匠和手艺人的识字率便比农民高，但在 16 世纪初，这种差距进一步拉开了，至少就男性而言情况是这样。旧式唱诗少年学校仍然为一些工匠和小商人的儿子们上课，更重要的是，用方言教学的教师和算术老师的数目有了成倍增加。比如 1550 年代和 1560 年代在里昂，大概可以确定有 38 名教授读写算的男老师（粗略比例是每 400 名 20 岁以下男性拥有 1 名老师），他们与三一学院的拉丁语教师不同。他们娶旅店主的女儿或磨坊主的遗孀为妻；他们跟制袋匠和制衣匠住在一起；他们的交往圈中有打金匠、印刷职工、外科理发师、制桶工和抽金线工。[49] 除了这些老师外，一些城市中新设的市立孤儿院也为穷男孩们提供了简单的教育，有时甚至女孤儿也学习字母表。[50]

识字率的提高是跟技术、经济和社会的发展分不开的。印刷业本身即造就了一个高识字率的工匠群体（包括装订和铸字）。在1580年向律师作出授权的115名里昂印刷职工中，有三分之二能够完整地签上自己的名字；而职工们已经在要求所有的学徒必须懂读写了，即便是那些只想成为普通印刷职工的人也不能例外。在其他手工行业，比如油漆业和外科部门，获得一个更高尚、更"专业"地位的愿望以及获取方言图书进行训练的可行性，使得识字率迅速上升。甚至皇家警员也由1499年的法令开始，要求必须会读写，而此前这群"小人物"只是因为其枪棒技艺才被提到。[51]

当然，"小人物"中识字率的分布是不平均的。1560年代和1570年代里昂的公证事务涉及885名男性，对他们签名能力的分析结果如下（雇主和职工合在一起计算）：

很高：配药师、外科医师、印刷业人员。

高：油漆工、乐工、旅店主、金属冶炼工（包括炼金业）。

中等（大约50%）：皮毛商和皮毛工、纺织和制衣业工匠。

低和非常低：建筑业、粮食供应业和运输业工匠；城市园丁；非熟练日工。

在大约同一时期的纳博讷，勒·华·拉杜里发现大约有三分之一的工匠能够签名；另三分之一能够写名字缩写；只有其余三分之一完全不识字母。在蒙比利埃，能够作记号的工匠比例下降到25%。工匠识字率的这个变动范围跟各式富有商人近乎全部识字的情况反差巨大，也跟城市妇女——律师、商人—银行家、出版商家庭的妇女除外——的低识字率对比鲜明。[52]

相比农村人，城市居民也更有可能懂得法语。当然，城镇中充满了来自农村（带着他们的方言）甚至法国以外地区的人，城市话语本身也无法跟其所在地区方言的总体样式分开。尽管如此，法语还是逐渐成为皇家政府的官方语言（1539年后所有法案都用法语书写），也逐渐成为其他场合下的交流用语；早在1490年，在南方的重要中心

第七章　印刷和民众

城市如蒙比利埃，人们已能听到法语。[53]这样，城市工匠就比农民更有可能直接看懂印刷书本——如我们所见到的，其方言就是法语——中的内容了，农民也许能够看明白手写的普罗旺斯语账册，但却只能煎熬着面对一本印刷版《历书》。

从简单的识字到实际的阅读之间还存在着一道坎。对16世纪巴黎和亚眠去世者财产清册的研究表明，并不是所有人都能够跨越这道坎。在这个世纪早期，假如巴黎一名工匠或小店主拥有一本书，它大概会是一本手抄本祈祷书。1520年印刷书本出现，它代替了手抄本，但仍是和宗教图画、雕塑和墙帷并存，而后面这些即便是相当普通的家庭也拥有。但是多数工匠去世时并没有留下书籍。在巴黎，他们只占书本拥有者的大约10%，在亚眠大约12%（如果包含理发师和外科医师，是17%），也就是说，比"手艺人"（gens mécaniques）在人口中的比例要低得多。除了印刷业者以外，即便他们确实拥有了书，其拥有量也不是很多。在亚眠财产清册的各个版本里，工匠只拥有3.7%（如果包括理发师和外科医师是6%）的书本；在排除后一个群体之后，藏书的中值规模竟是1本书！[54]

在亚眠，这本书最有可能是祈祷书，或者也许是法语版《黄金传说》（一本中世纪留传下来而流行于整个16世纪的圣徒传记），或者是一本方言《圣经》。它也有可能是一本手艺领域的图书，比如那种介绍橱柜制造或油漆过程的作品。1549年，在巴黎，一名制革工在去世时留下一本《黄金传说》和《历史的海洋》（*Mer des Histoires*），后一本书是直到1530年代和1540年代仍在印行的13世纪历史著作；而一名外科理发师则留下6卷法语版外科学书籍。[55]显然，识字者通常没有私人藏书，也没有太多地利用"绝妙发明"的各种成果，至少他们去世时是这样。

这可以用一些经济原因来解释，虽然印刷图书比曾经的手抄本要便宜得多。1530年代一本24页的救济布道词值一条粗面包；一本简易小算术书值半条面包。数年后，一份记述攻陷罗得岛的报道几乎值一双童鞋；一本圣诞圣歌书值一磅蜡烛。1540年代，一本讲法国史的书可能比一个油漆职工或印刷职工半日的工资还贵，几乎相当于一名建筑业职工一天的工资。[56]到 1560 年代，最便宜的"巴掌般大小"的法语《新约》也不比这个便宜多少。可以理解，有些工匠抱怨他们买不起书，这使得一名新教论者向他们发问，"不管他们多穷，他们都得买干活的工具"，怎么可以错过像《圣经》那样有用的书呢？[57]

实际上，工匠们有很多种方法可以接触印刷品而不用将其收藏为己有。他们买下一本书后就会拿来阅读，当把书看完、弄坏了或缺钱时，他们会将书当给旅馆主，或者更可能是卖给一个朋友或书商（libraire）。所以一名叫让·德·卡兹的里布尔纳本地人，就用 2 埃居（一个很贵的版本）在波尔多买了一本里昂印行的《圣经》阅读，然后将其卖给某个来自圣东日的人，他随后因为信奉异端而在 1566 年自己 27 岁时被捕。[58]书是一项相对流动的财产，而且比很多个人财物更少受货币贬值的影响。人们只会——如果买得起——将那些需要时时参阅或可以作为家庭固定财产的书终身保留，所以我们可以在去世后的财产清册中见到祈祷书、《圣经》和工作手册。也因为公共图书馆的缺乏，像更殷实的收藏者那样，识字工匠和旅馆主可能会相互借阅书籍（诗人弗朗索瓦·贝罗亚尔有 3 页书单专门登记借出的书[59]）；他们甚至会将书作礼物赠人，这种事情的发生频率可能比我们所知的更高。他们那个时代的"私密"（手艺的秘密、女人的秘密）从来都不归个人独据，而是合作拥有或相互分享、讲述和传阅的，这样它们才不会被忘记。当少量的书本进入这个世界时会发生什么呢？它们流传于识字的"小人物"之间，而不是简单地呆在某个工匠的书架上。

如同在农村一样，书本也在阅读群体中流转，后者将识字者和不识字者聚在一起。当然，冬季的"夜会"并不是正式机制；因为除了建筑业外，很多工匠要在冬天和夏天秉烛工作直到——如果需要的话——8 点甚至 10 点。[60]家庭和朋友团聚在一起唱歌、游戏、打牌、讲故事（也许读书）的情形只是在如节庆等的特定情况下才发生。有

第七章 印刷和民众

些书便是专门供人大声朗读或在书店里查阅用的,比如有关纺织设计样式的图书和比伦古乔的法语版《金工》(*Pirotechnia*)等等,后者是一本优秀的介绍金属冶炼的图书。[61] 所以对于作坊中的学徒和成人来说,那些屡次再版的小算术书的意义要大过小学校中的老师:它们教"不懂得读写者"用阿拉伯数字"笔算"或用"算石"(jetons)处理小额商务。一本《简易算术》(*Brief Arithmetic*)保证能在 15 天内教会一个手艺人他所需要的全部东西,而且还给出口诀帮助他计算。[62]

在印刷作坊的各种日常场景中,大声朗读是经常发生的事情。我考虑的不只是学者——印刷商、作者和编者之间对书籍原稿的讨论,我还考虑职工及其妻子女儿的"瞟"书问题:后三者只是在晾干刚印好的书页时有看一眼文字的机会。所以,1530 年代里昂就有一名叫米歇尔·布兰的普通印刷职工熟悉马罗的诗歌:这些都是在他所在的作坊印刷的,因为其儿子后来回忆起从小"在马罗诗歌中长大"的经历。[63] 有时男人们也有可能把书带进酒馆阅读。至于女性,她们在姐妹们面前是肯定要大声阅读的;一个例子就是讲述圣玛格丽特的故事,因为怀孕和临产时需要向她祈祷。[64]

但最具革新意义的阅读群体则是节庆时(或于深夜私人家里)的秘密新教聚会,说它革新,是因为它把不一定是同一家庭、行业甚至街坊的男男女女聚到一起。1559 年,巴黎一个聚会包括一名来自加蒂奈的打金匠、一名里昂的大学生、一名制鞋职工,还有其他从巴黎不同地方而来的人。1557 年,在圣特城一个由两名工匠组织起来的早期秘密集会上,人们从一本印刷的《圣经》里摘出语句进行讨论。受《申命记》6:7——不管学问如何,都要宣讲上帝律条——的引导,工匠们每周日都让 6 名懂读写的成员抄写劝导词,然后一起研习。如同康布雷的异端亚麻织布工工作时带着印刷本《圣经》一样,这些新教徒读着、谈着、唱着、祈祷着。[65]

简而言之,阅读印刷书本并没有让口头文化静寂下来。它能给人们提供新的谈资。"看书学"不能马上代替"干中学"。它能给人们提供新途径，从而将自己的行为与新老权威联系起来。

将印刷品视为这样一种载体——它只是将大学毕业生的知识、宗教信条、知识分子的文学作品和当权者的法令传递给"小人物"——是不合适的。在工匠、手艺人和女性阅读的作品中，有部分就是他们自己写的。* 固然，这类人中的一部分在 14、15 世纪时已悄悄地留下了手稿：比如需要保密的手艺、机械发明和诗歌等。但作者不为人知，除了像克里斯蒂娜·德·皮冉这样的突出人物之外，他们的作品是不会被后来的印刷业接触到的。

但现在很多人都能够出版自己的作品了，尽管这些人连中世纪末一个著者的正常水准都不及，他们却也有自己的读者。他们的语气从自信（"我测日冕很久了"）到谦卑（"请原谅我平实的语言……我不懂拉丁文"）都有，但他们都相信自己的技巧、观察或情感，相信这些正是他们立一家之言的基础。[66]像博学者一样，他们为自己的作品设想了各式（自己的同类人，或者更高层次的人）公众读者。像博学者一样，他们用书里的华丽作者像向不相识的购书者介绍自己，这不同于中世纪的手稿，后者上面都是捐资人的粗陋画像。所以，里昂的前算术教师米尔·德·诺里就在 1574 年自己的商业算术书里给出一幅画像：双目凝视，身穿皱领衣服，还带一件希腊器件。[67]

作者群体的扩大有各种印刷以外的原因，但新的作品发行方式使得这种扩大可以持续下去。现在开业药剂师也涉入印刷之中，比如里昂的皮埃尔·布莱里尔：他敢于抨击《医师的误用及无知》（*The Abuses and Ignorance of Physicians*）中的错误；比如巴黎的尼古拉·威尔：他以关于瘟疫的文章进入医界，还写了一篇有关贫民救济的文章。[68]现在外科医师开始写相关领域、甚至医学领域的书了（我们必须记住他们在 16 世纪还被视为"手艺人"，虽然他们当中某

---

* 如同农谚一样，佚名城市知识和歌曲汇编也得以印刷出版，此外还有大量的故事集和诗集，后两类作品专门描述工匠和仆人的生活（比如 1549 年在里昂出版的 *Le caquet de bonnes Chambrieres, declarant aucunes finesses dont elles usent vers leurs maistres et maistresses*）。无论是这种题材书籍的作者身份，还是这些作者与实际大众生活及创作素材的关系，都是十分复杂的问题，在这里我们无法对其加以考虑。

第七章　印刷和民众

些人在知识、地位和财富上有了提高）。安布罗斯·帕雷的第一本书于1545年出版，而此时他只不过是一名军队外科医师和巴黎主宫医院的一名专家；从1540年代到1580年代，起码有另外19名医师出版了自己的方言著作。[69] 水手著书讲述自己在新世界的旅程。吉恩的车匠、图卢兹的葡萄酒商、贝图纳*的商人都出版了自己的诗集，后者还写了一首"商业赞歌"。[70]

但是，最富自我意识的工匠作者要数陶匠伯纳德·帕里西。在他有关化学和农业的对话集里，他对读者说道，人们不会相信这样的事实："一个几乎不懂拉丁语的穷工匠"是对的，而古代的博学理论家错了。但经验胜过理论。如果你不信我书中所说的，你可以从印刷商那里得到我的地址，我可以向你展示我的研究成果。[71] 这里，我们看到的不只是工匠和学者（科学史家已作了很多讨论）、实践和理论（帕里西对话的参与者）间的奇特交流；我们还可以看到作者与其匿名读者间的一种新型关系。**

另一些进入作者行列的人当然就是那些自学成才的印刷学者（scholar-printer）。伊丽莎白·埃森斯坦正确地强调了这些人的新特点：他们集脑力、体力和管理形式的劳动于一身。[72] 确实，不只是如巴德、埃斯蒂安、格里修斯和德·图内这样的人才有这种创造力；

---

* 贝图纳（Béthune），加来海峡省的一个城镇。——译者注

** 在其他印刷图书里，我们也可以找到这种作者寻求读者直接回应的正式邀请，作者希望大量的陌生读者可以在短期内见到他的作品，也希望他们能更方便地找到自己，于是就有了反馈邀请。(John Benton认为这比中世纪的作者高明，那时的作者要么要求读者修正手稿，要么——更经常是这样——诅咒那些篡改他们作品的读者和抄写人，而从不要求读者的回馈。) 罗伯特·埃斯蒂安要求《法语-拉丁语词典》(*Dictionnaire Francoislatin*) 的读者告诉他任何遗漏的词语以便更正错误，就像他改正关于捕猎的词条一样，当然，这些词语必须是在任何拉丁文著作和"优秀法语"著作里发现的（Paris: Robert I Estienne, 1549, "Au lecteur" and p. 664）。如我们将看到的，医师劳伦·茹贝尔和书志编撰人弗朗索瓦·德·拉克鲁瓦·曼恩都要求读者回馈信息。作者也可能会收到不请自来的书信：安布罗斯·帕雷要求年轻外科医师们不要毁谤他，而要让他体面地知道他们在 *Oeuvres* (1575) 中所发现的错误。算术教师 Valentin Mennher 并没有特意要求读者找出他算术书中的错误："与其废话连篇，不如就在旁边改正错误。" 1555年里昂版的错误是印刷者的错误，而不是他错误 (*Arithmetique Seconde par M. Valentin Mennher de Kempten* [Antwep, Jean Loc, 1556], f. Z viii^r)。

下层师傅甚至职工，可能也对他们所印书籍的内容起了型塑作用。有时他们的名字被放到序言里；有时像校对人尼古拉·杜蒙一样，我们只是在不经意间才发现他们的作品。作为索穆尔本地人，杜蒙从1569到1584年都在巴黎忙于准备和校正稿件，"几乎没时间呼吸"。但他曾经拥有一间出版小册子的印刷作坊；他翻译各种拉丁文著作；尤其他还编写一些小新闻故事，描写亨利三世在法国和波兰的作为，描写从土耳其人手中夺得突尼斯的战役，他也描写其他时事。不管他的故事是从佚名观察者的"信件"还是从无名证人的记述中来的，杜蒙都以各种方式猜测出这些时政新闻报道人的身份。[73]

印刷图书中也出现了相当数量的女作者，其中小有名气的超过20位。她们多数来自绅士或律师家庭，她们也属于人文主义者圈子，出版诗集和译作。[74] 她们的作品仍带有某种女性谦恭的印记：它们是面向其他女性写作的（"因为女性不愿意一个人出现在公共场合，我选择你作向导"）；她们向"女读者"诉说自己的心声；面对"沉默使女人端庄"这样的羞辱，她们为自己辩护。[75] 其中的小部分作品甚至进一步地改变了人们对女性作者的印象：制绳匠的女儿路易斯·拉贝便用本文开头的文字来呼吁女同胞们参与发行图书（当时的证据表明，很多出身优越的妇女确实害羞地保存自己的诗歌手稿而不发表）[76]；印刷商的女儿和医师的妻子尼古勒·埃斯蒂安便写作了两个版本的有关"已婚女性的痛苦"（The Miseries of the Married Woman）的诗集；接生婆路易斯·布尔乔亚也类似。她曾经为巴黎贫穷街坊服务，稍后她为亨利四世家族接生，她将自己的技艺写成书，自信自己是第一个这样做的女性。她宣称自己的丰富经验能够指出医师和外科医师的错误，即便是大师盖伦也不能例外。在书中配有的画像上，这名纠正男性错误、技艺高超的女性泰然自若地出现在公众面前。[77]

最后，"小人物"中的群体有时也通过印刷物集中地向公众表达意见。如我们看到的，1572年里昂和巴黎的职工工会自行印刷了向

第七章 印刷和民众

巴黎高等法院呈交的辩护状。这份文书列出一打违反皇家印刷法令的罪状，将他们的雇主形容为暴君和贪婪的镇压者，害得他们穷病交加。而雇主也采用印刷来反驳，声称职工是放荡阴险的"专断者"，试图使雇主沦落为奴并毁掉这个行业。1588年，在里昂又有一份印刷的抗议书出世，这回雇主和职工团结一致，共同反对出版商，后者因为日内瓦的廉价劳力而忽视他们。[78]这是劳工争端中工匠试图影响有文化公众的舆论的先例。

一些群体也试图利用某些场合来影响公众对政治事务的看法。这里我想到了城市中的"欢诞修院"，这是一种街坊或行会节庆团体，它不只用"哄闹会"来嘲弄家庭丑事，还用其来反对当权者的暴政。在相当长的一段时间内，"修院"的娱乐活动是不留记录的；但在16世纪，他们开始将其记载付印。所以鲁昂以外的读者可以知道1540年肥美节城中游行的状况：彩车上有"国王"、"教皇"、"皇帝"，还有一名小丑拿着一个球表演，他们可以设想那些嘲弄教会伪善的诗句，信任如何变成鄙视（foy to fy）、尊贵如何变成侮辱（noblesse to on blesse）。在1570年代到1590年代的里昂节庆上，"贝壳领主"向围观者散发印好的诗句，随后还将节庆情节印发出来，他们利用这些印刷品来表达不满：面包和纸张的高价，币值的波动，尤其是在法国爆发的愚蠢战争。[79]

这类小册子作品虽然分量小、影响短暂，但它反映出印刷关系（relation of printing）对政治意识发展的两点有趣影响。首先，虽然早期多数论战式文书都只是中心人物（不管是在皇家政府的中心，还是在强大抵抗运动——如胡格诺派和天主教神圣同盟——的中心）政治、宗教观的向外和向下扩散，但仍有一些处在权力边缘的城市人利用印刷进行反应。其次，在传统消息传播（谣言、街道歌曲、私信、城镇传令员、焰火表演、敲铃和忏悔游行）渠道的基础上，印刷小册子增加了"小人物"头脑中有关国家大事的详细信息存量。在1540年代，鲁昂节庆团体能够指望围观者和阅读者通过节目的影射了解地方政治生活的实情，但范围一扩大到全国或欧洲，他们的影射就只能是笼统、甚至是寓言式的了。不过到这个世纪末，里昂的"贝壳领主"能够指望他的听众看懂节目内容了：有些是在嘲弄最近的反奢侈立法，有些是在奚落巴黎高等法院自相矛盾的决定。[80]

读者们可能会想，跟16世纪法国的大量出版物相比，这些"小人物"著述的各类作品只是非常小的一部分，以致当时没有几个有知识的人会注意到它们。事实是，不管是否欣赏，有人注意到它们了。视野开阔的书志编撰者弗朗索瓦·德·拉克鲁瓦·曼恩建立了一个藏有成千上万卷书的图书馆，还向全欧洲索要作者信息，他很乐意将我们已经考察过的多数作者和书本列入他1584年出版的《书志》(*Bibliotheque*) 中。* 他并没有对它们作批判性的排除：尼古勒·埃斯蒂安和尼古拉·杜蒙都在字母序列表中，如同皮埃尔·德·隆萨尔和约希姆·贝莱被列入作者"总目录"一样，"女性和男性都可以，只要他（她）用我们的母语法语写作"。[81]

我们也可以发现人文主义者和诗人们的反应，他们深深关注法语文化的特性。作为七星诗社的成员，雅克·普勒蒂埃投身于方言事业之中，他还庆贺印刷机的出现：

啊……人们可以在一天里印刷

一些以前需要30天才说得完的话

需要300天才写得完的东西。

所以，他满怀希望地说，方言出版物的高质量要由正确而清晰的

---

* 在16世纪法语作品的译著者中，拉克鲁瓦列出了110名医师，同时还有25名外科医师（22名有出版作品）和9名药剂师（8人有出版作品）。他还列出了从15世纪末到1584年间的40名女作者（就他所知至少有16人出版了著作）；克里斯蒂娜·德·皮冉在1405年左右编著了 *City of Ladies*，她看起来好像不知道同时代有任何女同行的存在。

1579年在勒芒，拉克鲁瓦印制了350份计划陈述，其中包括他索要作者（或作者本人）信息的请求。他收到了6份回复。在1584年版的《书志》中他又重新发出了这些请求，这一次他记得说明他在巴黎的寄信方式了 (*Premier volume de la Bibliotheque du sieur de la Croix-du-Maine* [Paris: Abel l'Angelier, 1584], "*Preface au lecteurs*" and pp. 523, 529, 538—539)。

第七章 印刷和民众

整理方法来加以保障:诗歌、数学、医学、音乐甚至拼写,都应该有正确的方法。但在各式人都出版书籍的情况下,这个世界会发生什么呢?在一篇匿名讽刺文章里,他敦促每名村民、每名助理牧师、每名商人、每名船长写文章;每个教区、每名葡萄园都应该有自己的历史学家。"都来写东西吧,不管你有没有知识!"(Ecrivons tous, sçavans et non sçavans!)如果我们写得很差劲怎么办?别介意。我们的书可以让在巴黎桥上卖焚香的妇人拿去烧嘛。[82]

如果每个人都可以出版书籍,如果印刷业让这些方言图书到达城市大量没受过像样教育的人手里,那么知识分子究竟应该怎样控制美学质素,怎样捍卫正确的信条和科学呢?宗教纷争的核心书籍当然就是方言版《圣经》,神学博士们(得到世俗法的有力支持)花费数十年时间试图捍卫他们的解释垄断权,他们否认未受教育者读《圣经》的权利。论争有时就在神学博士和工匠间面对面地进行着:"你只是一个无知的工匠,你认为要轮到你来读《圣经》吗?"1553年里昂一名宗教裁判官在监狱里这样问道,工匠回答说:"上帝用他的圣灵教导我。为了认识救赎之道,所有基督徒都有这种权利。"[83]

这场论争延伸到了印刷物当中。"上帝不愿同一群'小人物'分享他的秘密",伟大的耶稣会士埃蒙·奥热这样说,"陶醉于使徒(我认为它们实际上不是使徒作品)的语句,他们摘录无序、理解混乱,接着就开始滥用弥撒、乱提问题了"。理解不是来自"对语言的粗浅知识",而是来自专门研究者的特殊使命。[84]一名年轻的新教牧师回答道:教皇和神学博士之所以禁绝别人读《圣经》,是因为他们知道,一旦他们的生活和信条经过《圣经》的检验,他们就必须施舍穷人并自立维生。他们允许一名穷工匠阅读满是情事或蠢事的书籍,允许他们跳舞打牌,但一旦看见他手里有一本《新约》,就说他是异端。但我们的主要求我们"探索《圣经》"。早期教父们教导人们——工匠、女人、每个普通人——在家里要经常读《圣经》,去听讲道前尤其要读,这样才能理解其内容。[85]这名牧师最后提醒读者,自己一个人读并不是通向真理的途径。捍卫新教正统信条的最后一步是审查和惩罚制度，但第一步则是听读结合：**在读的同时听着受过训练的老师的讲解。**

最终，尽管法国的反宗教改革取得胜利，但神学博士们实际上不得不放弃他们的垄断地位——倘若在公共场合还不总是这样的话。单靠强力是不行的。真正保证他们垄断地位的是两百年前有限的技术水平和拉丁语。在14世纪末，方言《圣经》、《圣经》摘要、附图书籍即已出现在各地的平信徒家里。一旦法国装设了第一批印刷机，不待宗教改革，法语版《圣经》和《圣经》方言译本的出版浪潮就会涌现。没有任何立法、宗教裁判所或审查程序可以禁绝这种已经在城市人中成长起来的新关系。这种介于阅读、听讲和谈论间的关系正是天主教人文主义者和新教徒都已经准备予以鼓励的。在1570年代之后，法语版《圣经》可以合法流通了，鲁汶神学系便支持一种日内瓦《圣经》的修订本发行。便宜、小开本的《新约》相当成功地到达了城市天主教平信徒的手中。[86]

保持天主教正统需要的是一种适应印刷的、更有效的控制模式，而不是老套的僧侣垄断和审查制度。1542年，一名方济各修士在为贵妇圈子翻译、评论祈祷书时便指出了应对方法。修士吉尔说，不管知识如何，每个人都有传教的权利；难道阅读比听说更危险吗？关键是要用正统说明来涵盖平实的字面内容，这样就安全了。耶稣会士继续战斗，他们在文字内容之外附上标准的宗教图片或标志，这样就可以保证文本意义的正统虔诚。耶稣会士波塞维诺*自己掏钱印制正统的小册子，还在里昂街头免费分发到1561年。到16世纪末，天主教平信徒面前已有了一系列宗教作品，其数量还在不断增加着，**说明和图示指引着他们。**[87]

在向常人传播医学信息的过程中，类似的纷争也出现了，虽然相比之下激烈程度要差一点。方言版的《养生抵抗瘟疫》（*Regimens*

---

* 波塞维诺（Possevino，1534—1611），意大利教士，作为教皇使节，是第一位访问莫斯科的耶稣会士。——译者注

第七章 印刷和民众

against the Plague）和治疗疾病及女性生理紊乱的疗法集都是老样式；印刷所做的不过是增加其数量。1530年代局面有所改观，医学博士们开始出版译本，非法语原著如希腊医学著作和14世纪医生古伊·德·索里亚论述外科学的拉丁文著作，都是其翻译对象；他们还发表了一些系统研究医学和外科学的法语著作，后者专为外科职工所用，"那些请求我们这样做的人"，"他们的无知必须消除"，"他们比很多医师还好学"。年轻外科医师就是这些书的读者，他们在里昂参加主宫医院医师不定期的课程和解剖，在蒙比利埃参加医学系的特别课程，在巴黎参加由圣科斯马*外科医师兄弟会资助的课程；城市中的老外科医师如果想要提高技艺也要用到这本书。[88]接下来发行的是医学博士著的有关新健康养生法和孩子抚养的方言医学参考书籍，后者常常面向女性写作。[89]

　　天主教人文主义者和新教徒（或者类似的人）为这些版本辩护的论据，跟那些用来捍卫方言版《圣经》和教义书籍的理由差不多。有印刷商指出圣哲罗姆曾将《圣经》译为方言本。类似的，医师瓦兰贝尔1565年在他的儿科手册里指出，盖伦和阿维森纳都用方言写作。一名英格兰医学推广者为反击对自己的批评，借用了早期新教徒安特华·德·马尔库尔反驳神学系垄断"商人"的话："为什么不让医书译为英语？难道这个世界上除了他们之外就没有人可以知道这些东西了？他们靠什么赢得这种地位？这些掌握我们生死的商人，我们是不是只能向他们买健康，并支付他们索要的价格呢？"新教徒劳伦·茹贝尔的一本法语著作作了清楚明白的对比：那些医学博士和神学博士是一丘之貉，因为前者认为不应该把保持健康的方法教给人们，后者则剥夺人们的精神食粮。对于那些反对用法语进行外科教学的人，茹贝尔的儿子回答道，好的手术可以用任何语言来进行，而拉丁文著作和法文著作一样，都可能被误解（"是不是因为某些文书人员会错误解释拉丁文著作中的法令，我们就得把它们都烧掉呢？"）。不

---

　　* 圣科斯马（Saint Côme），外科医师守护者，同其兄弟达米安于303年殉道。——译者注

管如何，如果我们愿意大声读书给外科职工听，为什么不用法语把它们印刷出来呢？"写在纸张上的东西就一定比活生生的声音更珍贵吗？"[90]

　　如果要研究印刷给不同群体、不同文化传统间关系所带来的影响，劳伦·茹贝尔的大量著作便特别有用。他花了25年时间试图扫除医学谬误，1578年他决定编一本新式的书：《众误集》（*Erreurs Populaires*），里面集中了他能搜集和纠正的、从受孕到寿终入土的所有健康和医学知识。"众误"有几个来源，他的解释是：源自灵魂和人类推理的弱点；源自无知的口头传统，特别是接生婆的说法；源自人们对医师的过度信任，以及对后者说法的生吞活剥般的理解。但我的理解是，伴随农民知识的大量成书出版（如我们以上所看到的），知识分子们对他们知识中包含谬误的印象加剧了；所以对于茹贝尔来说，各种各样介绍粗俗养生和传统秘籍的书籍的面世，都有助于塑造"大众错误"的观念，也促使他力图对其作出纠正。*

　　无论如何，在第一卷专门讲述受孕和婴儿时，他向人们说明：比如，这种说法——男婴出生于满月时而女婴出生于新月时——是**不对**的，而那种说法——夜里和月经期的某个时段确能怀上男孩——是**对**的。他接着告诉读者说，他需要等着读者向他回馈更多的大众错误才能出版第二卷。他们可以寄信到蒙比利埃大学给他，他是医学系的负责人。他在一年内收到了读者的456份说法和咨询，他如期地在第二卷里对它们作了尽可能的纠正或解释。[91]

　　茹贝尔的《众误集》反映了印刷对大众影响的悖论之处。一方面，它能够摧毁传统的知识和著作垄断，能够更广泛地出售或扩散信息和智慧成果。它甚至能够在作者和无名读者间建立新式的互动关系。但印刷也让新式的控制大众思想的举措成为可能。再一次引用医师和翻译家皮埃尔·托莱的话："如果想让仆人听你的命令，你不能

---

　　* 我们将在第八章进一步讨论这类研究大众医学错误的书籍的源头和历史。

使用他们不懂的语言。"[92]茹贝尔和其他普及作家的目的不是要消除专家和大众间的区别,也不是要削弱医学的专业性。他们的目的,是要在"日常的浅陋实践"中提升外科医师们的水平,同时将他们限制在其领域内,使得即便是他们中的最优秀者也要服从医师们的权威。他们的目的,是要使人们懂得如何更好地照顾自己,同时使他们确信:要听从医师的指令。

总的来说,在我看来,在印刷术出现在法国的前 125 年里,它没有给农村带来多少变化,它加强、而不是排减了城市中"小人物"的文化重要性,也就是说,它增强了他们的现实主义,丰富了他们的想象,提高了他们的自尊和批评及自我批评的能力。这是因为,他们不是新沟通方式的被动接受者(既不是被动的受益者,也不是被动的受害者)。相反,他们是印刷书籍的积极使用者,还是自己听到和读到的图书的解释者,他们甚至丰富了这些书的形式。理查德·霍加特在有关当代英格兰劳工阶层文化的杰出研究(《文化的运用》[*The Uses of Literacy*])里发现,文化辛辣、特殊性、创造性的一面与一个松散而统一的"棉花糖"层面并存。如果这在 20 世纪是可能的(尽管面对的是其强有力的、高度竞争的大众媒体和集权政治制度),那么它在 16 世纪就更有可能了,民众可以借用书本来达成这一点。口头文化和群众社会组织足以抵御来自上层的力度有限的纠正和规范。新教信条、人文主义的某些特性和印刷术一起,挑战了传统的层级观念,推迟了其更具刚性的替代品的确立。印刷经济的控制权没有集中在大出版商手中,各式各样的生产者都分到了一杯羹。知识垄断被打破了,但它还没有被有效的政治、宗教审查制度和尚在构思中的私有产权理论及法律所替代。

如果说在另一种背景下印刷可能会使人软弱、逃避、朝生暮死,那么在 16 世纪的情况下,印刷职工可能就有理由宣称,印刷是"给灵魂以生动肖像的永恒画笔"了。[93]

【注释】

〔1〕 *Euvres de Louize Labé Lionnoize. Revues et Corrigees par ladite Dame* (Lyon: Jean I de Tournes, 1556), Dedication. Trial of *meulquinier* Antoine Steppen, native of Cambrai, in C. L. Frossard, "La réforme dans le Cambrésis au XVIe siècle," BSHPF 3 (1854): 530. *Remonstrances, et Mémoires, pour les Compagnons Imprimeurs, de Paris et Lyon: Opposans. Contre les Libraires, maistres Imprimeurs desdits lieux: Et adiointz* (n. p., n. d. [Lyon, 1572]), f. A i^r (以下引为 *Remonstrances*). *Le Chirurgie de Paulus Aegineta … Ung Opuscule de Galien des Tamieurs … Le tout traduict de Latin en Francoys par Maistre Pierre Tolet Medecin de l'Hospital de Lyon* (Lyon: Etienne Dolet, 1540), p. 6.

〔2〕 可参考 Robert I Estienne, *Dictionnaire Francoislatin, autrement dict Les Mots Francois, avec les manieres duser diceulx, tournez en Latin* (Paris: Robert I Estienne, 1549), pp. 454 - 455; Charles Du Moulin, *Summnaire du livre analytique des contractz* (Paris, 1547), ff. A ii^v, 33^r; Guillaume de La Perrière, *Le miroir politique* (Paris, 1567), ff. 21^v, 58^v; Guillaume Paradin, *Mémoires de l'histoire de Lyon* (Lyon, 1573), pp. 282-285; Claude de Seyssel, *La Grand' Monarchie de France* (Paris, 1557 [1st ed. 1519]), f. 16$^{r\text{-}v}$。

〔3〕 Robert Mandrou, *De la culture populaire aux 17e et 18e siècles. La biblhothèque bleue de Troyes* (Paris, 1964), pp. 9 - 10, 18, 22. Geneviève Bollème, "Littérature populaire et littérature de colportage au 18e siècle," in *Livre et société dans la France du XVIIIe siècle* (Paris, 1965), p. 65; idem, *Les almanachs populaires aux XVlle et XVIIIe siècles. Essail d'histoire sociale* (Paris, 1969), "Avant-propos." 亦可参见 Marc Soriano, *Les Contes de Perrault. Culture savante et traditions populaires* (Paris, 1968), pp. 480-481。

〔4〕 Louis B. Wright, *Middle-Class Culture in Elizabethan England* (Ithaca, New York, 1958 [1st ed. 1935]), p. 18; Mandrou, *Culture populaire*, pp. 19-20, 162. 但针对这些历书和大众读物中反映的究竟是**谁**的世界观的问题，伯莱姆已经提出过一些疑问了。

〔5〕 *La decoration Dhumaine nature et aornement des dames. Compile … par Maistre Andre le Fournier docteur regent en la faculte de Medecine en Luniversite de Paris* (Lyon: Claude Veycellier, 1532).

〔6〕 A. H. Schutz, *Vernacular Books in Parisian Private Libraries of the Sixteenth Century, according to the Notarial Inventories* (University of North Carolina Studies in the Romance Languages and Literatures 25; Chapel Hill, 1955), pp 39, 78, n. 85. Albert Labarre, *Le livre dans la vie amiénoise du seizième siècle. L'enseignement des inventaires après décès* (Paris, 1971), p. 274. *Le grand calendrier et compost des bergiers: Compose par le bergier de la grand [sic] montagne* (Lyon: Jean Cantarel, 1551), 哈佛大学霍顿图书馆收藏本的署名是: "Noel de Aloncourt, advocat pour le roy A Sens"。

伯莱姆承认17、18世纪历书的读者拥有广泛的社会背景(*Almanachs*, p. 15)。

〔7〕 Schutz, *Vernacular Books*, p. 34 (Arnauld de Villeneuve, 此书正是献给他的), p. 81, n. 137. E. Coyecque, *Recueil d'actes notariés relatifs à l'histoire de Paris et de ses environs au 16e siècle* ("Histoire generale de Paris"; Paris, 1924), no. 106。

〔8〕 Mandrou, *Culture populaire*, pp 162-163. Noel Taillepied, *Psichologie ou traité de l'apparition des esprits* (Paris, 1588), chap. 6. 还可参见本书第五章内容。

〔9〕 Jean-Paul Sartre, *Qu'est-ce que la littérature?* (1948), Robert Escarpit 在其出色的文章"Le littéraire et le social" (R. Escarpit, ed., *Le littéraire et le social Eléments pour une sociologie de la littérature* [Paris, 1970], p. 18) 中作了引用。

〔10〕 J. R. Goody, ed., *Literacy in Traditional Societies* (Cambridge, 1968). Elizabeth L. Eisenstein, "Some Conjectures About the Impact of Printing on Western Society and Thought: A Preliminary Report," *Journal of Modern History* 40 (1968): 1-56; idem, "The Advent of Printing and the Problem of the Renaissance," *Past and Present* 45 (Nov. 1969): 19-89; idem (with T. K. Rabb), "Debate. The Advent of Printing and the Problem of the Renaissance," *Past and Present* 52 (Aug. 1971): 134-144; idem, "L'avènement de l'imprimerie et la Réforme," Annales ESC 26 (1971): 1355-1382. 从"相互关系"(relational)角度研究大众文化的文章可参见 M. Agulhon, "Le problème de la culture po-pulaire en France autour de 1848," Davis Center Seminar, Princeton University (May 1974)。

法国近代早期的社会与文化

对于社会史家在研究 18 世纪书籍和读写文化时所运用的方法和技巧，R. Darnton 在 "Reading, Writing and Publishing in Eighteenth-Century France: A Case Study in the Sociology of Literature," in Felix Gilbert and S. R. Graubard, eds., *Historical Studies Today* (New York, 1972), pp. 238-250 中作了相应的梳理和批判。

[11] Lucien Febvre and Henri-Jean Martin, *L'apparition du livre* (Paris, 1958), pp. 285-286, 173-237; Henri-Jean Martin, *Livre, pouvoirs et société Paris au XVIIe siècle (1598-1701)* (Geneva, 1969), pp. 319-326. N. Z. Davis, "Publisher Guillaume Rouillé, Businessman and Humanist," in R. J. Schoeck, ed., *Editing Sixteenth Century Texts* (Toronto, 1966), pp. 72-77.

亦可参见 Schutz, *Vernacular Books*, pp. 31-73（工匠和小商人在 1520 年代第一次跻身藏书人行列）; Coyecque, *Recueil*, nos. 270, 588。Roger Doucet, *Les bibliothèques parsiennes au XVIe siècle* (Paris, 1956), pp. 171-175（其中列有 1493 年至 1560 年间巴黎 194 份遗产清册中的所有藏书者的名字和职业）。在 1540 年至 1560 年间的 94 份遗产记录中，有 10% 是由身份不及商、法界精英的那一类人留下的。从马丁对 17 世纪巴黎遗产清册（*Livre, pouvoirs et société*, p. 492）的分析中，我们可以大致算出有 10% 的藏书属于下层商人、外科理发师、油漆工和手艺人这个人群。

[12] Roger Vaultier, *Le folklore pendant la guerre de Cent Ans d'après les lettres de rémission du trésor des chartes* (Paris, 1965), p. 106. Bernard Guenée, *Tribunaux et gens de justice dans le bailliage de senlis à la fin du moyen age (vers 1380-vers 1550)* (Paris, 1963), pp. 277-278, 317. Michel Devèze, *La vie de la forêt française au XVIe siècle* (Paris, 1961), 2: 112-113.

[13] Emmanuel Le Roy Ladurie, *Les paysans de Languedoc* (Paris, 1966), pp. 345-347. Yvonne Bézard, *La vie rurale dans le sud de la région partsienne de 1450 à 1560* (Paris, 1929), pp. 249-252, 185-186. Guenée, *Tribunaux*, pp. 187-193. Jacques Toussaert, *Le sentiment religieux en Flandre à la fin du moyen age* (Paris, 1963), pp. 60-66. M. Gonon, *La vie quotidienne en Lyonnais d'après les testaments, XIVe-XVIe siècles* (Paris, 1968), p. 54 and p. 54, n. 2（那些指定小孩必须上学的遗嘱没有一份是由农民留下的）。Bernard Bonnin, "L'éducation dans les classes populaires rurales en Dauphiné au XVIIe siècle," in *Le XVIIe siècle et L'éducation. Colloque de Marseille*, supplement to *Marseille 88*

（1972）：63—68（感谢 Daniel Hickey 提醒我注意这篇文章）。François Furet 正在研究从 1650 年到 20 世纪法国的识字率问题。

ADR，B，Insinuations，Donations，14，ff. 148^r-149^v。Isabelle Guérin，*La vie rurale en Sologne aux XIVe et XVe siècles*（Paris，1960），p. 231，n. 5。Coyecque，*Recueil*，nos. 4078，4806，5380。

17、18 世纪是农村学校迅猛扩展的时期。

[14] Charles Estienne，*L'agriculture et maison rustique*（Paris：Jacques du Puys，1564），chap. 7，f. 9^r。Paul Raveau，*L'agriculture et les classes paysannes. La transformation de la propriété dans le haut Poitou au 16e siècle*（Paris，1926），p. 259。René Choppin，*Traité de Privileges des Personnes Vivans aux Champs*［1st ed. in Latin，1575］in *Oeuvres*（Paris，1662—1663），3：16。Réne Fédou，*Les hommes de loi lyonnais à la fin du moyen age*（Paris，1964），pp. 158—60。

[15] E. Campardon and A. Tuetey，eds.，*Inventaire des registres des insinuations du Châtelet de Paris pendant les règnes de François Ier et de Henri II*（Paris，1906），no. 735。ADR，B，Insinuations，Testaments，1560—1561，ff. 9^r-10^v；Henri and Julien Baudrier，*Bibliographie lyonnaise*（Lyon，1895—1912），9：306。

[16] Thomas Platter（1499—1582），*Autobiographie*，trans. M. Helmer（*Cahiers des Annales 22*［Paris，1964］），p. 43。托马斯有一天教他的一个年轻表兄弟字母表，后者后来离开乡里踏上求学之路（p. 50）。普拉特很久之后曾短期回乡设立一所学校，但这是一种福音式的任务。

以下著作在提到家庭财物和遗嘱时都没有涉及书：Bézard，*Vie rurale*；Guérin，*Vie rurale*；Gonon，*Vie quotidienne*；Raveau，*Agriculture*。请注意，即便在 17 世纪至 19 世纪的马孔乡村，在公证事务中书被提及的频率也非常之低（Suzanne Tardieu，*La vie domestique dans le mâconnais rural préindustriel*［Paris，1964］，p. 358 and p. 358，n. 2）。

[17] 这些价格记载在 Labarre 死后的遗产清册上，参见 Labarre，*Livre*，p. 274，n. 20；Coyecque，*Recueil*，nos. 196，96。根据插图和装订的情况，祈祷书会有不同的价格。那些在印刷商那里有大量存货的图书价格低一些；在 1522 年的一份遗产清册中（Doucet，*Bibliothèques*，p. 102，nos. 134，150），《穷人的财富》合订本值 8 但尼尔（165 本共 69 苏 6 但尼尔），《牧羊人历书》

合订本值 6 但尼尔（150 本共 69 苏）。这些可能是尚未被装订起来的图书的批发价格。

〔18〕Martin，*Livre，pouvoirs et société*，pp. 319-320. 当 Sire de Gouberville 得到图书并将其置于自己位于诺曼底 Mesnil-au-Val 的庄园小图书馆里时，这些书都来自巴黎或 Bayeux（A. Tollemer，*Un Sire de Gouberville，gentilhomme campagnard au cotentin de 1553 à 1562* [Paris，1972]，pp. 204-209）。在 1570 年代和 1580 年代早期，书志编撰者弗朗索瓦·德·拉克鲁瓦·曼恩发现，在勒芒及其附近地区获得书的难度要比在巴黎大得多（*Premier volume de la Bibliothèque du Sieur de la Croix-du-Maine* [Paris，1584]，Preface，f. a vii^r）。1669 年 7 月，"Beaucaire 市场"（加州大学旧金山分校医学图书馆的收藏本中提到）卖出了一本有关外科及健康方面的图书，这本于 1635 年在巴黎出版的书的作者是 H. Fierabras。而在此前的一个世纪里，这个市场上似乎从没有卖出过书籍。

〔19〕有关 16 世纪法国方言和口音的多样性，以及书面语言和口语间日渐增大的差别，参见 F. Brunot et al.，*Histoire de la langue française des origines à 1900*（Paris，1905-1953），1：xiii-xiv，304ff；2：174-175。

Grégoire de Rostrenin，*Dictionnaire françois-celtique ou françois-Breton*（Rennes，1732），preface. 5 本书分别是：一本布列塔尼语-法语-拉丁语词典（Tréguier：Jean Calvet，1499）；一本介绍耶稣的受难、复活、圣母之死和人的生命的布列塔尼语诗集（Paris：Yves Quillevere，1530）；一本名为 the Four Ends of Man 的布列塔尼语诗集（Morlaix，1570）；以及两本圣徒传记。

G. Brunet，*Poésies basques de Bernard Dechepare … d'après l'édition de Bordeaux，1545*（Bordeaux，1847）. Julien Vinson，*Essai d'une bibliographie de la langue basque*（Paris，1891-1898），1，nos. 1-5（只有这两本书是在法国出版，其他的出版于 Pamplona 或毕尔巴鄂）。参见注 40 中内容。

〔20〕*Chansons nouvelles en lengaige provensal*（black-letter，n. p.，n. d.）. Augier Gaillard，*Las Obras*（Bordeaux，1574）；L. Bellaud de la Bellaudière，*Obros et rimos provenssalos*（Marseille：P. Mascaron，1595）. 拉克鲁瓦·曼恩列出 4 位留有普罗旺斯语作品手稿的著者（Jean de Nostredame、Guillaume Boyer、Olivier de Lorgues 和 Pierre de Bonifaccis），但我没有发现这些手稿有任何出版发行的迹象。

〔21〕*Cy est le compost et Kalendrier des bergeres … nouvellement compose sans*

第七章　印刷和民众

contredire a celluy des bergiers (Paris：" in the Hotel de Beauregart in the rue Cloppin at the Ensign of le Roy Prestre Iehan" [Guy Marchant and Jean Petit]，n. d. [1499])。加拿大多伦多大学特藏图书馆收藏本上的署名是"N. Chomat"。牧羊女名为 Sebille 和 Beatrix。

伯莱姆指出，《牧羊人历书》的低价版本直到 17 世纪才成为游走书贩所售图书的一部分 (*Almanachs*，p. 40)。但她一直认为此书的假想读者为农民 ("L'auteur qui, symboliquement, ne sait pas écrire donne au lecteur qui ne sait pas lire le moyen de se conduire mieux selon la sagesse naturelle…. Le Berger parle au berger, au laboureur, au paysan" - p. 16)。我的看法是，此书的最初读者并不是农民 ("那些想要像不识字的牧羊人一样知道有关天上的知识的人 [可以从本书中得到它们]。这些知识选编自他们的历书并以文字方式呈现出来，这样大家就都可以像他们一样了解上天了"，*Cy est le compost et kalendrier des bergiers nouvellement reffait* [Paris：Guy Marchant, 1493]，f. h vii^v)。

〔22〕*Kalendrier des bergiers* (1493)，f. h vii^v。其中的 ff. a v^r-a vi^r 记载有一些记忆口诀。Pierre Borel，*Tresor de Recherches et Antiquitez Gauloises et Françoises* (Paris，1655)，f. k iii^v。

〔23〕*Kalendrier des bergiers* (1493)，f. l iii^r；*Le grand Calendrier et compost des Bergers avec leur astrologie* (Troyes：Jean Lecoq, 154 [1])，ff. M i^r - M ii^r。

〔24〕*Calendrier des Bergers* (1541)，ff. O iiii^v - O v^v；J iv^v；*Kalendrier des bergiers* (1493)，f. h iii^v。

〔25〕Jean Vostet，*Almanach, ou Prognostication des Laboureurs, reduite selon le Kalendrier Gregorien* (Paris：Jean Richer, 1588)，f. 8^r。

〔26〕Dampierre 的本堂神父 Jacques Nadreau 在死后的遗产清册上留有《牧羊人历书》和 3 本其他书籍 (Jeanne Ferté，*La vie religieuse dans les campagnes parisiennes, 1622-1695* [Paris, 1962]，p. 191 and p. 191, n. 147)。

1493 年版《历书》的宗教部分为 f. c iv^v - f. h i^r，其中的木版画描绘有关于恶行的系统关联图。1541 年版的《历书》展示有 "肉欲之果"（Fruits of the Flesh）和 "灵魂之果"（Fruits of the Spirit）两张谱系图。

〔27〕"Chanson Nouvelle d'un compagnon nouveau marié qui n'a sceu iouyr de son espousee iusques à la troisieme nuict, sur le chant 'sus, mon amy, sus et la donc,' " in *Les Ioyeusetez Facecies et Folastres Imaginacions de Caresme Prenant …*

299

(Paris，1830-1831)，1: 64-68.

〔28〕L. Petit de Julleville, *Histoire du théâtre en France. Les mystères*（Paris，1880），1: 373-374. Arnold Van Gennep, *Manuel de folklore français contemporain*（Paris，1943），1. 1: 209.

〔29〕Petit de Julleville, *Théâtre*，1: 384. Coyecque, *Recueil*，no. 4470. 这里的圣维克托其实有可能是维克托努斯（Victorinus），此人是修辞学家和圣哲罗姆的老师，后者在其老师还是异教徒的时候就向他赠送了一尊塑像。3岁殉道儿童及其虔诚母亲Julithe（死于230年）的故事在法国广为流传，很多乡村都以他的名字命名。《金枝》中也有他的故事。还可参见G. Hérelle, *Les théâtres ruraux en France … depuis le XIVe siècle jusqu'à nos jours*（Paris，1930）。

〔30〕F. Lesure, "Eléments populaires dans la chanson français au début du 16e siècle," in *Musique et Poésie au XVIe siècle*（Colloques internationaux du CNRS，Sciences Humaines，5；Paris，1954），pp. 169-175. Patrice Coirault, *Recherches sur notre ancienne chanson populaire traditonnelle*（Paris，1927-1933），pp. 82-83；*Notre chanson folklorique*（Paris，1942），pp. 158-164.

〔31〕Vaultier, *Folklore*，pp. 111-112；Mandrou, *Culture populaire*，p. 18；André Varagnac, *Civilisation traditionelle et genres de vie*（Paris，1948），pp. 96-97，209；Tardieu, *Vie domestique*，pp. 154-162. Maurice Agulhon, "Les Chambrées en Basse Provence: histoire et ethnologie," *Revue historique* 498（1971）: 359-360.

〔32〕Noel du Fail, *Propos rustiques de Maistre Leon Ladulfi Champenois*（Lyon: Jean I de Tournes，1547），ed. A. de La Borderie（Paris，1878），pp. 36-37. 讲故事的"夜会"应该不是发生在1547年，而是发生于其中一名农民的青年时期。参见E. Le Roy Ladurie, "Mélusine ruralisée," Annales ESC 26（1971）: 604-606. 有关女性讲故事人，可参见Soriano, *Contes de Perrault*，p. 79。

〔33〕Du Fail, *Propos*，pp. 15，51. 法语版《伊索寓言》：1490年和1499年版均由圣奥古斯丁会修士Julien de Macho整理；1542年及之后的巴黎新押韵版由Guillaume Corrozet整理。希腊及拉丁文版参见Elizabeth Armstrong, *Robert Estienne, Royal Printer*（Cambridge，1954），p. 97；Germaine Warkentin, "Some Renaissance Schoolbooks in the Osborne Collection," *Renaissance and Reformation* 5，3（May 1969）: 37. 城镇中拥有《伊索寓言》的情况参见Labarre, *Livre*，p. 208；Schutz, *Vernacular Books*，pp. 72-73。

第七章 印刷和民众

"古代语言"版《玫瑰传奇》的情况：1481 年到 1528 年巴黎和里昂共印行了 14 版，1500 年至 1521 年间 Jean de Molinet 发行了 3 个"道德化"的散文版；1526 年至 1538 年有 4 个被认为马罗译作的版本面世。此后直到 1735 年都没有新版本出现！（很显然《传奇》没有进入书贩的售书记录当中。）有关这些版本的情况，可参见 Antonio Viscardi, "Introduction," in *Le Roman de la Rose, dans la version attribuée à Clément Marot*, ed. S. F. Baridon (Milan, 1954), pp. 11-90，作者在其中还讨论了诗人们对《传奇》的兴趣以及马罗的译者身份问题。城镇中拥有《传奇》的情况参见 Labarre, *Livre*, p. 210; Schutz, *Vernacular Books*, p. 67; Doucet, *Bibliothèques*, p. 87, n. 39。

〔34〕感谢 E. Howard Bloch、Joseph Duggan 和 John Benton 对相关问题的建议。虽然现在还保存有大约 300 本《传奇》的手稿，但它们不太可能以这种方式流转在农民中间。确实存在有一个缩减版的手稿，很多哲学内容都被删去了（E. Langlois, *Les manuscrits du roman de la Rose. Description et classement* [Lille, 1910], pp. 385-386）。但作出这种删减是否就是为了便于读给农民听，我们尚无相关证据。

〔35〕O. Douen, "La réforme en Picardie," BSHPF 8 (1859): 393. Crespin, *Martyrs*, 2: 468-469; P. Chaix, *Recherches sur l'imprimerie à Genève de 1550 à 1564* (Geneva, 1954), p. 194. Bernard Palissy, *Recepte véritable par laquelle tous les hommes de la France pourront apprendre à multiplier et augmenter leurs thrésors*, in *Oeuvres complètes* (Paris, 1961), pp. 104-105.

〔36〕Crespin, *Martyrs*, 2: 423-425; 1: 335.

〔37〕车夫 Barthélemy Hector 的情况参见 *Livre des habitants de Genève*, ed. P.-F. Geisendorf (Geneva, 1957), p. 55; H.-L. Schlaepfer, "Laurent de Normandie," in *Aspects de la propagande religieuse* (Geneva, 1957), p. 198; Crespin, *Martyrs*, 2: 437-438。里昂地区书贩的情况参见 ADR, B, Sénéchaussée, Sentences, 1556-1559, Sentence of July 1559。其中的两人——香槟本地人、裁缝 Girard Bernard 以及加斯科尼本地人、制鞋匠 Antoine Tallencon/Tallenton——都在被捕前的数月从诺曼底的劳伦那里购进了书籍（Schlaepfer, "Laurent de Normandie," p. 200)。

〔38〕可参见 Marcel Cauvin, "Le protestantisme dans le Contentin," BSHPF 112 (1966): 367-368; 115 (1960): 80-81. Le Roy Ladurie, *Paysans*, 348-351。个体农夫积极参与 17 世纪新教集会的情形可参见 P. H. Chaix, "Les protestants en Bresse en 1621," *Cahiers d'histoire* 14 (1969): 252-254.

〔39〕Chaix, *Recherches sur l'imprimerie*, pp. 120-122; Eugénie Droz, "Le calendrier genevois, agent de la propagande" and "Le calendrier lyonnais," in *Chemins de l'hérésie* (Geneva, 1970-1974), 2: 433-546; 3: 1-29. 这里我使用的是 1563 年由老让·德·图内在里昂发行的《历史历书》，这个版本中还附有圣歌和 *La forme des prieres ecclésiastiques*，Antoine Vincent 让·德·图内印刷了这个版本（霍顿图书馆，Droz no. 16）；此外我还使用了《历史和月相历书》（*Calendrier Historial et Lunaire*，1566 年在里昂由 Symphorien Barbier 为 Antoine Vincent 发行），书中附有 Barbier 为 Vincent 印刷的《新约》（Pacific School of Religion; Droz no. 19）。还可参考 Jean Delumeau, "Les réformateurs et la superstition," *Actes du colloque l'Amiral de Coligny et son temps* (1972) (Paris, 1974), pp. 451-487.

新教《历书》并非第一本记载历史事件的历书。一部由 Magdaleine Boursette 发行的 1550 年版 *Heures de Nostre Dame a l'usaige de Romme* 就在历书中插入历史事件的日期：比如学者 Vatable 的祭日、利奥十世与弗朗索瓦一世达成和解的日子，以及亨利二世的诞辰等等（Paris, 1550）。

〔40〕Vinson, *Essai*, nos. 3-4; L. Desgraves, *L'imprimerie à la Rochelle 2. Les Haultin* (Geneva, 1960): 1-3. 据我所知，在此之外唯一的以方言发行的法国新教出版物是"贝昂语"（bernois，意为伯尔尼方言，但依据本注释语境判断则为贝昂地区方言，原文可能有误。——译者注）的教义问答，此书由 Pierre du Bois 于 1564 年在波城发行，牧师 Merlin 此前一直要求有"适合贝昂地区的教义问答"（catechistes de ce pays de Bearn）。参见 Schlaepfer, "Laurent de Normandie," p. 205, n. 1。

〔41〕Crespin, *Martyrs*, 2: 438. 新教宣传品的出版商有时会和书贩分摊风险，他们会订立合同，规定如果这些书在两个月的时间内被"福音书的敌人"夺得，则**出版商**将会承担全部损失（Schlaepfer, "Laurent de Normandie," p. 199, n. 10; Chaix, *Recherches*, p. 59）。

〔42〕[Antoine Mizaud], *Les Ephemerides perpetuelles de l'air: autrement l'Astrologie des Rustiques* (Paris: Jacques Kerver, 1554), dedication. 霍顿图书馆收藏版本的署名为："Claude Lorot, nimdunois [?], Claude Rinart son nepveu. Arte collude." 有关米佐的其他著作，参见 La Croix du Maine, *Bibliotheque*, pp. 17-18。

〔43〕Jacques Guillemeau (1550-1613), *De la grossesse et accouchement des*

第七章　印刷和民众

femmes … Par feu Jacques Guillemeau, Chirurgien ordnaire du Roy (Paris, 1620; 1st ed. Paris, 1609), f. a iii^{r-v}.

〔44〕Le Sieur L'Estoile, *Ephemerides ou Almanach iournalier pour l'an 1625* (Lyon, n. d. [1625]), pp. 75-78. 朗格多克菜园的情况参见 Le Roy Ladurie, *Paysans*, pp. 60-68。

〔45〕*Almanach, ou Prognostication des Laboureurs, reduite selon le Kalendrier Gregorien. Avec quelques observations particulieres sur l'Annee 1588 de si longtemps menacee. Par Iean Vostet Breton* (Paris: Jean Richer, 1588). 伯莱姆在 *Le Messager boiteux* (pp. 77-78) 中的引用内容既包括那些旧说法，也包括沃斯泰的新说法。

德语地区也有类似的重编旧说法的尝试，参见 Johann Rasch, *New Löstag. Nutzliche bedencken und unterscheidung der pöflischen alten Lösstag, die feldregel und Bauerenpractic angehend* (Rorschach, 1590). Archer Taylor, *The Proverb* (Cambridge, Mass., 1931), p. 117。

〔46〕René Choppin (1537-1606), *De Privilegiis Rusticorum: Lib. III* (Paris: Nicolas Chesnau, 1575 [班克罗夫特图书馆收藏本的署名是: "Ex libris Calistriis"]). 有关肖邦及其作品的更详细情况，参见 N. Z. Davis, "René Choppin on More's Utopia," *Moreana* 19-20 (Nov. 1968): 91-96; G. Marc'hadour, "Thomas More et René Choppin," *Moreana* 26 (June 1970), pp. 55-57。

〔47〕Choppin, *Prvilegiis*, Preface; poem to the "Diligenti Ruricolae." 此书法语版首次出现在1622年至1623年肖邦去世后出版的作品集中。他的一生中出版了两个拉丁语版本（1582和1590）的 *Privileges*。

〔48〕N. Weiss, "Vidimus des lettres patentes de François Ier, 1529," BSHPF 59 (1910), 501-504; Le Roy Ladurie, *Paysans*, 380-404; Bézard, *Vie rurale*, 289-290; V. Carrière, *Introduction aux études d'histoire ecclésiastique locale* (Paris, 1936), 3: 319-352. S. Gigon, *La révolte de la gabelle en Guyenne* (Paris, 1906); G. Procacci, *Classi sociali e monarchia assoluta nella Francia della prima metà del secolo XVI* (Turin, 1955), pp. 161-173, 213-230; Choppin, *Oeuvres* (1662-1663), 3: 22 ("*la multitude des Rustiques de la Guyenne, qui alloient tumultueusement armée de villages en villages en l'an 1594*"). Jean Moreau, *Mémoires … sur les Guerres de la Ligue en Bretagne*, ed. H. Waquet (Archives historiques de Bretagne, 1; Quimper, 1960), pp. 11-

14，75 – 76. A. Le M. de La Borderie and B. Pocquet, *Histoire de Bretagne* (Rennes, 1906), 5: 173 – 181. Henri Drouot, *Mayenne et la Bourgogne, Etude sur la Ligue*（1587–1596）(Paris, 1937), 1: 39–55; 2: 291–292. Claude de Rubys, *Histoire veritable de la ville de Lyon*（Lyon, 1604）, pp. 430–431; Daniel Hickey, "The Socio-Economic Context of the French Wars of Religion. A Case Study: Valentinois-Diois"（unpublished Ph. D. dissertation, Dept. of History, McGill University, 1973）, chap. 4; L. S. Van Doren, "Revolt and Reaction in the City of Romans, Dauphiné, 1579–1580," *Sixteenth Century Journal* 5（1974）: 72–77. 诺曼底"光脚汉"暴动的绰号来源及其组织可参见 Madeleine Foisil, *La révolte des Nu-Pieds et les révoltes normandes de 1639*（Paris, 1970）, 178–183。

〔49〕ADR, 15G22, ff. 130^r, 288^r。学校老师和算术老师的例子有：ADR, 3E6942, ff. 315^r-316^v; 3E4984, June 20, 1564; 3E8029, Sept. 7, 1564; 3E336, f. 44^r; 3E7184, ff. 238^v-239^r; 3E7170, Feb. 4, 1561/62; B, Insinuations, Donations, 25, f. 88^r; AML, GG384, f. 43^r, GG435, no. 415。

〔50〕参见本书第二章内容。Jean-Pierre Seguin, *L'information en France de Louis XII à Henri II*（Geneva, 1961）, p. 52。

〔51〕ADR, 3E821, July 5, 1580; *Remonstrances … pour les Compagnons Imprimeurs*（注 1 中有引用）, f. A i^v. Guenée, *Tribunaux*, pp. 213–214。

〔52〕里昂的数据源自对 1560 年和 1570 年代数百份合同的分析结果：ADR, 3E. Le Roy Ladurie, *Paysans*, pp. 333, 347, 882。

〔53〕Le Roy Ladurie, *Paysans*, p. 333. 在 1972 年 12 月加州大学伯克利分校的课堂上，André Bourde 指出，法语直到 17 世纪才在马赛贵族的言谈中占据重要位置，而普通人还讲着普罗旺斯语。

〔54〕参见注 11 以及 Coyecque, *Recueil*, nos. 85–116; 241–270; 584–609; 3749–3791。亚眠的数据是我依据 Labarre, *Livre*, pp. 118–126, 62–104 中的材料计算出来的。根据本文的目的，我对"工匠"群体的定义与 Labarre 先生有些许出入：也就是说，我将其作品 124～126 页中的非熟练工人排除在外，同时加入一些 Labarre 定义为"商人阶层"的打金匠和屠夫等群体。

〔55〕Labarre, *Livre*, pp. 260–263. Coyecque, *Recueil*, nos. 3768, 3791. 1563 年在里昂一名磨坊主女儿出租给一名泥瓦匠帮工的屋子里藏着一本法语

《圣经》。里昂一名商人的屋子里有很多绘画和家具，还藏有五本书：《编年史》(*Le livre des croniques*)、《里昂炉灶特许权法令》(*Les ordonnances des privileges des foyres de Lyon*)、《世之三镜》(*Les troys miroirs du monde*)、《新约》第一部分 (*La premiere partie de nouveau testament*) 以及法语版《圣经》，参见 ADR, 3E7179, ff. 467^r-468^r, 576^r-577^v。

〔56〕这里书价跟工资和抵价物的关系当然是粗略的：

书名	价格、地点和日期
Jean de Vauzelles, *Police subsidaire ... des povres*	5 但尼尔，蒙比利埃，1535 年
Livre d'arismetique	1.5 但尼尔，批发价格，巴黎，1522 年
Jacques de Bourbon, *Prinse ... de Rodes*	3 苏，巴黎，1547 年至 1548 年
La bible des Noelz	2 苏，巴黎，1547 年至 1548 年
Philippe de Commines, *Les croniques du roy Loys unze*	5 苏，巴黎，1547 年至 1548 年

Sources: L. Galle, "Les livres lyonnais," *Revue du Lyonnais* 23 (5th set., 1897): 431; Doucet, Bibliothèques, pp. 92, 119, 118, 126.

〔57〕Schlaepfer, "Laurent de Normandie," p. 207：《新约》每本 4 苏，共 160 苏。这可能是批发价格。《圣经》和《新约》依据样式和插图等的不同价格差异很大。1564 年亚眠一图书馆里的一本图示《新约》价值 5 里弗 (Labarre, *Livre*, p. 311)。

亦可参见 *Le moyen de parvenir a la congnoissance de Dieu et consequemment à salut* (Lyon: Robert Granjon, 1562; 1st ed. 1557), ff. g vii^v-viii^r。

〔58〕Coyecque, *Recueil*, no. 588. 中世纪的大学生常将书籍手稿作为借贷的担保物。Crespin, *Martyrs*, 2: 430。

〔59〕Bibl. Nat., Mss., Collection Dupuy, 630, f. 171^r: *Mémoire des livres que iay presté*. Sire de Gouberville 圈子中相互借书的情况可参见 Tollemer, *Gouberville*, p. 205。

〔60〕Henri Hauser, *Ouvriers du temps passé* (5th ed.; Paris, 1927), pp. 82-85. 豪塞指出人们经常违反那些限制夜班的规定。而即便这些规定被执行，它们也只是禁止人们在晚上 8、9 点或者 10 点以后工作。1539 年里昂的印刷作坊工作到夜里 10 点；而在 1572 年，他们会在 8 点或 9 点歇业。

〔61〕比如：*Patrons de diverses manieres Inventez tressubtilement Duysans a Brodeurs et Lingieres … A tous massons, menusiers et verriers …* (Lyon：Pierre de Saint Lucie, n. d.)。

Vannoccio Biringuccio, *La Pyrotechnie ou Art du feu … traduite d'Italien en François par feu maistre Iacques Vincent* (Paris：Guillaume Iullian, 1572; 1st ed. 1556).

〔62〕*Art et science de arismetique moult utille et profitable a toutes gens et facille a entendre par la plume et par le gect subtil pour ceulx qui ne scavent lyre ne escripre* (Paris：the widow Trepperel and Jehan Jehannot, n. d. [ca. 1520]). *L'Arithmetique et maniere de apprendre a Chiffrer et compter par la plume et par les gestz*, 此书及其改编本在这个世纪中很常见。其稍后版本是：*Arithme-tique facile à Apprendre a Chiffrer et compter par la plume et par les gects* (Lyon：Benoît Rigaud, 1594)。参见 David Eugene Smith, *Rara Arithmetica* (4th ed. ; New York, 1970)。

Guillaume de la Taissonnière, *Brieve Arithmetique fort facile a comprendre et necessaire à tous ceux qui font traffiq de marchandise … le te veux faire en quinze iours Sçavoir autant d'Arithmetique, qu'elle suffira pour tous iours Exercerton art et practique* (Lyon：Benôlt Rigaud, 1570; Pierre Rigaud, 1610).

〔63〕Jean Visagier, *Epigrammatorum Libri IIII* (Lyon：printed by Jean Barbou for Michel Parmentier, 1537), p. 282（中间有献给 Cathelin Pellin 和 Michel Blanc 的诗，感谢他们为这个版本所做的工作）。Baudrier, *Bibliographie lyonnaise* 12：468. Bernard de Girard du Haillan, *De l'Estat et succez des affaires de France* (Geneva：Antoine Blanc, 1596), 印刷商在尾页的注是："nourri en ieunesse, avec Dolet, Marot, etc."

〔64〕*La vie de Ma Dame saincte Marguerite, vierge et martyr, Avec son Antienne et Oraison* (n. p., n. d. [ca. 1520]). 加尔加梅在《庞大固埃》的第一版中提到了这种习俗。分娩时她选择听《约翰福音》第 16 章，而不是 "la vie de saincte Marguerite ou quelque autre capharderie" (François Rabelais, *Oeuvres complètes*, ed. J. Boulenger and L. Scheler [Paris, 1955], p. 22, n. 4)。

〔65〕Crespin, *Martyrs*, 2：670-671; Palissy, *Recepte veritable*, in *Oeuvres*, pp. 106-107.

〔66〕Jean Bullant, *Recueil d'Horlogiographie, contenant la description,*

第七章　印刷和民众

fabrication et usage des Horloges solaires（Paris：Léon Cavellat for the widow Cavellat，1598；1st ed. 1561），f. Aa ii^{r-v}.（此书附有 Bullant 的 *Geometrie et horlographie*，班克罗夫特图书馆收藏的版本是 Charles Cocquerel 于 1606 年花费 25 苏购买的。）

〔67〕*Laritbmetique de Milles Denorry gentilhomme chartrain, contenant la reduction tant de toutes especes de monnoyes … que des aulnes … poids et autres mesures d'un pais à l'autre：la forme de l'achat, vente et distribution de toute sorte de marchandise*（Paris：Gilles Gorbin，1574），f. A i^v. AML，EE25，f. 13^v，GG87，piece 18. IAML，CC150，CC275. 几乎可以肯定德·诺里并非贵族出身。关于他和商业算术，参见 N. Z. Davis，"Mathematicians in the Sixteenth-Century French Académies：Some Further Evidence," *Renaissance News* 11 (1958)：pp. 3–10；"Sixteenth-Century Arithmetics on the Business Life," *Journal of the History of Ideas* 21 (1960)：18–48。

1971 年 11 月在多伦多大学的一堂课上，Ruth Mortimer 强调了印刷书籍中作者像的重要性（"A Portrait of the Author in Sixteenth-Century Italy" 这篇文章稍后将被扩展成书并以相同题目出版）。手稿和印刷版图书的差别并非绝对：前者中一般会有作者肖像（比如克里斯蒂娜·德·皮冉），后者则有资助人的图片（比如拉克鲁瓦·曼恩的 *Bibliothèque* 有亨利三世而不是作者本人的雕版画）。其他新式法国作者肖像的例子包括：诗人拉贝；接生婆路易斯·布尔乔亚；*Methode curative des playes* 及其后续作品中的外科医师安布罗斯·帕雷；算术执业者（mathematical practitioner）Lucas Tremblay（*Prediction merveilleuse sur les deux ecclypses*〔Lyon：Benoît Rigaud，1588〕）、Valentin Mennher 和 Bartelemy de Renterghem（后两人分别住在安特卫普和 Aix-la-Chapelle，但都在安特卫普发行法语版商业算术和会计书籍）。

〔68〕*Declaration des Abus et Ignorance des Medecins … Compose par Pierre Braillier, Marchand Apotiquaire de Lyon …*（Lyon：Michel Jove，n. d.〔Jan. 1557/1558〕，大英博物馆收藏本〔1567〕的所有者是巴黎外科医师和藏书人 François Rasse des Neux）. Braillier 只是 1540 年代至 1560 年代里昂一名略有家资的药剂师（AML，CC41，f. 26^v，CC1174，f. 17^r）。Nicolas Houel，*Advertissement, et declaration de l'institution de la Maison de la Charité Chrestienne establie es fauxbourgs Sainct Marcel … 1578*（Paris，1580）. 有关 Houel 可参见 La Croix du Maine，*Bibliotheque*，pp. 346–347 和 *Dictionnaire des lettres françaises*

(Paris，1951)，*Le seizième siècle*，p. 381。拉克鲁瓦提到过其他 6 名留有著作的药剂师。

〔69〕在成为巴黎主宫医院的师傅 4 年之后，帕雷发行了第一本著作 *La methode de traicter les playes* (1545)。有关帕雷的自我介绍、训练方法和假定读者，参见 *Oeuvres* (Paris，1575 年及其后版本) 中的 "Au lecteur" 和 1585 年版 *Oeuvres* 的 "Apologie"。有关他的地位及权威的争论可参见 Paré，*Des monstres et prodiges*，ed. J. Céard (Geneva，1971)，pp. xiv-xv。

除帕雷之外，拉克鲁瓦·曼恩列出了其他 24 名外科医师，其中 23 人有著述，19 人在 1540 年至 1580 年间发表了著作。

〔70〕Jacques Cartier，"one of the most knowledgeable and experienced Pilots of his time" (La Croix du Maine，*Bibliotheque*，p. 180)。Auger Gaillard，dit Le Charron；Jean Barril，Guillaume Poetou (他们的作品可参见 *Dictionnaire des lettres françaises*，16e s.，pp. 339，84，577)。有关巴里尔，可参见本书第二章及其注 141 的内容。

〔71〕*Discours admirables，de la nature des eaux et fonteines … des metaux，des sels et salines … Avec plusieurs autres excellens secrets des choses naturelles … Le tout dresse par dialogues … Par M. Bernard Palissy* (Paris：Martin Le Jeune，1580)，Dedication，Advertissement aux Lecteurs，and afternote (f. * 8^r)。

〔72〕Eisenstein，"Advent of Printing，" p. 68.

〔73〕La Croix du Maine，*Bibliotheque*，pp. 348-351。杜蒙正是拉克鲁瓦自己作品的校对人。Ph. Renouard，*Imprimeurs parisiens，libraires，fondeurs de caractères，et correcteurs d'imprimerie* (Paris，1898)，pp. 229-230。在拉克鲁瓦提到的小册子中，我参阅的是 *Extraict d'une lettre escritte par un Gentilhomme du Roy de Polonne，à Miezerich，le xxv Ianvier*，1574 (纽伯利图书馆收藏的版本没有封页；拉克鲁瓦提到印刷商是 Denis du Pré)。有关这类书籍的特点，可参见 Seguin，*L'information en France* (注 50 中有引用)，pp. 9-53。

〔74〕著者名单整理自 La Croix du Maine，*Bibliotheque*；Antoine du Verdier，*La Bibliotheque d'Antoine Du Verdier，seigneur de Vauprivas* (Lyon：Barthélemy Honorat，1585) 和 *Dictionnaire des lettres françaises*，16e s。

〔75〕可参见玛丽·丹蒂埃 (*Epistre tres utile … composée par une femme chrestienne … envoyee a la Royne de Navarre*，1538；可参见本书第三章内容)、路易斯·拉贝 (*Euvres*；注 1 中有引用) 和路易斯·布尔乔亚的题献 ("Helisenne aux

第七章 印刷和民众

Lisantes," from *Les Oeuvres de Ma Dame Helisenne de Crenne* [Paris: Etienne Grouleau, 1551] 和 "Epistre aux dames," from *Les Oeuvres de Mes-Dames des Roches de Poetiers mère et Fille* [Paris: Abel L'Angelier, 1578])。

[76] 在拉克鲁瓦列出的 40 名女作者中，有 23 人只以手稿方式进行著述。

[77] La Croix du Maine, *Bibliotheque*, p. 358; *Dictionnaire des lettres françaises*, 16e s., p. 315; *Les Misères de la Femme mariée … mis en forme de stances par Madame Liebault* (Paris: Pierre Menier, n. d.), reprinted by E. Fournier, *Variétés historiques et littéraires* (Paris, 1855), 3: 321-331. 尼古勒·埃斯蒂安是医师让·里柏尔的妻子。

参见 Louise Bourgeois (1563-1636), *Observations diverses sur la sterilité, perte de fruict, foecondité, accouchements et maladies des Femmes et Enfants nouveaux naix … par L. Bourgeois dite Boursier, sage femme de Royne* (1st ed., Paris [Abraham Saugrain, 1609]; 2d ed., Rouen [widow of Thomas Daré, 1626]), Dedication to the Queen; author portrait at age 45, 1608（作者 1608 年 45 岁时的画像）; au lecteur. *Apologie de Loyse Bourgeois dite Bourcier sage femme de la Royne Mere du Roy et de feu Madame Contre le Rapport des Medecins* (Paris, 1627), p. 9。

[78] *Remonstrances … pour les Compagnons Imprimeurs*（注 1 中有引用）。*Plaidoyez pour la Reformation de l'imprimerie* (n. p., n d. [Paris, 1572]), AML, BB120, f. 105^v（印刷业者提交给执政团一份 8 页的申辩词，控诉出版商的行为）。

[79] *Les Triomphes de l'Abbaye des Conards, sous le Resveur en Decimes Fagot Abbé des Conards, Contenant les criees et proclamations faites, depuis son advenement iusques à l'An present …* (Rouen: Nicolas Dugord, 1587)。这个版本包含 1540 年代和 1580 年代节庆的情节和诗文。但其中 1540 年的材料有可能是在节庆结束之后的一段时间内印行的，因为 1587 年的材料中包括一份从鲁昂地方司法副官那里获得的印刷许可证，签署日期是 1541 年 1 月 18 日。

亦可参见 *Dictons Satyriques Iouez en la Ville de Lyon par les Trois Supposts de l'Imprimerie, avec le pauvre Monde et le Medecin. Accompagnez du Capitaine des Imprimeurs, ensemble des Compagnons, marchans en armes* (Lyon: Nicolas Guerin, 1574)。*Recueil des plaisants devis recites par les supposts du Seigneur de la Coquille*（Lyon，1857）中重印有 1580 年 2 月 21 日、1581 年 5 月 2 日、1584 年 2 月 19 日、1589 年狂欢节、1593 年 3 月 8 日和 1594 年 3 月 6 日版的《消遣嘲弄》（*Plaisans devis*）。关于《消遣嘲弄》的早期样式，参见 Baudrier, *Biblographie lyonnaise*，6：19-21。

其他节庆团体及其与政治的关系可参见本书第四章内容。有关新式民族意识在 16 世纪小册子中的演进过程，可参见 Myriam Yardeni, *La conscience nationale en France pendant les guerres de religion* (1559-1598) (Louvain, 1971)。

〔80〕*Plaisans devis* of 1580 and of 1594.

〔81〕*Premier volume de la Bibliotheque du Sieur de la Croix-du-Maine Qui est un catalogue general de toutes sortes d'Autheurs, qui ont escrit en François depuis cinq cents ans et plus, iusques à ce iourd'huy* (Paris: Abel L'Angelier, 1584), p. 529. 班克罗夫特图书馆收藏本的署名是："Belin archdiacre de l'eglise du mans"。

〔82〕*Euvres poetiques de Iaques Peletier du Mans, Intitulez Louanges* (Paris: Robert Coulombel, 1581), f. 14^v. "Le profit qu'avons des lettres et livres et de la gloire de nos rimeurs," in *Discours non plus melancoliques que divers, de choses mesmement qui appartiennent a notre France* (Poitiers: Enguilbert de Marnef, 1557), chap. 15. 有关这部作品的作者身份问题和普勒蒂埃的其他著作（以及他对印刷普及所带来的问题及应对方法的讨论），可参见 N. Z. Davis, "Peletier and Beza Part Company," *Studies in the Renaissance* 11 (1964), especially pp. 196-201 and n. 39。

〔83〕Crespin, *Martyrs*, 1：727.

〔84〕Emond Auger, *Continuation de l'Institution, Verite et Utilite du Sacrifice de la Messe* (Paris, 1566), pp. 53, 115. 亦可参见本书第三章内容，以及 Eugénie Droz, "Bibles françaises après le Concile de Trente," *Journal of the Warburg and Courtauld Institutes* 18 (1965)：213。

〔85〕Crespin, *Martyrs*, 1：647.

〔86〕E. Delaruelle et al., *L'Eglise au temps du grand schisme et de la crise conciliaire (1378-1449)* ("Histoire de l'Eglise depuis les origins jusqu'a nos jours," 14; Paris, 1964), 2：712-721. Droz, "Bibles françaises," p. 222. *La Saincte Bible* (Lyon: Barthélemy Honorat, 1578), f. * 1^v: "*Voyant, amy Lecteur, que la S. Bible en langue Françoise estoit de plusieurs requise, et qu'il ne* *s'en trouvoit plus de celles qui ont esté par le passé imprimees et mises en vente avec privilege du Roy: i'ay de l'advis et conseil de plusieurs scavans Docteurs et Predicateurs Catholiques, faict sortir en lumiere ceste-cy, sans gloses, additions ny distractions qui la puissent rendre suspecte ...*" 这个版本的《圣经》得到了鲁汶神学系的支持，其中的插图之前曾在里昂印行的新教版本中出现过，而在相当长一段时间内，其发行人甚至一直是一名新教徒。亦可参见 Martin, *Livre, pouvoirs et société*, pp. 102–104。

[87] *Paraphrase sur les Heures de nostre Dame, Selon l'usaige de Rome: traduictes de Latin en Francoys, par frere Gilles Cailleau* (Poitiers: Jean and Enguilbert de Marnef, 1542), f. A ii^v. 亦可参见 Benjamin Beausport 关于 Droz 的文章 "Bibles françaises," pp. 218–220。Jean Guéraud, *La chronique lyonnaise de Jean Guéraud*, ed. J. Tricou (Lyon, 1929), p. 150.

[88] 有关这个过程，可参见 Brunot, *Histoire de la langue française*, 2: 36–55; Howard Stone, "The French Language in Renaissance Medicine," BHR 15 (1953): 315–343; V.-L. Saulnier, "Lyon et la médecine aux temps de la Renaissance," *Revue lyonnaise de médecine* (1958): 73–83; C. A. Wickersheimer, *La médecine et les médecins en France à l'époque de la Renaissance* (Paris, 1906), pp. 128–178。加州大学伯克利分校的 Alison Klairmont 在其有关 16 世纪法国医药职业的博士论文中对相关问题作了全新的探讨。

Le troisieme Livre de la therapeutique ou Methode curatoire de Claude Galien (Lyon: printed by Jean Barbou for Guillaume de Guelques, January 1539/1540), translated by "Philiatros"（也即医师 Jean Canappe）, "Philiatros au Lecteur," f. 29^{r-v}. 霍顿图书馆收藏本的署名是："faict par moy ... compaignon sirurgien" (f. 127^r)。

La Chirurgie de Paulus Aegineta ... Ung Opuscule de Galien des Tumeurs contre nature ... Le tout traduict de Latin en Francoys par Maistre Pierre Tolet Medecin de l'Hospital (Lyon: Etienne Dolet, 1540), p. 3: "*la continuelle priere (pour leur necessité et usage) des compaignons chyrurgiens de la ville de Lyon.*" 霍顿图书馆收藏本的署名是："Jehan Derssert de Lyon"。

Opuscules de divers autheurs medecins, Redigez ensemble pour le proufit et utilité des Chirurgiens (Lyon: Jean I de Tournes, 1552), translations by Canappe and Tolet.

De l'usage des parties du corps humain, Livres XVII. *Escripts par Claude Galien et traduicts fidellement du grec en François* (Lyon: Guillaume Rouillé, 1565), translated by Jacques Dalechamps. "*Et pource que la lecture de ce livre est non seulement utile mais aussi necessaire aus cheirurgiens…*" (f. 9ᵛ). 蒙特利尔大学收藏本的署名是："Margueritte"。

Chirurgie Francoise, *Recueillie par M. Iaques Dalechamps*, *Docteur Medecin et Lecteur ordinaire de ceste profession à Lyon* (Lyon: Guillaume Rouillé, 1570), f. + 7ᵛ: "*Le tout en nostre vulgaire Francoys, en faveur des compagnons et maistres Chirurgiens qui n'ont point este nourris aux lettres Greques et Latines.*"

〔89〕 *Raison de vivre pour toutes fievres … Par maistre Jean Lyege medecin* (Paris: M. Vascosan, 1557), dedication from Lyege to Antoinette de Bourbon, Duchesse de Guise. *Commentaire de la conservation de santé et prolongation de vie, Faict en Latin par noble homme Hierosme de Monteux … medecin ordinaire du Roy … traduict de Latin en François par maistre Claude Valgelas, docteur en Medecine* (Lyon: Jean I de Tournes, 1559), dedication from Valgelas to Louise Dansezune, dame de St. Chamond. *Cinq Livres De la maniere de nourrir et gouverner les enfans des leur naissance. Par M. Simon Vallembert, Medecin de Madame la Duchesse de Savoye …* (Poitiers: 1565), dedication from Vallembert to Catherine de Médicis.

〔90〕 Vallembert, *Cinq Livres*, Preface. *The regiment of life … with the boke of children, newly corrected and enlarged by T. Phayre* (London, 1550), preface by Thomas Phayer to *The Boke of children. Seconde Partie des Erreurs populaires et propos vulgaires, touchant la Medecine et le regime de santé, refutés ou expliqués par M. Laurent Ioubert* (Paris: Lucas Breyer, 1580), f. B iiᵛ. *Annotations de M. Laurent Ioubert sur toutte la chirurgie de M. Gui de Chauliac* (Lyon: Etienne Michel, 1584), dedication from Isaac Joubert to Jean Bellièvre, January 1, 1580, pp. 4-18.

〔91〕 *Erreurs populaires au fait de la medecine et regime de santé corrigés par M. Laurent Joubert … la premiere partie* (Bordeaux: S. Millanges, 1578), Dedication, Book 2, chap. 4, pp. 380ff., *au lecteur. Seconde Partie des Erreurs populaires*: f. c iᵛ, "*Catalogue de plusieurs divers propos vulgaires et erreurs populaires colligez de plusieurs*" and given to Joubert by Barthélemy Cabrol（中间有 123 项条目）；pp. 159-187，"*Ramas de propos vulgaires et Erreurs populaires avec quelques problemes，anvoyes de plusieurs a M. Ioubert*"（中间有 333 项条目）。

〔92〕*Chirurgie de Paulus Aegineta*（注 88 中有引用），p. 6。

〔93〕*Remonstrances … pour les Compagnons Imprimeurs*（注 1 中有引用），f. C iii^r。

第八章　谚语智慧和大众错误

15世纪晚期，当欧洲各地的印刷机迅速投入运转，印制中世纪最受欢迎的各种手抄本图书时，在巴黎和其他几个城市中出现了一本叫做《所罗门和马尔科夫对话集》(*The Saying of Solomon with the Answer of Marcolf*)的小书。这本书的首页附有一张木版画，书呆子气、穿着得体的国王正和一个衣冠不整的光脚乡下人说话。在正文中，所罗门用押韵谚语赞扬高尚道德；马尔科夫则用平实语句回复，要么机敏地用日常语言来仿造所罗门的语句，要么就是用更生动的笑话来回答他。所罗门这样说：

母驴载着货物
也许是银也许是铜，
它不会在意是什么。

马尔科夫回复：

妓女不会在意
哪一个男人跳到她的屁股上，
对她来说都一个价。

这段对话有不同的版本，也有几种方言译本，其原型可以上溯到

第八章 谚语智慧和大众错误

10世纪。12世纪时，它被广泛地传说着。16世纪时，拉伯雷则让自己创作的人物表演这个游戏，比如"对骂"（the dozens）就是一例。[1]

三个世纪后，在共和十三年（1805）的花月30日，新近在巴黎成立的高卢学院（Académie Celtique）面对的是知识分子和农民的另一种交流形式。现在，光辉的法兰西民族国家要揭开它荣耀的历史。为了这个目的，院士们编制了一张谚语、习俗、"迷信"医学和农民仪式的调查表，以便收集信息帮助重建高卢的语言、神话和历史。他们希望这些调查表能被分发到各省的省长和学者手里。这项工作需要尽快完成，因为伴随着法国《民法》和其他各项新制度的实行，人们是恨不得老说法和老方式尽快消失的。在随后几年的回复里，马尔科夫的踪影消失了。[2]

从所罗门和马尔科夫之间生动的对话，到高卢科学院费尽周折的专题调查表，这其中的变化正是本文的中心问题所在。这些变化，每一点都反映了知识分子搜集关于或者来自农民的材料的努力；每一点都反映了对农民的不同态度和对其言语的不同运用；每一点都会变成学者们研究社会边界、人类学和民俗早期史以及下层阶层具体习俗和行为的珍贵材料。

对于近代早期欧洲的有教养者和出身优越者来说，搜集民间习俗当然不是他们的主要兴趣所在。相比花时间观察农民和仆人的行为，他们宁愿去写田园诗、牧歌和家庭喜剧。相比本地的民间习俗，他们更经常描述土耳其人、非洲人、易洛魁人和阿兹特克人的习俗。从1580年到1650年，人们的文章论述更多的是德鲁伊和旧高卢人的生活方式，而不是诸如当时布列塔尼或勃艮第农民的实践之类的问题。[3]在对人类与猿或兽、文明人与野蛮人、男人与女人间关系的反思中，文化和社会的界限也许已经很容易地得到体现了，如同对贵族与普通人、主子与仆人间关系的反思一样。*

---

* 参见第五章《女性支配》中有关性别符号意义的讨论。

尽管有这种偏好，15 到 18 世纪还是出现了一类作品，知识分子借它们来反映"人民"（people）的行为和言谈。神学家们的"迷信"汇编就是这样，作者们不辞辛劳地记录着他们认为需要纠正或根除的习惯和观念：这样的例子包括亨里库斯·德·格林切姆的《论迷信》(*Tractatus de superstitiosis*)；包括 17 世纪末曼恩农村教区神父让-巴普蒂斯特·蒂埃的《迷信论》(*Traité des superstitions*)；包括纽卡斯尔教士亨利·布恩*的《平民古俗》(*The Antiquities of the Common People*)。[4] 还包括 16、17 世纪的歌舞汇编和评论，它们宣称书中包含有"乡村的"和（或）大众的作品。也包括那些讲述精灵故事和民间故事的书籍，在 17、18 世纪之交查理·佩罗、埃里蒂埃女士等的著作中，它们被认为是民众、鹅妈妈（Mother Goose）或老保姆的作品，虽然其 15、16 世纪的版本并没有明确的大众来源。[5]

最后，它们还包括两类作品：大众谚语集，以及健康和医学领域的大众观念与实践汇编，它们将成为本文讨论的中心。在分析它们的时候，我将提出几个问题，这些问题可能也和其他类型的编集有关联。这些知识分子为什么要写有关大众言行的书籍？他们写给谁看？我们能弄清他们获得信息的途径吗？他们是否为了出版而更改了什么？他们对谚语和疗法在民众生活中的作用怎样看待？也就是说，这些从未在人类学意义上用到"文化"这个词语的人，在多大程度上仍然认为（如托马斯·莫尔写作《乌托邦》和蒙田写作《食人族》时的想法一样）：虽然农村及城市民间的语言和习语与他们自己的不同，但它们中间还是存在着一些有意义的规则？如同马尔·索里亚诺对《佩罗的故事》(*Contes de Perrault*) 成果丰富的研究一样，对这些问题的分析可能会得出一些新结论——它们可以反映前工业时代法国知识分子与大众文化间不断变化着的关系。[6] 这也可能带领我们进行这样的探险之旅：用它们来倾听当时人们的声音，而这正是我关注这

---

* 亨利·布恩（Henry Bourne, 1694—1733），英国历史学家。——译者注

第八章 谚语智慧和大众错误

些编集的最初理由。

一

在16世纪学者搜集的大量古代谚语中,所罗门和马尔科夫的《对话集》只提供了其中的一小部分。格言和谚语在中世纪时就被合在一起反复抄录。这些汇编手稿分为两类:古代智者和哲人的语录及箴言(亚里士多德、塞内卡、老加图等等),以及农民或平民的方言谚语(《农民谚语》[Li proverbes au villain]、《大众谚语》[Proverbes communs]、《农村和通俗谚语》[Proverbes ruraux et vulgaux])。平民谚语的编者看起来应该是些无名教士,虽然其中有两本是授权贵族完成的:一名是佛兰德斯的伯爵,另一名是勃艮第的伯爵。这些编集中部头最大的可能会有五六百条谚语,其中有些直到今天仍可以在法国人的日常用语中找到。[7]

不管是否押韵,这些谚语以两种方式呈现:或者语音在使用中被夸张化,或者谚语本身意思不言自明。如我们已经看到的,所罗门和马尔科夫用对话交流;"农民"(vilain)谚语则要接在一行诗句后面,因为谚语就是对应这句诗的。《农村和通俗谚语》则不讲什么次序,简简单单一句。到15世纪末,拉丁散文体解释才在大众谚语汇编中出现。[8]

那么,这些谚语真的是从农民口中搜集来的吗?编集的权威性当然要建立在读者这样认为的基础上,但编者并没有清楚说明他们听见或看到这些说法的地点。这些谚语十有八九确有其农村或"大众"源头,但为了登上大雅之堂,它们被改动了。一方面,它们用农村人熟悉的东西来打比方:牛、马、狗、谷物、草地,有时还显得粗浅、下流。[9]但另一方面,它们用旧法语,而不是中世纪末农民用的方言来表达。其中的棱角(马上我们会听到更多)已经被磨光了。

这样，大众谚语就变得更适于骑士和国王使用了，他们想要借此丰富自己的词汇，回忆童年时光或者学习《加图两行诗》（Distichs of Cato）。作家也采用它们：在巴斯——乔叟作品中人物——的淫荡妻子的话里，在特鲁瓦的克雷蒂安的宫廷爱情故事里，都出现了"农民"谚语。[10]传教时也要用到它们，不管是用方言还是用拉丁语："爱屋及乌"（Love me，Love my dog）便出现在克莱沃的伯纳德的拉丁语布道词里，而大概同时这说法也出现在《农民谚语》里。[11]世俗地主在封臣和庄园法庭上也可能使用它们：16世纪末安特华·勒瓦塞尔起草法国习惯法手册时，便将中世纪谚语"执法者才是国王"（Qui veut le roi, si va la loi）和"善待农奴，他就会伤害你：你伤害了他，他才会善待你"（Oignez villain, il vous poindra; poignez villain, il vous oindra）列为法律格言。[12]知识分子将粗俗谚语汇编和有关写信、讲演的高级修辞手册放在一起。贵族将它们抄录在"哲言"以及有关道德和历史的方言著作旁边。[13]

简而言之，虽然人们认为教士和文学语言与大众乡村言语截然不同，但就像所罗门和马尔科夫间的对话一样，它们在特定情况下是平等的。它们分享共同的言语形式：谚语，也没有一方能够绝对垄断智慧。虽然习语"大众的声音就是上帝的声音"（Vox populi, vox dei）已在欧洲出现，但它从未被广泛地接受或使用过。人们搜集谚语，并不是因为它们是上帝的声音，而是因为它们能够反映某些事实。借用《农民谚语》里一句话，"聪明人用羊肉代替野味"（The wise man takes mutton in place of venison）。[14]

要考察大众谚语及其在教士和骑士圈中的运用，必须跟中世纪社会和文化的几个特点联系起来。首先，直到15世纪，北欧洲平信徒中的识字率还比较低（埃蒂安·帕斯奎埃站在16世纪的角度上说：那是只有教士才有知识的年代，所以有句习语这样说"在教士面前炫耀拉丁语"）。[15]人们喜欢记忆谚语，不仅仅是因为古代作家将其视为修辞工具，更因为社会中有很多的行业需要它。

其次，如雅克·勒·高夫所说的，从12到14世纪，法国骑士和

第八章 谚语智慧和大众错误

贵族地主一直试图将自己与教士区别开来，他们试图虚构一种独立的文化认同。这就包括从他们的农民那里拿来的"民间"品味，比如对梅吕西娜和其他精灵故事的喜爱就是一个例子。对农民谚语的兴趣有这方面的考虑。对于民间习语的细微之处和加工过程，他们甚至还直接借鉴。我们知道，按照尼科洛格作品的说法，下流色情故事是和骑士爱情故事被一起讲给贵族听的。实际上，有些从骑士圈中出来的习语（比如"[子嗣]因阴茎受封，因子宫获释"[*la verge anoblit et le ventre affranchit*]）便为后来的人们所不齿。[16]

再次，不管其拉丁文和经院哲学训练水平如何，一部分教士必须用民众的语言来传教。从 12 世纪开始，包括农民在内的不同社会或职业群体都可以听到布道词。[17]大众谚语能够为讲道创造一个亲近的氛围，也有助于人们记住布道者的说辞。不只如此，直到 15 世纪中叶，多数教士也愿意（乡村仪式、奇妙的"愚拙的道理"[foolishness of preaching/ 1 Cor. 1：18-20]中的保罗式传统）参加欢诞游戏，就像这个等级社会的其他普通人一样。[18]我们在前面的章节里已经看到了他们的游戏和性别反串仪式。所以在某些情况下，傻农民马尔科夫的话也能颠倒所罗门的智慧。

二

到 16 世纪，整个情况改变了。知识分子对谚语的兴趣非常强烈，以致只有 18 世纪末和 19 世纪浪漫主义的民族运动才可以与之相比；搜集者不只是普通的教士，还包括重要的人文主义者。人们整编印刷新的古典及民间谚语；比较研究各种语言的谚语；重新讨论谚语的文体和语言特征。在旧有的实用、道德和修辞的原因之外，搜集谚语又有了新的理由：丰富民族语言。人们不再普遍疏忽历史和（或）地域来源，因为有些搜集者开始考虑一句大众谚语的确切来源及其对使用者的意义了。十分有趣的是，最后两项发展虽然是同步的，有时也是由同一个人发起的,但它们最终却是相悖的,这反映出(如我们将看到的)搜集民众言语的不同目的。

第一步旨在搜集"博学者"谚语,这包含校验、修正和扩展的工作,因为它们总是被杂乱地归结为某个确实存在过或传说中的古典智者所作。甚至在伊拉斯谟的作品之前,意大利人文主义者贝罗亚尔多即出版了一本演说词,论述古代人对谚语的看法,而波里多尔·维吉尔则在巴黎发行了他新的希腊罗马谚语集。[19] 1500 年伊拉斯谟的《格言》(Adagia)出版了(第一版大概含有 800 条谚语;1530 年代完成时超过 4 000 条)。虽然他只是从古代的拉丁、希腊和希伯来作家那里精选了一些格言,但他的方法和材料对方言大众习语的研究有重要启示。

首先,伊拉斯谟给谚语下了定义——或者最少是给出了值得搜集的谚语范围——使其既不为博学小圈子所独占,也不为民众所自然拥有。亚里士多德的定义可以兼容二者:谚语就是"简洁而富有意义"的说法,它们是"古代事物的见证者",又广为所知,这就保证了其权威性;它们还是"古代哲学的最真实保留",所以富有"内涵"。[20] 同时代,有人试图将谚语象形文字化以便维持精英的垄断。针对这种企图,伊拉斯谟指出,很多谚语并不是隐秘的谜语。有些意思很清楚,众所周知,众口所传。对于那些认为谚语只不过是民间的陈词滥调的人,伊拉斯谟坚持认为,谚语必须有自己的风格。它必须洗练、诙谐,带有非凡的禀性或特质,简洁明快,"如宝石般轮廓鲜明"。农民和学者可以分享这种语言:福音书中本身就"有很多东西……是从大众那里来的",如同承担我们的肉体一样,耶稣也接纳我们"熟悉的语言"。尽管如此,言语的粗俗必须有限度,它必须能表现智慧。当伊拉斯谟说"把破罐子当成传家宝"(made a show of kitchen pots,他的一句希腊谚语)时,他的意思是,当他让愚笨夫人讲述伟人的实事时,她用的是令人愉快的笑话,而不是"恶毒无礼"的样式。马尔科夫的话语需要收敛一点。[21]

伊拉斯谟进而向我们展现了一种研究谚语的方法。谚语在他看来

第八章 谚语智慧和大众错误

不只是当时道德、文学或讽刺评论的一个载体,还是"古代世界的一扇窗户"。每一个说法他都要找出其意义、来源和用法;因为古代的习俗不同于现代,他不得不仔细阅读古典作家的作品。有些谚语不再有意义了(绷索行走现在不再困难了);有些则还存在于普通人的日常用语当中("他一手提水一手带火"就用来形容两面派);但最重要的是,谚语都嵌入其所在的文化当中。语境非常重要,以致伊拉斯谟承认"有些谚语有这种特性,它们需要用方言来引用,否则将韵味丧尽;就像有些葡萄酒不能出口一样"[22]。

对于那些对方言谚语感兴趣的知识分子,这位著名古典主义者和人文主义者给出两个建议。要搜集、运用大众谚语,因为其中蕴涵珍贵的东西;但谚语的内涵你得用判断和品味来把握。要仔细研究谚语,即便是其反映的习俗与你自己的不同;要注意谚语对大众这个使用者的意义。

方言谚语实际上得到怎样的对待呢?在这个世纪的初叶,即1510年到1519年间,巴黎大学的两名教士开启了方言谚语的整理工作,他们是尼古拉·普伊(别名波拿斯普)和他的朋友、院长让·吉尔·德·诺耶,前者曾纠正过波里多尔·维吉尔的古典谚语。他们将中世纪手稿*中的法国谚语集中起来并翻译为拉丁文出版,但没有附带任何评论。书名有很多种,《大众谚语》或《高卢谚语》都有(*Proverbia communia*,*Proverbia gallicana*,*Proverbia popularia*,*Proverbes communs*),这些版本告诉读者,它们不是研究民众的工具,而是一种辩论素材,一种学习法语和拉丁语的材料,一种男孩甚至未婚女孩的道德教材。这些书并不是伊拉斯谟所推崇的那一类作品,但它们仍旧引起人文主义印刷商(比如若斯·巴德)和律师、诗人们的兴趣。1549年,他们中有人在题词中说,祖先们珍视谚语,

---

* 克莱沃修院院长 Jean de la Veprie 于15世纪后期著有手稿本《大众谚语》(*Les proverbes communs*),这本法国谚语汇编的印制版于1490年代在里昂和巴黎出现。吉尔·德·诺耶大量参考了这本书(虽然不是没有例外情况),而且他可能从印刷本而不是手抄本中获得了这些谚语。参见注23。

为什么法国人还妄自菲薄呢？最后，在屡次印行之后，这些大众谚语（吉尔·德·诺耶版本里的）在17世纪初都被收录到重要的《古代现代法国语言宝库》(Treasure of the French Tongue, Ancient and Modern)里面。其中有超过一千条谚语，涉及了大量的主题，其比喻对象从排泄物到天国应有尽有。[23]

可以理解，《大众谚语》并不能让某些人文主义者满意。传统民间文集只是单纯地建立在更古老的编集之上。人们并没有很好地去探究其中的来源、意义和运用，而有些谚语还有伤风化。改变局面的人是皮卡第教士会成员诺永的查理·德·布埃勒，他曾是勒费弗尔·戴达普勒圈子里的一员，也是数学家和哲学家。在七星诗社的成员开始捍卫和解释法国语言之前很久，布埃勒就对方言抱有深深的好奇，虽然这种态度有点矛盾。和前者不同，他并不认为人们能够创造一种可与华丽的拉丁语相媲美的规范而正确的方言。习俗和气质上的地区差异（名人的影响在这很重要；但这不能影响学者们的拉丁语的国际地位），地理流动和民众的无知，都会让发音、语法和习语不断发生错误和变形。"在今天的法国，有多少民众、地区和城镇，就有多少习俗和语言"，这是他在1533年论述方言的拉丁语文章中的看法。[24]

不管这些差别有多让人遗憾，布埃勒觉得它们还是有值得一提的地方。在他的发音及语源学作品外，他还出版了两本大众谚语著作：1531年的《民间谚语三部曲》(Proverbiorum Vulgarium Libri tres)和1557年的《谚语和警句》(Proverbes et dicts sententieux)。确实，这种粗俗的主题让他有点难堪。他的题词是用拉丁文写的；在1531年的版本里，他将翻译出来的方言谚语按拉丁文首字母编排了出来；他完成这项工作仅仅是为了满足他的年轻外甥的要求。跟伊拉斯谟的《格言》相比，他的态度是可笑和肤浅的：你还能从平民那指望什么呢？不过他还是觉得这些说法能够反映一些实情，虽然大众谚语对于柔弱的耳朵来说生硬了一点。[25]

所以他真的听了，而且他还是第一位坦承自己曾在街道、大路和

第八章 谚语智慧和大众错误

门口直接搜集民众说法的法国编撰者。不只如此,为了作解释,他还是首位为谚语提供一些社会背景介绍的法国评论者。"路远了,稻草也显得重(A longue voye, paille poise [摘自 1557 年布埃勒的汇编,15 世纪中叶里尔附近一位教士会成员也搜集到了这句话])。这句话众所周知,用来指那些靠别人过活(即便是有节制或花费很少)、对朋友刻薄的人。所以虽然稻草很轻,但因为路途遥远,它也显得很重。""每时每刻,女人都流泪(A toute heure, femme pleure)。平民用来笑话女人轻浮的说法,'女人东西到手的时候就笑,想要东西的时候就哭。'""什么谷物都可以当食物(De tout grain on faict pain)。这是贫民常用的抱怨高粮价的说法。""没有自我,也就没有意义(Qui pert le sien Il pert le sens)。这句话在'小人物'中用得比在富人中多。"[26]

这里,布埃勒将所有的谚语都用标准法语表达出来,只字不提其差异,这也许是一项不简单的成就,特别是当我们记得他在其他地方注明了法国不同地方对"是"的 8 种、对"不"的 6 种不同发音的时候。[27]不只如此,虽然他收录的 900 条谚语涉及的内容范围很广,但没有一句是(如伊拉斯谟所说的)"令人厌恶"的。他没有将他听到的全部说法一一记录下来。

布埃勒首创的寻求大众谚语语境的事业,在随后几十年里由小部分文人继承了下来,后者毫不怀疑法语的价值。比如,1606 年编辑了《法国语言宝库》(*Treasure of the French Tongue*)的让·尼科也被认为是《道德说明》(*Moral Explications*)的匿名作者。书中含有当时的 120 条说法,还附有很多相关的农村、商业和手工业实践背景供参考。诚然,作者是否近距离观察民众生活是值得怀疑的,因为当他解释"从尾剥鳗鱼皮[乱作一团]"(Escorcher l'anguille par la queue)的时候,作者是这样开始的:"那些剥过鳗鱼皮的人都知道一定要从尾巴开始。"但在其他地方解释比喻意义的时候,他都描述了赶骡人怎样喂骡燕麦,种葡萄人如何给葡萄藤设架子,农民怎么在交什一税时耍手段("给上帝一捆草"[to give God a sheaf of straw]),

《圣经》中的说法),打牌人如何掩饰自己的感情(用头巾遮住部分脸),磨坊主怎样漫天要价,面包匠如何将面团放进烤箱的情形。他摘录的一句谚语就是两个手艺人讨价还价时用到的;在另一句里,他还给出了人们说这句谚语时常伴有的手势。特别引人注意的是,他描述出一些特鲁瓦或香槟"特有"的说法,它们和那些"普遍"的说法是不同的,后者并不因地区流动而改变意义。所以一句有特色的谚语——过分讲究细节就要失掉工作的本质("De l'arbre d'un pressoir le manche d'un cernoir",大概对应的英语说法就是"你把桅杆磨成火柴杆了")——就需要进一步用香槟农村的葡萄榨汁机、胡桃钳和木工来论证了。[28]

而且,假如说谚语和地区情感有时推动了《道德说明》的作者去仔细观察大众习俗,那么使他涉足其中的并不是民众文化,而是法国语言。如学者—出版商亨利·埃斯蒂安 1579 年在《法国语言的卓越之处》(*Précellence du langage françois*)里指出的,方言谚语涉及的范围和部分谚语所表现的优雅都再次表明,法语可以在表达的力度和完美程度上与意大利语、希腊语和拉丁语相媲美。这也是律师埃蒂安·帕斯奎埃的看法,他在《法国研究》(*Recherches de la France*)中用了大量篇幅讨论他挑选出的一些大众谚语。如同他的其他古代遗物一样,谚语也是金子,他可以从中挖掘出这个国家的过去。有些谚语因为习俗改变而从日常用语中消失了*(伊拉斯谟在《格言》里提到这点),有些变换了措辞,有些则没有发生变化;但它们都可以作为民族性格的表现被加以研究。[29]

最后,在 16 世纪下半叶和亨利四世统治时期,几种新式的、不

---

* 比如,帕斯奎埃将"我让人剪我头发"(Je veux qu'on me tonde,即如果我说的东西不是真的或我没有做这件事,"我情愿被人剪头发")与他小时候听到的有关"我们的父辈和祖先们"的说法放在一起讨论,但前者已经没人使用了。这是因为长发曾经是尊贵的象征,普通民众看见国王们都戴着长假发,就认为头发被剪是可耻的。现在大家都留短发,这种说法就不再表达惩罚的意思了(*Les recherches de la France* [Paris, 1633], Book VII, chap. 9, pp. 669–700)。

第八章 谚语智慧和大众错误

附带评论的大众谚语版本出现了，这既不是因为人们渴望马尔科夫的智慧，也不是因为他们要开启一扇了解民众世界的窗口。大众谚语的拉丁文翻译没有遇到任何麻烦；一个版本用意大利或古典谚语来"丰富"法语汇编；有三个版本将法语谚语跟王国外的方言谚语放在一起（法语/意大利语，1547；弗莱芒语/法语，1568；西班牙语/法语，1609）。但是，这些版本中既没有涉及某个地方的"特有"谚语，也没有包含某种方言——如普罗旺斯语和布列塔尼语——谚语*，甚至医师洛林的让·勒·庞也没有这样做，他说自己正在搜集各个省份的谚语，以达到不出国就美化法语的目的。倘若说加布里埃尔·梅里埃在他1568年书的序言里提到"人们普遍传说并相信，普通民众不说谎"，那么这种信任并不很牢靠。勒·庞在1570年代的看法更典型，他认为谚语是语言的一种非凡形式：古老、大方、优雅，任何对话中的一句"人民之声"（voix de ville）都可能会成为最终的仲裁者和评判，但民众在使用的时候并没有觉察到这些优点。也就是说，谚语高于"民众的言谈"（le parler peuplacier），只有知识分子才能最好地理解它。[30]

这样，我们就来到16世纪知识分子搜集民间言语和习俗的基本悖论中了。搜集者越是希望同民众分享言语方式和语言，他们就越不能够把握民众文化的实质特点和规则。他们越是希望在自己的语境中研究大众谚语，就越不能够把它们当作某种可以用来丰富现时民族文化的事物加以重视。

这里发生了这样一种变化：某些已经模糊的社会和文化界限被重新划出，并且比以往更加明晰。一方面，法语本身被作为知识分子和识字者的语言确立起来，由于要跟教士和大学里的拉丁语相抗衡，它

---

* 我所知的最早的方言谚语汇编是伏尔泰书单中的加斯科尼谚语集（"*montets gasconns*"），那是他在1607年论述商业的文章（*Le Marchand traictant des proprietez et particularitez de commerce et négoce*，［Toulouse, 1607］）中无意提到的。参见G. Brunet的作品（*Anciens proverbes basques et gascons, recueillis par Voltoire*［Paris, 1845］）。Pechon de Ruby编了最早的特殊俚语字典（*La vie généreuse des mercelots, gueuz et boesmiens, contenans leur façon de vivre, subtilitez et gergon*［Lyon, 1596］）。

某种程度上就得从民众言语形式中汲取营养。而且，知识分子也确实在使用着大众谚语。汇编屡次再版，律师、教师等都是购买者之一。大众谚语被广泛引用（"众目睽睽"〔plusieurs yeux voyent mieux que peu〕，律师克劳德·德·卢比就用这句话来捍卫里昂的政治制度），也在法律学者如皮埃尔·皮杜*和安特华·勒瓦塞尔的手抄书目中出现。[31] 这些谚语是众所周知的，所以拉伯雷可以不加解释就使用出来，他认为读者们一定了解其意思：隐德来希（Entelechy）** 王国的女王无常（Whim）"用三对狐狸使轭耕种沙地而不丢掉种子"，"羊屁股不留毛但羊身上仍然长羊毛"，"火中取栗"，"从尾剥鳗鱼皮"（ploughed a sandy shore with three couples of foxes in one yoke and did not lose their seed/sheared asses and got long fleece wool anyway/gathered grapes off of thorns and figs off of thistles/skinned an eel from the tail）；同样，用画作来表现弗莱芒谚语的布鲁格尔，也希望观者能明白他的多数作品的意思。[32]

另一方面，编集里的大众谚语已经被知识分子根据自己的品位和需要作出了修改。在我看来，相比中世纪的整编工作，他们这样做的意识更强。相比简单地在严肃的拉丁语旁边记下日常方言，试图完善民族语言的他们要承担更大的风险。此外，因为16世纪城市中相对浓重的文化氛围，受教育人士与农民口语世界的文化距离，要比两三百年前的骑士和贵族与之的距离更远。不管一段时间内介于富有阶层间的社会界限的流动性有多高，不管运用"熟悉"和大众言语的标准定得多么宽松，没有任何一位搜集者试图消除语言界限，而正是这界限将有钱有势者与下层的人们区别了开来。

固然，这些知识分子的根也在外省，这塑造了他们的言语和文化兴趣。我们已经可以从查理·德·布埃勒和《道德说明》的作者身上

---

* 皮埃尔·皮杜（Pierre Pithou，1539—1596），法国律师、历史学家，是最早搜集、分析法国史史料的学者之一。——译者注

** 隐德来希是亚里士多德的哲学术语。隐德来希是形式，作为每一事物或潜在质料在其自身中实现运动的目的。——译者注

第八章　谚语智慧和大众错误

看到乡情的作用：正是乡情促使他们把搜集谚语的工作做到最好。但某种程度上，这种乡情是跟他们作为法语搜集者的工作相冲突的：他们得从民众口中搜集说法，再使其适应民族语言的使用规则。这些标准化的谚语随后借着印刷书本得以广泛流传。一种相似的紧张也出现在诗人和其他主要作家身上。"我讲旺多姆语"，皮埃尔·德·隆萨尔这样说；让-安特华·德·巴伊则在安吉文语（即昂热方言）里混杂其他省份的方言。事实上，隆萨尔想要完善的是"我们的法语"，地区方言只能不时奉献一个词语。帕斯奎埃认为，人们必须小心避免过多地使用它们，如同蒙田运用加斯科尼语那样。法语样式所要寻找的"本源性"（naiveté）———一种自然性——并非通过逐字考察农民言语或词句便可以达到。[33]

在方言大众谚语和话语中所发生的一切，也在其他领域中发生了。如库尔特·萨施告诉我们的，早在15世纪，宫廷和民间舞蹈便分开了。"它们……继续相互影响，但它们有根本不同的目标和样式。"这种影响在16世纪中叶便可以感受得到：通过与生动活泼的农民舞蹈的交流，严肃的宫廷仪式舞蹈发生了转变。比如1565年在巴荣纳的一个宴会上，美第奇的凯瑟琳就从王国各省请来农村姑娘和乐手，让他们分组按照在农村时的样子跳舞（一种肯定具有民族特点的样式，但难免引起在座胡格诺信徒的不满）。但廷臣们跳的勃浪舞和嘉雅舞*与这些农村舞蹈全然不同：动作小了，主题合并了，姿势和节奏也更改了。[34]

法国习惯法汇编也一样。为对抗外来的罗马法审判，人文主义律师安特华·勒瓦塞尔（如他的朋友帕斯奎埃所说）在各式习惯法汇编（coutumiers）和法国地方法律习惯中寻找"法国的真实而天然（naïf/native or natural）的法律"，这耗费了他40年的时间。如我们已经看到的，他的材料部分涉及农民，有时也以谚语来表达意思。他在1607年的《习惯法概要》（*Institutes coutumières*）中所做的，就

---

*　勃浪舞（Branles）和嘉雅舞（Gaillardes）都是16世纪欧洲流行的舞蹈。——译者注

是把之前数条的判罚和规则整理为一条，再将它们按照律师喜好的样式用标题排列起来，而不是像之前那样任其杂乱无章。（农民和地方领主面对这些混乱时该怎么办他是不加考虑的。）这有利于教导学生学习法律，是迈向"他的陛下权威下……**单一法律**的一致、理智和公正"的一步。[35]

这些例子将我们带到了对16世纪博学的大众谚语搜集者的最后一个考察上来。他们不仅将这些说法用到"普通"法语当中，不仅删减了那些不恰当的比喻*，还为这些谚语构想了不同的用法，以便与农民作区别（也许他们还对来自城市"小人物"的谚语也做了同样的事，只是这里我无法展开对这个复杂问题的讨论）。

在现有各种研究成果——它们存在于各种史学和文学评论材料，以及研究谚语运用的当代人类学当中[36]——的基础上，让我们比较一下谚语在不同群体中的作用和意义。首先，16世纪时，无论是律师、作家还是工匠、农民，都喜欢谚语这种**形式**：它们一般都结构平衡而简明达意。谚语非常简洁，这在他们看来有助于皈信和劝说别人。不过对于农民来说，由于他们大体还生活在文盲和相当闭塞的环境中，谚语成了一项重要的财富；对于识字者和博学者来说，谚语只不过是有用的辅助工具。农民脑海里的东西是记忆、听说（在儿时和青年时期的某些具体情形下）累积而成的。这些东西都留有过去的厚重沉淀，因为它们和地方或区域的传统有某种关联，而且在农村的一代人的时间里，它们大概也不会发生多少变化。知识分子当然也部分地从年少的情形中积累东西，但学校以及后来的阅读和外国谚语译作，都丰富了他们的信息存量。他们的见识部分来自记忆（大概是通过"背诵"而不是在现实生活中应用来记忆），部分来自书里。

---

* 除了吉尔·德·诺耶的《大众谚语》（最终收录进《法国语言财富》里）外，大多数的汇编根本没有列出粗俗说法。《道德说明》对"屁股比死驴更能吱声"（On auroit aussitost un pet d'un asne mort, 特指某人守口如瓶）带有这样的评论："在那些略微下流的谚语中，这就是一例"（p. 20，参见 n. 28）。关于文艺复兴时期作品的"下流"和"淫秽"语言，可参见米哈伊尔·巴赫金的作品（*Rabelais and His World*, trans. Helene Iswolsky [Cambridge, Mass., 1968]）。

第八章　谚语智慧和大众错误

对于村民来说，因为谚语的比喻和风格范围宽广，各自不同而又灵活可变，所以它们可以在很多场合下运用，也能为他们的许多行为提供参考。确实，任何一句谚语都可能因为应用的场合和说者与听者的地位不同而发生变化。所以，皮特·塞特尔便向我们展示了他在坦桑尼亚的哈亚人*那观察到的结果：同一句谚语，因为语境和参与者的不同，可能让说者与听者团结一致，也可能让他们陷入敌对。[37] 伊拉斯谟对"长个荷兰耳朵"（to have Dutch ears）的讨论就可以给我们启示，因为他将本来是批评别人"土气、幼稚、粗俗"耳朵的话变成了表扬别人的真诚和美德的话。[38] 类似的，我们可以设想如何让"小鹅把老鹅带进草堆里"（the gosling lead the geese to grass）产生相反的意思，虽然《道德说明》的作者认为这话只适合批评别人："违背自然"，即没经验的年轻人试图指挥年老者。**

所以，村里聪明的讲谚语者并不是那些知道新谚语的人，而是那些懂得把旧谚语最生动地讲出来的人。谚语可以提醒农民们如何保持身体健康，如何获得好收成。可以提供一些方法来总结事情的意义。可以用文雅的方式下命令，可以不经羞辱性的对质就让人重新尽到责任，也可以用来指责、说服或侮辱别人。不只如此，我们还有证据表明，村民们希望法律争执的双方都用谚语交锋，他们大概也会在庄园法庭和乡村争端中使用它们。一位律师在一本中世纪晚期的手稿里这样建议，"有机会的话尽量使用谚语，因为农民喜欢根据谚语作判断"[39]。

因为农民就置身诉讼之中，所以至少有一些16世纪的律师熟悉

---

* 哈亚人（Haya），东非部族，操班图语，居住在坦桑尼亚西北部卡盖拉河与维多利亚湖之间的地区。——译者注

** 所以，"吃猪牛肉的家伙"（Homme de porc et de boeuf）也是一种包含多重意义的说法，虽然《道德说明》的作者只给出了一种解释。"这话特指某人下流、野蛮、不老实、没教养，就像日常那些最下层的人一样。因为这些人最熟悉的食物就是猪油、猪肉、牛肉和其他难消化的东西。他们与那些较忠诚、优雅、生活举止良好的人不一样，后者的食物也更为精致，有羊肉、鸡肉、山鹑和其他可口的东西。"（*Explications morales*，p.18；可以对比 *Li proverbes au vilain*〔p.232以上〕中对羊肉的评价，16世纪时羊肉比牛肉贵。）

这个建议。此外，律师也有他们自己的谚语、"行规"（regulae）和格言，记住这些有利于他们学习法律，也有利于他们为他人辩护。[40]但在所有这些大众谚语汇编中，没有任何一本尝试讨论律师和农民处事方式的相似性，也确实没有哪一本论述过谚语在农村中的社会功能。相反，它们只服务于知识分子和识字者。它们不是为一句谚语给出多种意义，而是为一种意义给出数个例句。不管是按字母次序编排出现——如传统的样式（1450年代已经有手稿这样安排）——还是被随机放置[41]，这些编集中的谚语都是为那些有文化的人量身设计的，只有他们才有时间去查阅或者出于好奇去阅读它们。它们帮助人们学习，修饰人们的语言（也许还有外国的说法）；它们启发道德反思；它们能让人们的话更有说服力、更有智慧或更严肃。在这个藏书中含有大量其他手写或印刷文字的时代，这就是某句谚语得到流传的途径。

那么，16世纪的谚语汇编者又是怎样看待"民众"文化的特征呢？陈旧，但并非没有变化。它能够支持一种有价值的言语形式，但它对自身毫无意识、毫不区分。虽然蒙田可以依旧认为，加斯科尼的大众田园诗（villanelles）可以跟最完美的诗作相媲美[42]，但他却无法阻止知识分子们对马尔科夫——真实的马尔科夫，而不是传说中的牧羊人——越来越强烈的怀疑：他是否可以与所罗门的智慧相媲美呢？到16世纪末，奥里维·德·塞尔在他的《农业讲堂》（*Theater of Agriculture*）中写道：文盲农民的经验里没有什么确定的耕作规则[43]，而（以下我们将看到）一名法国医师则在他的处女作中给传统农民有关健康的谚语标上谬误的牌子。渐渐地，所罗门将成为唯一的判官了。

三

当然，到17世纪时，知识分子对"民众"的态度变得更具批判

第八章 谚语智慧和大众错误

性了，他们对谚语形式的文体潜力（stylistic potential）的兴趣也在消减。启蒙自由思想家（他们瞧不起那些愚蠢的故事）、笛卡尔理性主义者或其他任何反对"迷信"和盲从的人，都不能认同陈旧粗俗的谚语的权威性。在相对流动性更高的 16 世纪之后，社会间隔和社会界限的观念再度加强，所以，在城市上流阶层、官僚界和宫廷里，语言的特性没有以前那么开放了。早前，隆萨尔已经怀疑日常谚语不适合修饰宫廷诗，现在法语品位的仲裁者更坚持说那不合适了。假如人们认为弗朗索瓦·德·马莱布还将自己的诗拿来考问侍女，并且戏称巴黎的守门人也能很好地运用它们，那么他的华丽语言则是超脱于大众的。文体家沃热拉在 1657 年便坦白地说，"民众只是在滥用方面才是专家"；宫廷语言和一流作家不应该受地方风气、方言用语和粗俗谚语的污染。甚至文学体裁也要明白自己的位置，悲剧不能和喜剧混杂。在喜剧院内，人们也许可以听到莫里哀的男仆或阿尔勒金和科卢比娜[*]说的大众谚语，但它们从来不会从大领主的嘴里冒出来。[44]

当然，大众谚语没有必要与深奥而"真诚"的对话完全分割开来，但它们现在只有在特殊场合下才能派上用场。如耶稣会士多米尼克·布乌尔[**]说的，谚语就像大房子衣柜里的旧衣服：只是在化装舞会时才适用。而实际上，廷臣们也表演谚语内容：不是所罗门和马尔科夫快速应答的部分，而是慢一些的猜谜部分。1654 年，年轻的路易十四便和他的朋友穿上服装，跳着芭蕾，"小贩子，小篮子"（For little peddlers, little baskets），"在你被踢出村子前不要惹恼了狗"（Don't tease the dogs till you're outside the village）。[45] 稍后，曼苔农夫人等以谚语为背景写了一部戏剧，观众要试着猜出其意思。熟悉谚语的人看起来比 16 世纪时要少：雅克·拉尼埃以大众谚语为题材创作了雕版画，当他 1660 年前后发布自己的非凡作品时，他不得不

---

[*] 科卢比娜（Columbine）是阿尔勒金的女伴。——译者注
[**] 多米尼克·布乌尔（Dominique Bouhours，1628—1702），法国教士、语法学家、历史学家、宗教作家，自诩为沃热拉的继承者。——译者注

处处附上解释以便人们理解。[46]

在17世纪的法国，虽然数量比以前少，但新的谚语编集还在继续出版着。总体上看，它们反映了知识分子对民众文化的鄙视。比如，安特华·乌丁* 于1657年出版的《法语珍奇》(*Curiositez françoises*) 就是一本旨在"清除语误"的字典，里面都是粗俗和下流语句，他认为人们基本上不该使用这些东西。（有趣的是，他不只谴责"人傻屁股贱"[Bas de cul, bas de fesses]这样的语句，还批评了布埃勒一个世纪以前认为是得体的谚语，比如"理发师为同行理发[沆瀣一气]"[Ung barbier rase l'autre/One barber shaves another gratis]。）1650年代，有两本汇编重现了中世纪的对话样式：一本是佚名的《插图谚语》(*Illustres proverbes*)，另一本是弗勒里·德·贝林根的《法语谚语的语源或解释》(*L'Etymologie ou Explication des Proverbes françois*)。但这里的马尔科夫已经被矮化成农民马南或城市居民辛布里西安，而所罗门则成为哲学家或科西莫；现在是后者的话有最终权威了。马南和辛布里西安用粗浅的谚语开头，他们也不了解这些谚语的源头和意义。哲学家和科西莫则长篇大论解释其意思。农民将哲学家的话无序地"捆绑"（一名编者这样说）起来；哲学家则将其整理成优美的论述。"从对话中受益……在嘲笑……农民的无知后，敬佩我们学者的无与伦比的知识。"[47]

有两本作品则相反，它们展现出截然不同的风格。在出版过巴斯克诗集之后，1657年，纳瓦尔律师阿诺尔·瓦那用巴斯克语和法语出版了他的《巴斯克谚语》(*Basque Proverbes*)，其中有超过700条说法。他毫不吝啬地称赞谚语。不管是为大众所用还是知识分子所用，他们都是——用亚里士多德的话来说——"古代哲学的保留"（其他法国编者都不再引用这句话了）。在列出自伊拉斯谟起的各语言谚语编集之后，瓦那说，"我从年轻时就开始煞费苦心地从民众口中

---

* 安特华·乌丁（Antoine Oudin），17世纪法国语言学家、路易十三的随身翻译官。——译者注

第八章 谚语智慧和大众错误

搜集谚语，如果现在我将它们印刷出来，使其更定型、更为人熟悉，我想我应该能为'我的故乡'（ma patrie）作些贡献"*。

瓦那猜想在比利牛斯山的另一侧应该有更多的巴斯克谚语，在若干年前的另一本著作里，他就批评了西班牙对那里的不公正统治。他的谚语汇编仅仅略去了那些"粗俗"和缺字的说法。最后，他用巴斯克拼写法和古巴斯克手写体写出一篇总述。[48]

另一部作品是诺曼底人雅克·穆瓦桑·德·布里厄于1672年出版的《一些古代习俗的源头，以及说粗俗话的若干途径》（*Les origins de quelques coutumes anciennes, et de plusieurs façons de parler triviales*），作者是鲁昂高等法院的前律师、拉丁诗人、新教徒、英格兰游者，卡昂学院（这个学院是法国最早的外省学院）的创立者。他对故乡及其大众谚语的感情要比瓦那克制一些，但他还是对诺曼底的民俗抱有深深的好奇。他把诺曼底农民叫做"我们的民众"，他捍卫他们，反对恶意谚语"他是诺曼底人；他说话不算数"**。他形容自己是在追随帕斯奎埃的《法国研究》的传统，"寻找乡村的陈旧小事和小古迹"，但他的兴趣范围真的只在诺曼底。在那，他才能纠正鲁昂新年祈祷歌的发音，才能跟其他观察力敏锐的古文物研究者进行交流，才能将他的所见所闻与习惯法作比较。"这是屠夫的笑，它不经过喉结"（C'est un ris de Boucher, il ne passe point le noeu de la gorge）——就是说，这不是真诚的笑，"这是上诺曼底的人们常用的谚语，源自这个事实……屠夫总是用牙齿咬着他们的刀"。"午休，小憩。"（Faire mérienne, faire rin-

---

* 实际上这个世纪早些时候伏尔泰的作品（*Interprect ou traduction du François, Espagnol et Basque* [Lyon, n. d.], described by Brunet, *Anciens proverbes basques*）中就有一些巴斯克谚语。在第一本付印的巴斯克语作品中也可以找到瓦那的这种热情。Bernard Dechepare 作品（*Linguae Vasconum Primitiae* [Bordeaux, 1545]）的开头献辞这样说：他写作这本书就是为了"向世界表明，巴斯克语…对书写规则贡献巨大"。他希望其他人能模仿他，增加巴斯克语出版物（*publications euskariennes*）的数量（G. Brunet, *Poésies basques de Bernard Dechepare* [Bordeaux, 1847]. 也可参见第七章边码197页的内容）。

** "'*Il est Normand, il a son dit et son dédit.*'我们的旧习俗给予人们在24小时内废除或更改契约的许可，将其作为没有信用的行为加以批评是非常不公平的。"（p. 56，参见注49）

cie,中午要打断人的工作,吃,然后小睡一会)"农业日工根据季节变化作调整。万灵节后,白昼就太短了。"[49]

无论是穆瓦桑·德·布里厄的"陈旧小事"或瓦那的乡土谚语,都可以说明17世纪搜集者与大众素材发生联系的几种方式。首先,从日常应用——社群诗歌或布道词——中搜集谚语的工作,仍然影响着报告的准确性或完整性。所以,瓦那将他认为太宽泛的巴斯克谚语排除掉了。所以几十年后(我们将会再次看到),查理·佩罗和埃里蒂埃夫人轻易地更改了他们搜集的民间故事的主题和细节,因为他们要以之娱乐和教导老少贵族。所以,在神学博士让-巴普蒂斯特·蒂埃引人关注的《论迷信》(Traité des superstitions)中,作者去掉了仪式中他所批评的某些符号和话语(他用点标明要删去的部分),这样读者便不会再纠缠这些东西。[50]相反,无论用以选择的其他依据是什么,有一些搜集者并不担忧引用巴黎市井俚语或描述"愚蠢习俗"的后果,他们是以古文物研究者般的客观态度来看待大众素材的。[51]

其次,穆瓦桑·德·布里厄和瓦那向我们表明,少数学者可能出于对"故土"的热爱而产生研究农民所作所为的动力;但这种故土指的是家乡所在的地区,而不是"我们的法兰西"*。当时的语源学词典也比16世纪时更有意识地去关注地区方言和地方话语,自然地,这里面就有农民和"小人物"的话语。在《法国语言之源》(Origins of the French Language)里,吉尔·梅纳日便遗憾地说,他不认识布列塔尼语,也"不认识外省土语和农民的话语,而语言在它们中间保留得最久远"。但他仍然试图讨论"辛劳"(ahan)在各地的不同意义,类似的还有:"接生婆"的旧说法、"妓女"(putain)和"婊子"(garce)的意义变迁等。1655年皮埃尔·博雷尔的《高卢和法国古物

---

* 乡土感情并不必然促使人对大众行为产生兴趣。普罗旺斯和贝昂的史书都只是在叙述政治时才顺带提及农民和城镇居民(Caesar de Nostradame, *L'histoire et chronique de Provence* [Lyon, 1624]; Antoine de Ruffi, *Histoire des Comtes de Provence* [Aix-en-Provence, 1655]; Pierre de Marca, *Histoire de Bearn* [Paris, 1640])。另一方面,在神父Gabriel du Moulin的作品(*Histoire generale de Normandie* [Rouen, 1631])里,作者则开篇就描述当时的习俗和地方特征,其中还有反映农民家庭情况的材料。

第八章 谚语智慧和大众错误

中的财富》（*Treasure…of Gallic and French Antiquities*）开头就描述了某些"我们朗格多克"的农民习俗（比如在加斯特尔周围农村，人们都没有名字，而用"甲人的儿子，乙人的儿子"来区分）。他认为在布列塔尼、普罗旺斯和朗格多克部分地区可以找到古代法国语言最完整的残留。[52]

在地区与大众因素的这种关联背后，是集权的、绝对主义的政府。这倒不是说这些搜集者反对国王和法国——瓦那不想要一个独立的巴斯克国家，他只想本地摆脱西班牙的一切统治——而是说，他们的兴趣植根于地区之中。在17世纪的各种情况下，民族和大众因素都可能发生了相似的联系。让我们先来看看英国语法和文字学家詹姆斯·霍威尔的情况，这只会凸显法国例子的重要性。他的《谚语》于1659年在伦敦出版，开篇就是一首诗：

  人民之声就是上帝之声。
  没有民声，何来谚语？
  自偶然中诞生，于共同选择中兴盛，
  却依然绝不乏积淀和真理。
  它们是每个民族的必有遗产，
  不可或缺的传家宝，
  父传子，子传孙
  直到世界的尽头；
  它们悠远而自由，
  它们不需王公显贵的恩惠，
  作为最朴实的常人和来客，
  它们给予我们母亲般的滋润；
  它们向国王提起申辩，
  却不需要为自己宣誓。

他在其他地方宣称：民众的声音就是上帝的声音（Vox populi, vox Dei）；加斯科尼谚语说，"人民之声就是上帝之声"（voz de Pleu, voz de Deu），"大家说的话肯定是真话"。他也不为一些谚语的粗俗而烦恼。"现在让那些吹毛求疵的人记住这规则吧：谚语就是草根的，灵活熟悉的乡村言语允许人们说话直白、不绕来绕去，带有家乡气息和自然随便的表达，但你不能说这是野蛮或放荡的。"霍威尔列出了西班牙语、意大利语、法语和英语谚语，大多数都是先前的编集里有的，此外还有"堪布里亚"（即威尔士）谚语：这是不列颠岛的第一种语言，也是作者出生地的语言。[53]

霍威尔也有地方情怀，这支撑着他，也有助于他的搜集工作，但他更多地投入到民族事务中。如同《谚语》里的态度一样，他在这场让国家动荡不安的内战中站在哪边呢？他曾为查理一世服务过，还因为对其死忠而在弗利特监狱（Fleet prison）呆过多年，他将自己的谚语集献给保王派贵族，还成为查理二世的史官。假如说他为威尼斯稳定的宪法而欢欣鼓舞——这使得他能够于1651年从共和派的监狱中得到释放——那么在就同一作品中，他还特别称赞了威尼斯"对基本原则和法规"的毫不动摇，赞赏它对变革的敌意。像1660年人们绕着保王派的五月柱跳舞一样，霍威尔一定以为，祖先的谚语也是站在国王这边的。[54]

在查理一世殉难和清教统治之后，作为一名保王派知识分子，他对大众传统的感伤是可以理解的。但我们很难想象路易十四本人或其统治能够激起一位法国学者的类似行为：以霍威尔的方式为人民之声而庆祝。加斯科尼谚语"人民之声就是上帝之声"并不是太阳王统治的基础，当然，它也肯定不同于1650年代国王在宫廷跳舞时的那些谚语。* 只有在巴斯克乡村，因为其特殊的文化和强制的行政统一，诗人才能浪漫地认同农民。

那么查理·佩罗又如何呢？他1697年首版的《鹅妈妈的故事》

---

* 实际上，相比16世纪中叶时的情况，这种宫廷舞样式的大众色彩要淡得多。用贵族芭蕾舞表演大众谚语是一种有趣的设想。按照库尔特·萨施的观点，"勃浪舞、库兰特舞……加沃特舞［和］小步舞……都忘记了自己的乡村源头而成为华丽舞厅的仪式礼节"。Madame de Sévigné 认为她在奥维涅看到的布雷舞很迷人，但她将其与宫廷中人所周知的舞蹈作对比（Curt Sachs, *World History of the Dance* [New York, 1963], pp. 391–97, 407–410)。

第八章　谚语智慧和大众错误

（*Tales of Mother Goose*）的民间故事原型，要么是他在法兰西岛和香槟农村老妇那听到的，要么就是他从书贩的书里看到的。他还为科尔贝当过20年副手，为荣耀国王的文化政策提供建议和监管；他用一首诗开启又一轮古老与现代之间的论争，还为其加上"伟大路易的世纪"（Le siècle de Louis le Grand）的标题。借用马尔·索里亚诺的说法，他既是"一名廷臣"，也是"当时少有的倾听人民声音的人之一"。尽管如此，对于王室、民族和大众因素间的关系，他的理解不同于詹姆斯·霍威尔，这可以从他的作品中看出来。佩罗不是借用传统民间智慧来支持传统的王权，而是试图通过重塑旧的民间传统来为"现代"的事业服务。*带着对"大众迷信"的学者式怀疑，他将民间故事看作法兰西的荷马式史诗和古老神话。它们表现了所有人类社会都存在的基本主题，但更适合他那个时代，因为它们是在基督教和民族文化中成型的。佩罗讽刺的语言可以让故事中的神奇变得不那么具有煽动性：这是过去的故事，主要面向小孩。故事中的不道德之处可以根据基督教教育的需要加以更改。[55]

如索里亚诺所说，民间文学用这种方式从前门进入了"伟大"文学的行列。但其代价却是将民众丰富多样的声音化为单一、清楚的法语，就像16世纪谚语搜集者的做法一样。如果说索里亚诺是正确的：不管我们愿不愿意承认，《佩罗的故事》（*Contes de Perrault*）都有"纯正"和"深远的大众"特征[56]，那么同样真切的是，它们自身已经脱离了人们讲述、诉说和解释谚语的那个语境了。无论是佩罗的"鹅妈妈"，还是穆瓦桑·德·布里厄的"小古迹"，都没有自称要告

---

*　所以科尔贝也因为"现代事业"而对地方传统产生兴趣。一方面，他想让法语遍布法国各地，他试图让操法语的神父深入下布列塔尼（F. Brunot et al., *Histoire de la langue française* [Paris, 1905–1953], 3: 719, n. 1）。另一方面，如 Orest Ranum 向我提到的，他之所以在1660年代尽其所能地鼓励地区史的写作，部分是出于好奇，部分是因为这样可以提供决策所需的信息。Ranum 先生在著作里谈到了外省和民族认同的问题，参见"导言"（"Introduction," *National Consciousness, History, and Political Culture in Early Modern Europe* [Baltimore, Md., 1974]）和他即将出版的新书（*Artisans of Glory: Historical Thinking and Politics in Seventeenth-century France*）。

诉我们大众文化的真正意义。

在接下来的世纪里，对大众谚语有兴趣的知识分子的人数降到了低点。在巴黎和其他地方的沙龙里，带有谚语句子的小剧目继续娱乐大众，但谚语并不是受欢迎的文学工具。新格言，也许还有用；老说法，没用了。在1710年和1750年间出现了4本谚语汇编，都叫"词典"，都是由印刷商组织并从早年编集里摘抄或相互摘录而来的。[57]至于百科全书，它跟谚语隔着一段距离。对于那些急于纠正错误思想——排除错误联系和不充分的证据——的哲学家来说，大众谚语既没有准确性，也不为人熟悉，当然了，它存在的久远并不能表明其正确性。[58]

但是，还有一些知识分子在继续关注民众言语。不是因为它的睿智，而是因为需要加以纠正——如果存在错误的话。不是因为它优美：农民言语很久以前就被宣布为不适合在田园诗和牧歌中使用，否则后者将"带有太多乡土气"（丰特耐尔语）。无论是法国的前浪漫主义运动，还是对中世纪的学究式的活跃研究，都没有对当时民间歌曲或诗歌的优美产生过兴趣*（凯吕伯爵可能会称赞一些老神话的"自然优雅"和"朴素"，但这跟民间艺术没有关系）。不过，对于一些有知识的人而言，大众谚语还是有用的。所以，教士们要出版新的布列塔尼语—法语和普罗旺斯语—法语词典，因为他们需要用这些语言来跟农民和城市居民谈话（瓦恩一名教区神父说，"我需要的布列塔尼[方言]就是最好的方言，我们中每个人都必须接触民众的语言……在教区中你必须像常人一样有话可说"）。[59]

此外，不管强调其高卢、法兰克还是拉丁语根源，研究法国语言演进的学者渐渐地发现，现时的方言和农民用语有助于他们理解过去的语言和词汇。1581年克劳德·福歇便在《法国语言之源》里提到，秃头查理时代的"乡村罗曼语"跟今天的普罗旺斯语很相近。到18世纪，拉库尔纳·德·圣帕雷就作了大量的方言记录，利用它们和乡

---

* 赫尔德的德国民歌汇编于1778年第一次出版，但在那之前很久，Ossian的作品已经将他的注意力转移到民间艺术的优美之上了。

第八章　谚语智慧和大众错误

村语言的其他特征来帮助定义词语，这些词语都出现在他的重要的旧法语词汇表里面。[60]

对语言和宗教史的反思都产生了一种理论：原初文化理论，这种理论对知识分子的大众生活概念产生了影响。不管是田园牧歌还是残酷野蛮，各式原初概念的背后当然都拥有一段很长的历史，它一直延伸到久远之前。16世纪末，历史学家拉波普里尼埃便提出一个人类文化阶段的理论，他用这个理论来描述"大体是土里土气和未开化"（presque ruraux et non civilisez）的、文盲的人们。他们用歌曲、韵文、符号、雕塑和舞蹈保存文化，其例子就是当时新世界的"野蛮人"以及希腊和欧洲的早期居民，比如高卢人。这个理论不专为拉波普里尼埃所有，在接下来的世纪里，洛克和维柯对其作了修正和完善，而法国思想者如丰特奈尔、查理·德·布罗斯、卢梭和库尔·德·热布林*都多少提过这个理论。[61]

对我们而言，这些各不相同且相互矛盾的观点却有着两个重要的共同点。首先，原初阶段的人们不只没有特定的工具、技术和信息；他们的心理和精神过程也与处在文明阶段的人们不同。这可以从他们的语言中看出来：这些语言具体而感性，最大的缺陷在于不能抽象；最大的好处在于神秘而具象征性。其次，原始心智的证据不仅可以在"野蛮人"和古希腊人、高卢人中找到，还可以在孩童和理论家所处时代的农村或城市下层人中找到。之前，人们已提到印地安人和欧洲农民的相似之处（16世纪中叶，当让·德·莱利听到巴西妇女在葬礼上的挽歌时，他就想到了贝昂的类似情形），而18世纪的时候，这种比较就更常出现了。维柯的上帝时代（Age of the God）显然有那不勒斯民众的一份功劳。[62]

这种"原初"理论真的实质性地改变了知识分子对大众的看法了吗？在评价大众文化方面，答案是：没有，因为人们可以随心所欲地

---

* 库尔·德·热布林（Court de Gèbelin，1725—1784），法国学者、哲学家、散文家，其尚未完成的研究古代语言和神话的著作《原初世界》（*Le Monde primitif*）尤为出名。——译者注

赞成或反对原初的事物。在大众文化的定义方面，答案是：改变了。在谚语搜集者的工作中，他们暗示或表达了任何**文化**的概念没有？严格地说，没有。搜集者要么跟大众文化的交流非常密切，以致没有考虑到它是否包含另一种经验和价值的分类系统，要么将其视为一种具有孤立属性的混杂物。大众习俗和言语是老旧、天真和非创造性的*，人们突显的不是其所含有的东西，而是它们所缺少的东西（适当的教育、文学、正确的信条）。"原初"理论强化了人们声称的这些特性，还为其多添上几点。不过，不管这种解释有什么缺点，"原初"至少是一种分类原则。至少，我们向人类学意义上的文化概念迈进了一小步。[63]

无论如何，这个概念出现在了研究谚语的新作《塞农人的晨曦》（Matinée Sénonoise**）中，这本书于1789年在法国出版，作者是桑城的文学教授和教士会成员查理-弗朗索瓦·杜埃。杜埃的开篇短文试图从长期历史的角度来看待谚语。它们是人类文化早期阶段的产物。它们并不是如亚里士多德说的"古代哲学的遗留"，而是人们身处这一特定阶段的产物：他们无力反思，看待事物肤浅，说话很少，用"铭刻着真实的印记"的短语表达自己。在稍后的、但仍未完全开化的阶段，比如荷马时代，知识分子与民众的精神和社会间隔还比较近："人们可以在伟人面前讲谚语，如果在像今天这样有教化的社会里那样做，人们会脸红的。"确实，在法国，直到亨利四世统治下，诗人和作家都可以自由地运用谚语。但随后语言自身得到了完善，它将谚语形式推开，拒绝采用那些太常为民众所用的词语，觉得那样有伤形象。至于民众本身，他们则继续用谚语交谈着，正如人们每天都可以从女人的闲话中听到它们一样。因为这些民众还处在原初状态。

那么，为什么杜埃有搜集谚语（如果反思的技艺可以传给民众的话）的嗜好呢——别忘了，它可是必然要消失的。因为，就在他所支

---

* 虽然帕斯奎埃没有考虑创造性的问题，但他强调了大众言语和习俗也有变化这个事实。当知识分子越来越热衷于寻找遥远过去的大众言语和习俗的时候，大众文化的"古老"及其不变的性质受到了更多的强调，而其中的创造性则似乎很少受到注意。

** 塞农人是高卢人一支。——译者注

持的大革命的前夜，他认为知识分子精致得太过分了。他为早前的时代感到遗憾，"那时人们的所思所讲都追求一种绝对的美，全然置身大众运用之外，而且那时已经出现了一种新的语言社群，对于它而言，谚语就是一项富人所有的资源"[64]。

最后，我们回到高卢学院及其 1805 年的调查表上来。假如说过去 15 年的事件恢复了"一种语言社群"，那么在学院的《记忆》(Mémoires) 中，这并不很明显。革命及其措施确实增强了民族情感和大众研究间的联系。人们带着感情谈论法国"古高卢人的辉煌"。大众语言、谚语、习俗和历史遗迹中的高卢踪迹都被完整详细地记述下来。[65] 至于民众自身，学者们则带着超然的冷静去接触他们。*

在 1806 年到 1807 年期间，雅克-安特华·罗尔曾到塞纳-马恩省访问两个村子，以找寻一块"值得标记的墓碑"[66]，他是国民公会时的吉伦特派成员、研究生殖器崇拜和丰产仪式的严肃学者，也是学院调查表的主要设计者。他询问了地方习俗，抄下了一首嘲弄女性的婚礼歌曲的一部分，记录了最普通的骂人用语 (loup garou)，跟神父谈话，找到一个古代墓穴的土丘，还向一名农民许诺说，如果他能够在其挖掘的地方找到更多的宝物就奖励他。在整个报告的末尾，他热情地希望每个学院成员都能作这样的旅行，搜集过去的纪念碑，"揭开那些被尘封世纪的面纱"。他从戴面具"女愚人"(femmes folles) 的歌声中捕捉到她们的思想了吗？那名挖宝的农民曾把一件高卢玉器以近乎白送的价格卖给商人，把另一件给儿子当玩具，他的思想又如何呢？我们不得而知。

四

大约在高卢学院的工作进入第五年的同时，一名叫做安特伦·里

---

* 这不仅跟赫尔德形成对比，还跟 Michelet 稍后在 *Le peuple* (1846) 中的方式形成对比。

舍兰的生理学家出版了他的著作《医学相关领域众误集》(*Erreurs populaires relatives à la médecine*)，作者是受过大学训练的外科医师，也是巴黎大学医学系的教授。[67]它是一类重要而稀少的书籍的一员，这种书以医药健康领域的"大众错误"为主题，由蒙比利埃大学医学系负责人劳伦·茹贝尔在1578年首创。博学的谚语搜集者一开始是抱着赞赏的态度看待大众素材的，而大众错误的搜集者却是带着批判的眼光开始工作的。谚语搜集者只想让书籍流转于知识分子或上层人士中间（他们要么是在言语、写作或思考中运用作了适当修正的谚语，要么就是把书作为研究地区或国家历史和文化的工具），大众错误的搜集者（比如宗教"迷信"的搜集者）则试图改变民众。他们希望能纠正医疗从业者——直至接生婆——和尽可能广泛的"民众"的观念和行为。实际上，这些大众错误书籍的流通看起来很有限，只有医师、受过教育的外科医师以及某些有学问的读者能够得到这种书。[68]问题的关键在于搜集者的意图：不管大众错得如何，他们还是值得给予教导的。

这些不同对大众文化的报告或解释的质量造成影响了吗？让我们考察一下医学类题材书籍的主要例子，看看它们是否能深化我们对博学搜集者的理解。

虽然明显受到了中世纪反对宗教错误的神学著作的影响，但那个时候并没有出现医学领域的《众误集》。确实，14世纪医师古伊·德·索里亚将他那个时代用魔咒治病的条顿骑士，以及把病交给圣徒处理的"女人和白痴"，都列入"外科从业者"当中，但他没有详细提及其错误所在。在此之外，还有大量的健康养生法、瘟疫疗法和有关医学秘籍的拉丁文及方言著作，这些书籍以《健康养生法》(*Le régime de santé*)、《穷人的财富》(*The Treasure of the Poor*)、《女性秘籍》(*The Secrets of Women*)为题付印出版，它们被认为是大阿尔伯特*的作品。[69]随后面世的方言作品样式类似，有些是医师著

---

* 大阿尔伯特（Albertus Magnus，1200—1280），多明我会修士、圣托马斯的老师、亚里士多德哲学的倡导者。——译者注

第八章 谚语智慧和大众错误

的,有些则不是。最常印行的一本是《皮埃蒙特的阿莱克西斯的秘籍》(*The Secrets of Alexis of Piedmont*,第一个法语版 1557 年发行),里面都是年老的"阿莱克西斯先生"搜集的疗法和秘籍,来源上至知识分子和贵族,下至"穷女人、工匠和农民"[70]。

这些只是错误的构成部分。其他的散播到社会中了,它们是错误的主要部分,错误特别严重的是医药谚语和农民及"小人物"的实践。所有谚语中最荒谬的就是"每个人都是他自己的医师"[71]。

导致 1578 年茹贝尔的《众误集》诞生的情况,也以同样的方式促发了 16 世纪的谚语收集潮,但是影响的结果不同。首先,在萃取希腊文本(特别是盖伦的那些著作)和解剖学新研究的基础上,茹贝尔和其他人文主义医师们确信,自己有更好的办法从事医药研究和实践。所以,中世纪传统中的错误,不管是由萨勒尼塔那学派流传下来的,还是体现在大众谚语中的,都需要清除。对错误的攻势在这里要比前述的重塑中世纪谚语的努力更有力度。[72]

其次,16 世纪社会结构上层的社会界限流动性也可以在医药领域找到,但是这里存在更多的意识冲突。作为一个受过大学训练的群体(从 15 世纪开始他们几乎全是平信徒),医师们害怕城市中逐渐增多的既识字、又受过教育的精英外科医师的竞争,更不用说药剂师和专横接生婆的介入了(茹贝尔气愤地描述道,有一天他和另一名法国最好的医师去探访一名犯歇斯底里的女病人,一名老接生婆阻止了他们,说那女人怀孕了,还说那不是他们的专长)。[73]内部纷争更令冲突升级:帕拉塞尔苏斯及其门徒们推崇"经验",希腊医学不管有没有受过清理都遭到其拒斥,他们还斥责医师们太过贪婪。[74]

再次,如我们在之前的章节里看到的,印刷术把医师和公众的关系复杂化了。错误疗法本身散遍整个欧洲,此外,有些医师还火上浇油,用方言发行自己的著作,而其读者正是那些未受过训练且领会能力低下的外行人,他们是不可能不出错的。就像地方语言的标准需要维护一样,医药标准也需要。在茹贝尔看来,解决方案就是要把印刷机和方言作为一种控制医药实践和民众的手段,如他的一名支持者说的,"将民众限制在其职业的范围内"[75]。

茹贝尔计划搜集并纠正健康和医药领域的大众错误——从受孕到寿终入土应有尽有——虽然在已发行的弓卷里他没有完成完整的生命过程。他的书以类似辛布里西安和科西莫对话的方式展开,每章以一句大众说法或一种习俗开始,然后根据自己多年的实践对其进行评述和讨论。他是名专注的搜集者;如果他不清楚人们的错误是什么,他又如何能劝人们改正呢?他也不顾虑言吾的样式或纯洁之类的问题。所以,有些"错误"就是读者提交给他的。所以,他的有些说法就是从方言或是特殊主题中搜集来的,它们在其他场合下基本不会出现:"吃完无花果后一杯水,吃完西瓜后一杯酒"(Apres la figue un verre d'eau; apres le melon un verre de vin),"喝酸葡萄酒的人小便酸"(Qui boit verjus, pisse vinaigre),"好来好去:奶酪比肉汤更好"(Bien venant, bien getant: Il vaud mieux fourmage [fromage] que bouille)。像蒙比利埃周围乡村那样,让妇女在热锅上分娩,或将丈夫的帽子放在她的腹部上面,是好方法吗?帽子基本不会有用,除非能作为一股压力帮助她将胎儿挤压出来。他认为这样做最初只是为了在分娩时体现丈夫的存在。[76]

那么,茹贝尔又是怎样看待大众文化的特点呢?那是在错误和无知中的尝试。乡村主妇和接生婆就是其最好的反映,她们灵巧、熟练但不识字,只凭着对疗法和常规的记忆行事,从未能发现任何新东西。* 当民众做了或说了从医学角度看是正确的事情时,其理由总是错误的:如让生了女婴的妇女给男婴哺乳,或是反其道而行之;或者

---

* 茹贝尔并不认为所有的女性医疗实践都没有价值。他将 Grande Chirurgie de M. Guy de Chauliac 献给了其母亲 Catherine de Genas,支持她为穷人和病者包扎的举动,也赞扬她配制的草药酒、糨糊以及治疗胸痛(mal des tetins)的药膏(这帮助了很多的贫穷妇女,以致她名声遍及多菲内、里昂地区和普罗旺斯)(Dedication of August 1, 1578. 这本书于1580年在里昂首次出版)。

另一方面,茹贝尔完全不同意法官赫内·肖邦的观点,在巴黎大学医学系控告一名行医村妇的案件中,肖邦评论道:"有多少医学专家不如一名朴素的女农民啊,她只需要一种植物或草药就可以治疗令多少医师绝望的疾病。"(Traité de Privileges des Personnes Vivans au Champs [1575] in Oeuvres [Paris, 1662], 3: 57)

第八章　谚语智慧和大众错误

如加斯科尼谚语说的，"当一名男子能够举起一捆稻草时他就可以当爸爸了"。像谚语搜集者一样，茹贝尔认为民众缺乏觉悟；知识分子必须向他们解释其行为的意义。[77]

在知识分子圈内，茹贝尔的作品产生了很大的影响，虽然有人说他对性错误说得太过直白。在数年内，它便被译为意大利文出版；"大众错误"（erreurs populaires）或"粗俗错误"这个词语得到了广泛应用；在17、18世纪还有几本著作是仿照这本书写作的。[78]有些扩展到了更一般的自然哲学领域，比如托马斯·布朗的作品；其他的则继续围绕医药和健康这个主题。詹姆斯·普里梅罗斯以他在法国的行医实践为基础于1651年写作了《众误集》（*Popular Errours/the Errours of the People in Physick*），这本书在1689年被译为法语出版，医师让·德·罗斯塔尼（一个短暂存在过的皇家医学会*的成员）对其作了扩展。卢·蒂阿尔斯1783年出版的《医药众误集》（*Erreurs populaires sur la médecine*）便受到新皇家医学会改革热情的鼓舞，这个学会对遍及法国的流行病及其疗法作了比较全面的调查。里舍兰顺着这个传统——虽然他指出，在茹贝尔和普里梅罗斯的时代并没有出现过真正的科学哲学——于1810年出版了《众误集》（*Erreurs populaires*），他要劝说人们：医学并不是家务事。[79]

但造成这种局面的很多因素仍没有改变。17、18世纪的人们大量翻印各种介绍大众疗法和秘籍的传统书籍。它们以类似这样的标题出现：《富格夫人良方》（*The Charitable Remedies of Madame Fouquet*）、《绝妙秘籍汇编》（*Collection of the Most Beautiful Secrets of*

---

* 让·德·罗斯塔尼在作品（*Traité de Primerose sur les erreurs vulgaires de la medicine* [Lyon, 1689]）封页中称自己是皇家医学会的成员。之前一年另一本"纠正"传统的书（*Secrets concernant la beauté et la santé. Recueillis et publiez par ordre de Monsieur Daquin, Conseiller du Roy … et Premier Medecin de sa Majesté. Par M. de Blegny, Conseiller, Medecin ordinare de Monsieur, et Directeur de la Société de Medecine* [Paris, 1688]）也提到了一个皇家医学会，其作者是外科医师、医师和医药编辑 Nicolas de Blégny（1652—1722）。他按主题整理了传统的疗法，并试图评估每一疗法的效果。显然，这个学会并没有持续很久，因为它没有出现在学者的文书中。之后的皇家医学会成立于1776年至1777年。

Medicine)、《穷人医学和外科学》(Medicine and Surgery of the Poor)，它们向仁慈的妇人、乡村神父，甚至那些"在乡村憔悴着死去的穷人"滥献疗法。[80] 启蒙医师无沄阻止它们。而那些被茹贝尔批评的"庸医"和江湖医生，居然也成了后来那些"纠正者"的抨击对象。这些自以为是的骗子（Quacksalvers）、江湖郎中（Mountebanks）和帕拉塞尔苏斯分子（Paracelsists）在街道和十字路口叫卖香油、药膏、牛黄块和化学毒物，甚至还私自配药。神学家、医师的家仆、江湖医生和某些卑微的妇女（她们的疗法是道听途说或从方言书本甚至外科人员那里来的），每个人都可以自认为是医学行家。民众容易上当受骗的最明显例子就是他们对冒名顶替者的轻信。[81]

确实，在普里梅罗斯、罗斯塔尼、尹阿尔斯和里舍兰看来，当时的民众如果与以前有什么不同，那就是陷入错误的程度要比茹贝尔的时代更深。* 他们习惯于满是错误的说法："彗星预示着瘟疫"；"保持口渴着睡觉有益健康"（17世纪朗格多克和普罗旺斯的说法）；"病人的床单不能换"；"好吃的东西就是易消化的东西"。他们的文化里满是肉汤、溶液和热饮，这些不仅无助于病人或临产母亲情况的好转，甚至还使其进一步恶化。[82] 在他们的世界里，借着一点药草知识和大量的迷信，农民就敢向村民同伴们保证说，自己能使他们免受所谓男巫导致的疾病的侵扰，或者他们就从"自然"——恒星位置和季节的变化，或牧群的大小——寻求疗法。而民众们还涌向这些东西，他们是多么希望能在不打断工作的情况下恢复健康啊（伊阿尔斯讲述了1780年凡尔赛附近一名农民的情况，后者宣称在第一次圣餐时获得了一些医药知识，他用酒水［eau de vie］、糖和盐自己配药给病人们，结果一些人病情没有好转反而死去）。[83]

到18世纪，对于大众文化的特点，医药搜集者给出了跟谚语搜集者类似的解释。民众是朴素的，他们大多数既文盲（伊阿尔斯提到

---

* 医学纠正者并不认为唯有农民和"小人物"才犯大众错误。茹贝尔说，年轻医师也可能为这些错误所困扰。伊阿尔斯说，当上层人士犯了"大众错误"时，他们也属于"人民"。里舍兰不只是要纠正民众的错误，还要纠正医师犯的"大众错误"。

第八章 谚语智慧和大众错误

了一些懂得读写的农民,但这并没有改变整体情况)又无知。他们的文化只是缓慢地发生改变;不管利用了多少实践经验,他们都无法自己作出创新。这样到18世纪,民众在医药领域仍处在原初阶段的观念也出现了,就像在语言、宗教和谚语领域一样。如新教医师达尼埃尔·勒克莱尔于1702年在《医药史》中指出的,医学的最早阶段都具有原始特性,前埃斯克拉比乌斯*的阶段是这样,甚至埃斯克拉比乌斯的医学也是这样。他们几乎都停留在观察、魔咒、护身符、祭司式巫术,还有简单的外科手术的阶段。假如治愈了,那是因为这些早期民众的想象力和对神迹的信念太过强烈了。古代高卢人和当代野蛮人的医术有类似的特性。勒克莱尔接着说,确实,"我们像看待今天的农民一样看待古人"。之后的医药史家的说法也一样,而伊阿尔斯甚至只是顺便才提及这点。[84]

高卢学院希望在其消失前进行记录的正是大众文化的这种特点,而进步医师希望描述和清除的,也是这种特点。从最近蒙比利埃针对一名庸医的"哄闹会"中,伊阿尔斯看到了曙光。人们让他骑着一头瘦瘦的驴招摇过市,脸朝着驴尾巴,旁观者熙熙攘攘,向他身上扔垃圾。[85]这个"哄闹会"当然是这整个错误世界的一部分。但伊阿尔斯没有注意事情的讽刺之处,他也没有停下来反思这个问题:民众文化中是否有某种资源可以用来帮助他们自行纠正自己的错误呢?

一开始,当我展开有关谚语和错误的工作时,我还是满怀希望的,想着"弓有两弦"(I have two strings to my bow)。稍后我就害怕自己可能得"在两个马鞍间屁股落地"(entre deux selles, le cul à terre)了。事实上我们已经注意到,两种题材对大众文化性质的核心假定是一致的。同时,知识分子和民众的社会及文化距离也拉大了,不管这些学者是文人还是医师。

所以,同样地,我想我们可以将材料合到一起,并对这个问题得

---

* 埃斯克拉比乌斯(Aesculapius)是罗马神话中的医药和康复之神。——译者注

出一些结论:这些知识分子是否为我们留下了民众生活的线索?本文强调了可能导致搜集者更改这些素材的各种原因和方式。有些更改是在用法语记录及印刷排版——以供其他读者阅读——时碰巧发生的。而总的来说,当搜集者试图立即将大众素材与上层阶层的言语和生活整合起来时,更改是最大的。对现时农民行为的批判和对历史往事的好奇,通常会带来更全面、更细致的报告。不过,当我们对这种扭曲或忽略的可能性和特点心中有数之后,我们仍然有机会回到那些(搜集者们所涉及的)对话瞬间和一系列的行动中去。当然,历史学家们在研究国王和学者们的时候总能掌握这种技巧。只是当我们的研究对象变成口头或部分文字文化(这是人类学家熟悉的类型)时,对这些资源的运用就显得特别困难,因为它们不同于历史学家们所驾轻就熟的那种文字文化。

从这个角度上讲,我们应该感谢这些印刷编集。我们无法指望总是有个克里斯托福勒·索瓦容*——他留下了对18世纪索罗涅言语特性的论文手稿("他们很少说话……但他们用自己创造的重要而有力的词语表达自己……当屋里满是烟时,他们用一句话就把事情及其原因都说了出来……'烟囱让羊角给堵住了'[la cheminée est engornée]")[86],但我们还有布埃勒或穆瓦桑·德·布里厄来帮助我们理解他们。我们不可能总是有一本农村医疗从业者的笔记(要止住疝痛就得"把左手拇指放在肚脐上,然后说……")[87],但我们还可以从茹贝尔和伊阿尔斯的报告里知道他们从实践中了解到什么。此外,他们的批判性观察至少是跟大众秘籍和疗法书籍——比如《阿莱克西斯的秘诀》和《良方》——一样有用的:前者自称要告诉我们农民的真实作为,后者则在向农民和其他人提供他们应该怎么做的建议。

本文还进一步表明,不管一些编集里的具体材料有多么丰富,他们在解释民众文化时**都**显得很无力。即便某些搜集者为谚语或习俗提供了地方语境介绍,他们仍旧"抽离"了其文化背景,仍旧没有考虑

---

* 克里斯托福勒·索瓦容(Christofle Sauvageon),18世纪医师,其回忆录中记录了索罗涅地区的情况。——译者注

第八章　谚语智慧和大众错误

其地方用法和含义。他们认为农民或城市民间是保守的，而即便他们自己的发现（其中某些是同今天我们对民间文化和大众文化的定义不同的）也不支持这种观点。

我认为解释失败的关键，不在于搜集者是热爱还是憎恨民众，赞同或是反对民众，不在于他们与民众的距离远近，而在于他们的工作缺少两种品质：出于大众文化自身的缘故而对其有兴趣，不管其对于知识分子来说有什么其他意义；还有就是对民众文化的尊重，不管他们与其有什么样的争论。

身为研究前工业时代欧洲大众文化的当代史家，我们对民众抱有强烈的兴趣。但我不能确定我们是否真的足够尊重他们；这让我们难以理解他们的生活，就像我们的前辈学者们一样。也许，所罗门和马尔科夫可以提供一种模式帮助我们产生这种尊重。让我们不要作这样的设想：我们只是在观察自己的研究对象，他们在符号、社会交往和技术装备方面跟我们有所不同。我们最好这样设想：他们某种程度上是和我们一样的，当我们考察他们的时候，他们可以与我们进行交流，如果我们弄错了他们也可以回馈我们。我可以对我博学的研究对象说什么呢？

娜塔莉·泽蒙·戴维斯：劳伦·茹贝尔，你轻视你所认识的接生婆，也没有考虑她们是如何为乡村妇女服务的。你的《众误集》只不过是想保持医师的优势。

劳伦·茹贝尔：这是不对的。我称赞了那名叫热韦兹的接生婆，她习惯在蒙比利埃的公开场合解剖女尸。我试图让人们更健康一些。你真是天真得无可救药。

既然我考虑了这个问题，我不清楚我要成为所罗门还是马尔科夫。因为这要取决于谁说了算。

【注释】

〔1〕 *Solomon et Marcolphus collocutores*（n. p., n. d.; Bibl. nat., Rés. mYc

289). 法国国家图书馆（Bibliothèque nationale）的其他版本有：*Collationes quas dicunt fecisse mutuo rex Salomon sapientissimus et Marcolphus facie deformis et turpissimus* ... (n. p. , n. d.)；*Les dictz de Salomon*，*Avecques les responces de Marcon fort ioyeuses* (n. p. , n. d.)；*Frag und antwort Salomonis unt Marcolf* (Nuremberg, 1487). 在普罗旺斯-埃克斯的 Bibliothèque Méjanes：*Dits de Salomon* ... (Paris：G. Eustace, n. d.)。François Rabelais, *La vie ... du grand Gargantua*, in *Oeuvres*, ed. J. Boulenger and L. Scheler (Paris, 1955), chap. 33, p. 101。

有关此对话集，参见 Robert J. Menner, ed. , *The Poetical Dialogues of Solomon and Saturn* (New York, 1941)；Walter Benary, ed. , *Salomon et Marcolfus* (Sammlung mittellateinischer Texte, 8；Heidelberg, 1914)；Enid Welsford, *The Fool*, *His Social and Literary History* (London, 1935), pp. 35-47；John Wardroper, *Jest upon Jest* (London, 1970), pp. 74-78；A. J. V. Le Roux de Lincy, *Le livre des proverbes français* (2d ed. ；Paris, 1859), 1：viii-xi；Archer Taylor, *The Proverb* (Cambridge, Mass. , 1931), pp. 177-1778。

〔2〕*Mémoires de l'Académie Celtique* 1 (1807)：1-5, 63-64, 72-86. 在读到 Harry A. Senn 的 "The French School of Folklore to 1935"（unpublished Ph. D. dissertation, Dept. of French, University of California at Berkeley, 1972）时，我首次注意到了这所高卢学院。

〔3〕Noel Taillepied, *Histoire de l'Estat et Republique des Druides ... Anciens François* (Paris, 1585)；Jean Guénebauld, *Le Recueil de Chyndonax Prince des Vacies Druydes Celtiques Diionois* (Dijon, 1621)；Antoine Gosselin, *Historia Gallorum Veterum* (Caen, 1636)；M. Z. Boxhorn, *Originum Gallicarum Liber* (Amsterdam, 1654)。

〔4〕Henricus de Gornnchem (d. 1431), *Tractatus de superstitiosis* (editions from the 1470's to the 1490's). Gorinchem 是科隆大学的教授。Jean-Baptiste Thiers, *Traité des superstitions* (Paris, 1679)；*idem*, *Traité des superstitions qui regardent les sacremens* (Paris, 1692). 在 1679 年版的 *Avocat des Pauvres* as curé 和稍后的另一部作品中，Thiers 的笔名都是 curé of Vibraie. Henry Bourne (1694-1733), *Antiquitates Vulgares；or the Antiquities of the Common People* (Newcastle, 1725). 有关布恩，参见 Richard M. Dorson, *The British Folklorists. A History* (Chicago, Ill. , 1968), pp. 10-13。

第八章 谚语智慧和大众错误

〔5〕F. Lesure, "Eléments populaires dans la chanson française au debut du 16e siècle," in *Musique et Poésie au XVIe siècle* (Colloques internationaux du CNRS, Sciences Humaines, 5; Paris, 1954), pp. 169-175. Patrice Coirault, *Recherches sur notre ancienne chanson populaire traditionnelle* (Paris, 1927-1933), pp. 82-88; *idem*, *Notre chanson folklorique* (Paris, 1942), pp. 158-166. 对于这些歌舞汇编是否如实反映了农村或民间的情况，Lesure 和 Coirault 都表示怀疑。Curt Sachs, *World History of the Dance*, trans. B. Schönberg (New York, 1963), p. 344。

Jean d'Arras 整理的《梅吕西娜》(14 世纪晚期) 首次出版于 15 世纪晚期，其所谓的"真实素材"(*de vrayes croniques*) 实际上是 Duc de Berri 等人搜集的材料 (*Melusine nouvellement imprimee a Paris* [Paris: Jean Petit, n. d.])。[Charles Perrault], *Histoire ou contes du temps passe. Avec des Moralités* (Paris, 1697), ff. a ii^v-a iv^v. Mademoiselle Lhéritier, *La Tour Tenebreuse; et les jours lumineux*, *Contes Anglois* (Paris, 1705), "Préface," especially ff. e iii^v-e iv^v。

〔6〕Marc Soriano, *Les contes de Perrault. Culture savante et traditions populaires* (Paris, 1968)。对曼德卢、伯莱姆和索里亚诺作品的评价，以及对大众文化研究中所遇到的问题的综述，可参见 Michel de Certeau, Dominique Julia, and Jacques Revel, "La beauté du mort: Le concept de culture populaire," *Politique aujourd'hui* (Dec. 1970): 3-23。

〔7〕Le Roux de Lincy, *Proverbes*, 1: xxvii-xxxii; 2: 547-548. 加州大学伯克利分校的 John Bednar 在其研究《农民谚语》的博士论文中提到，这部谚语集是由佛兰德斯公爵 Philippe d'Alsace 宫廷中的一名教士于 1170 年至 1180 年间编辑的。这位公爵是书的资助人和题献对象。感谢 Bednar 先生向我提供这些信息。有些手稿认为此书是布列塔尼伯爵的作品 (Le Roux de Lincy, *Proverbes*, 2: 555)。由 Bednar 先生完成的此书译作即将面世。

〔8〕*Li proverbes au vilain*, ed. Adolf Tobler (Leipzig, 1895). Le Roux de Lincy, *Proverbes*, 2: 557.

〔9〕*Li proverbes au vilain*, nos. 28, 230, 247, 293.

〔10〕John Bednar 已证实特鲁瓦的克雷蒂安使用了《农民谚语》中的谚语 (参见注 7 中内容)。

〔11〕W. G. Smith and J. E. Heseltine, comps., *The Oxford Dictionary of English Proverbs* (Oxford, 1935), p. 280; *Li proverbes au vilain*, no. 162. 拉丁语布道中的谚语运用可参见 Hans Walther, *Proverbia sententiaeque Latinitatis*

Medii Aevi (*Carmina Medii Aevi posterioris latina*, 2; Göttingen, 1963), p. xv （感谢 John F. R. Coughlan 的提醒）。方言布道中的谚语运用参见 G. R. Owst, *Literature and Pulpit in Medieval England* (Oxford, 1966), pp. 41-46。

〔12〕*Li proverbes au vilain*, no. 175; Le Roux de Lincy, *Proverbes*, 2: 106. Antoine Loisel, *Institutes coutumières … ou manuel de plusieurs et diverses règles, sentences et proverbes, tant anciens que modernes du droit coutumier*, ed. T. Dupin and E. Laboulaye (Paris, 1846; 1st ed. 1607), 1: i, 31. 职业律师和"司法人员"（*gens de justice*）缓慢渗入中世纪乡村的进程可参见 B. Guenée, *Tribunaux et gens de justice dans le bailliage de Senlis à la fin du Moyen Age* (Paris, 1963)。

〔13〕J. Truhlář, *Catalogus Codicum Manu Scriptorum Latinorum qui in C. R. Bibliotheca Publica atque Universitatis Pragensis Asserventur* (Prague, 1905-1906), no. 2636 (14th century), no. 2655 (13th century). Le Roux de Lincy, *Proverbes*, 2: 547-557.

〔14〕George Boas, *Vox Populi. Essays in the History of an Idea* (Baltimore, Md., 1969), pp. 8-25. *Li proverbes au vilain*, no. 280.

〔15〕Etienne Pasquier, *Les recherches de la France* (Paris, 1633), Book 8, pp. 704-705.

〔16〕Jacques Le Goff, "Culture cléricale et traditions folkloriques dans la civilisation mérovingienne," Annales ESC 22 (1967): 788-789, and 789, n. 1; *idem*, "Mélusine maternelle et défricheuse," Annales ESC 26 (1971): 601-602. P. Brians, trans. and ed., *Bawdy Tales from the Courts of Medieval France* (New York, 1972), pp. vii-ix. Per Nykrog, *Les Fabliaux: Etudes d'histoire littéraire et de stylistique médiévale* (Copenhagen, 1957). Loisel, *Institutes coutumières*, 1: i, 22.

〔17〕John W. Baldwin, *Masters, Princes and Merchants. The Social Views of Peter Chanter and His Circle* (Baltimore, Md., 1970), 1: 37, 57.

〔18〕Jacques Le Goff, *Les intellectuels au moyen age* (Paris, 1957), pp. 89-90. 有关"愚人节"可参见本书第四章内容。

〔19〕Philippus Beroaldus, *Oratio proverbiorum* (Bologna, 1499). Polydore Vergil, *Proverbiorum et adagiorum veterum … libellus* (Paris, 1498). 当伊拉斯谟发行《格言》时他并不知道维吉尔之前的作品。

第八章　谚语智慧和大众错误

有些编者只是简单地以传统或稍微调整过的样式发行中世纪谚语集。这类作品有：诗人和演员 Pierre Gringoire 的对话版 *Les ditz et anctoritez* [sic] *des saiges philosophes* (n. p., n. d.)；Pierre Grosnet 的 *Les motz dorez De Cathon en francoys et en latin* (Paris, 1530/1531)，书中的每个拉丁语句子后都紧跟着法语诗句，而谚语本身则被认为是加图的作品。人文主义者和教育家 Mathurin Codier 最终在其兼有拉丁语和法语评论的 *Disticha* ("公认的加图作品") 中提出了这样的问题：老加图是否这些"金科玉言"的作者（罗伯特·埃斯蒂安从 1534 年到 1549 年间印行了七版；参见 Elizabeth Armstrong, *Robert Estienne, Royal Printer* [Cambridge, 1954], pp. 105–106)。编辑、诗人 Charles Fontaine 的 *Les dits des sept sages, Ensemble Plusieurs autres sentences Latines, extraites de divers, bons et anciens Auteurs* (Lyon, 1557) 则做了一些批判性工作。他将谚语按原意翻译为散文，称押韵版为"严谨、简洁、优雅的原句加上了现代意义"，而其解释则"扭曲了原句的意思"。

[20] Aristotle, *The Art of Rhetoric*, trans. and ed. J. H. Freese (London, 1926), 1: xv, 13–14; 2: xxi, 11–13. 亚里士多德的观点可参见 R. E. Habenicht 为 John Heywood 的作品所作的序言：*A Dialogue of Proverbs* (Berkeley, Calif., 1963), p. 9; 以及 Rudolf Pfeiffer, *History of Classical Scholarship* (Oxford, 1968), pp. 83–84, 208 (感谢埃森斯坦的提醒)。

[21] Margaret Mann Phillips, *The "Adages" of Erasmus. A Study with Translations* (Cambridge, 1964)，especially pp. 5–7, 27; *idem*, *Erasmus on His Times. A Shortened Version of the Adages of Erasmus* (Cambridge, 1967), pp. x-xi. Phillips 从 *Adagiorum Collectanea* (1500) 的序言和 *Adagiorum Chiliades* (Venice, 1508) 中的 "*Quid sic paroemia*" 里总结出了伊拉斯谟的观点。可参考伊拉斯谟对 "*Festina lente*" (Phillips, *Erasmus*, p. 3) 和 "*Ollas ostentare*" (ibid., pp. 142–143) 的讨论。还可参考他在 "*Herculei labores*" (ibid., p. 27) 中对谚语的粗俗样式的评论。

有关文艺复兴时期学者对象形文字的兴趣，可参见 *The Hieroglyphics of Horapollo*, trans. and introduction by George Boas (New York, 1950)。

[22] Discussion of "*Herculei labores*" in Phillips, *Erasmus*, pp. 22–24. Phillips, *The "Adages*," pp. 14, 19–22.

[23] 波拿斯普是维吉尔 1508 年巴黎版作品的编者和校对人 (Lathrop C. Harper, Inc., Catalogue no. 212, #196)。他自己的作品有：*Petit compost*

en francois (Paris, 1516); *Proverbia communia tam gallico quam latino sermone per ordinem alphabeticum* (n. p. [Au Pellican], n. d.; copy in the Bernstein Collection, Jagiellonian Library, Cracow). 另外一部作品 *Proverbia communia noviter aucta revisa et emendata ... a N. B. T. collectis* (n. p. [Paris]: Bernard Aubry, n. d.) 的作者身份存疑，f. d iii^v 的署名为 Bayeux 学院（College of Bayeux）的波拿斯普，1513；而 ff. d vi^r-d vii^v 则显示其是 Joannis Egidius Nuceriensis（Jean Gilles de Noyers，让·吉尔·德·诺耶）的演说集。克拉科夫的 Bernstein Collection 中存有相同标题的另一个版本作品，发行人是巴黎的 Jean Merausse。同标题的其他版本均由里昂的 Claude Nourry（ca. 1525）和 Barnabé Chaussard 发行。

Proverbia Gallicana secundum ordinem alphabeti reposita et ab Ioanne Aegidio Nuceriensi Latinis ... traducta (Lyon: Jacques Mareschal, 1519-1520) 中含有一封若斯·巴德给 Nicolas Dorigny 的信，后者是巴黎高等法院成员和作品的编者。巴德是巴黎当年首位发行该作品的出版商。其他版本有：*Proverbia gallicana* (Lyon: Claude Nourry, n. d.); *Proverbia popularia* (Lyon: François Juste, 1539); *Proverbia gallicana ... correcta et aucta per H. Sussannaeum* (Paris, 1552 and 1558; dedication by Sussanneau, dated 1549); *Proverbes communs et belles sentences ... par I. Nucerin* (Lyon, 1558 and 1582)。吉尔·德·诺耶搜集的谚语比波拿斯普更全面，虽然他在自己的作品中采用了后者的语句。

Thresor de la langue francoyse, tant ancienne que moderne ... Reveu et augmente ... par Iean Nicot ... avec une grammaire francoyse et Latine et le recueil de vieux proverbes de la France (Paris: David Douceur, 1606).

〔24〕关于查理·德·布埃勒，参见 Colette Dumont-Demaizière 为自己编辑和翻译的布埃勒作品集所作的"前言"：*Liber de differentia vulgarium linguarum et Gallici sermonis varietate* (Collection de la société de linguistique picarde, 14; Amiens, 1972), pp. 7-73；亦可参见 Madame La Porte, "Charles de Bouelles (1479-1566)," *Moreana* 41 (1974): 37-47。加州大学伯克利分校的 Grietje Sloan 在其正在完成的博士论文中讨论了布埃勒的神学观点。

难以理解为什么 Colette Dumont-Demaizière 夫人称 1520 年后布埃勒逐渐为时人所忘却。在那个时间之后他发行了很多作品，有些（比如 *Géometrie practique*）还印行了几个版本。他是法兰西学院（Collège de France）的数学家 Oronce Finé 的密友，诗人 Sussanneau 在献给 *Géometrie* 的一首诗中称他们为

第八章 谚语智慧和大众错误

"Oreste et Pylades"。Sussanneau 重新编辑（参见注 23 中内容）德·诺耶的 *Proverbia* 的决定显然受到了他的影响。弗朗索瓦·德·拉克鲁瓦·曼恩和 Antoine du Verdier 于 1580 年代都在《书志》中为布埃勒设立了条目（*Les bibliothèques Françoises de La Croix du Maine et de Du Verdier Sieur de Vauprivas*, ed. Rigoley de Juvigny [Paris, 1773], 1：104；3：294）。

布埃勒对语言的观点可参见 *De differentia vulgarium*, Dedication（dated September 1531）；Book 1, chaps. 2, 18, 47-53。他认为唯一的原始语言就是上帝创世时对人类所说的那种，复活祈祷的时候这种语言会再度出现。

〔25〕Charles de Bouelles, *Proverbiorum Vulgarium Libri tres*（Paris, 1531），Dedication to jurist Joachim Michon, February 16, 1527/1528；also f. clxxi^r。另一个版本于 1558 年在巴黎发行。在 1574 年巴塞尔和 1579 年巴黎版的伊拉斯谟的《格言》中，都附有布埃勒的 *Paucula proverbial*。

Proverbes et dicts sententieux, avec l'interpretation d'iceux, Par Charles de Bouelles Chanoine de Noyon（Paris, 1557），Carolus Bouillus benignis lectoribus S., f. *ii^{r-v}。有些学者认为此书并非布埃勒的作品（Dumont-Demaizière, "Avant-propos," pp. 37-38），他们认为他此时已过世（如果还在世的话他应该有 77 岁）。但 La Porte 夫人证实布埃勒活到了 1566 年。《谚语和警句》是和他早前的版本一脉相承的，拉克鲁瓦、Du Verdier 都认可他的作者地位，而且 1557 年和 1558 年的两个版本都由同一个出版商 Sébastien Nivelle 发行。简而言之，布埃勒的作者身份无可置疑。

〔26〕*Proverbiorum Vulgarium Libri tres*, Dedication；*Proverbes*, ff. 4^r, 15^r, 23^v, 17^v。15 世纪里尔教士会成员 Jean Mielot 手稿中的 "路远了……" 可参见 Le Roux de Lincy, *Proverbes*, 1：81；2：548。

〔27〕*De differentia vulgarium*, Book 1, chap. 17.

〔28〕*Explications morales d'aucuns proverbes communs en la langue francoyse*, in the *Thresor de la langue francoyse*（注 23 中有引用；全书在德·诺耶的《谚语》后重新标页），pp. 17-23。《财富》是在罗伯特·埃斯蒂安 *Dictionnaire françois-latin* 的基础上大幅扩展和改进的结果。让·尼科（1530—1604）是 1606 年版《财富》的作者，此书在他去世后出版，所以他也被认为是《道德说明》的作者。我不认为是这样。提到确切地理位置的三句谚语其地点都是特鲁瓦和香槟（"De l'arbre d'un pressoir…," "Les cousteaux Iehan Colot, l'un vaut l'autre," "Il ne craint ni les rez ni les tondus"）。让·尼科生于尼姆，

355

法国近代早期的社会与文化

死于巴黎,从未在香槟呆过。有关尼科和《财富》,参见 *Dictionnaire des Lettres françaises*, *le seizième siècle* (Paris, 1951), pp. 227-230, 537。

〔29〕Henri Estienne, *La précellence du langage françois* (1579), ed. E. Huguet (Paris, 1896), pp. 201-249. Pasquier, *Recherches* (注 15 中有引用), Book 8, pp. 672-790. 有关帕斯奎埃,参见 George Huppert, *The Idea of Perfect History* (Urbana, Ill., 1970), pp. 36-51; D. R. Kelley, *Foundations of Modern Historical Scholarship* (New York, 1970), pp. 271-283, 尤其是讨论帕斯奎埃的语言观及其转变的部分。

〔30〕*Bonne Response a tous propos. Livre fort plaisant … auquel est contenu grand nombre de Proverbes, et sentences, ioyeuses … Traduict de la langue Italienne et reduyt en nostre vulgaire françoys par ordre d'Alphabet* (Paris, 1547). 此书认为法语谚语可与意大利语谚语想媲美。有关丰富语言的部分参见 "Aux lecteurs," ff. A i^v-A iii^v。

Gabriel Meurier, *Recueil de sentences notables, dicts et dictons communs, Adages, Proverbes et Refrains, traduits la pluspart de Latin, Italien et Espagnol, et reduits selon l'ordre Alphabetic* (Antwerp, 1568), "Au lecteur," p. 3^v. 此书还以 *Tresor des sentences dorees, proverbes et dits notables* 和 *Tresor de sentences dorees et dictons communs* 的标题分别出现在 1579 年的鲁昂和 1577 年、1582 年的里昂。

François Goedthals, *Les proverbes anciens flamengs et françois correspondants de sentences les uns aux autres* (Antwerp: Christophe Plantin, 1568). Goedthals 是一名根特市民。法国人 Plantin 赞扬他搜集 "真正弗莱芒谚语"(*les vrais proverbes accoustumés en Flameng*)的工作,认为此书将 "使所有乐于以简洁、纯朴的方式运用古代语言的人们欢欣鼓舞"(*aggreable à tous ceux qui se delectent de la naifveté des sententieuses manieres de parler des anciens*)(Dedication, pp. 3-6)。尼德兰的早期谚语搜集工作可参见 R. Jente, ed., *Proverbia Communia, A Fifteenth Century Collection of Dutch Proverbs Together with the Low German Version* (University of Indiana Publications, Folklore Series, no. 4; Bloomington, 1947)。

[Jean Le Bon], *Adages de Solon de Voge Par l'Hetropolitain, Premier livre, deux, trois et quatriesme. Reveuë par l'autheur* (Paris: Nicolas Bonfons, n. d.). 有关这位好奇的作家、译者和文学辩论家,参见 *Les Bibliothèques de La*

第八章 谚语智慧和大众错误

Croix du Maine et Du Verdier，1：455-456；4：355。拉克鲁瓦认为此书由 Bonfons 发行于 1576 年。勒·庞是 Chaumont en Bassigny 附近的 Autremont 本地人，也是 Cardinal de Guise 的医师。

Cesar Oudin，*Refranes o Proverbios Castellanos. Traduzidos en lengua Francesa. Proverbes espagnols traduicts en françois* (2d ed.；Paris，1609)。

〔31〕R. Doucet，*Les bibliothèques parisiennes au XVIe siècle*（Paris，1956）：巴黎高等法院律师 Jean Le Féron 的私人图书馆（no. 628）藏有 1531 年版的《民间谚语三部曲》，价值 2 苏。Le Féron 还收藏有其他几部"博学者"和《圣经》谚语集（learned and Biblical proverbs），其中就包括伊拉斯谟的《格言》。

贝齐埃的加尔文教主事（regent）Pierre Dumas 的藏书中有 *Bonne reponse a tous propos*，此书在 1577 年拍卖时价格为 10 但尼尔。此人也收藏有伊拉斯谟的《格言》（P. Jourda，"La bibliothèque d'un regent Calviniste，" in *Mélanges d'histoire littéraire de la Renaissance offerts à Henri Chamard* [Paris，1951]，pp. 269-273。感谢 Michael Hackenberg 的提醒）。

Claude de Rubys，*Les privileges，franchises et immunitez octroyees par les roys ... aux consuls，eschevins，manans et habitans ... de Lyon*（Lyon，1573），p. 45.

皮埃尔·皮杜的藏书参见 Bibl. Nat.，Mss.，Collection Dupuy，630，ff. 183^r-201^v。勒瓦塞尔提到过自己的手稿本 *Proverbes ruraux，vulgaires，anciens et modernes*，参见 *Institutes coutumières*（注 12 中有引用），p. lxii。有关皮杜和勒瓦塞尔，参见 Kelley，*Foundations*（注 29 中有引用），chap. 9。

〔32〕Rabelais，*Le cinquiesme livre*，chap. 22，in *Oeuvres*（注 1 中有引用），pp. 809-810. 这几句谚语由 Urquhart 翻译，罗萨利·科莉在讨论拉伯雷的作品 *Paradoxia Epidemica. The Renaissance Tradition of Paradox*（Princeton，N. J.，1966），pp. 45-47 时提及过。布鲁格尔的 *Netherlandish Proverbs* 的署名年份是 1559 年。

〔33〕F. Brunot et al.，*Histoire de la langue française des origines à 1900*（Paris，1905-1953），2：174-175. James B. Atkinson，"Naïveté and Modernity：The French Renaissance Battle for a Literary Vernacular，" *Journal of the History of Ideas* 35 (1974)：179-198，文中讨论了 16 世纪有关本源性的各种定义。

〔34〕Curt Sachs，*World History of the Dance*（注 5 中有引用），pp. 300，346-352；Frances A. Yates，*The Valois Tapestries*（London，1959），pp. 57-58.

〔35〕Loisel, *Institutes coutumières*, pp. xxxv-xxxvi and *passim*. Atkinson, "Naïveté," n. 40. *Les Lettres d'Estienne Pasquier* (Lyon, 1597), ff. 1^r-4^r, 202^r-208^v, 435^v. 有关帕斯奎埃、勒瓦塞尔及他们对法律的观点，参见 Kelley, *Foundations*, chaps. 9–10。

〔36〕本段落中将用到的材料为：Archer Taylor, *The Proverb*（注 1 中有引用）; Morris Palmer Tilley, *Elizabethan Proverb Lore* (New York, 1926), especially pp. 16–29; Charles G. Smith, *Shakespeare's Proverb Lore* (Cambridge, Mass., 1963), "Introduction"; R. E. Habenicht, "Introduction" to *John Heywood's "A Dialogue of Proverbs"* (Berkeley, Calif., 1963); Rosalie L. Colie, *The Resources of Kind. Genre-Theory in the Renaissance* (Berkeley, Calif., 1973), pp. 33–36。

Kenneth Burke, *The Philosophy of Literary Form* (Baton Rouge, La., 1941), pp. 293–304: "Literature as equipment for living," "Proverbs as strategies for dealing with situations"; G. B. Milner, "What is a proverb?," *New Society* 332 (Feb. 6, 1969): 199–202.

E. O. Arewa and Alan Dundes, "Proverbs and the Ethnography of Speaking Folklore," *American Anthropologist* 66, no. 6, part 2 (1964): 70–85（感谢 Alan Dundes 的书目建议）。John C. Messenger, Jr., "The Role of Proverbs in a Nigerian Judicial System," in Alan Dundes, ed., *The Study of Folklore* (Englewood Cliffs, N. J., 1965), pp. 299–307. Peter Seitel, "Proverbs: A Social Use of Metaphor," *Genre* 2 (June 1969): 143–161. Richard Priebe, "The Horses of Speech: A Structural Analysis of the Proverb," *Folklore Annual of the University Folklore Association* (Center for Intercultural Studies in Folklore and Oral History) 3 (1971): 26–32（感谢 Samuel Kinser 的提醒）。Roger Abrahams, "Proverbs and Proverbial Expression," in Richard M. Dorson, ed., *Folklore and Folklife. An Introduction* (Chicago, 1972), pp. 117–127. V. R. Piskacek, "The Maasai," in *William Alanson White Newsletter* (Winter 1973–1974), pp. 11–12; Elinor Keenan, "Norm-Makers, Norm-Breakers: Uses of Speech by Men and Women in a Malagasy Community," forthcoming in Richard Bauman and Joel Sherzer, eds., *The Ethnography of Speaking*. Peter Seitel, "Saying Haya Sayings: Two Categories of Proverb Use," forthcoming in Christopher Crocker and David Sapir, eds., *The Social Use of Metaphor*.

第八章 谚语智慧和大众错误

〔37〕Seitel, "Saying Haya Sayings."

〔38〕"*Auris Batava*" in Phillips, *Erasmus*, pp. 32 - 33（亦可参见 "*Herculei labores*," p. 18）. *Explications morales*, p. 23。

〔39〕Taylor, *Proverb*, p. 87. 农民自行解决争端的情形参见 René Choppin, *Traité de Priviléges des Personnes Vivans aux Champs*（1575）, in *Oeuvres*（Paris, 1662）, 3: 70-71。

〔40〕律师藏书的情况参见注 31 中内容。Taylor, *Proverb*, pp. 86-97. Peter Stein, *Regulae Iuris*, *From Juristic Rules to Legal Maxims*（Edinburgh, 1966）, chap. 9. Paul Kocher, "Francis Bacon on the Science of Jurisprudence," *Journal of the History of Ideas* 18（1957）: 3-26. W. R. Prest, *The Inns of Court under Elizabeth I and the Early Stuarts*, *1590-1640*（London, 1972）, pp. 116, 144ff. Albrecht Foth, *Gelehrtes römisch-kanonisches Recht in deutschen Rechts-sprichwörtern*（Tübingen, 1971）. 亚里士多德认为在法律案件中运用谚语就是在运用"古代智慧"（*Art of Rhetoric*, 1: xv, 13-14）。

〔41〕Le Roux de Lincy, *Proverbes*, 2: 548（Jean Mielot 的目录按字母排序）. 多数无评论谚语集的目录都按字母排序。在 1531 年版作品里，布埃勒有时按主题排列，有时随意放置。他的 1557 年版作品不带评论，如同匿名版《道德说明》一样，此书的谚语也是随意编排的。请注意培根为其随意编排 *Maxims of the Law* 所作的解释："打乱谚语排序能给聪明人更多自由，也便于在更多事务上运用它们"（摘自 Stein, *Regulae Iuris*, p. 172）。

〔42〕Michel de Montaigne, *Essais*, Book I, chap. 54, in *Oeuvres complètes*, ed. A. Thibaudet and M. Rat（Paris, 1962）, p. 300.

〔43〕Olivier de Serres, *Theatre d'Agriculture et Mesnage des Champs*（Paris, 1600）, "Preface."

〔44〕可参见 Le Roux de Lincy, *Proverbes*, 1: lxv-lxxx; A. Adam, *Les libertins au XVIIe siècle*（Paris, 1964）, pp. 12-14; P. Hazard, *La crise de la conscience européenne*, 1680-1715（Paris, 1935）, especially pp. 121-183; Robert Mandrou, *Des humanistes aux hommes de sciences（XVIe et XVIIe siècles）*（Paris, 1973）, pp. 154-162; Erich Auerbach, "La Cour et la Ville," in *Scenes from the Drama of European Literature*（New York, 1959）, pp. 133-179 ［出色研究］; Brunot, *Histoire de la langue*, 4.1, especially pp. 227-239, 312-324, 381-387; Claude Favre de Vaugelas, *Remarques sur la langue françoise utiles à ceux qui veulent bien parler et bien escrire* (Paris, 1647), "Preface"。

〔45〕Dominique Bouhours, *Remarques nouvelles sur la langue françoise* (2d ed.; Paris, 1676), p. 564. *Ballet des Proverbes. Dansé par le Roy, le 17 Fevrier 1654* (Paris, 1654).

〔46〕Le Roux de Lincy, *Proverbes*, 1: lxxx; 〔Jacques Lagniet〕, *Recueil des plus illustres proverbes, divisees en trois livres* (Paris: Jacques Lagniet, n. d. 〔Catalogue of the Bibliothèque Nationale 的记载为 1657 年；克拉科夫 Jagiellonian Library 的 catalogue of the Bernstein Collection 的记载为 1667 年〕)。

〔47〕Antoine Oudin, *Curiositez françoises, pour supplément aux Dictionnaires…avec une infinité de Proverbes* (Paris, 1656), "Preface," p. 23. *Les illustres proverbes historiques, ou recueil de diverses questions curieuses, pour se divertir agreablement dans les Compagnies* (Paris: Pierre David, 1655), "Au lecteur." 此书由佚名作者献给 Le Roux de Lincy (1: xliv; 2: 574)，现为克拉科夫 Jagiellonian Library 的 Bernstein Collection 所收藏。Fleury de Bellingen, *L'Etymologie ou Explication des Proverbes françois…en forme de Dialogue* (La Haye, 1656). *Nouveaux proverbes espagnols et françois. Disposes selon l'ordre de l'Alphabet. Pour apprendre avec facilité à parler et escrire en ces langues* (Paris, 1660). *Les illustres proverbes nouveaux et historiques* (Paris, 1665) 〔序言与 1655 年版有异〕。*Proverbes choises Explications etymologique, prose et vers* (Paris, 1703)。

〔48〕*Les Proverbes Basques recueillis par le S^r D'Oihenart, plus les Poesies Basques du mesme Auteur* (Paris, 1657), "Preface." 瓦那是纳瓦尔高等法院的一名律师，此前发表过 *Declaration historique de l'injuste usurpation et retention de la Navarre, faite par Espagne* (n. p., 1625) 和 *Notitia utriusque Vasconiae tum ibericae, tum aquitanicae qua, praeter situm regionis et alia scitu digna* (Paris, 1638)。

〔49〕Jacques Moisant de Brieux (1614–1674), *Les origines de quelques coutumes anciennes, et de plusieurs façons de parler triviales. Avec un vieux manuscrit en vers, touchant l'Origine des Chevaliers Bannerets* (Caen, 1672), Dedication to the Duc de Montausier; pp. 3–5, 21–24. 布里厄在作品中 (pp. 3–5) 说自己曾是鲁昂高等法院的一名律师。提及诺曼底谚语和习俗的例子有：pp. 38, 53, 56, 95–96, 115, 142。有关布里厄，可参见 Nathan Edelman, *Attitudes of*

第八章 谚语智慧和大众错误

Seventeenth Century France Toward the Middle Ages（New York，1946），pp. 83；83，n. 58；and 96，n. 5。

〔50〕Jean-Baptiste Thiers，*Traité des superstitions qui regardent les sacremens*（5th ed.，Paris，1741；1st ed. was 1692），1：f. a iiii^{r-v}.

〔51〕Moisant de Brieux，*Origines*，p. 15 讨论了"少年小偷"（*Enfans de la Mate*）的问题："*La mate etoit autrefois une place a Paris ou ces sortes de gens avoient de coutume de s'assembler.*"；ibid.，pp. 54，140-141 讨论"迷信"问题，"*Faire les Rois avec quelqu'un*"、"*Bailler les Innocents … une coutume badine et ridicule*"。Fleury de Bellingen 的 *Etymologie* 也体现出某种古物研究者的精神，虽然其观察和讨论的认真程度远不如布里厄。可参见 pp. 56-57 讨论"*monter sur l'ours*"的部分。有关 17 世纪的历史古物研究运动，参见 George Huppert，"*La liberté du cerveau*：Notes on the psychology of Historical Erudition," in *Méthodologie de l'histoire et des sciences humaines*：*Mélanges en honneur de Fernand Braudel*（Toulouse，1973），pp. 267-277。

〔52〕Gilles Ménage，*Les origines de la langue françoise*（Paris，1650），dedicatory epistle to M. du Puy and pp. 18，652，546-547. Pierre Borel，*Tresor de Recherches et Antiquitez Gauloises et Françoises*，*Reduites en ordre alphabetique*（Paris，1655），f. k iii^{r-v}.

梅纳日作品的一个 1694 年版本（现题名为：*Dictionaire [sic] etymologique*）提到了 Pierre de Caseneuve 的 *Origines de la langue française* 和修院院长 Claude Chastelain 的 *Vocabulaire Hagiologique*。Caseneuve（1591-1652）是图卢兹本地人，他对普罗旺斯和朗格多克地方历史都很感兴趣。他的文章如同瓦那关于西属巴斯克地区的文章一样，支持法国对此一地区的领土要求——也就是说，融对地区的忠诚和对法国的忠诚于一体。Chastelain 有关圣徒的作品，则在每名圣徒的拉丁文名字后注上了法国各地与其对应的称呼方式。

〔53〕James Howell（1594?-1666），*Proverbs or Old Sayed Sawes and Adages in English (or the Saxon Toung)*，*Italian, French and Spanish whereunto the Brtish, for their great Antiquity and weight are added*（London，1659）.

〔54〕有关霍威尔的一生，参见 *Dictionary of National Biography*，10：109-114。James Howell，*A Survay of the Signorie of Venice*（London，1651），p 3. 保王派的五月柱舞蹈可参见 Christopher Hill，*Society and Puritanism in Pre-Revolutionary England*（London，1964），p. 186。

〔55〕Soriano, *Contes de Perrault*（注 6 中有引用）, Part 3, chaps. 5–6; Part 5, chap. 1.

〔56〕Ibid., pp. 292, 490.

〔57〕*Dictionnaire des proverbes françois … Par G. D. B.* (Brussels: George de Backer, 1710). Joseph Le Roux, *Dictionnaire comique, satirique, critique, burlesque, libre et proverbial* (Amsterdam, 1718); *Dictionnaire du sieur Dubois* (Amsterdam, 1728); Joseph Panckoucke, *Dictionnaire des proverbes françois et des façons de parler comiques, burlesques et familières …* (Paris, 1748, and Frankfurt-am-Main, 1750).

〔58〕*Encyclopédie ou Dictionnaire raisonné des sciences, des arts et des métiers* (Neuchâtel, 1765), 13: 510; 5: 910–912.

〔59〕Bernard Le Bovier de Fontenelle, *Poesies pastorales … Avec un traité sur la Nature de L'Eglogue* (Paris, 1688), pp. 151–154. P. Van Tieghem, *Le sentiment de la Nature dans le Préromantisme européen* (Paris, 1960), especially pp. 218–221; idem, *Le romantisme dans la littérature européenne* (Parls, 1969), chap. 1. Lionel Gossman, *Medievalism and the Ideologies of the Enlightenment. The World and Work of La Curne de Sainte-Palaye* (Baltimore, Md., 1968), especially pp. 332–48, and Part 3, chap. 7. Anne Claude, Comte de Caylus (1692–1765), "Mémoire sur les fabliaux," *Mémoires de l'Académie des Inscriptions*, 20: 358–359.

Saveur-André Pellas（最小兄弟会 [the order of Minimes] 修士）, *Dictionnaire provençal et françois dans lequel on trouvera les mots Provençaux … et Proverbes expliquez en François* (Avignon, 1723). Grégoire de Rostrenin, *Dictionnaire françois-celtique ou françois-breton. Necessaire à tous ceux qui veulent apprendre à traduire le François en Celtique ou en langue Breton, pour Prêcher, Catechiser et Confesser, selon les differens Dialectes de chaque Diocèse* (Rennes, 1732). 教士 Rostrenin 提到此前的一本词典，由耶稣会会士 Julien Maunoir 于 1659 年在 Quimper 编写完成。M. de Châlons, *Dictionnaire Breton-François du Diocèse de Vannes …* (Vannes, 1723), "Avertissement."

〔60〕Claude Fauchet, *Recueil de l'origine de la langue et Poesie françoise, ryme et romans* (Paris, 1581), p. 28. Gossman, *Medievalism*, Part 3, chap. 1, pp. 191 and 191, n. 54; 211 and 211, n. 127.

第八章 谚语智慧和大众错误

还可参考 A. F. Jault 为其 *Dictionnaire etymologique de la langue française* (Paris, 1750) 所作的序言,其中提到了"外省各种方言"(*les divers idiomes de nos Provinces*)、"农村人和城市下层民众的语言"(*le Langage même des habitans de la campagne et du bas peuple des villes*) 的重要性,认为它们都是法国早期历史的真实体现。Antoine Court de Gébelin, *Le Monde primitif analysé et comparé avec le monde moderne consideré dans l'histoire naturelle de la Parole*(*Le Monde primitif*, 3; Paris, 1775), pp. 12 – 14. L. M. C. de La Tour d'Auvergne, *Nouvelles recherches sur la Langue d'origine et les Antiquités des Bretons pour servir à l'histoire du Peuple* (Bayonne, 1792).

〔61〕对于这个重大问题的主要研究有:George Boas, *Essays on Primitivism and Related Ideas in the Middle Ages* (New York, 1966; 1st ed., 1948); Gilbert Chinard, *L'Amérique et le rêve exotique dans la littérature française au XVIIe et au XVIIIe siècles* (Paris, 1913); George Boas, *Vox Populi* (注14 中引用), pp. 112 – 142; Frank E. Manuel, *The Eighteenth Century Confronts the Gods* (New York, 1967; 1st ed., 1959), especially pp. 41-46, 141-142, 149-161, 184-209, 250-258; Margaret Hodgen, *Early Anthropology in the Sixteenth and Seventeenth Centuries* (Philadelphia, 1964), especially chaps. 8 and 12。

Lancelot Voisin de La Popelinière, *L'Histoire des histoires, avec l'Idee de l'Histoire accomplie* (Paris, 1599), pp. 25-34.

〔62〕除注61中提到的作品外,还有:Claude Guichard, *Funerailles et diverses manieres d'ensevelir des Rommains, Grecs et autres nations, tant anciennes que modernes* (Lyon, 1581), p. 463,援引自 Jean de Léry 的 *Histoire d'un voyage faict en la terre du Bresil* (1578). Jean-Jacques Rousseau, *Essai sur l'origine des langues*, in *Oeuvres complètes* (Paris, 1825), 1: 469 – 564, chaps. 2-4。

不过维柯并没有分别探讨谚语与其三个阶段的社会或文化(神、英雄、人)的关系:谚语为"古今"人们所用,它们是"所有民族共同精神语言"的见证;它们的寓意类似,但各民族谚语有非常不同的表达和样式。参见 Giambattista Vico, *La Scienza Nuova Prima*, ed. F. Nicolini (Bari, 1931), no. 385; *The New Science of Giambattista Vico*, trans. T. G. Bergin and M. H. Fisch (Ithaca, N. Y., 1968), nos. 161, 445。感谢 Stephen Greenblatt 提醒我注意这方面的

363

问题。

〔63〕有关"文化"的概念及其与 18 世纪学术和思想的关系，参见 Gossman, *Medievalism*, pp. 176, 353 以及 Clifford Geertz, *The Interpretation of Cultures. Selected Essays* (New York, 1973), chaps. 2-3。

〔64〕Jean-Charles-François Tuet, *Matinées Senonoises, ou proverbes françois, suivis de leur origine; de leur rapport avec ceux des langues anciennes et modernes* (Paris, 1789). 杜埃于 1742 年生于 Ham, 曾在桑城学院 (Collège de Sens) 教授古典文学, 1797 年逝世于桑城。他的其他作品有 *Eléments de poésie latine* (1778) 和 *Projet sur l'usage qui l'on peut faire des biens nationaux* (1790). *Dictionnaire des lettres françaises, Dix-huitième siècle* (Paris, 1960), L-Z, pp. 598-599。

有关"伤风败俗"(obscenity)及其历史, 可参见 Charles de Brosses, *Traité de la formation méchaniques des langues et des principes physiques de l'étymologie* (Paris, 1765), 2: 143-157. De Brosses 也认为禁绝这么多的词语令人遗憾。

〔65〕参见 *Mémoires de l'Académie Celtique* (1807-1808) 第 1 卷和第 2 卷中对学院设立目标和研究方法的介绍:"那些今天为我们所轻视的大众故事和粗俗遗物, 其实都是先贤智慧的宝贵留存" (*Ce que nous méprisons aujourd'hui comme des contes populaires, comme des monumens grossiers, sont des vestiges précieux de la sagesse [des] anciens legislateurs*" [1: 62-63]). 学院于 1813 年改称考古学会 (Société des Antiquaires)。

〔66〕Jacques-Antoine Dulaure (1755-1835), "Archéographe du lieu de la Tombe, et de ses environs," *Mémoires de l'Académie Celtique*, 2 (1808): 446-457. 还可参考其 *Des divinités génératrices chez les anciens et les modernes* (1825) (Paris, 1905), 其中的序言部分提到了作者的人生经历。另参见 *Dictionnaire des lettres françaises. Le dix-neuvième siècle* (1971), A-K, pp. 339-340。

〔67〕Anthelme Richerand (1779-1840), *Des erreurs populaires relatives à la médecine* (1st ed., 1810; 2d ed. revised, Paris, 1812).

〔68〕各种《众误集》的版本数量要少于那些秘方和疗法编集 (参见注 70 和注 80 中内容)。茹贝尔 1578 年版《众误集》(*Academy of Medicine, Toronto*) 的署名是:"Urbain hemard". 参见 Noel Becquart, "Inventaire des effets d'un chirurgien de Périgueux en 1671," *Bulletin de la société historique et*

第八章　谚语智慧和大众错误

archéologique du Périgord 95（1968）：290-293，这名外科医师收藏有茹贝尔的《众误集》以及另一本标题类似的书。

〔69〕*La grande chirurgie de M. Guy de Chauliac, medecin tres fameux de l'université de Montpelier, composée l'an de grace mil trois cens soixante trois. Restituée par M. Laurens Ioubert*（Lyon，1580）.

《健康养生法》的基础是萨勒尼塔那学派有关健康养生的理论，此书在17世纪时有很多法语和拉丁语版本。《穷人的财富》被认为是中世纪医师 Arnault de Villeneuve 的作品。*Histoire littéraire de la France*（Paris，1733-1941），28：96-98 中探讨了这本书及其版本问题。此书的其中一个版本是 *Le tresor des povres selon Arnoult de Villenove … et plusieurs autres docteurs en medecine de Montpellier*（Lyon：Claude Nourry，1512），此外还有巴黎（1521）和里昂（Benoît Rigaud，1590）版。"大阿尔伯特"的各个版本作品包括 *De secretis mulierum libellus …*（Lyon：Barthélemy Vincent，1571）；*Albertus Magnus de Secretis Mulierum …*（Amsterdam，1665）。

〔70〕有关此书参见 John Ferguson，*Bibliographical Notes on Histories of Inventions and Books of Secrets*（London，1959）。此书 1555 年首次出现于意大利的博洛尼亚；首个法语版本由安特卫普的 Christophe Plantin 于 1557 年发行，随后 Guillaume Rouillé 等人又发行了其他版本。这里我所援引的英文译本出版于 1558 年：*The Secrets of Alexis：Containing Many Excellent Remedies against Divers Diseases …*（London，1615），f. A 5^r.

其他延续"秘方"传统的作品有：*La decoration Dhumaine nature et aornement des dames. Compile … par Maistre Andre le Fournier docteur regent en la faculte de Medecine en Luniversite de Paris*（Lyon，1532）；Jean Liébault，*Thrésor des remedes secrets pour les maladies des femmes*（Paris，1587）；在查理·埃斯蒂安后期版本的农业手册中，里柏尔也为其编写了一些医学内容，参见 *La Maison Rustique*；*Les secrets et merveilles de nature. Recueillis de divers Autheurs … par Iean Iacques Wecker de Basle，Medecin de Colmer. Traduicts en François …*（Lyon，1586）。

〔71〕参见 Laurent Joubert，*Erreurs populaires au fait de la medecine et regime de la santé*（Bordeaux，1578），Book 1 和 Luc d'Iharce，*Erreurs populaires sur la médecine*（Paris，1783），pp 449-454 中的相关讨论。

〔72〕W. Wightman，*Science and the Renaissance*（Edinburgh，1962），1：

211-213；Owsei Temkin, *Galenism. Rise and Decline of a Medical Philosophy* (Ithaca, N. Y., 1973), pp. 125-128. 在1579年版的 *Précellence*（注29中有引用）中，亨利·埃斯蒂安这样评论这本书（茹贝尔称"对奥吉亚斯王牛棚的清洗" [a cleansing of the Augean stables]）：医师们在萨勒尼塔那学派的疗法中发现了很多问题。很多三十年前被广为接受的东西现在成为争论的对象（pp. 213-215）。

〔73〕Paul Delaunay, *La médecine et l'église* (Paris, 1948), pp. 81-83. C. A. E. Wickersheimer, *La médecine et les médecins en France à l'époque de la Renaissance* (Paris, 1906), chap. 3. J. Céard, "Introduction" to Ambrose Paré, *Des monstres et prodiges*, ed. Jean Céard (Geneva, 1971), pp. xiv-xvi. Laurent Joubert, *Erreurs populaires et propos vulgaires touchant la medecine et le regime de santé … Reveuë corrigée et augmentée* (Bordeaux, 1579), p. 411.

〔74〕Temkin, *Galenism*, pp. 128-133. Allen G. Debus, *The English Paracelsians* (New York, 1966), chap. 1. 帕拉塞尔苏斯自己并非没有职业标准：在 *Chirurgia minor* 的前言里，他区分了江湖医生和医师；他认为前者是宗教性的，因为其试图通过祈祷救人，屠夫和其他读过一些书就试图救人的人根本上也是类似的。

〔75〕Laurent Joubert, *Segonde* [sic] *Partie des Erreurs populaires et propos vulgaires, touchant le Medecine et le regime de santé* (Paris, 1580), 引述自外科医师Barthelemy Cabrol为此书所作的序言：f. B i^v.

〔76〕有关茹贝尔的医学生涯，参见L. Dulieu, "Laurent Joubert, chancelier de Montpellier," BHR 31 (1969): 139-167. Joubert, *Erreurs* (1579), 1: 412-436; 2: c i^v-vi^v. *Idem*, *Erreurs* (1580), pp. 159-187。

〔77〕Joubert, *Erreurs* (1579), 1: 408-412, 528, 196-197。

〔78〕对茹贝尔在处理性问题上的批评可参见：Dulieu, "Joubert," pp. 148-149 及 Joubert, *Erreurs* (1579), 1: 3-11. *De Gli Errori populari dell'Eccellentiss. sign. Lorenzo Gioberti* (Florence, 1592). Sir Thomas Browne, *Pseudodoxia Epidemica or Enquiries into very many received tenents and commonly presumed truths* (4th ed., London, 1658；相关法语译本于1735年和1742年出版); M. L. Castilhon, *Essai sur les erreurs et les superstitions anciennes et modernes* (Frankfurt, 1766)。

〔79〕普里梅罗斯生于波尔多，是一名苏格兰牧师的儿子，随后活跃于蒙彼

第八章 谚语智慧和大众错误

利埃。他的 *De vulgi erroribus in Medicina Libri IV* 分别于 1639 年和 1658 年在阿姆斯特丹和鹿特丹出版。首个英语译本是 *Popular Errours, or the Errours of the People in Physick … translated into English by Robert Wittie*（London, 1651）。罗斯塔尼在 *Traité de Primerose sur les erreurs vulgaires de la medicine, avec des additions très curieuses par M. de Rostagny, medecin de la Société royale et de S. A. R. Madame de Guise*（Lyon, 1689）的献词（献给马赛主教）中提到，自己的作品是从英文本翻译过来的。罗斯塔尼此前发表过反对加尔文教的作品，1689 年还出版过 Robert Boyle 著作的译本。

Iharce, *Erreurs populaires*, p. 387（提及皇家医学会的公告）。Richerand, *Erreurs*（1812），pp. v-viii。

有关 18 世纪医药职业及其制度，参见 Roger Hahn, *The Anatomy of a Scientific Institution. The Paris Academy of Sciences, 1666-1803*（Berkeley, Calif., 1971），pp. 102-103；Jean Meyer, "Une enquête de l'Académie de Médecine sur les épidémies（1774-1794），" Annales ESC 21（1966）：729-749；Jean-Pierre Peter, "Une enquête de la Société Royale de Médecine（1774-1794）：Malades et maladies à la fin du XVIIIe siècle," Annales ESC 22（1967）：711-751。

〔80〕富格夫人作品的版本有：*Recueil de Receptes, Choisies, Experimentées et Approuvées … Reveuë et Corrigee de Nouveau*（Montauban, 1676）；*Les remedes charitables de Madame Fouquet. Pour guerir a peu de frais toute sorte de Maux … Experimentez par la Dame*（Lyon, 1681；在给神学院教士和僧侣的献词中〔署名日期 1680 年 4 月〕，作者呼吁他们关注病人）；*Recueil des Remedes faciles et domestiques … Recueillis par les Ordres Charitables de … Madame Fouquet, pour soulager les Pauvres Malades*（Dijon, 1690；出版商的献词是"献给虔诚和仁慈的妇女们"）。

Recueil des plus beaux secrets de medecine, pour la guerison de toutes les maladies … Et la maniere de preparer facilement dans les Families les rémédes et medicamens（Paris, 1695）。

La Medecine et la Chirurgie des Pauvres Qui contiennent Des remèdes choisis, faciles à preparer et sans dépense（Paris, 1749; and a new edition, 1766）。此书不同于 Philippe Hecquet 的 *La Medecine, la chirurgie et la Pharmacie des Pauvres*，后者虽然标题类似，却试图重编"秘方"书籍，使其更便利于医师们参考。

〔81〕Rostagny, *Erreurs*, Book 1, p. 20, chaps. 5-9; Iharce, *Erreurs*, pp. 382-415; Richerand, *Erreurs* (1812), pp. 312-315.

〔82〕Rostagny, *Erreurs*, p. 296, Book 3, chaps. 3-4; Richerand, *Erreurs* (1812), p. 275.

〔83〕Iharce, *Erreurs*, pp. 421-426. 有关18世纪晚期和19世纪的"大众医学",参见 M. Boutellier, *Médecine populaire d'hier et d'aujourd'hui* (Paris, 1966), pp. 11-107。Matthew Ramsey 正在哈佛大学写作的博士论文也在研究这个问题。

〔84〕Daniel Le Clerc, *Histoire de la Medecine, Où l'on voit l'Origine et les Progrès de cet, de Siecle en Siecle* (Amsterdam, 1702), Part 1, and pp. 25-46; François Dujardin, *Histoire de la Chirurgie, Depuis son origine jusqu'à nos jours* (Paris, 1774), pp. 2-29. Etienne Tourtelle 在1804年写道, 因为"看病不再是一件难事", 农民们正在跟其祖先的草药传统告别。所以他们正在从"野蛮部落"的医学中脱身出来(*Histoire philosophique de la médecine* [Paris, 1804], p. 3)。参见 Iharce, *Erreurs*, pp. 456-457。

〔85〕Iharce, *Erreurs*, pp. 386-387.

〔86〕Gérard Bouchard, *Le village immobile: Sennely-en-Sologne au XVIIIe siècle* (Paris, 1972), p. 365.

〔87〕Ibid., p. 120.

注释说明*

ACh
Archives de la Charité de Lyon
里昂布施档案馆

ADR
Archives Départementales du Rhône
罗纳省档案馆

AEG
Archives d'Etat de Genève
日内瓦国家档案馆

AEG，PC *Idem*
Proces criminels
日内瓦国家档案馆-刑事诉讼档案

AEG，RCon *Idem*
Registres du Consistoire
日内瓦国家档案馆-长老会记录档案

---

* 本书注释中外文缩写的中文含义。

AHD
Archives de l'Hôtel-Dieu de Lyon
里昂主宫医院档案馆

AML
Archives municipales de Lyon
里昂市政档案馆

Annales ESC
Annales. Economies, Sociétés, Civilisations
《经济、社会、文明年鉴》

BHR
Bibliothèque d'humanisme et renaissance
人文主义和文艺复兴图书馆

BSHPF
Bulletin de la société de l'histoire du protestantisme français
《法国新教史学会通报》

Crespin, *Martyrs*
Jean Crespin, *Histoire des Martyrs persecutez et mis à mort pour la Verité de l' Evangile, depuis le temps des Apostres jusques à present* (1619), ed. D. Benôit (Toulouse, 1885—1889)
让·克雷斯平:《使徒时代以来为福音真理而受迫害或献身的殉道者的历史》

Hist. eccl.
Histoire ecclesiastique des Eglises Réformées au Royaume de France, ed. G. Baum and E. Cunitz (Paris, 1883—1889)
《法兰西王国改革派教会史》

索 引

Abbayes de Jeunesse, *See* Youth groups, "青年修院"（士）

Abbeys of Misrule, *See* Festivity and festive organization, "欢诞修院"（士）

Académie Celtique, 高卢学院, 228, 257-258

Adolescence, definition of, 108-109, 112, 305

Adolescent organizations, *See* Youth groups

Adultery, 90n, 105, 158, 298

Aesop's Fables, 伊索寓言, 201, 329

Africans, 125, 130, 138, 228, 243

Agen, 阿让, 现洛特-加龙省首府, 164, 166, 181n

Agenois, 173, 178

Agricultural manuals, 196, 199, 206, 216, 245

Agrippa of Nettesheim, H. C., 126-127, 310, 313

Aix-en-Provence, 普罗旺斯-埃克斯, 92-93, 162, 183, 185

Alexis of Piedmont, Secrets of, 皮埃蒙特的阿莱克西斯, 16世纪一位意大利医师和炼金术士的假名, 一般认为此人叫吉罗拉莫·鲁塞里 (Girolamo Ruscelli), 259, 344

All Souls' Day, 万圣节, 105, 158, 171

Almanacs, 191, 198, 205-208, 330-331. *See also* Calendriers

Amazons, 亚马逊, 希腊神话中一部族, 其成员全部为女武士, 在特洛伊战争中与希腊人作战, 129-145 *passim*, 313

American colonies, 150, 315

Amiens, 亚眠, 98-99, 117, 173, 196n, 221

---

* 本索引中页码为本书边码。

Anabaptism, 再洗礼派, 15, 36, 84, 271-272

Anatomical dissection, 26, 223, 259, 267, 278

Androgyny, See Hermaphrodites

Angers, 昂热, 157

Angoumois, 昂古莱姆, 法国旧省, 大致相当于现代的夏朗德省, 104, 181-182

Anthropology, early, 143-144, 227-264 passim

Apothecaries, 55, 179, 210, 260; publications by, 215, 219n, 313

Apprenticeship, 9, 42-44, 113, 196; at Geneva, 296; at London, 305-306

Archbishop of Lyon, 31, 33, 42, 288, 308

Ariès, Philippe, 菲利普·阿里亚斯 (1914—1984), 法国历史学家、中世纪学家, 研究家庭和孩童时期, 107-108, 112, 302, 305

Aristotle, 亚里士多德, 135, 230, 234, 247, 256, 341

Arithmetic texts, 212-216 passim, 332f

Arles, 297

Artisans: and urban politics, 1, 71; and Calvinism, 6-7, 77-84 passim, 177n, 189, 214, 220-221, 294; and poverty, 21-23, 44; literacy of, 72-73, 209-210; and festive activity, 110, 114-115, 306; and religious riot, 176-178, 182; book ownership of, 193, 211-213, 327, 331; publication by, 214-220. See also individual crafts

Astell, Mary, 玛丽·阿斯泰尔 (1666—1731), 英国作家, 142

Astronomy, 198, 204

Auger, Emond, 埃蒙·奥热, 耶稣会士, 亨利三世的忏悔和讲道牧师, 16, 79, 164-167 passim, 221

Aumône-Générale, See under Poor relief at Lyon, 总救济会

Austria, carnivals in, 137

Author portraits, 215, 333

Autun, 奥坦, 索恩-卢瓦尔省城镇, 185, 319

Auvergne, 奥维涅, 法国中部大区, 200, 252n

Auxerre, 欧塞尔, 约纳省首府, 185

Avignon, 26, 290, 308

Aztecs, 228

Bachelors, 104-109, 300

Bacon, Francis, 弗朗西斯·培根, 42, 341

Bade, Josse, 若斯·巴德, 康拉德·巴德之父, 216, 336, 280, 338

Badius, Conrad, 康拉德·巴德, 204n

Baïf, Jean-Antoine de, 让-安特华·德·巴伊 (1532—1589), 法国诗人、七星诗社成员, 241

Bakers, 7, 21, 28-29, 157, 238, 277

Bakhtin, Mikhail, 米哈伊尔·巴赫金

(1895—1975)，苏俄文学理论家和语言哲学家，他在文化史、语言、文艺理论和美学等领域对西方学者有重大影响，103，119，122-123

Baptism, 74, 168, 171; mock, 14

Barbers, *See* Surgeons and barbers

Barcelona, 巴塞罗那, 155

Basel, 巴塞尔, 25

Basoche, 巴索赫, 111, 118, 304, 308, 326

Basque, 巴斯克, 197, 204, 247-248

Bayonne, 巴荣纳, 阿基坦大区大西洋-比利牛斯省市镇, 法国境内巴斯克地区主要城市, 242

Bear: chase of, 137, 202n; riding of, 342

Béarn, 贝昂, 法国旧省, 大致包含今天的大西洋比利牛斯省, 249n, 255, 330

Beaujolais, 博热, 147

Beaune, 博那, 勃艮第大区科多尔省市镇, 323

Béda, Noel, 诺埃尔·贝达（1470—1537），法国神学家，伊拉斯谟时的索邦神学系理事, 53f

Beggars and begging, 24-26, 32, 39, 45-50, 113, 194, 277, 284-286; child beggars, 24, 49

Bellah, Robert, 9n, 296

Bellingen, Fleury de, 弗勒里·德·贝林根, 247, 342

Bernard of Clairvaux, 克莱沃的伯纳德（1090—1153），克莱沃修院院长，法国修士、改革者, 231

Berne, 伯尔尼, 119

Beroaldo, Filippo, 贝罗亚尔多, 233

Bessy, the transvestite, 贝西, 137-138

Bèze, Théodore de, 西奥多·德·贝兹（1519—1605），作家、译者、教育家、神学家，帮助并继承加尔文领导日内瓦的新教改革, 83, 85

Bible and New Testament: in French, 6, 16, 76-80, 189, 202-203, 211-214, 220-223, 335; humanist use of, 29-30, 53; citation from, 129, 152-153, 181, 214, 232; destruction of, 157, 174, 322; as source of legitimation, 168, 178f; in Basque, 204. *See also* Psalms

Bibliothèque bleue, 蓝皮丛书, 191-192, 202n

Birunguccio, Vanoccio, 比伦古乔, 213, 332

Bishops, 79, 308, 319; mock, 98, 137

Blackstone, William, 127n, 313f

Blasphemy, 156, 162

Blois, 布罗瓦, 卢瓦尔-谢尔省首府, 180

Baccaccio, Giovanni, 65, 78, 133-134

Bollème, Geneviève, 热内维埃·伯莱姆, 研究大众文学的历史学家, 190f, 326, 328-329

Bonaspes, Nicolas, *See* Du Puy, Nicolas, 尼古拉·普伊（别名波拿斯普）

Books, printed: ownership of, 34, 191-202 *passim*, 211-213, 278, 327, 331-332; destruction of, 157, 173-174, 319f, 322; peddlers of, 177n, 190f, 197, 202-204, 322, 330; prices of, 197, 212, 328, 332f, 340; pawning, lending, and reselling of, 212-213. See also Printing; Printers, publishers, and booksellers; Reading

Bordeaux, 167, 184, 193; festive life at, 波尔多, 99, 111, 139

Borel, Pierre, 皮埃尔·博雷尔（1620—1671）, 法国学者、化学家、医师和植物学家, 99n, 250, 329

Bosch, Hieronymus, 希罗尼穆斯·博施（1450—1516）, 布拉班特（现荷兰境内）画家, 25

Bouelles, Charles de, 诺永的查理·德·布埃勒（1475—1566）, 法国数学家、诺永修士, 236-237, 247, 265, 339, 341

Bourgeois, Louise, 路易斯·布尔乔亚, 217

Bourignon, Antoinette, 安特华耐特·布里尼翁（1616—1680）, 法国神秘主义者, 自认受神命传播福音, 传教行迹遍布佛兰德斯、布拉班特、荷兰和阿尔萨斯, 145

Boys, 183-184, 318, 325. See also Apprenticeship; Adolescence; Youth

Braillier, Pierre, 皮埃尔·布莱里尔, 215

Bread, 24, 28-29, 38-41 *passim*, 62-64, 237, 255, 322. See also Grain

Breton, 197, 239, 254, 328

Breviaries, 174, 196n

Briançon, 布里安松, 上阿尔卑斯省城市, 98

Brie, 布里, 法国有6个市镇同名, 196

Brittany, 布列塔尼, 146, 201, 208-209, 250, 253n

Broquin, Jean, 让·布罗金, 34f, 40, 47

Brosses, Charles de, 查理·德·布罗斯, 法国地方官、历史学家、语言学家和作家, 255, 343-344

Bruegel, Pieter, 布鲁格尔（1525—1569）, 16世纪伟大的弗莱芒画家, 其风景画和反映农民生活的画作尤其出名, 41, 98, 129, 137n, 154, 240, 315

Bruges, 布鲁日, 52

Bullant, Jean, 215, 333

Burgundy, 勃艮第, 28, 104, 208-209

Butchers, 7, 73, 93, 183, 185, 249

Caillois, Roger, 罗格·凯鲁瓦, 102-103

Calendar reform, 206-207

Calendriers, 191, 197-199, 203-204, 328ff

Calvin, Jean, 让·加尔文, 35, 65, 83f, 272f, 317; on faith, 53-54; on male-female relations, 86, 88, 125, 128f; on iconoclasm, 121, 166

Calvinism: social, vocational, and sexual

distribution of, 2, 6-8, 80-82, 177-178, 273; appeal to printers and artisans, 4-7, 77-80; appeal to urban women, 77-90 *passim*; and festive life, 94, 120, 308; attitude toward Catholicism, 158-161; and violence, 173-175, 178-182; and peasants, 178, 202-205, 330. *See also* Bible, Conventicles, Consistories, Pastors, Psalms, Reformed Church, 加尔文派

Cambrai, 康布雷, 119, 189, 214

Cambridge, 148

Candlemas, 圣烛节, 137, 207, 312

Cannibalism, 324

Canon-counts of Lyon, 5-13 *passim*, 25-42 *passim*, 教士会显贵, 60, 159, 287

Canon law, 168; on poverty, 18, 31-32, 61; on marriage, 教会法, 90n, 106, 119, 320

Carnivals, *See* Festivity and festive organization; Mardi Gras

Castellion, Sébastien, 112n

Castration, 130-134 *passim*, 149, 175n, 179

Catechism, Calvinist, 教义问答, 82, 203, 330

Catherine de Médicis, 美第奇的凯瑟琳, 242

Catherine, Saint, 圣凯瑟琳, 似乎是1522年至1590年间的多明我会神秘主义者, 75

Catholic Church: and danger of heresy, 17, 174-175; and sense of unity, 159-160. *See also* Parish

Catholic clergy, 158-159, 165ff, 174-175, 180; in Lyon, 4, 32-33, 54-55. *See also* Archbishop of Lyon; Bishops; Mendicant orders; Nuns; Priests and *individual orders*

Catholic Reformation: and Counter Reformation, 16, 29-33, 60, 119ff, 220-222, 292-293, 309; and women, 79, 85, 92-94, 145, 293. *See also* Bible and New Testament

Cato the Elder, 老加图, 230f, 337-338

Ceffylpren, 木马, 传统威尔士民众司法形式, 在这个羞辱仪式中犯罪者将游街示众, 139-140, 148

Celibacy, clerical, 68, 88-89

Celts, 228, 254-258 *passim*, 264

Cencerrada, 139, 303

Censorship, 220-222, 309

Chalon-sur-Saône, 索恩河畔沙隆, 111, 139

Chambers, E.K., E.K. 钱伯斯, 101-102, 106

Champagne, 香槟, 238

Champier, Symphorien, 辛弗里安·尚比埃, 里昂医生, 贵族等级的坚定支持者, 28ff, 55, 202n, 288, 320

Charitable bequests, 39, 42, 58-59, 282f, 289-290

Charity, 17-64 *passim*, 263; repre-

375

sented in art, 41, 56, 283, 289
Charivaris, 97-123 passim, 139, 200, 301, 307-308; in religious riot, 180, 324; of a "charlatan," 264-265
Charles IX of France, 52, 165
Chartres, 夏特, 52
Chaucer, Geoffroy, 杰奥弗里·乔叟, 134, 231
Chauliac, Guy de, 古伊·德·索里亚 (1300—1368), 中世纪欧洲最有名的外科医师, 他的《大外科》(Chirurgia magna) 到17世纪时仍是外科学的标准参考书, 222, 258
Childbirth, 23, 69, 74, 134, 145, 261, 313; prayers at, 76, 214
Children, 18-24 passim; and welfare programs, 24, 42-49 passim, 128, 180, 253. See also Apprenticeship; Adolescence; Boys; Youth
Chivalric romances, printed, 202n
Choppin, René, 赫内·肖邦 (1537—1606), 巴黎高等法院的杰出律师, 207-208, 261n
Chrétien de Troyes, 特鲁瓦的克雷蒂安 (1135—1183), 作家, 被认为是法国第一位伟大的小说家, 231
Christine de Pisan, 克里斯蒂娜·德·皮冉 (1364—1430), 法国诗人, 作品表现宫廷爱情和查理五世生平, 凸显女性地位, 73, 126-127, 131, 144, 215, 219n
Christmas, 98, 104, 138, 303

Church buildings, 4, 71, 92, 159-174 passim
Clark, Captain Alice, 阿莱斯·克拉克, 148
Clothing, Calvinist attitude toward, 85, 92, 172
Cluny, Abbey of, 322
"Coarseness," in popular culture, 14, 231f, 256-257
Cohn, Norman, 诺曼·科恩, 历史学家, 研究政治迫害狂迷的根源, 将中世纪天启末日运动与马克思主义、纳粹相提并论, 182
Coinage: mock, 99, 298; token, 282
Colbert, Jean-Baptiste, 科尔贝, 252
Coligny, Gaspard de, 科里尼, 162
Collège de la Trinité, Lyon, 里昂三一学院, 13, 38, 42-43, 209
Collinson, Patrick, 帕特里克·科林森, 67
Compagnonnages, 4-15 passim, 职工工会, 36, 48, 113, 218, 273
Conards, Abbey of, 99-124 passim, 309; meaning of, 呆子修院, 99n
Concubines, 89, 159
Conflict, theories of, 185-186
Confraternities, 114, 121, 172, 184-185, 194; in Lyon, 4, 37-39 passim, 114; in Venice, 38, 42n; in Paris, 56, 75, 223; in Rouen, 75, 292, 309; female membership in, 兄弟会, 75, 105n, 141, 292-293

Consistories，长老会，164；activities of，11-14，57，90，120-121；social, vocational, and sexual composition of，11，83-84，294

Construction trades，5，21，23，171，210，332

Consulate of Lyon，执政团，1-62 *passim*，117，166，177n，325

Conventicles，Calvinist，秘密集会，11，58，83-92 *passim*，158-171 *passim*；reading aloud in，82，214

Corpses, desecration of，162，179，323f

Corpus Christi Day，圣体节，153，165-172 *passim*

Council of Trent，塔兰托公会，61，112n，320

Counter-Reformation，*See under* Catholic Reformation

Court cases，54，107，117，146-147，261；printers' journeymen and，6，10，189，218f；riots and，163，318；peasants and，207-208；use of proverbs in，231，244

Courts, mock，99-100，111，141-142，163

Craft manuals，211，213，332

Crespin, Jean，让·克雷斯平，律师、作家、印刷商，79，165f，175n

Criminal law，刑法，146，162，168

Crowds，152-187 *passim*

"Culture," concepts of，229，256

Customary law，习惯法，106，146，231，242

Dame Folly，愚笨夫人，123，136，147，234；at Geneva，305

Dance，97；peasant，104，105n，141，229，241-242，252n；urban，111，114，172，308；transvestite，137-139；courtly，242，246-247，252n

Daumier, Honoré，道米埃（1808—1879），法国讽刺画家，123

Dauphine，多菲内，104，119，176，203，208-209

Deaconesses，83n

Deacons，11，60

Dead: masses for the，54-55，75，179，292；spirits of the，105，158

Delcourt, Marie，玛丽·德尔库尔，古希腊史专家，尤其重视从心理维度研究宗教行为，144-145

Demoiselles, War of the，少妇之战，148

Dentière, Marie，玛丽·丹蒂埃，日内瓦新教改革家和神学家，在终结女修院制的运动中起着突出作用，68，82，85，89，294f

Desecration: of relics and religious objects，157-180 *passim*，320；of corpses，162，179，323f

Dialects，196-200 *passim*，210，236-241 *passim*，250-261，266；Lyonnais，26，113

Dictionaries, 216n, 236 – 239, 247, 254; etymological, 250, 254 – 255, 342f

Dijon, 第戎, 99, 109 – 119 *passim*, 139ff, 147, 309

Divorce, 90n

Dolet, Etienne, 埃蒂安·多莱（1509—1546），法国人文主义者、学者、印刷商，被形容为"文艺复兴的第一位烈士", 12n, 30, 272, 288, 291, 326, 332, 335

Dominicans, 多明我会修士, 17, 30, 52–54, 319

Donaldson, Ian, 伊恩·唐那尔森, 131

Double standard, 90n

Dowries, 42f, 69, 126, 282, 290

Druids, 德鲁伊, 凯尔特语意为"探知橡树", 古凯尔特人的知识阶层, 担任祭司、教师和法官, 132, 228

Du Laure, Jacques-Antoine, 雅克-安特华·罗尔, 257–258

Du Puy, Nicolas, alias Bonaspes, 尼古拉·普伊（别名波拿斯普）, 235, 338

Dürer, Albrecht, 阿尔布雷希特·丢勒 (1471—1528), 德意志文艺复兴时期最伟大的画家, 35, 153

Economic conflict: in the printing industry, 2 – 15 *passim*, 189, 193, 217–218, 274; in the silk industry, 7; among medical practitioners, 7, 260 – 264; in the Church of Lyon, 13; in rural areas, 146, 147–149

Edinburgh, riots in, 146, 149

Education, *See* Schools; Teachers; Literacy

Eisenstadt, S. N., 埃森斯塔德, 109, 112

Eisenstein, Elizabeth L., 伊丽莎白·L·埃森斯坦, 美国历史学家, 研究法国革命和19世纪早期法国, 她对早期印刷史、从"手稿文化"到"印刷文化"的媒体转换、印刷术对西方文明的文化影响等的研究尤为出名, 192, 216

Eloquence, 31, 61 – 62, 239 – 240, 245

Enclosures, 146, 148

Encyclopédie, 253

Enfants de la Ville, 111, 113 – 114, 305

Enfants-sans-souci, 无忧孩子, 111, 305, 307

England, 146 – 150 *passim*, 251 – 252, 315; poor laws and charity in, 19, 46, 51 – 52, 283, 287f; festive customs in, 109, 138, 140, 150, 302 – 303. *See also* Exeter, Norwich

Erasmus, 伊拉斯谟, 33ff, 53ff; views on charity, 30f, 62; on learned women, 73, 77; *Praise of Folly*,

378

123，136，234；*Adagia*，233－239 *passim*，244，247，313

Erreurs populaires sur la médecine，《医药众误集》，224-225，258-264

Essex, grain riot in, 148

Estates of Orléans, 158, 290

Estèbe, Janine，贾尼·埃斯泰布，法国历史学家，对16世纪法国的政治、宗教史尤有研究，155，160n，166，175-176，185-186，316

Estienne, Charles，查理·埃斯蒂安（1504—1564），法国解剖科学的倡导者、农学家、印刷商，196，206，327，344

Estienne, Henri II，亨利·埃斯蒂安（1528—1598），罗伯特·埃斯蒂安之子，印刷商、哲学家、人文主义者，所在时代最杰出的古希腊研究学者，238，339，344

Estienne, Nicole，尼古勒·埃斯蒂安，查理·埃斯蒂安的女儿，217，219，334

Estienne, Robert I，罗伯特·埃斯蒂安，216n，305，326，338f

Etymology, works on, 236, 250, 254-255, 342f

Excrement, 180, 307, 324

Execution, public, 92, 162-163

Exeter，埃克赛特，英格兰德文郡首府，63

Exorcism, 179

Explications morales d'aucuns proverbes，《道德说明》，238，244，339

Fabliaux, 134, 232, 254

Faculty of Medicine: at Paris, 191; at Montpellier, 223f, 258

Faculty of Theology: at Paris, 13n, 17, 32, 53, 61, 220, 299; at Louvain, 222

Fail, Noel du，诺埃尔·法伊，法国法学家、文艺复兴时期作家，196n，198n，201，202n，303

Fairies, 147, 149, 192

Fairy tales, 191, 229－232 *passim*, 249，252-253

Family, 3, 113－114; poverty and, 21-24, 39－40, 46, 48; size of, 22, 69; patriarchal, 91, 216－228, 143-144; festivities and, 98, 213, 297. *See also* Marriage; Subjection

Famine, 24－27 *passim*, 49, 169－170, 286, 320

Females, *See* Women

Feminism, 82, 85, 88, 126－127, 142-143, 313

Fertility rites，丰产仪式，104，130，137-138，257

Festivity and festive organization, 97－213, 304; urban, 5, 16, 109－121, 139－140, 213; theories of, 100-103, 121-123, 130-131; rural, 104-108, 136-140, 199-200; of youth, 104-108, 111-114, 184-

185; of women, 105n, 114n, 138—139, 141, 150; violence and, 107, 172—173, 180—184 *passim*; political activity and, 117—119, 128—219, 309

Flanders, 弗兰德斯, 37—38, 166, 170, 239, 340

Florence, 佛罗伦萨, 30, 274, 280, 283, 293, 302, 308, 325

Foigny, Gabriel de, 加布里埃尔·德·弗瓦尼（1630—1692），还俗僧人，乌托邦小说《南方大陆》的作者, 128

Fontenelle, Bernard Le Bovier de, 丰特奈尔（1657—1757），法国科学家、文人，伏尔泰形容他是路易十四时代最博学多才的人, 254f

Fools, 117, 132, 136, 141, 233; Feast of, 98, 101—102, 137f, 297

Foreign residents, of cities, 21, 43, 45, 50—51, 69, 114

Forez, 弗雷, 195

Franche-Comté, 弗朗什-孔泰, 141

Franciscans, 33, 53, 76, 185, 222

François Ier, 118, 191, 298

French language: use of, 195, 210—211, 253n; enrichment of, 233—245; history of, 250, 253—254

French Revolution, 84, 257

Funerals, 74, 171

Gagnedenier, See Unskilled Workers, 日工

Galen, 盖伦, 217, 223, 259, 335

Gascon, Richard, 239n, 241, 245, 251f, 261

Geneva, 35, 68, 274—275; Consistory of, 11, 13—14, 120, 274; poor relief at, 51, 60, 285, 290; women at, 82, 89—92, 296; festivity at, 111, 120—121, 305, 308f; printing industry at, 218, 274; riots at, 316, 325

Germany, 307; festive activity in, 109, 137

Gerson, Jean, 让·戈森（1363—1429），神学家、基督教神秘主义者，领导宗教会议运动，最终导致1378年教廷大分裂, 18, 112n

Ghostly Sally, 可怖萨丽, 149

Ghosts, 158, 192

Gilles de Noyers, Jean, 让·吉尔·德·诺耶, 235—236, 338

Golden Legend,《黄金传说》, 132—133, 145, 211

Goody, Jack, 杰克·古迪，英国社会人类学家, 192

Gouberville, Gilles, Sire de, 202n, 300, 313, 328

Grain prices, 24, 169—170, 320

Grain riots, 72, 147f, 161, 170, 320; at Lyon (*rebeine*), 8—9, 27—28, 154, 161, 278, 320

Greek, 234, 238, 255; medical texts

in，222，259

Gregory Nazianzen，格里高利·纳齐安森（330—389），4世纪君士坦丁堡的一名大主教，被认为是教父时代最有造诣的修辞语式学家，55

Grenoble，格勒诺布尔，117

Griffarins, Company of the, 3 - 16 *passim*，格里法林团

Grimmelshausen, J. J. C. von，格里梅尔豪森（1621—1676），德意志小说家，134

Gringoire, Pierre，305，307，338 - 339

Gryphius, Sébastien，塞巴斯蒂安·格里修斯（1492—1556），德意志书商—印刷商、人文主义者，41，55，277，279，287

Guéroult, Guillaume，274

Guilds，71-72

Guyenne，吉恩，原西南法国地区名，大致包括于今天的吉伦特省和洛特-加龙省、多尔多涅省、洛特省和阿韦龙省大部，200，208-209，215

Gynecocracy，144

Gynecological books，125n，217，222，259，263

Hamelin, Philibert，菲利伯·阿姆林，牧师、胡格诺殉道者，202-203

Harlequin，阿尔勒金，132，246

Hauser, Henri，亨利·豪塞（1866—1946），法国经济学家、历史学家和地理学家，2，9

Health regimens，198 - 199，222 - 223，259-263，335-336

Hebrew，30，53，234，279

Hell，173，179，199

Henri III，129，217

Henri IV，141，256，322

Herder, Johann Gottfried，254n，257n

Hermaphrodites，128，142，145

Hierarchy，xvii-xviii，10 - 11，83 - 94 *passim*，124 - 129，142 - 143，220 - 222；among medical practitioners，222 - 225，260 - 264；and character of speech，233，240 - 241，245 - 246，256 - 257

Hill, Christopher，克里斯托福·希尔，英国马克思主义历史学家，主要研究17世纪英国，18

Histoire ecclésiastique，《教会史》，155n，173

History books，202n，211f

History of France，238 - 239，254 - 255，257-258

Hobbes, Thomas，霍布斯，143n

Hobsbawm, Eric，艾里克·霍布斯鲍姆，123

Hoggart, Richard，理查德·霍加特，英国学者，进行社会学、英国文学和文化研究，尤其关注英国大众文化，225

Holbein, Hans, the Younger，霍尔贝

381

因（1497/1498—1543），德意志画家，30

Homer，荷马，30，253，256

Homosexuality，129，159

Hospitals，26，61. *See also* Hôtel-Dieu

Host, and religious violence，圣体，156ff，169，171，180-181

Hôtel-Dieu: of Lyon，主宫医院，23-39 *passim*，222-223，281; of Paris，215，281-282

Houel, Nicolas，尼古拉·威尔，215

Hours, Book of，祈祷书，197，211f，222，330

Howell, James，詹姆斯·霍威尔（1594—1666），英国历史学家、作家，250-252

Huguenots: origin of term，158，316-317. *See also* Calvinism

Humanism: on poverty and charity，17-62 *passim*，280; and religion，29-30，52-54，222; and lawyers，34; and physicians，55，223，259; on education，61，73; on marriage，90; on culture and language，220，234-245. *See also* Erasmus, Jean de Vauzelles *and other individual humanists*

Humors, male and female，124

Hungary, rural youth-groups in，109

Husband-beating，100，116，134，140，145，301

Hysteria，124-125，310

Iconoclasm，圣像破坏运动，30，88，121，152-183 *passim*，319

Iharce, Luc d'，卢·蒂阿尔斯，13世纪医学博士，获王室医学特许状，262-265

Ile-de-France，83，195，208，252，300

Illness，23-24，26，49，263-264

Illustrations, book, *See* Prints

Immigration: urban，3，12，49-51，114; and Calvinism，7，87; male and female，69，291

Incest，317

Indians, American，36，47，143-144，228，255

Initiation rites，14

Innocents, Feast of，每年的12月28日为无邪者节，旨在悼念被希律王杀戮的儿童，是怀孕妇女、丧子母亲和生病小孩家庭的重要日子，11，342

Inquisitor，宗教裁判官，7，17，52，54，220-221

Inversion, symbolic，角色反串，*See* Festivity; Role reversal; Transvestism

Ireland, rural uprising in，149

Italian，29f，51，238f，262

Italians in France，21，30，43，56，114，286，320，325

Italy, festive organization in, 109, 302, 307. *See also* Turin

Jeanne d'Albret，阿尔布雷的让娜（1528—1572），纳瓦尔的玛格丽特之女，亨利四世之母，66，78，83n，164，293ff

Jeanne d'Arc，贞德，144-145，313

Jerome, Saint，圣哲罗姆（347—419/420），《圣经》译者、修院领袖，被认为是拉丁教父里学识最为渊博的一位，129，223

Jesuits，143ff，164-165，167，221f，246，313

Jesus Christ，27，30-31，88，234

Jews，28，88，133；pogroms against，155，170n

Jezebel，耶洗别，腓尼基的公主和以色列国王亚哈之妻，以残忍淫荡出名，153，167，179

Joan, Pope，琼，传说中9世纪时的一位女教皇，她着男装并被选为教皇，在位2年，134

Jonson, Ben，本·琼森（1572—1673），英国剧作家、抒情诗人，135

Joubert, Laurent，劳伦·茹贝尔，医生、外科医师，1579年成为御医，216n，223-225，258-262，266f

Journeymen，职工，中世纪和近代早期欧洲各行业、手工业中所雇佣的满师学徒工，*See* Compagnonnages *and individual crafts*

Katzenmusik，109，139，302

Kleberger, Johann，约翰·克莱伯格，35，57

Knox, John，约翰·诺克斯（1514—1572），苏格兰宗教改革首要领导人，奠立了苏格兰教会的严肃道德氛围和民主机制，125

Labarre, Albert，196n，331

Labé, Louise，路易斯·拉贝，73-86 *passim*，94，189，217

Labor conflict, *See* Economic conflict

Laboureurs，44，109，195ff，200. *See also* Peasants

La Croix du Maine, François de，弗朗索瓦·德·拉克鲁瓦·曼恩，曼恩地区拉克鲁瓦领主，法国作家和书目编撰人，216n，219-220

La Curne de Sainte-Palaye, Jean Baptiste de，拉库尔纳·德·圣帕雷（1697—1781），法国历史学家、哲学家、词典编撰学家，254

Lafayette, Madame de，126n

Lafitau, Joseph François，拉菲陶，143-144，313

Langres，朗格尔，上马恩省城镇，92，101，139，308

Languedoc，朗格多克，195，208，342；peasant customs in，198，250；gardens in，206

La Popelinière, Lancelot Voisin de，拉

波普里尼埃，255

Latin, 30, 221f, 230 – 241 *passim*; women and, 72, 77; peasants and, 203, 207; artisans and, 215f

Law, *See* Canon law; Court cases; Criminal law; Customary law

Law books, 207 – 208, 242, 331; in manuscript, 196

Lawyers, 33 – 34, 65, 177n, 201, 208, 238 – 249 *passim*; and festive activity, 97, 101, 111, 115, 121; and religious riot, 176 – 177, 182. *See also* Basoche

League, Holy Catholic, 天主教联盟, 121, 184, 309

Leather trades, 21, 70, 210f, 309

Le Bon, Jean, alias l'Hetropolitain, 让·勒·庞, 239-240, 340

Lefèvre d'Etaples, Jacques, 勒费弗尔·戴达普勒（1450—1536），法国神学家、人文主义者，法国新教运动的先驱者, 236

Le Goff, Jacques, 雅克·勒·高夫, 232

Le Jars de Gournay, Marie, 古尔内公鹅玛丽, 88

Le Mans, 勒芒, 185, 219n

Le Roy Ladurie, Emmanuel, 艾曼努艾尔·勒·华·拉杜里, 195

L'Estoile, Pierre de, 155n

Lhéritier, Mademoiselle, 埃里蒂埃（1664—1734），法国女文人, 133, 229, 249

Liébault, Jean, 让·里柏尔，医生、农学家, 206, 334, 344

Life expectancy, 69, 301

Lille, 里尔, 37, 237, 283, 297

Literacy, 80, 82, 193 – 194, 232, 241; urban, 5, 72 – 73, 209 – 210; rural, 195. *See also* Schools; Teachers

Liturgy, Reformed, 4, 86

Locke, John, 128, 255

Loisel, Antoine, 安特华·勒瓦塞尔（1536—1617），巴黎的杰出律师，曾是国王的法律辩护人, 231, 240, 242

London, 155, 82, 305-306

Lord of Misprint, 贝壳领主, 111, 118, 218f, 275, 309, 334

Lord's Supper, 87, 158; denial of, 14, 90, 274, 296

Louis XIII, 141, 307

Louis XIV, 246, 251

Louvain, 鲁汶, 37, 222

Luther, Martin, 马丁·路德, 17, 30, 53, 204, 283

Lying-in, 23, 69-76 *passim*, 145, 214, 261, 313; cost of, 277

Lyon, 1 – 64; economy of, 1, 21 – 22, 42ff; printing industry at, 1–16, 189, 193, 218; Calvinism at, 1–16, 56- 59, 80 – 81, 160 – 161, 177n, 184; Catholic clergy at, 4 – 17 *passim*, 25 – 42 *passim*, 52 – 55, 86, 159, 220 –

221; festive life at, 5, 16, 98-100, 109-121 *passim*, 218-219, 309; grain riot at, 8-9, 27-28, 154, 161, 278, 320; population of, 20-21, 50, 69, 291; schools and teachers at, 42, 73, 209, 215; literacy rates at, 72-73, 209-210; religious riot at, 156-183 *passim*; prices at, 285-286, 332

Lyonnais (rural), 21, 26, 28, 208, 304, 320; Calvinist peddlers in, 203, 330; Waldensian proselytizers in, 281

Mâcon, 马孔, 布尔戈涅大区索恩-卢瓦尔省首府, 98, 181-182, 184

Maid Marian, 玛丽安, 16世纪时传说中罗宾汉的女伴, 137-138

Maintenon, Françoise d'Aubigné, Marquise de, 曼苔农夫人 (1635—1719), 路易十四第二任妻子, 未加冕王后, 在宫廷中促成尊贵、虔敬的氛围, 246

Major, John, 约翰·梅杰, 32

Malherbe, François de, 弗朗索瓦·德·马莱布 (1555—1628), 法国诗人、法语音节修整者、理论家, 坚信法语形式、用词的严整和纯洁性, 246

Mandrou, Robert, 罗伯特·曼德卢 (1921—1984), 法国历史学家, 主要研究现代法国史, 67, 190f, 208

Manuscripts, 196, 211, 217, 259; of proverbs, 230-231, 235, 240

Marcolf, 马尔科夫, 227-228, 230, 234, 245

Marcourt, Antoine de, 安特华·德·马尔库尔, 58, 223, 289, 322

Mardi Gras, 肥美节, 98, 104, 111, 118ff, 137-142 *passim*, 172, 308

Margaret of Antioch, Saint, 安条克的圣玛格丽特, 76, 88, 129, 214, 293

Marguerite de Navarre, 纳瓦尔的玛格丽特 (1492—1549), 所在时代法国最有权势的女性, 弗朗索瓦一世之姐, 纳瓦尔的亨利二世之妻。法国文艺复兴时期最突出的人物之一, 为许多人文主义者和改革者提供庇护, 66, 73, 82, 126n, 293

Marnef, Enguilbert, Jean, and Jérome, 马尔内, 193, 334f

Marot, Clément, 克莱门·马罗 (1496—1544), 法国文艺复兴时期最伟大的诗人之一, 他对拉丁诗歌形式和比喻的运用对后人有显著影响, 201, 213. *See also* Psalms

Marriage, 88-92, 126-128, 134-136, 140, 145, 313; Calvinist views of, 68, 89-90, 127-128; age at, 69, 104-106; second, 69, 100f, 105-107, 116, 301; humanist views of, 90; pool of eligibles for, 106-107, 116; marriage chant,

107，200，258；political views of，128；feminist view of，142-143；and religious riot，173，322；clandestine，320. See also Canon law；Husband-beating；Wife-beating；Wives

Marseille，马赛，183，305

Martin，Henri-Jean，亨利-让·马丁，欧洲书籍史权威，193

Marvell，Andrew，303

Mary, the Virgin，68，76，78，124，202，299；Calvinist attitude toward，87；Catholic feminist attitude toward，88；and religious violence，159，170-174 passim，175n

Mass，74f，86，160；religious riot at，156，158，171；Calvinist view of，159，180，322

Masses for the dead，54-55，75，179，292

Matriarchy，143-144，313

May，100，105，116，138，141

Meat prices，285-286

Meaux，莫城，塞纳-马恩省首府，162，176f，181

Medical books：texts in French，55，189-190，211，215，217，222-225，259-260，335；regimens，remedies，secrets，"errors，" 191，197ff，223-225，258-264，344f

Medical practitioners，125n，215，217，222-223，260-264. See also Apothecaries；Midwives；Physicians；Surgeons

Medicine，history of，264，346

Mélusine，梅吕西娜，中世纪骑士和大众故事中的一位女性，201，232

Ménage，Gilles，吉尔·梅纳日（1613—1692），法国语法学家、历史学家、作家，250，316-317

Mendicant orders，托钵修院，17，32，41，54ff，See also Dominicans，Franciscans

Merchants，34-35，40，43，70；and Calvinism，84，177n，289；and religious riot，176-177，182；literacy of，210；publication by，215；books owned by，332

Merchant-publishers，1，11，166，193，218，274，330

Mercy，acts of：represented in art，41，283

Mère Folle，疯女院长，99，111-119 passim，139-141，147，299

Mère Sotte，傻女院长，139，305，307

Metal trades，7，21，210，213

Meurier，Gabriel，加布里埃尔·梅里埃，239

Michelangelo，米开朗琪罗，56

Michelet，Jules，257n

Midwives，70，76，81，199，224，258-264 passim；publication by，125n，217；and baptism，168

Militia，urban，111，113，185，306

Millenarian movements，千禧年运动，

123，154，159

Miracles，167-168

Missals，174，196n，322

Modesty, of women，126-127，217

Moisant de Brieux, Jacques，雅克·穆瓦桑·德·布里厄（1611—1674），法国诗人、历史学家，248-250，253，265，342

Molière，莫里哀，246

Mons pietatis，低息贷款，33，280

Montaigne, Michel de，蒙田，47，155n，230，241，245

Montauban，蒙托邦，塔恩-加龙省首府，180，183，185

Montpellier，210-211; tax revolt at，146; religious riot at，156，163f，172，179，181n; Calvinism at，184，273，308; Faculty of Medicine at，223f; charivari at，蒙比利埃，264-265

More, Thomas，托马斯·莫尔，36，46，230

Morély, Jean，83n

Morin, Nicolas，尼古拉·莫林，17，27，50，52-54

Naples，那不勒斯，256

Netherlands: poor relief in，39; iconoclasm in，166-167，182n

News accounts，212，217，334

New Year's day，105n

Nice，尼斯，114，304

Nicholas, Saint，圣尼古拉，75，304

Nicknames，14，71，81，303; and religious violence，181

Nightwork, of artisans，213，332

Nîmes，尼姆，73，83，167，206，308

Normandie, Laurent de，诺曼底的劳伦，203，330

Normandy，诺曼底，146，202n，248-250，300

Norry, Milles de，米尔·德·诺里，215

Norwich，诺维奇，63，276

Notaries, rural，196

Nuns，75-76，87，89，175n，293

Nuremberg: welfare reform in，51-52，59; festive activity in，纽伦堡，138，141-142，304，308

Nykrog, Per，尼科洛格，学者，研究中世纪讽刺寓言诗等文学作品，232

Oaths，6，8；15

Obedience，12，88，127-128

"Obscenity，"14，119，231f，242n，256-257，307，343-344; in dance，130，137-138

Oihenart, Arnauld，阿诺尔·瓦那（1592—1668），巴斯克历史学家、诗人，247-249，342

Orléanais，203

Orléans，奥尔良，176f，182

Orphans, 24, 42-44, 277

Pagnini, Santo, 桑托·帕格尼尼（1470—1536），多明我会学者，萨沃那罗拉的学生，1526年起生活在里昂，将希伯来语版《圣经》译为拉丁文，对16世纪的其他《圣经》译者贡献颇多, 4, 30-33, 53, 56, 279

Painters, 5, 111, 171, 210

Paintings: in rural churches, 199; ownership of, 211, 332

Palissy, Bernard, 伯纳德·帕里西（1510—1589），法国陶匠，花费16年时间模仿中国陶器, 216, 324

Pamiers, 172-175 *passim*, 帕米埃，阿列日省市镇, 183

Paracelsus, 帕拉塞尔苏斯（1493—1541），瑞士医学家，试图把医学和炼金术结合为医药化学。他把人体看成一个化学系统，认为疾病是由于元素之间的不平衡引起的（而盖伦认为疾病是由于体液间失调引起的），每一种疾病都有特定的化学疗法，16、17世纪时其学说影响很大，可与盖伦派相抗衡, 260, 345

Parades, *See* Festivity; Processions; Riding backwards

Paradin, Guillaume, 纪晓姆·帕拉丁, 86, 101, 120, 315

Paré, Ambrose, 安布罗斯·帕雷（1510—1590，原文的 Ambrose Paré 似乎有误，应为 Ambroise Paré），法国皇家外科医师, 215, 216n, 333

Paris, 70; poor relief and hospitals at, 45-46, 51, 215, 228-282, 286f; confraternities at, 56, 75, 223; teachers at, 71, 73; festive activity at, 111, 118, 139, 304-305; processions at, 121, 184, 317; religious violence at, 161-187 *passim*, 318; Calvinist conventicles at, 176, 214; as printing center, 189, 193; book ownership at, 191, 193, 211, 333; University of, 196, 233, 293. *See also* Faculty of Medicine, Faculty of Theology

Parish, 4, 37, 74-75, 87, 160, 178, 254; rural, 109, 200

Parlement: of Rouen, 高等法院, 117-118, 248; of Paris, 162, 189, 207

Pasquier, Etienne, 埃蒂安·帕斯奎埃（1529—1615），法国律师、文人，著有十卷本《法国研究》，此书既是百科全书，又是重要的历史著作, 232, 237-238, 241, 248, 256n

Passwords, 184

Pastoral, 197, 254

Pastors, 11-12, 14, 56-58, 82-90 *passim*, 221, 274; and festivity, 120-121, 308; and religious violence, 152-175 *passim*, 319, 322-323

索 引

Pattern books, 213, 332

Paul, Saint, 圣保罗, 79, 83, 129

Peasants, 26, 197-199, 245, 249; refuse to pay tithes, 28, 208, 238; festive activity of, 104-109, 137-138, 199-201; riots and uprisings of, 146-149 *passim*, 208-209, 307; and religion, 178, 199-207 *passim*; and books, 194-209, 328; literacy of, 195-196; and law, 207-208, 242ff; speech and proverbs of, 227-258 *passim*; viewed as "primitive," 255-257, 264, 346; and medicine, 258-264 *passim*, 346

Peddlers, 190f, 202-203, 205, 208, 246, 330

Pediatric manuals, 223, 335-336

Peletier, Jacques, 雅克·普勒蒂埃（1517—1582），法国诗人、批评家，对希腊和拉丁诗歌深有研究, 220

Penalties, official, 39, 45-46, 162. *See also* Lord's Supper, denial of Penalties, popular: of the Company of the Griffarins, 8-9; of village youth-abbeys, 105-107, 140, 300; of urban festive societies, 116-117, 303, 306; of religious crowds, 162-163, 179-181, 324. *See also* Charivaris; Riding backwards

Pentecost, 圣灵降临节, 172-173

"People," definitions of, 190

Perrault, Charles, 查理·佩罗（1628—1703），法国诗人、散文作家，法兰西学院杰出成员，最负盛名的作品是《鹅妈妈的故事》, 229f, 249, 252-253

Philosophes, 253

Physicians, 28, 39, 55, 124-125, 258-264; publication by, 191, 205f, 219n, 222-225, 239, 260-264, 345; criticized, 215, 217, 260, 263n. *See also* Symphorien Champier; François Rabelais

Picardy, 皮卡第, 202, 237, 309

Picaresque, 131

Pillaging, 164, 176

Plague tracts, 215, 222, 259

Platter, Thomas, 托马斯·普拉特（1499—1582），瑞士作家、人文主义者，其自传尤为出名, 196, 297, 308, 328

Pléiade, 七星诗社, 16世纪法国由7名文学家创建的组织, 旨在提升法国语言水准, 使其在作为文学表达媒介时能够媲美古典语言, 220, 236, 241, 246

Poetry, 110, 113, 241, 245-246

Poitiers, 普瓦提埃, 98, 185n, 193

Poitou, 普瓦图, 104, 196

Politiques, 16, 309

Pollution fears, 81, 157-160, 317

Poor Clares, 穷克莱尔修会, 1263、1264年间教皇乌尔班四世许可设立

的组织，会内财产共有并拥有比此前修会更大的自主权，82，89，288

Poor Law, in England, 济贫法，19，284

Poor relief: at Ypres, 17, 19, 32, 277, 287; medieval forms, 18, 36-38, 283; at Venice, 19, 26, 60, 282; at Avignon, 26, 290; at Nuremberg, 35, 52, 59; in the Netherlands, 37ff, 52; tracts and ordinances on, 41, 51-52, 212, 275f, 287; in art, 41, 283; at Troyes, 45; at Rouen, 45f; in Spain, 50, 52, 276; at Toulouse, 51, 320; at Geneva, 51, 60, 285, 229; at Paris, 51f, 277, 281-282, 286; at Bruges, 52, 287; at Chartres, 52, 287; at Exeter, 63; at Norwich, 63, 276-277, 282; at Strasbourg, 280, 290; at Lille, 283; at Amiens, 290 —at Lyon: reformers of, 29-35; weekly distribution, 39ff, 48-49, 62-64, 285; for children and adolescents, 42-45; and new industries, 43-45; residence requirement for, 49-50

Population, urban, 1, 20-21, 24, 59; and immigration, 49-51, 69, 291

Porteous riots, 波特斯暴动，1736年在爱丁堡爆发，城市警卫队长波特斯在制止骚动中放火压制人群，被处死缓，人群随后将其吊死，暴动带有詹姆斯二世党人色彩，148-149

Poullain de La Barre, François, 弗朗索瓦·普兰·德·拉巴尔（1647—1725），法国作家、笛卡尔主义哲学家，142

Poverty, sources of, 21-27

Preaching, 6, 76, 89, 221, 231-233; on poor relief, 30-32, 55, 280; by Protestant laymen and laywomen, 82-83, 168; and religious violence, 152-156 *passim*, 164-167 *passim*, 170-173 *passim*, 316; in Brittany, 253n, 254

Prices: grain, 24, 169-170, 320; bread, 24, 38, 332; books, 197, 212, 328, 332f, 340; meat, 285-286; shoes, 332; candlewax, 332

Priests, 4, 13, 74-75, 89; as viewed by Calvinists, 77-78, 86, 159f; and religious riot, 165-166, 174, 180, 319; in villages, 196n, 199

Primerose, James, 詹姆斯·普里梅罗斯，英国医师，262f, 345

"Primitive," theory of, 255-257, 264

Printers, publishers, booksellers, 1-16 *passim*, 189-226 *passim*, 177n, 325. *See also* Merchant-publishers; Peddlers *and printers under individual names*

Printers' journeymen, 3-16, 189, 213, 218, 226, 274-275; festive activity of, 3, 5, 16, 111, 118, 218-219; attitude toward beggars, 48; proofreaders among, 196, 216-217; literacy of, 209-210. *See also* Lord of Misprint

Printing, 189-226; economic organization of, 2-3, 42, 193, 197, 205, 291; economic conflict in, 2-15 *passim*, 189, 193, 217-218, 274; and control, 220-225

Prints, 29-30, 41, 56, 215; in calendars, 198f, 204; as a means of control, 222

Prison, 91, 145, 161-162; and the poor, 42, 45, 58

Processions: Calvinist, 4-5, 87, 92, 171-172, 184, 321; at time of famine, 26, 170, 320; of the poor, 56, 289; Catholic, 74-75, 121, 159, 168-169, 171, 185, 317, 325; festive, 97-121 *passim*, 137-141 *passim*

Prophesying, 83f

Prostitution, 71, 90, 114n, 159

Protestantism, *See* Calvinism, Anabaptism

Provençal, 普罗旺斯语, 197, 239, 254, 328, 331

Provence, 普罗旺斯, 230, 249n

Proverbes au vilain, Li, 《农民谚语》, 230-232, 337

Proverbes communs, 《大众谚语》, 230-232, 235-236, 338

Proverbs: classical and learned, 230, 233-235, 338-239; legal use of, 231, 240, 244-245, 340f

—Popular: on women, 124f, 237; peasant use of, 198, 243-244; on illness and health, 198, 207, 259-264; on work, 199, 238, 249; collected, 207, 226-264 *passim*, 341; in Flemish, 239, 340; in Spanish, 239, 251, 340, 342; in Gascon, 239n, 251f; illustrations of, 240, 247; in Basque, 247-248; in Welsh, 251; in Provençal, 343

Provins, 普罗万, 161, 163, 171, 183, 316

Provisioning trades, 21, 70, 210. *See also* Bakers; Butchers; Tavernkeepers

Psalms, Calvinist singing of, 4-5, 86-87, 168, 171f, 184, 189, 321

Public works, 45, 284-285

Punishments, *See* Execution; Penalties; Prison

Purification, 174, 179-180

Pyrénées, 137, 148, 248

Queens, 125, 144; festive, 105n, 114n, 141. *See also* Catherine de Médicis; Jeanne d'Albret

Quinze joies de manarige, 《婚姻十五喜》, 14、15世纪作品, 旨在奉劝年轻男子不要陷入婚姻之网, 134

Rabelais, François, 103, 155n, 300, 306; as a physician, 39, 278, 288-289; on faith, 53; on sexuality, 88-89, 124-125; on games, 98; on women and marriage, 116n, 134, 301, 323; on the Abbaye de Thélème, 123; on proverbs, 拉伯雷, 228, 240

Raemond, Florimond de, 弗罗里蒙·德·雷蒙, 波尔多地方官, 著有3本书进行激烈的反新教论争, 65, 83

Rape, 175n

Reader response to printed books, 216, 219, 224, 261

Reading aloud, circles for, 76, 201-202, 213-214, 222

Rebecca riots, 148-149

Rebeine, See Grain riots

Recipe books, 191, 259, 263, 344

Reformed Church: services of, 4, 86-87, 330; temples of, 10, 173-174; institutional structures of, 10-11, 14, 57, 60, 82-83, 294; charitable bequests to, 58, 289-290

Regional interest, 238, 241-242, 247-248, 250n, 253n, 342f

Reinages, 105n, 200

Relevailles, 洁身礼, 74

Relics, Calvinist treatment of, 121, 157, 179

Renée de France, 法兰西的赫内（1510—1575）, 夏特和蒙塔吉（Montargis）郡主, 路易十二幼女, 宗教战争时代庇护了许多新教徒和来自日内瓦的牧师, 84

Resistance, popular legitimation of, 6, 8, 14-15, 47, 117-118, 146-150 *passim*, 156-169, 208-209

Ribaldry, See "Obscenity"

Richerand, Anthelme, 安特伦·里舍兰（1779—1840）, 法国外科医师, 258, 262-263

Riding backwards, 背脸骑驴, 100f, 105, 140, 180, 265, 300-301

Riots: of *compagnonnages*, 9f, 14; about begging, 47-48; tax, 119, 146; peasant, 146-149 *passim*, 178, 208-209, 307. See also Grain riots; Resistance

—Religious: goals of, 156-164; and ritual, 159, 178-180; time and location of, 169-173; targets and victims of, 173-178; and festivity, 180-181; participants in, 182-184

Rites of passage, adolescent, 107, 130

Roelker, Nancy L., 南希·罗尔克, 16世纪法国史权威, 67, 90n

Role-reversal, festive: 角色反串, theories about, 101-103, 121-123, 130-131, 142-143; in villages, 104-109, 136-141 *passim*; in cities, 109-121, 137-141 *passim*; and criticism or riot, 117-121, 143-151, 172-173, 180-181, 218-219; in literature and art, 132-136; magical and ritual, 136-138

Roman de la Rose,《玫瑰传奇》, 中世纪法国寓言诗, 是宫廷文学的典型, 玫瑰是女主人公, 201-202, 329-330

Ronsard, Pierre de, 皮埃尔·德·隆萨尔(1524—1585), 诗人, 法国文艺复兴时期诗人团体七星诗社的领袖, 241, 246

Rosetta, 罗塞塔, the transvestite, 137

Rossi, Alice, 阿莱斯·罗西, 社会学家、教育家, 是研究家庭、血统、性和性别方面的一流女学者, 93

Rostagny, Jean de, 让·德·罗斯塔尼, 262f, 345

Rouen, 鲁昂, 45f, 75, 193, 273, 292; festive life at, 94, 109-121 *passim*, 218-219, 249, 305, 309; religious riot at, 165ff, 176f, 181, 316, 318

Rough music, 139f, 150, 302-303

Rousseau, Jean-Jacques, 255

Royal edicts: on printers, 5, 10; on poor relief, 52; on marriage and family, 69, 218, 301; on festive activity, 117ff, 307; on pursuit of criminals, 169

Royaumes de jeunesse, "青年王国", 104

Rubys, Claude de, 克劳德·德·卢比, 97, 121, 240

Rudé, George, 乔治·鲁德(1910—1993), 英国马克思主义史家, 研究法国革命史和群体史, 155

Sachs, Curt, 库尔特·萨施(1881—1959), 德国音乐学家, 现代乐器研究的奠基人之一, 241, 252n

Sahagún, Bernardino de, 贝纳迪诺·德·萨哈甘(1499—1590), 方济各会派往阿兹特克地区的传教士, 著有《新西班牙事物通史》(*Historia general de las cosas de Nueva España*), 47

Sailors, 182, 215

Saintonge, 圣东日, 法国旧省, 包含今天滨海夏朗德省大部, 202-203

Saints, 76, 105n, 159, 173, 304; Calvinist attitude toward, 87-88, 94, 180-181, 204; female transvestite, 132-133, 145, 311; lives of, 132-133, 196n, 211; plays about, 200

Salerno, School of, 萨勒尼塔那学派, 中世纪最早的医学学派, 因萨勒尼塔那的地理位置优势, 学派承接了希腊和阿拉伯的传统医学知识, 10至13世纪是其辉煌时期, 259, 344

Salic Law, 萨利克法典, 125

Salons, 72, 85

Savoie, 萨瓦, 104, 220

Savonarola, Girolamo, 萨沃那罗拉(1452—1498), 意大利基督教传

教士、改革者，与暴君及腐化教士作斗争，1494 年后在佛罗伦萨领导民主制共和国，30，308，325

Scampanate，139，302，307

Scholasticism，30ff

Schools，38，73，209；for the poor，42-43，283；rural，195，327

Schwester Katrei，77n

Scilly Islands，139

Scold，140

Scotland, festivity in，109，138，312

Secularization，xvii，7-9，32-33，37-39

Seigneur de la Coquille, 贝壳领主, *See* Lord of Misprint

Seitel, Peter, 皮特·塞特尔，243

Sens，桑城，布尔戈涅大区约纳省城市，25，166-183 *passim*，191

Serfs，195，208

Sermons，212，279-280. *See also* Preaching

Serres, Olivier de, 奥里维·德·塞尔（1539—1619），法国土壤学家，206n，245

Servants, domestic，39，43，69f，79，194，214n，246

Sévigné, Madame de，252n

Sexuality, male and female，78，88-89，124-127，140，150

Sexual symbolism，127-129

Seyssel, Claude de, 克劳德·德·塞萨尔，萨瓦法学家、人文主义者、作家和译者，190

Shadwell, Thomas, 莎德维尔（1642—1692），英国剧作家和桂冠诗人，135

Shakespeare, William，102，123，135

Shepherds' Calendar, 牧羊人历书, *See Calendriers*

Shrew, *See* Wives, domineering

Shrovetide, 忏悔节，138，300

Sidney, Philip, 菲利普·悉尼，著有爱情散文《彭布洛克伯爵夫人的阿卡迪亚》，132

Silk-dyers' journeymen，10；111

Silk industry，7，42ff

Skimmington, 羞辱惧内丈夫的仪式，当事者和一名妇女一起骑马，但坐在后者身后，手拿女工，周围街坊演奏嘲弄音乐，140，148，303

Slang，239n

Social structure，xvii-xviii，241，246. *See also* Hierarchy

Société Royale de Médecine, 皇家医学会，262

Sologne, 索罗涅，法国地区，包括卢瓦雷、卢瓦尔-谢尔和谢尔省，195，265

Solomon and Marcolf, 所罗门和马尔科夫，中世纪故事，描述所罗门和马尔科夫的对话和历险，可能跟犹太经典《哈加达》有关联，227-228，230，245ff，267

Songs，78，107，185，199-201，213；

索 引

collections of 200-201, 214n, 229. See also Psalms

Soriano, Marc, 马尔·索里亚诺, 法国哲学家、古代故事专家, 对佩罗尤其有研究, 230, 252-253

Soto, Domingo de, 多明戈·德·索托（1494—1560）, 多明我会修士、神学家, 萨拉曼卡学派主要人物, 他认为借贷中的价格差别符合托马斯主义的"公平价格"理论, 50f, 61

Sovereignty, 127

Spain, 248; poor relief and beggars in, 46, 50, 52, 276; festivity in, 109, 303

Spenser, Edmund, 斯潘塞（1552—1599）, 英国诗人, 因著作《仙后》（*The Faerie Queene*）和所创诗体斯潘塞体而闻名, 133

Spiritual Libertinism, 15, 274

Sports, 98, 104, 300, 304, 308

Star Chamber, 星室法庭, 146

Stockport, riot in, 148

Stone, Lawrence, 劳伦斯·斯通（1919—1999）, 英国历史学家, 尤以研究英国内战和早期现代英国的婚姻闻名, 67

Storytelling, 201, 213, 252-253

Strasbourg, 斯特拉斯堡, 147, 280, 290

Strikes, 4, 9, 13, 28, 208

Students, 111, 112n, 148, 183, 293, 305

Subjection of wives, 90-91, 116-117, 126-128, 142-143, 145, 296

"Superstitions," 207, 228f, 246, 249, 253, 258-264

Surgeons and barbers (masters and journeymen), 外科理发师, 中世纪时一种职业, 兼理发和外科医疗两种职能, 7, 55, 73, 81, 195, 217, 260, 263; and books, 189-190, 205, 211, 216n, 222-223, 288; publications by, 205, 215, 219n, 333; literacy of, 210

Surrey, 148

Switzerland, 109, 196

Sydenham, Thomas, 310

Tavernkeepers, 70, 177n, 210, 212, 294

Taverns, 3, 71, 97, 213

Tawney, R. H., 托尼, 英国作家、经济学家、历史学家, 基督教社会主义的积极倡导者, 18

Taxes, 1, 31, 60, 71, 118f, 146

Teachers, 71, 73, 198n, 209, 215, 240, 331

Temples, Reformed, 10, 173-174

Textile trades, 21f, 28, 43, 70, 75, 148, 156, 189, 210

Theatre, 123, 132, 135; religious, 6, 55, 77-78, 199-200, 293f; festive, 100, 109-110, 140

Theology, Doctors of, 30, 52-53,

79，158，220-221，229，319

Thiers, Jean-Baptiste，让-巴普蒂斯特·蒂埃，229，249

Thomas, Keith，基斯·托马斯，英国历史学家，以研究宗教、巫术出名，66，103，296

Thompson, Edward P., E.P. 汤普森，161，302

Thresor de la Langue Francoyse，236ff

Tierney, Brian，布赖恩·梯尔尼，18，31-32

Tilly, Charles，查尔斯·蒂利，美国社会学家、政治科学家、历史学家，176

Tithes，什一税，28，208，238

Tolet, Pierre，皮埃尔·托莱，189-190，225，335

Torture，162，179f，323

Toulouse，图卢兹，51，73，117，193，215，307，320；Calvinist women in, 81，92，183；religious riot in, 155n，163-175 *passim*，180n

Tournes, Jean I de，老让·德·图内，193，281，292，326，330，335

Tours，图尔，79，158

Transvestism，99，129-151 *passim*，311，326

Treason，127n，162

Tresor des povres，《穷人的财富》，191，197，259

Trials, See Court cases; Courts, mock

Troyes，特鲁瓦，45，168，193，199，238，308

Tuet, Jean-Charles-François，查理-弗朗索瓦·杜埃，256-257

Turin，都灵，115，304，307

Turks，土耳其人，100，217，228，298

Turner, Victor，维克托·特纳，象征人类学家，认为社会结构存在"非结构"的公共域，等级可借之颠倒，103，122-123，130，142

Turquet, Etienne，埃蒂安·涂尔盖，34，40，43

Unemployment，23，45-46，50

University of Paris，196，235，293. See also Faculty of Medicine; Faculty of Theology; Students

Unskilled workers，22-28 *passim*，71，113f，177，194

Urfé, Honoré d'，乌尔菲（1567—1625），法国作家，其田园爱情故事 L'Astrée 尤为出名，132

Ursulines，乌苏拉（团社），76，85，92

Utopias，36，46-47，218，230

Vagabonds，25，45-47，194. See also Beggars

Valence，瓦朗斯，德龙省首府，176

Valencia，巴伦西亚，155，316

Valentin et Orson，瓦伦丁和奥尔森（Valentine and Orson），加洛林时代

传奇故事。瓦伦丁和奥尔森是一对被遗弃在森林中的双胞胎兄弟,前者成长为一名骑士,后者在熊窝里变成野人。瓦伦丁驯服了奥尔森,并一起救出母亲贝里桑(也是丕平的姐姐),137n,202n

Varagnac, André, 安德烈·瓦拉涅克,109

Vassy, 瓦西,下诺曼底大区卡尔瓦多省市镇,173,183

Vaugelas, Claude Favre de, 沃热拉(1585—1650), 法语语法学家、法兰西学院最初成员之一,在法国文学和社交语言的规范化过程中起到重大作用,246

Vauzelles, Jean de, 17-56 passim, 让·德·沃泽尔(1495—1559),教士、人文主义者、里昂翻译家,279,282-283

Vauzelles, Mathieu de, 马蒂厄·德·沃泽尔,33ff,281

Veillée, "夜会", 201-202,208

Vendée, 旺代, 104

Venice, 威尼斯, 19n,26,42n,60,251,305

Vergil, Polydore, 波里多尔·维吉尔(1470—1555),出生于意大利的人文主义者,他的英国史著作成为当时学校的必读书本,并间接影响到莎士比亚,232,235,298,337f

Verlinden, C., 维尔林登, 155,170

Versailles, 147-148,264

Vico, Giambattista, 维柯, 143,255,343

Violence, See Resistance; Riots

Viret, Pierre, 皮埃尔·维雷,瑞士宗教改革的杰出代表,瑞士法语区最重要的本土改革家。1536年领导洛桑辩论,随后组织沃州的改革派教会,1559年离开洛桑, 11f,57,83,165-174 passim,322

Vives, Juan Luis, 胡安·路易斯·维弗斯(1492—1540),西班牙人文主义者,伊拉斯谟的学生,在教育、哲学和心理学上有突出贡献,极力反对经院哲学,提倡归纳法, 17-34 passim,73,283ff

Voragine, Jacques de, 沃拉金(1228/1230—1298),热那亚主教、编年史家,《黄金传说》的作者,132-133,145,211

Vostet, Jean, 让·沃斯泰, 206-207

Wages, 94; of journeymen, 3,5,9-10,22,212,292,332; of unskilled workers, 22,24,291; of servants, 70,75,292

Waldensians, 瓦尔登派, 36,281

Wales, 139,148-149,251

Ward, Mary, 玛丽·沃德,17世纪英格兰和比利时天主教改革的主倡人物, 145

Weather books, 205,330

Weber, Max, 马克斯·韦伯, 66,

80，120

Weddings，105ff，116，173，322

Wet-nursing，261

Whiteboys，"白色男孩"，149，315

Widows，22，50，69，81；and remarriage，106–107，116，306

Widowers，106–107，116，301–302

Wife-beating，11，90，120，145，150，315；prohibited in May，110，118

Wild-man hunt，137n

Wiltshire，148

Winegrowers，urban，7，21，306，323

Witchcraft，125，292

Wives，domineering，91，100，105，116–117，134–145 *passim*，313；legal position of，126ff，146，314

Wolf，Eric，艾里克·沃尔夫，128n

Wolff，Philippe，菲利普·沃尔夫，155，316

Women：grain riots and，27–28，72，146ff；immigration of，50，69，92，291；political activity of，71–72，126，144–147 *passim*，313，315；learned，72–81 *passim*，94，126n，142，146，313；literacy of，72–73，195，209f；publication by，73–74，82，85，189，214–220 *passim*，295；sexuality of，78，124–127；festive activity of，105n，114n，141–142，150

—Religious activities of：charitable，55，83n，261n，263；Catholic，75–77，85，92，141，222，292f；Protestant，77–92，147，294；in riot，88，92，146，175–183 *passim*

Women warriors，女武士，92，133f，144–145，183，313

Women's work，23，43，70–71，94，126，263，296. *See* also Midwives

Wright，Lewis B.，路易斯·B·怀特，190

Youth：in riots，28，107，113，119，183–184，304，325；female，105，114n，141，300；definition of，108，112，305

Youth groups，male，75；in cities，75，111–114，120，172–173，185，305–306；in villages，104–109，119，200，302–304

Ypres，伊普雷，17，19，32，50f，56，60

Zell，Katherine，凯瑟琳·泽勒，147

译后记

坦率地讲，2008年应承翻译娜塔莉·泽蒙·戴维斯这本大作的时候，对于其在当代史学史上的分量和影响，我并没有很清晰的概念。只是随着翻译工作的展开，我才慢慢地浸入其中，以致最终极大影响了自己对历史的看法和思考角度（我的学位论文《从现实喜剧到悲喜剧——娜塔莉·戴维斯历史观的转变》就是思考的部分结果）。

相比戴维斯另外两本闻名于世的作品《马丁·盖尔归来》和《档案中的虚构》，本书的名气似乎要小不少。然而，细读过全书之后我们可以发现，《归来》和《虚构》中的人类学—文学方法和视野，恰恰就是从本书的后几个章节中触殇的。而实际上，《社会与文化》几乎就是美国历史学界从社会—经济史阶段向新文化史阶段转变的宣言书：它不仅体现了于1940年代至1960年代成人的这一代美国史家在历史研究模式上的探索和突破，更体现了他们在社会、人性乃至世界观等问题上的反思和抉择。

面对一部这样一个层次上的作品，我那从看杂书中得到的经济—社会学知识，只能是应接不暇。恶补中世纪史、尤其是史学思想史和文化人类学基础，也就成了必须。而正是在这个过程中，我对历史、社会和人性的看法，也在不知不觉中发生了"文化转向"，这是原先绝未料想到的。

这些收获，是与业师许平老师分不开的，没有她对本书的介绍、校对及相关的指点，我大概不会有如此长进。此外，么一萌参与了第八章的翻译，感谢他的工作。而在和中国人民大学出版社谭徐锋编辑的合作过程中，他的耐心和细致也让我受益良多，在此需要向他致谢。

最后，尽管译稿屡经修改和校正，但我深知误漏不可避免，所以本书中译本的进一步完善还需要读者的协助——欢迎来自你们的批评和指正。

钟孜

2011 年 4 月

当代世界学术名著·第一批书目

心灵与世界	[美]约翰·麦克道威尔
科学与文化	[美]约瑟夫·阿伽西
从逻辑的观点看	[美]W.V.O.蒯因
自然科学的哲学	[美]卡尔·G·亨普尔
单一的现代性	[美]F.R.詹姆逊
本然的观点	[美]托马斯·内格尔
宗教的意义与终结	[加]威尔弗雷德·坎特韦尔·史密斯
帝国与传播	[加]哈罗德·伊尼斯
传播的偏向	[加]哈罗德·伊尼斯
世界大战中的宣传技巧	[美]哈罗德·D·拉斯韦尔
一个自由而负责的新闻界	[美]新闻自由委员会
机器新娘——工业人的民俗	[加]马歇尔·麦克卢汉
报纸的良知——新闻事业的原则和问题案例讲义	[美]利昂·纳尔逊·弗林特
传播与社会影响	[法]加布里埃尔·塔尔德
模仿律	[法]加布里埃尔·塔尔德
传媒的四种理论	[美]威尔伯·施拉姆 等
传播学简史	[法]阿芒·马特拉 等
受众分析	丹尼斯·麦奎尔
写作的零度	[法]罗兰·巴尔特
符号学原理	[法]罗兰·巴尔特
符号学历险	[法]罗兰·巴尔特
人的自我寻求	[美]罗洛·梅
存在——精神病学和心理学的新方向	[美]罗洛·梅
存在心理学——一种整合的临床观	[美]罗洛·梅
个人形成论——我的心理治疗观	[美]卡尔·R·罗杰斯
当事人中心治疗——实践、运用和理论	[美]卡尔·R·罗杰斯

万物简史	[美]肯·威尔伯
动机与人格(第三版)	[美]亚伯拉罕·马斯洛
历史与意志:毛泽东思想的哲学透视	[美]魏斐德
中国的共产主义与毛泽东的崛起	[美]本杰明·I.史华慈
毛泽东的思想	[美]斯图尔特·R.施拉姆
仪式过程——结构与反结构	维克多·特纳
人类学、发展与后现代挑战	凯蒂·加德纳,大卫·刘易斯
结构人类学	[法]克洛德·列维-斯特劳斯
野性的思维	[法]克洛德·列维-斯特劳斯
面具之道	[法]克洛德·列维-斯特劳斯
嫉妒的制陶女	[法]克洛德·列维-斯特劳斯
社会科学方法论	[德]马克斯·韦伯
无快乐的经济——人类获得满足的心理学	[美]提勃尔·西托夫斯基
不确定状况下的判断:启发式和偏差	[美]丹尼尔·卡尼曼 等
话语和社会心理学——超越态度与行为	[英]乔纳森·波特 等
社会网络分析发展史——一项科学社会学的研究	[美]林顿·C.弗里曼
自由之声——19世纪法国公共知识界大观	[法]米歇尔·维诺克
官僚制内幕	[美]安东尼·唐斯
公共行政的语言——官僚制、现代性和后现代性	[美]戴维·约翰·法默尔
公共行政的精神	[美]乔治·弗雷德里克森
公共行政的合法性——一种话语分析	[美]O.C.麦克斯怀特
后现代公共行政——话语指向	[美]查尔斯·J.福克斯 等
政策悖论:政治决策中的艺术(修订版)	[美]德博拉·斯通
行政法的范围	[新西兰]迈克尔·塔格特
法国行政法(第五版)	[英]L.赖维乐·布朗,约翰·S.贝尔
宪法解释:文本含义,原初意图与司法审查	[美]基思·E.惠廷顿

英国与美国的公法与民主	[英]保罗·P·克雷格
行政法学的结构性变革	[日]大桥洋一
权利革命之后:重塑规制国	[美]凯斯·R·桑斯坦
规制:法律形式与经济学理论	[英]安东尼·奥格斯
阿蒂亚论事故、赔偿及法律(第六版)	[澳]波得·凯恩
意大利刑法学原理(注评版)	[意]杜里奥·帕多瓦尼
刑法概说(总论)(第三版)	[日]大塚仁
刑法概说(各论)(第三版)	[日]大塚仁
英国刑事诉讼程序(第九版)	[英]约翰·斯普莱克
刑法总论(新版第2版)	[日]大谷实
刑法各论(新版第2版)	[日]大谷实
日本刑法总论	[日]西田典之
日本刑法各论(第三版)	[日]西田典之
美国刑事法院诉讼程序	[美]爱伦·豪切斯泰勒·斯黛丽,南希·弗兰克
现代条约法与实践	[英]安托尼·奥斯特
刑事责任论	[英]维克托·塔德洛斯
刑罚、责任与正义:关联批判	[英]艾伦·诺里
政治经济学:对经济政策的解释	T.佩尔森,G.塔贝里尼
共同价值拍卖与赢者灾难	约翰·H·凯格尔,丹·莱文
以自由看待发展	阿马蒂亚·森
美国的知识生产与分配	弗里茨·马克卢普
经济学中的经验建模——设定与评价	[英]克莱夫·W·J·格兰杰
产业组织经济学(第五版)	[美]威廉·G·谢泼德,乔安娜·M·谢泼德
经济政策的制定:交易成本政治学的视角	阿维纳什·K·迪克西特
博弈论经典	[美]哈罗德·W·库恩
行为博弈——对策略互动的实验研究	[美]科林·凯莫勒
博弈学习理论	[美]朱·弗登伯格,戴维·K·莱文
利益集团与贸易政策	G.M.格罗斯曼,E.赫尔普曼
市场波动	罗伯特·希勒
零售与分销经济学	罗格·R·贝当古

世界贸易体系经济学	[美]科依勒·贝格威尔, 罗伯特·W·思泰格尔
税收经济学	伯纳德·萨拉尼
经济学是如何忘记历史的:社会科学中的历史特性问题	杰弗里·M·霍奇逊
通货膨胀、失业与货币政策	罗伯特·M·索洛 等
经济增长的决定因素:跨国经验研究	[美]罗伯特·J·巴罗
全球经济中的创新与增长	[美]G.M.格罗斯曼,E.赫尔普曼
美国产业结构(第十版)	[美]沃尔特·亚当斯, 詹姆斯·W·布罗克
制度与行为经济学	[美]阿兰·斯密德
企业文化——企业生活中的礼仪与仪式	特伦斯·E·迪尔 等
组织学习(第二版)	[美]克里斯·阿吉里斯
企业文化与经营业绩	[美]约翰·P·科特 等
系统思考——适于管理者的创造性整体论	[英]迈克尔·C·杰克逊
组织学习、绩效与变革——战略人力资源开发导论	杰里·W·吉雷 等
组织文化诊断与变革	金·S·卡梅隆 等
社会网络与组织	马汀·奇达夫 等
美国会计史	加里·约翰·普雷维茨 等
新企业文化——重获工作场所的活力	特伦斯·E·迪尔 等
文化与组织(第二版)	霍尔特·霍夫斯泰德 等
实证会计理论	罗斯·瓦茨 等
组织理论:理性、自然和开放的系统	理查德·斯科特 等
管理思想史(第五版)	丹尼尔·A·雷恩
后《萨班斯—奥克斯利法》时代的公司治理	扎比霍拉哈·瑞扎伊
财务呈报:会计革命	威廉·比弗
当代会计研究:综述与评论	科塔里 等
管理会计研究	克里斯托弗·查普曼 等
会计和审计中的判断与决策	罗伯特·阿斯顿 等
会计经济学	约翰·B·坎宁

历史与记忆	[法]雅克·勒高夫
历史与心理分析——科学与虚构之间	[法]米歇尔·德·塞尔托
历史书写	[法]米歇尔·德·塞尔托
法兰西与圣心崇拜——近代一个具有重大历史意义的故事	[美]雷蒙·琼纳斯
他者的历史——社会人类学与历史制作	[丹麦]克斯汀·海斯翠普
法国近代早期的社会与文化	[美]娜塔莉·泽蒙·戴维斯
新史学	[美]鲁滨孙
历史学家的技艺	[法]马克·布洛克
时间与传统	[加]布鲁斯·G·特里格
历史研究导论	[法]朗格诺瓦,瑟诺博司

Society and Culture in Early Modern France: Eight Essays by Natalie Zemon Davis

Copyright © 1965, 1968, 1973, 1975 by Natalie Zemon Davis

All rights reserved.

Translated and Published by arrangement with Stanford University Press.

Simplified Chinese version © 2011 by China Renmin University Press.